张幼文 黄仁伟 等著

2009

中国国际地位报告

China's International Status Report 2009

China

人民出版社

目　　录

Contents

表、图、大事记索引

表索引

图索引

大事记索引

导论 三十而立：
新兴大国崛起撬动世界格局

2008 年，中国迎来了改革开放 30 周年。"三十而立"。经历了 30 年史无前例又举世无双的发展，中国不仅找到了建设中国特色社会主义的正确道路，实现了经济社会的巨大飞跃，而且超越了世界各国的发展进程，实现了国际地位的持续提升。这是中国系统总结改革开放发展伟大成就的喜庆一年，是举办奥运盛会实现百年梦想的欢乐之年，却又是汶川地震等自然灾害接连发生的悲痛之年，是国际敌对势力频繁作难的麻烦之年。然而，进入而立之年的中国，不仅更加坚定了推进改革开放发展的信念，顽强战胜了各种自然灾害的肆虐，而且胜利排除了境内外各种不利因素的干扰。中华民族伟大历史进步的航船继续乘风破浪，驶向更加光辉灿烂的前方。

一、中国在世界经济中地位的历史性变化

"改革开放是决定当代中国命运的关键抉择"。[1] 改革、开放与发展三者之间又存在着深刻的互动关系，互为条件和结果。在这一互动关系中，对外开放，顺应经济全球化潮流，参与国际经济合作这一基本国策构建了改革的动力，清晰了改革的目标，同时也拓展了发展的道路，优化了发展的结构，在当代中国经济发展中具有特殊的战略地位。

（一）开放战略的推进与改革动力的构建

30 年来，在国内改革推进市场化的同时，开放倒逼改革以构建改革的动力，明确改革的目标，开辟改革的道路，是中国能够迅速摆脱传统体制束缚，成功建立起一个适应全球化竞争的市场经济体制的战略关键。

1. 特区建设：以开放突破旧体制的起点

中国的对外开放是从建设经济特区开始的。特区建设作为开放战略的实施起点，在

---

[1] 胡锦涛：《高举中国特色社会主义伟大旗帜，为夺取全面建设小康社会新胜利而奋斗——在中国共产党第十七次全国代表大会上的报告》（2007 年 10 月 15 日），人民出版社 2007 年版。

于"杀出一条血路来",使中国走上正确的发展道路。所谓"杀出一条血路来"就是指突破旧的封闭型计划经济体制,走向开放型的市场经济体制,而突破的基本方式就是大力引进外资,充分利用国际市场,从而摆脱计划体制与中央集权的束缚从而实现发展。特区建设的成功及其经验的推广在瓦解传统体制中发挥了开拓性的作用。

开放与改革是相互促进、互为动力和条件的。以经济特区为标志的对外开放试点,扩大地方政府在外贸外资中的政策权力本身就是分权式改革的体现。开放促进改革的意义在于以发达市场的力量瓦解僵化的计划经济,以国际体制的规范塑造政府职能,以外部竞争的动力改造国有企业。

2. 坚定不移争取加入 WTO 以突破改革难点

从 1986 年申请"复关"到 2001 年正式加入 WTO,再经历 5 年过渡期,加入 WTO 这一主题在 30 年对外开放中持续了 20 年以上。[①] 中国扩大对外开放,进入经济全球化体系的道路相当艰难。然而这一道路却成了中国以开放倒逼改革的历史进程。

国内计划经济及其相应的企业制度、价格体制、贸易管理制度、知识产权保护状态等与 GATT 之间的不相容,使长达 9 年的谈判没有结果。随着 GATT 演进为 WTO,对中国的加入提出的体制要求也变得更高。到 20 世纪 90 年代后半期,开放已经使中国经济紧紧地与世界经济联系在一起。国内市场的迅速扩大,经济增长的巨大空间使各 WTO 成员尤其是发达国家成员对能否从这个新伙伴身上得到更多高度的关注。他们不仅要利用中国加入 WTO 的机会使自己有竞争力的优势部门获得市场,而且要使这一市场更加符合他们所熟悉的发达市场经济规则。中国越是发展,提供的机会越多,WTO 成员的要价也越高,加入 WTO 的谈判也就越艰难。中国不仅要做出产品进口更大开放与投资领域更加扩大的承诺,而且要明确国内体制向市场化转型的进程与规划。加入 WTO 谈判也是中国用经济全球化的要求和发达市场经济规则对照自己的体制,明确改革目标的过程。自主的改革道路出现了外部压力。面对来自发达国家成员方的巨大要价,中国所做出的不仅是市场开放的承诺,而且是体制改革的规划。[②]

市场开放的主要障碍与困难来自于国内体制在计划经济下发展模式的转型:一是在从计划经济向市场经济转轨的过程中,政府的某些部门管理转变为企业化管理,其中有的形成了行业行政性垄断,阻碍了市场的发展和效率的提高;二是改革使各级地方政府走上了以经济建设为中心的道路,同时也出现了强大的地方保护主义,成为统一的国内大市场发展的重要障碍。在完成了前一步改革后的中国经济缺乏力量来进一步推进自身的改革。这时,采用 WTO 规则这一外部力量打破行业与行政垄断成为中国培育市场的最佳选择。加入 WTO 的谈判及承诺的巨大压力成为新阶段中国国内体制转型与改革的

---

① 中国加入 WTO 的大部分承诺到 2006 年结束,所以一般把过渡期看做 5 年,但实际上涉及体制方面的约束时间更长,如"非完全市场经济地位"长达 15 年。

② 参见《中国入世议定书》翻译组译:《中国入世议定书》,上海人民出版社 2001 年版。

巨大动力。在很大的意义上可以说，加入 WTO 不只是为了争取更加公平合理的开放环境，而且是为了构建来自外部的对改革的倒逼机制。

申请加入 WTO 的过程也是中国加快改革的进程。在加入 WTO 谈判的同时，中国进行了大量改革与结构调整。正如 N. 拉迪所指出的，国际上许多研究认为中国要为履行加入 WTO 承诺付出巨大的代价，这些预测都高估了中国加入 WTO 后将面临的挑战，原因是这些研究大都基于中国 20 世纪 90 年代中期的情况，从而没有充分考虑中国在加入 WTO 前夕所进行的巨大的经济结构重组。在加入 WTO 前的几年中，中国对外大幅度降低了关税，对内大大加速了制造业和国有企业的改革。① 这一分析揭示了加入 WTO 对中国改革的前期效果。

3. 以 WTO 规则转变政府职能

政府职能的改革是加入 WTO 后中国体制改革的首要方面。加入 WTO 的挑战首先是对政府职能的挑战，政府改革成为加入 WTO 后中国改革的最大主题。

在 30 年的改革开放中，中国政府的职能经历了两次大的转型。第一次是在党的十一届三中全会后，"以经济建设为中心"、"发展是第一要务"逐步成为共识，各级政府把工作的重心转到了经济发展上。分权式改革大大增强了地方政府的积极性。各级政府都致力于推动本地经济发展。在计划经济体制被瓦解，以经济建设为中心的经济体制建立的过程中，中国出现了一个具有强大经济职能的政府。政府几乎是"公司化"的：以政策和土地等本地资源为成本，以 GDP、外资外贸数量为经营的目标产出。这一转型给中国经济发展带来了巨大的动力，不仅有市场的动力，而且有政府的动力；不仅有国内脱贫致富的动力，而且有国外开发市场的动力。这就是为什么中国获得高速增长的原因。

然而，加入 WTO 又意味着政府职能第二次转型的开始。市场经济逐步发展后，旧体制下的政府部门权力与市场的结合成为资源合理优化配置、经济健康有序有效发展的巨大障碍。由于中国的市场化进程是自下而上发生，由外到里推进的，计划经济体制下的审批制度被逐步瓦解，有些审批权只是发生了转移和变形。加入 WTO 提供的一个重要契机，就是以 WTO 规则为准则，以履行承诺为动力进一步改变政府职能。从以行政方式和领导意志管理经济的政府，转变为以执行政策和维护法制服务经济的政府。无论是国家贸易体制统一管理的要求、透明度原则，还是对政府行为的司法审议，本质上都是关于政府行为的规范化、市场管理的法制化。这既要求以统一的法律、法规和其他措施取代不统一的和随意性政策下的行政管理，也要求实现在市场中内外企业的公平待遇。

4. 以国际规范推进市场经济体制建设

开放促进了中国跨越式的市场规则建设，这在加入 WTO 中得到了充分的体现。中

---

① Nicholas Lardy: *Integrating China into the Global Economy*, Brookings Institution Press, Washington, D. C., 2002. pp. 22－23.

国要实现发展的赶超需要赶超型的发展战略，也需要赶超型的市场体制建设战略，由此才能加快创造经济活力。WTO 规则本质上是发达市场经济规则，对于一个刚刚开始培育市场的国家来说，遵守 WTO 规则就是以发达市场经济规则作为自己的参照系，在与国际竞争规则接轨的基础上建立自己的市场经济规则。

围绕加入 WTO 进行的改革集中在加强依法行政。加入 WTO 后的 5 年中，中国完善了立法的透明度和行政公共参与制度，建立和完善了法律、规章和规范性文件的备案审查制度。中国全面推进依法行政工作，完善了监督和救济机制。2004 年 3 月，国务院又发布了《全面推进依法行政的实施纲要》。① 至 2005 年 8 月，国务院各部门分三批共取消和调整审批项目 1806 项，达到了国务院部门全部审批项目的 50.1%。②

在贸易体制上，中国努力建立起符合 WTO 规则的进出口管理法律体系。"十五"期间，货物进出口法律法规体系进行了立、改、废，清理了各项法律、法规 2300 多件，先后出台了《货物进出口管理条例》和与之配套的 10 多个部门规章，涵盖了我国进出口管理体制的各个方面。2004 年，又颁布实施了新修订的《对外贸易法》，初步形成了外贸管理的三级法律框架体系。全面放开外贸经营权，形成了外贸经营主体多元化格局。③

在营造开放型市场经济中，中国注重发展非公经济平等参与竞争，既加快了市场化进程，又使对外开放促进了国内企业发展。非公资本开始真正进入"全面准入"的新阶段。2005 年 2 月"非公经济 36 条"是新中国 50 多年来第一个专门规划非公经济的政策性文件，鼓励和支持非公有资本进入基础设施、垄断行业、公用事业以及法律法规未禁止的其他行业和领域。④

对于中国以加入 WTO 推动改革战略的最好评价是 2006 年 WTO 在对中国进行的首次贸易政策审议。该审议指出："2001 年中国成为 WTO 成员为正在进行中的改革提供了更大的动力，对 WTO 的承诺为改革提供了催化剂，并为可预见的未来更有力的增长

---

① 在法规制度上，中央层面的调整从 1999 年年底就已经开始，到 2002 年 12 月，中央层面制定、修改和废止法律、行政法规、部门规章和有关政策措施共 1000 多条。到 2002 年 6 月底，31 个省、自治区和直辖市清理了 200 多万件，立、改、废 19 万件。引自新华社：《加入世贸组织五年内中国展开最大规模"变法"》，2006 年 12 月 10 日。http：//news. xinhuanet. com/fortune/2006 - 12/10/content_5465184. htm。

② 各省（自治区、直辖市）对照国务院部门取消和调整的行政审批项目，从审批部门、审批对象、审批依据、审批内容等方面进行全面核对，根据不同情况对审批项目做了分类处理，并研究制定了配套措施和办法，防止管理上出现漏洞。引自国务院办公厅：行政审批制度改革总体情况。中央政府门户网站 www. gov. cn，2006 年 8 月 31 日，http：//www. gov. cn/ztzl/yfxz/content_374183. htm。

③ 中国大幅度削减实行进出口配额许可证管理商品的品种和范围。"十五"期间，通过行政审批制度改革，减少了实行主动配额管理的出口商品品种和范围。有主动出口配额管理的商品数量从 2002 年的 54 种下降到 2006 年的 34 种。进口配额除关税配额管理的 6 种农产品外，其他配额管理全部取消。引自我国外贸管理体制接轨国际规则，2006 年 1 月 24 日《国际商报》。http：//chanye. finance. sina. com. cn/sm/2006 - 01 - 24/275616. shtml。

④ 《中国着手打破非公资本进入垄断领域"玻璃门"》，新华网 2005 年 10 月 12 日。http：//news3. xinhuanet. com/fortune//2005 - 10/12/content_3608451. htm。

开辟了道路。"①

（二）外部竞争的引入与发展结构的优化

30 年来中国的发展不是一个模式的简单延续，而是随着开放的扩大而拓展。30 年的发展表明，对外开放对于中国发展结构的优化有着基础性的重要作用，不仅决定了中国的发展速度，而且决定了中国的发展模式。发展结构的优化包括发展的生产要素来源与配置结构、企业所有制结构、地区结构、产业结构和市场结构等多个方面。

1. 当代中国起步发展的动力：外部资源与外部市场

当代中国的发展依靠的是两个根本动力：一是摆脱贫困走向富裕的内在动力，这一动力来自广大民众通过自下而上的改革而形成；二是发挥和利用比较优势的外在动力，这一动力来自外部市场和资源通过持续扩大的开放而形成。

20 世纪 80 年代初从经济特区到沿海开放城市的引进外资与加工贸易出口，使中国有效地利用了富裕的廉价劳动力，有效地利用了沿海地区的地理优势。作为开放的历史起点这一战略使中国消除了资金与外汇两个"缺口"，走上了发展道路。这一发展的起步形式在 30 年中持续发挥作用，至今仍然是中国获得发展的外部动力的基础。

2. 加入 WTO 与发展的结构升级机制优化

从 1986 年申请"复关"时的历史背景看，当时中国的主要目的是推进外向型经济发展战略，即寻求更加公平、透明的出口市场。但是，随着 GATT 演变为 WTO，中国加入这一组织以开放促进发展的内涵也进一步扩展和提升。加入 WTO 成为拓展发展道路和提升发展战略的路径。大幅度降低关税，全面取消进口配额，减少和规范政府补贴，是 WTO 成员的要价，也是中国走上以开放型竞争促进发展道路的需要。

WTO 中的服务贸易总协定、与贸易有关的投资措施协议、与贸易有关的知识产权协议和贸易政策审议机制等新规则的形成，以及争端解决机制的完善，使中国加入这一组织的意义大大扩展。在长达 15 年的申请加入 WTO 进程中，出现了一个奇特的现象：加入 WTO 的难度越来越高，而中国的决心却越来越坚定。其原因在于，WTO 在发展，使中国能更好地利用 WTO 谈判以发展现代服务业，依靠保护知识产权以营造创新环境，在日益增加的国际贸易摩擦中维护自身的权益。加入 WTO 意味着争取更加公平的国际环境，从而更有利于自身的发展。中国加入 WTO 时 WTO 所覆盖的内容比 GATT 大大拓展也意味着中国以开放促进发展战略内容的大大拓展。中国不仅要获得更大更稳定的出口市场，而且要以自己市场的开放引入竞争促进产业发展，以服务业市场的开放实

---

① World Trade Organization Trade Policy Review Body: Trade Policy Review Report by the Secretariat, People's Republic of China, Restricted WT/TPR/S/161, 28 February 2006. http://www.wto.org/english/info_e/search_results_e.asp?SearchItem = WT/TPR/S/161.

现结构提升，以保护知识产权的更大努力推动技术进步，也以更加透明规范公平竞争的市场加快企业培育。简而言之，加入 WTO 意味着中国发展结构的升级和发展机制的优化。

3. 加入 WTO 后中国经济发展的特点

从 2001 年到 2007 年，中国国内生产总值从 109655 亿元提高到 246619 亿元，提高了 1.25 倍。[①] 更重要的是，在经济整体规模扩大的同时，经济发展出现一些新的特点。

（1）投资环境的改善使外资流入规模明显扩大并成为拉动经济增长的重要动力。加入 WTO 后 5 年外资年均流入量几乎为前 10 年的两倍。[②] 经济全球化的核心是生产要素的国际流动。中国加入 WTO 的关键意义在于通过深化改革营造了更加规范的环境，通过市场准入提供了投资机会，为生产要素的集聚创造了更为有利的条件，这是加入 WTO 后高速增长的关键。外资的流入大大加快了中国产业结构的升级，也进一步改善了国内的资源配置，大量劳动力被吸收到经济增长之中，基础设施建设动力进一步加大。从出口看，外资企业进一步成为出口的主力[③]，中国的市场化程度进一步提高，微观主体的活力进一步提升。

（2）外部市场对中国经济的拉动力进一步增强，中国获得 WTO 成员方市场开放的利益。中国出口总额从 2001 年的 2662 亿美元提高到 2007 年的 12180 亿美元，提高了 3.58 倍，同期进口从 2436 亿美元提高到 9558 亿美元，提高了 2.92 倍。[④] 尽管中国加入 WTO 进一步开放了国内市场，但从外部市场获得的机遇更大，从而有效地实现了扩大贸易拉动经济的开放型战略。在外资流入的共同作用下，国家外汇储备持续增长，从 2001 年年末的 2121.65 亿美元提高到 2008 年 9 月的 19055.85 亿美元[⑤]，尽管储备的大幅度增长使中国面对人民币升值新压力和储备资产管理新课题，但它不仅是开放政策成功利用外部市场和外部资金的表现，是国家产业竞争力和国民经济吸引力的表现，而且还实现了巨大的国民资本积累，从而为完成工业化、信息化，实现科技创新的技术进步创造了极为有利的条件。

（3）服务业市场开放加快了外资流入推动了产业结构进步。在 20 世纪 90 年代引进外资的基础上，各地积极提升外资的产业结构，高新技术产业和服务业引进外资成为

---

① 数据来源：根据国家统计局网站历年统计公报计算而得。http：//www.stats.gov.cn/tjgb/。

② 从 2002 至 2006 年，中国实际利用外资数达到年均 580.44 亿美元，2007 年达到 747.68 亿美元，大大高于此前 1979 至 1991 年的年均 17.96 亿美元和 1992 至 2001 年的 370.20 亿美元。转引自张幼文等著：《探索开放战略的升级》，上海社会科学院出版社 2008 年版（该章作者赵蓓文）。

③ 外资企业占总出口的比重从 2001 年的 50.60% 上升到 2007 年的 57.10%。同时，以私营企业为主的其他企业从 7.40% 上升到 24.44%，国有企业则从 42.54% 下降到 18.46%。根据商务部统计计算。http：//zhs.mofcom.gov.cn/aarticle/Nocategory/200802/20080205374051.html；以及 http：//zhs.mofcom.gov.cn/tongji2001.shtml。

④ 数据来源：根据商务部网站商务统计栏目数据计算而得。http：//zhs.mofcom.gov.cn/tongji.shtml。

⑤ 数据来源：国家外汇管理局网站：http：//www.safe.gov.cn/model_safe/tjsj/tjsj_list.jsp？ID = 110400000000000000&id = 5。

重点，由于加入 WTO 对服务领域的开放，服务业外资迅速增长。在银行业方面，至 2006 年年末过渡期结束时，已有 23 家境内商业银行引入了境外战略投资者，以交通银行、建设银行和中国银行成功上市为标志，中国银行业的对外开放取得阶段性进展。外资银行的进入可以看做中国银行业改革的动力，促进中资银行的现代银行制度转型。保险业是我国金融行业中开放最早、开放力度最大、开放过渡期最短的行业。① 正如 N. 拉迪指出，"加入 WTO 的承诺不仅使中国制造业高度开放，而且还使中国在服务业领域走向非常有意义的开放。在服务领域中国所承诺的扩大开放超过了大部分 WTO 成员。因此，国际竞争对中国技术变化和管理效率所产生的正面激励不只限于制造业，而且也日益扩大到服务业。"②

（4）国际市场规则约束和加入 WTO 承诺履行促进产业改变竞争方式，产品质量提高，档次提升。例如，纺织服装业是中国具有优势的产业，WTO 成员在中国加入 WTO 时附加了一些限制中国出口过快增长的约束条件。如何在这一条件下实现中国纺织与服装业的发展是中国产业的关键问题。这些约束促使中国纺织业走上了一条技术创新、品牌开发、提高附加值和注重国际营销，改变单纯依靠廉价劳动力的发展道路。

（5）知识产权保护力度加大，为中国自身技术进步创造了良好环境。尽管中国目前大力保护的知识产权大多属于外国企业，但保护知识产权的根本利益在于有利于中国自己，因此由加入 WTO 而带来的这种国际规则约束从长期看正是促进着中国的技术进步。加入 WTO 后中国对知识产权保护的力度不断加大。知识产权案件的持续大幅增长和审判领域的不断拓展，不仅体现了我国知识产权保护事业的快速发展，而且反映出全社会对知识产权司法保护的强烈需求和充分信赖。③

对于加入 WTO 对中国经济发展的积极作用，WTO 贸易政策审议机构指出："1978 年以来中国人均 GDP 近 9 倍的增长和贫困人口的急剧下降清楚显示了将更自由的贸易与投资政策与广泛的宏观经济与结构改革相结合在推动经济发展中的价值。"④

C. F. 伯格斯坦等认为，30 年来，中国令人震惊的增长有五个关键因素：一是拥抱

---

① 到加入 WTO 五周年时，15 个国家和地区的 47 家外资保险机构在华设立了 121 个营业机构。世界上主要跨国保险金融集团和发达国家的保险公司都已经进入中国；外资公司保费收入比加入 WTO 前增长了约 9 倍。引自《保险业：后来居上百姓受益》，2006 年 12 月 11 日新华网。http：//news. xinhuanet. com/fortune/ 2006 – 12/11/content_5467555. htm。

② Nicholas R. Lardy: Trade Liberalization and Its Role in Chinese Economic Growth, Prepared for an International Monetary Fund and National Council of Applied Economic Research Conference "A Tale of Two Giants: India's and China's Experience with Reform and Growth" New Delhi, November 14 – 16, 2003.

③ 2002 年至 2006 年的 5 年间，全国地方法院共受理和审结知识产权民事一审案件 54321 件和 52437 件，同比 1997 年至 2001 年的前 5 年增长了 145. 92% 和 141. 99%；同时，知识产权审判领域也明显拓宽。引自《入世五年中国知产案件持续大幅增长》，新华网 2007 年 1 月 18 日。http：//news. xinhuanet. com/misc/ 2007 – 01/18/content_5622562. htm。

④ World Trade Organization: Trade Policy Review Body: Trade Policy Review Report by the Secretariat, People's Republic of China, Restricted WT/TPR/S/161, 28 February 2006. http://www. wto. org/english/info_e/search_results _e. asp?SearchItem = WT/TPR/S/161.

了市场的力量；二是经济开放发展贸易和引进直接投资；三是高水平的储蓄率和投资率；四是劳动力市场的结构转型；五是对基础教育的投资。[①] 毫无疑问，其中前三个因素直接与对外开放相关，后两个因素则间接相关。

（三）世界经济环境的变化与中国开放型发展的新主题

改革开放使中国抓住了经济全球化的历史机遇，实现了崛起。30 年来，经济全球化的大发展极大地改变了世界经济格局，今天中国所处的国际环境已经发生了重大变化。近年来，当中国对外经济关系面临各种新的矛盾与挑战时，摆在我们面前的问题是：历史机遇是否已经过去？外部挑战是否已经升级？新的发展空间又在哪里？

30 年来，不仅世界经济发生了重大变化，而且中国自身也发生了历史性的变化。中国的变化不仅更大，而且还深刻地影响了世界，在一定程度上改变了世界，从而使世界以新的方式对待中国。因此，今天我们需要关注的不仅包括世界经济外部环境的绝对变化，而且要关注中国与世界经济关系的相对变化。

中国的巨大变化导致了世界经济格局的变化，从而中国也就处于一种新的国际环境之中。这一点决定了，中国今天的发展已经不能只从经济战略出发，而且需要为经济战略的实施而推进外交战略，只有这样才能使经济开放战略和参与经济全球化达到一个新的高度。

30 年来，世界经济的变化至少包括以下 10 个方面。

1. 经济全球化从功能性走向制度化，中国从体制外进入体制内

20 世纪最后 20 年世界最大的变化是经济全球化。从 1986 年开始的乌拉圭回合谈判，使关税与贸易总协定（GATT）发展为世界贸易组织（WTO），经济全球化从促进公平自由的货物贸易发展为包括服务贸易、知识产权保护和争端解决机制等在内的全面的国际经济制度化安排。伴随着这一进程，中国也从体制外走到了体制内，既更加全面公平地享受全球化的利益，也开始接受体制规则与承诺义务的约束。在经济全球化的发展中，一方面建立了 WTO，另一方面其进一步发展又受到障碍，区域和双边自由贸易区迅速发展。

加入 WTO 既有利于中国利用经济全球化，坚持开放政策，也使中国在各项具体开放政策和发展战略的选择上受到外部约束。中国必须在履行承诺和遵守规则的基础上扩大开放，按照市场经济的原则推进改革，根据国民待遇原则促进发展，从而在一定程度上限制了完全从本国情况和需要出发的开放路径与发展政策选择。这一变化甚至向中国的体制模式提出了质疑：政府具有强大职能的"发展导向型"市场经济体制需要按照 WTO 规则来规范。尽管转变政府职能本来就是中国的改革重点，但全球化自由竞争规

[①] C. Fred Bergsten, Bates Gill, Nicholas R. Lardy and Derek Mitchell: *China: The Balanced Sheet*, Public Affairs, New York 2006, p. 19.

则却更加严格地限制了政府在经济发展中的积极作用。发展政策与 WTO 规则间的摩擦是当前中国发展中的一个主要问题。

WTO 是全球多边经济贸易合作的重要舞台。在 WTO 中发挥积极作用，是国家开放战略的需要，也是国家整体外交战略的需要。中国既要深化改革，适应全球化体制，又要利用规则，开拓新的发展空间，这是中国下一步应对全球化的重点。中国要作为一个负责任大国，在推动多边贸易体制谈判中发挥积极作用。这是中国提升国际经济政治地位的重要平台。要在外交与经济的结合上推进这一战略。中国要更加熟悉 WTO 规则，在 WTO 的发展中发挥自己的积极作用，使自己获得作为一个成员更大的利益，实现义务与权利的对等。

2. 开放战略的普遍化对中国现行发展模式的挑战

20 世纪 70 年代以前，东亚等为数不多的国家和地区依靠开放型发展战略取得了成功。这些发展明星成为广大发展中国家榜样，开放政策从少数国家的选择转变为大部分国家的发展道路。80 年代末冷战结束后，又一批国家走上市场经济道路。进入新世纪，出现了"金砖四国"、"展望五国"和"新钻十一国"等一大批发展新星。"和平与发展"的时代特征更加显著。①

受已有水平的约束，这些国家普遍采用的是鼓励外资流入和扩大劳动密集型产品出口的开放型发展战略，战略的相似性使世界经济出现了新的局面，也使中国开始面临发展竞争的挑战。尽管新中国探索发展道路艰难曲折，但 1978 年选择开放型发展战略在大部分发展中国家中仍然是较为领先的，这使中国获得了 20 多年难得的发展机遇。当中国大量劳动密集型产品已经构成对世界压力的时候，更低成本的生产开始在其他国家出现。当中国力图提升外资结构与效益的时候，更多国家提高了引进外资的力度。中国需要将自己推进到科学发展新阶段，更好地保护环境，实现可持续发展，同时仍然需要以外资来创造就业扩大出口。内部提升的需要和外部环境的变化从两个方面挤压着中国现行的开放模式，使与其他发展中国家在吸引外资和扩大出口的竞争上相对不利。

面对新的国际发展环境，从经济上说，中国需要提升开放型发展战略，而不是延续低水平的开放模式。这不仅符合中国自身的发展要求，也能减少与后起发展中国家的低水平竞争。中国需要推动与亚太地区其他新兴市场经济体和发展中国家的合作，与世界各地区国家双边自由贸易区的合作，以增强相互间的市场开放和互利共赢，减少低水平竞争。区域性和双边自由贸易区是中国推动与各国和谐发展的基本道路。

3. 跨国投资的大发展和产业国际化挑战民族产业

30 年来，发达国家鼓励对外投资和发展中国家鼓励外资流入的政策使跨国投资从

---

① 金砖四国（BRICs-4）：巴西、俄罗斯、印度和中国；展望五国（VISTA-5）：越南、印度尼西亚、南非、土耳其和阿根廷；新钻十一国（Next-11）：墨西哥、印度尼西亚、尼日利亚、韩国、越南、土耳其、菲律宾、埃及、巴基斯坦、伊朗和孟加拉国。

局部现象发展为普遍形式。跨国公司已经成为与经济全球化相适应的企业微观组织形式并被广泛采用。跨国公司的大发展产生了两个重要结果：一是其实力日益强大而对世界经济形成决定性的影响，不仅富可敌国而且强可敌国；二是产业国际化程度日益加深，各国的研发生产与经营只是其全球价值链中的一个环节。世界大跨国公司日益深刻地影响着东道国的战略与政策选择，使后者的所谓发展常常只是其全球战略的一个组成部分。这种影响不仅包括经济谈判，而且包括政治压力。其影响东道国的方式不仅包括绿地投资，而且越来越多地采用跨国并购。东道国的发展可能在很大程度上是 GDP 意义上的而很小程度上是收入提高和产业进步意义上的。

30 年来，中国从探索开放、吸收外资发展为全球跨国投资体系和生产体系之中的一员，利用外资也从补偿贸易等初级形式发展为大规模高技术外资项目和总部经济等高级形式，产业国际化程度大大提高。然而，中国的发展问题也相应地从如何启动发展转变为如何有效发展。可以说，没有外资的引进也就没有中国过去 30 年的成就。但是，在实现了发展的初期目标以后，发展起中国自己的现代化产业，在国际化产业中拥有高附加值的价值链，已经成为一个新的目标也是十分紧迫的问题摆在我们面前。我们不能把中国国土仅仅作为世界大跨国公司竞技的舞台，而自己只充当配角和观众，尤其是今天，当世界大跨国公司已经把控制中国市场作为目标，甚至采用并购等方式迅速消灭中国竞争者的时候，中国如何既坚持开放，又切实实现更高意义上的发展，尤其是有巨大战略意义和利益的产业的发展，是我们所面对的最大挑战。

中国需要坚持开放。对付跨国公司全面控制中国市场的战略企图的根本原则不是简单地抵制，而是以反垄断法来维护中外资企业的共同发展环境，以开放推动公平有序的竞争来实现中国产业的进步。与此同时，对于事关国家安全和经济安全的重要产业，对于事关长期发展有重大利益的战略性产业，我们仍然需要一定程度和一定时间的保护。这不仅需要对外经济政策的支持，而且需要外交战略的配合，从国家安全的高度战略上规划这些问题。如同发达国家防止敏感技术流出进行政治审查一样，我们有必要对重大的跨国并购进行战略评估。

4. 新一轮产业转移形成新的发展竞争

国际产业转移是经济全球化的一个重要内容。20 世纪最后 30 年国际产业转移出现了历史性的高潮，传统产业和劳动密集型产业从发达国家和新兴市场经济体向发展中国家转移。目前，在很大程度上可以说转移已经基本完成。这一转移也包含着各种高技术产品价值链中的制造环节特别是低附加值制造环节从前者向后者的转移，从而构成了今天世界的"研发—生产分工"的基本格局。

中国抓住了这一历史机遇，就在于借助这一转移成为世界制造大国，承担起了"研发—生产分工"中的制造职能。但是，随着又一批发展中国家的崛起和中国沿海劳动力成本的上升，新一轮产业转移正在开始。一方面是劳动密集型产品正在流向成本更低的国家和地区，另一方面是中国能否使各种高技术产品的高附加值价值链进一步转入中国，也已成为当前发展的核心问题。

在完成了前一轮产业转移后，近年来中国力图在引进外资中推进科学发展，提升产业结构，保护劳工权益，但是这引起了一些跨国公司的误解，认为中国改变了开放政策。这需要我们积极对外阐明中国的发展战略，对中国日益注重保护劳工权益、节约资源能源、创造公平竞争的政策进行必要的解释，证明科学发展有利于中国更有利于世界，让世界了解中国。另外，随着一些外资的撤离也产生了一些投资摩擦问题需要妥善解决，以维护中外双方的合法权益，维护中国的投资环境。

5. 信息化与科技创新成为竞争的核心

从技术的角度看，过去30年世界发生的最大变化是信息革命与高科技产业的崛起，世界科技竞争日益激烈。信息革命不仅带来了一个全新的巨大的信息产业，而且导致了经济的信息化，改变了经济结构与经济运行方式。世界产业从工业化发展为信息化高科技化。当发展中国家工业化还处于起步阶段时，发达国家已经开始了信息化，发展差距拉大成时代性差距。

中国需要同时完成工业化和信息化的两大历史任务，同时应对市场竞争与科技竞争两场竞争。在国际科技竞争的压力下，在高新技术产业崛起的快速变化中，中国追赶发达国家的任务从传统工业化扩展到高新技术产业的发展。世界科技进步有了重大突破，国际科技竞争向廉价劳动力战略提出了疑问。中国依靠廉价劳动力战略导致经济整体落后更加严峻。

中国的机遇在于利用经济全球化实现工业化和信息化的同时推进，并通过强化自主创新在高新技术产业发展上走出一条从制造向研发扩展的道路来。30年来，中国积累起了一定规模的货币财富，这使我们有可能通过进口获得一部分技术，为从今以后自己的二次创新和集成创新提供更好的条件。但是在技术出口上一些国家对中国实行限制，制约了中国的技术进步。中国需要通过外交突破这些限制，为中国新阶段的发展开辟道路。

6. 资源环境约束与可持续发展问题日益严峻

30年来，由于世界各国普遍走上发展道路，资源环境约束与经济可持续发展问题成为突出矛盾，引起全球关注，气候变暖成为摆在全世界面前的严峻问题。资源和能源的紧缺是世界各国普遍走上发展道路的必然结果，而实现全人类的可持续发展，保护地球也是人类自身进步的表现。

这一变化使中国今天发展所处的国际环境比30年前要困难得多。中国因经济规模大、以制造业为主的发展模式和发展阶段初级性等而处于这些全球性问题的焦点之上。由于全球普遍的增长与发展，资源紧缺，油价上涨，中国发展的外部成本已经大大提高，输入型通货膨胀压力加大，长期表现为国际贸易中相对利益的缩小，财富积累速度的降低。以科技进步优化产业结构，改变发展模式已成为发展的战略方向。

中国要与各国合作共同建设一个可持续发展的世界经济体系，来回答这个人类的共同问题，同时也要从根本上有利于自己的发展。科学发展是国内战略问题，也是开放战略问题。在解决资源能源问题上，除了正确的企业对外投资战略外，外交努力在许多情况下具有根本性的意义。在国内发展战略努力建设资源节约环境友好型社会的同时，中国需要继续全面推进资源能源外交战略。

7. 积极应对增大的国际金融风险与外部冲击

在过去的30年中，国际资金流量显著扩大，金融产品大量创新，一再引发全球性金融危机。20世纪90年代墨西哥金融危机和亚洲金融危机表明，新兴市场经济尽管生产能力迅速增强，但金融体系依然十分脆弱，难以应对国际经济冲击和金融投机。2007年开始的美国次贷危机及其产生的金融海啸又表明，现代发达国家的金融体系中存在着更严重的风险，并会产生巨大的国际影响。次贷危机表明，美国过度发展金融衍生产品，失去有效监管的模式是有害的，虚拟经济的过度膨胀也是有害的。金融海啸以后，国际金融体系将出现什么新的变化将是一个极其重大的问题，需要高度关注。

对中国来说，30年来的开放成就主要体现在生产与贸易领域中，而货币与金融市场的开放仍然没有完成，开放进程必须高度谨慎。即使在尚未开放之时，中国也仍然承受着国际热钱的巨大冲击和国际金融市场动荡的影响，开放面对新的风险因素，也对国内金融业的发展提出了更高的要求。今天中国由于较高的防火墙受外来冲击影响有限，但中国不可能永远保持低水平的金融市场开放，也必然要发展金融衍生产品，面对新风险。同时我们还看到，国际社会对中国在这场金融海啸中发挥更大的稳定作用寄予厚望，中国面对着既要力所能及地承担起国际责任，又要有利于自己发展的新的重大课题。这一课题的难度远远超过了1997年亚洲金融危机时坚持汇率不贬值。

与世界各国合作，建设一个能够容纳不同发展水平国家的有序的国际金融体系，是中国建设国际经济秩序的目标之一，也是中国需要推动建立的更有利的国际金融环境。在抵御全球金融危机中，中国的地位及其所能发挥的经济与金融作用已经成为世界关注的一大焦点。中国需要积极回应国际社会的关切，通过发挥自身的作用提升中国的国际经济与金融地位。一方面要通过维护中国实体经济的稳定健康发展为世界抵御这场危机的蔓延做出贡献；另一方面要通过市场途径发挥中国的资金与制造优势，延伸产业链，提升中国的国际地位，在国际经济体系建设中更多发挥建设性的作用。

8. 持续上升的贸易保护主义与经济民族主义

30年来，全球化的发展导致了国际分工扩大和深化，贸易迅速增长。以中国为代表的发展中国家出口能力普遍提高，而在发达国家中，由于产业结构进步不能容纳加工型低端劳动力，为维护就业保护主义上升。金融危机发生后，一些国家为了自保，贸易保护主义势力抬头，国际贸易障碍进一步增大。同时，由于国际兼并收购扩大，一些国家的民族品牌和重要产业被并购，激发起强烈的民族主义情绪，经济民族主义在全球范围内抬头。

贸易保护主义采用产品质量、卫生标准、技术标准等为手段，对以制造为主参与经济全球化的中国尤其构成障碍，使中国出口困难增大，摩擦增多。中国外贸发展的主题从30年前如何激励贸易量的增长转变为如何减少因过度出口带来的国际压力。在金融危机的影响下，中国提升出口结构面临新的压力和困难。

新形势要求中国以多样化方式参与国际分工，形成更广泛的产业内贸易与互补性分工，减少贸易摩擦。中国要通过建设一个公正合理的国际贸易体系为自己创造一个更宽松的国际贸易环境，推动自由贸易体制向更加公平的方向发展。同时，中国也要努力打破一些国家的保护主义和经济民族主义，配合企业对外投资以跨越贸易障碍，为中国提升发展战略，在发达国家进行跨国并购创造有利的政治与社会环境。

9. 世界各国间继续扩大的发展差距

30年来，尽管一大批国家走上有效的发展道路，但更多的国家依然为发展问题所困扰。世界各国之间的发展差距进一步扩大，发展问题依然是全球性的最大难题。

由于总体规模大，中国发展成就相对突出，从而掩盖了人均依然贫困的事实。这使得中国在仍然需要致力于全面解决国民贫困问题的同时，不仅不能根据发展中国家享受各种特殊待遇，而且还需要承担更多发展援助的义务。在自己的发展问题还没有最终解决的情况下，中国被要求作为一个负责任的大国来行事。

一个公平有效的全球发展体系需要通过各国之间的合作共同建立，中国需要通过推动这一体系的形成发挥自己的作用。在对外投资和援助的实践中，中国企业需要从国际大战略的高度上提高认识，继续探索和推进与东道国互利共赢的发展模式，提高东道国自身发展的能力。中国需要继续履行联合国千年发展目标的责任，包括探索自己国民脱贫的道路，以此为世界做出贡献。要使对外经济援助和投资开发与国家整体国际战略得到更加紧密的配合。

10. 中国改变国际经济格局引起政治反弹

冷战时代结束后，意识形态差异依然存在，冷战思维在一些地方依然占着主导地位，西方右翼势力不能接受一个强大的中国，他们把中国作为遏制对象，中国的经济成就往往引发敏感的政治反弹，把中国的崛起看做对世界的威胁。中国成为西方敌对势力的主要目标，经济发展受到来自西方各种政治势力的阻力。

随着中国深入参与经济全球化，通过"走出去"解决资源能源问题既是中国的需要，也是世界的需要，但却出现了抵制中国国际战略的各种政治行为。中国GDP长期高速增长，经济规模持续扩大，在世界上的比重不断提高，致使每一个政策和战略选择都会受到国际上的高度关注乃至约束。这一切构成了中国继续发展的国际政治环境。

新的国际政治经济格局一再表明中国不可能把经济开放战略与外交战略分割开来，而是要紧密结合起来。开放下的发展使中国有更强大的外交实力和外交空间，而外交又为开放型的发展创造更大的发展机遇和有利条件。新阶段的发展要求中国全面推进国际政治经济战略，倡导互利共赢的开放战略，开展经济外交，以外交配合"走出去"战略，推动建设和谐世界。外交要为建立客观友善的舆论环境服务，从而为中国企业走向世界创造更有利的环境。中国从国家政策到企业战略都要以自己的实践让世界更加清晰地看到，一个繁荣强大的中国对世界是有利的。

2008 年 7 月，国家主席胡锦涛在 G8 同发展中国家领导人对话会上，就促进世界经济均衡、协调、可持续发展提出了 4 点建议：第一，建设可持续发展的世界经济体系；第二，建设包容有序的国际金融体系；第三，建设公正合理的国际贸易体系；第四，建设公平有效的全球发展体系。① 这是中国政府关于国际经济体系建设的新的一次更具体的倡议。我们有理由相信，一个经历了 30 年辉煌发展，对人类繁荣与进步高度负责的中国，一定能够为世界做出更大的贡献。

二、中国在国际体系中地位的历史性变化

30 年来中国在国际体系中的地位发生了历史性的变化。这个历史性的变化集中反映在中国选择了一条和平发展的道路。这是 30 年来中国对外战略取得巨大成功的根本原因。

中国选择和平发展道路是基于对历史经验的反思。反思之一：新中国成立以来长期处于被遏制被包围的国际环境，严重地影响了中国的经济建设和人民生活水平的提高，拉大了中国与西方国家的差距，滞后了中国实现社会主义现代化目标的进程。造成这种长期恶劣国际环境的原因来自外部和内部、客观和主观两个方面。和平不够，发展不够，是新中国成立后 30 年的基本教训。吸取这两个历史教训，才可能走上一条全新的发展道路，才有可能在资本主义占据优势的世界体系中赢得中国的发展空间。

反思之二：苏联作为世界上第一个社会主义国家，一度成为世界上国力最强大的国家之一，并领导着占据世界人口 1/3 的社会主义阵营。但是苏联与外部世界始终处于战争和对抗状态之中。苏联不仅与西方阵营进行了世界大战和长期冷战，甚至对社会主义国家也动辄使用武力，导致社会主义阵营分裂；还在全世界扩张军力，与美国争霸，在输出革命的名义下发动对外战争。导致国力空虚，经济崩溃。最后结果是全盘解体。苏联教训对于中国极为深刻，中国绝不能重蹈苏联的覆辙。

反思之三：世界上大国崛起的不同道路导致完全不同的历史后果。其中最主要的是19 世纪末到 20 世纪上半叶的德国和日本，走的是一条军国主义、疯狂扩军备战、挑战现存国际体系的崛起道路，成为两次世界大战的策源地。对世界历史和本国人民带来巨

---

① 《胡锦涛出席 G8 同发展中国家领导人对话会并发表重要讲话》，新华网 2008 年 7 月 9 日，http：// news. xinhuanet. com/newscenter/2008 - 07/09/content_8516583. htm。

大的历史性灾难。战前的德国模式和日本模式都是典型的迅速崛起又彻底失败的模式，证明在世界体系已经形成的历史条件下，以军事结盟挑战现存国际体系、重新瓜分世界、夺取霸权的道路是行不通的。中国当然不能仿效德国和日本在战前的扩张战略。

反思之四：美国的崛起道路虽然并非和平，但是它没有挑战当时的霸权英国，而是抓住机遇，发展自己，在英国衰落并有求于美国的时候，适时地帮助霸权国家，最终和平地实现霸权转移。美国的经验不可复制，但是其成功之处不可忽视。第二次世界大战后的德国通过欧洲一体化、日本通过美日同盟和亚洲市场实现和平复兴，分别达到世界经济第二、三位强国。这些国家崛起的成功经验，我们不可能模仿，因为外部环境和国家性质不同。但是，至少可以证明，后起大国与现存国际体系并不总是处于对抗状态，这是中国和平崛起不能不借鉴的。

和平发展道路是中国特色社会主义道路的本质特征之一。党的十一届三中全会决定实现党的工作中心转移到实现社会主义现代化的历史任务上来，为此，必须争取一个长期和平稳定的国际环境。这是中国特色社会主义的起点，也是中国和平发展道路的起点。在这个起点上，邓小平概括了中国特色社会主义的两大特征，即"主张和平的社会主义"和"发展生产力的社会主义"。"和平"与"发展"这两大要素就成为中国区别于其他社会主义模式、根本不同于霸权主义的本质特征。经过 30 年的伟大实践，中国共产党把和平发展与科学发展、和谐发展结合起来，形成三位一体的科学发展观，从而构成中国特色社会主义的完整体系。

和平发展道路是对时代特征和历史机遇期的大判断。30 年来，中国共产党人始终在求和平、谋发展。"和平与发展"从当今世界的两大问题，到当今时代的两大主题，到中国的和平发展道路，逐步从对世界格局与时代潮流的客观判断，转化为对中国发展道路的主观选择和价值判断。邓小平提出争取 20 年和平时间，确保经济总量翻两番。按照这个战略思维，中国提前 10 年走出冷战格局，结果是我们实现了第一个发展战略目标。此后，党中央又判断中国处于战略机遇期，为我们全面建设小康社会再争取 20 年和平，以确保实现第二个发展战略目标。第二个"20 年和平"已经过去近一半，实现第二个发展战略目标的条件越来越充分。在这个阶段上，产生了一个新的重要条件，就是中国的发展成为世界和平的关键因素之一，成为世界发展的历史机遇。中国和世界已经完全不可分离。

和平发展道路规定了中国与世界相互关系变化的基本方向。和平发展道路已经为中国赢得了整整 30 年的发展时间，中国的面貌已经发生了如此大的历史性变化。如果我们继续坚持这条道路到 2050 年，中国的面貌和世界的面貌将发生更大的历史性变化。因此，和平发展道路符合中国最大多数人民的最大利益，同样也符合世界上大多数国家和人民的利益。中国不可能放弃这条道路，只能坚持并不断开拓这条道路。即使到 2050 年以后，中国走和平发展道路仍然不会动摇，因为那时中国的利益与世界各国的利益将更紧密地结合在一起。中国坚持和平发展道路将是世界范围的"福音"，而放弃和平发展道路则将成为世界范围的"灾难"。这就是中国共产党带领中国人民所做出的最重大的历史选择。

30 年来，中国国际战略思维发生了根本变化。由于战略思维的出发点改变了，独立自主的和平外交路线取代了革命外交路线，形成了一系列重大的战略概念和策略原则。除了"和平与发展"时代主题、和平发展道路这两个最高层面的战略选择以外，还有"韬光养晦、有所作为"的战略策略原则；"国家利益"与"共同利益"的相互转化；"睦邻友好"到"和谐世界"的环境塑造；"大国是关键，周边是首要，发展中国家是基础，多边是舞台"的战略布局形成和战略重点展开；还有其他一些重大概念，如"搁置争议、共同开发"、"新安全观"、"负责任大国"、"利益相关者"、"融入全球化"和"参与建设国际体系"等等。中国的战略思维创新为构建中国特色的国际政治经济理论体系奠定了基础，为中国取得国际话语权创造了条件。

30 年来，中国外交领域不断扩大和深化，正在形成优势组合、形式多样的整体外交。随着中国市场潜力和国际竞争力的不断提升，经济外交在国家外交中的分量越来越重。由于中国对世界和平与发展的贡献越来越大，多边外交成为中国外交最为活跃的领域。大国外交稳步推进，战略伙伴关系和战略对话平台成为中国与各类大国进行战略利益协调的主要形式。涉台外交取得阶段性重大成果，巩固和扩大了以"一个中国"原则处理两岸关系的国际格局。军事外交打开局面，通过两军交往，有效地化解"中国威胁论"。文化外交丰富多彩，为提升中国国际形象、改善国际舆论环境开辟了广阔空间。环境、能源、反恐、卫生等非传统领域的外交活动，体现了中国作为"负责任大国"的行为准则。民间外交异军突起，作为"第二轨道"的生力军作用不可替代，形成了极其广泛的国际友人网络。

30 年来，中国对外战略成功的关键之处就是紧紧抓住一系列重大战略机遇，牢牢掌握战略主动权。其中包括：1979 年中美建交的同时提出海峡两岸和平统一的方针，为中美关系、两岸关系的长期发展确定了基调。20 世纪 80 年代初从"一条线"战略策略调整为"独立自主的全方位外交"，避免中国成为其他大国战略的棋子。20 世纪 90 年代初提出"二十四字"方针并扩大对外开放，在苏东剧变后防止陷入西方围堵的战略被动境地。20 世纪 90 年代末东亚金融危机中保持人民币不贬值，推动东亚地区合作进入新阶段。世纪之交，中国完成加入世界贸易组织的谈判进程，迅速上升成为名列前茅的世界贸易大国。"9·11"事件后利用非传统安全威胁上升，与美国形成新的共同利益。举办 2008 年北京奥运和 2010 年上海世博会，实现中国软力量和国际形象的战略突破。此外，还有台海危机、朝核危机、能源危机、中东冲突等重大国际事件，都由于中国的负责任行为而转化为战略机遇。在 30 年的时间里，中国转"危"为"机"，屡创奇迹，其中奥妙，值得深思。

美国爆发金融危机以及由此产生的国际体系转型，为中国在国际体系中的地位上升提供了新的机遇。国际体系和地缘政治正在发生冷战结束以来的最大变化，某些方面甚至超过苏联解体的影响。其中最重要的变化就是"一超多强"的大国格局加快向多极化转变。国际力量呈现重新组合的多种前景，大国关系呈现复杂化的变化趋势。以美国为首的盟国体系出现新的组合，欧盟经济恶化导致欧美关系出现新的裂痕，欧元与美元主导权之争公开化；美俄地缘政治较量长期化，欧俄在北约—欧盟东扩问题上时而对峙时而妥协；美日关系降为第二层次的地区战略合作关系，日本进一步向亚洲区域合作靠拢；与西方发达经济普遍衰退相对，新兴大国对世界事务的话语权和创制权有所提升。中国在其中越来越具有东方和西方、南方和北方之间促进对话、加强协调的稳定角色。

美国难以支撑国际体系所需要的国际公共品和成本，需要其他国家特别是新兴大国家分担成本。这次金融危机引发了全球化负面因素的集中爆发，暴露了旧国际秩序的严重弊端和全球治理体系的严重不足。国际体系改革的方向是通过大国合作协调机制逐渐过渡到全球治理体系。在这个长期过程中，整个国际体系充满着各种力量的重新组合和复杂竞争。长期性和渐进性是当代国际体系转型的重要特点，即使在金融危机发生后，这个特点依然存在。中国改革开放 30 年的经验就是渐进性改革，现在要把这种经验应用到国际体系转型上去。这对于中国在国际体系中的地位变化具有重大意义。

金融危机也改变着国际体系转型的方向和速度。国际货币—金融体系转型成为国际体系转型的主要领域或突破口。未来的国际体系在很大程度上取决于国际货币—金融体系是"一元、二元或三元结构"，还是新的"世界货币体系"。"一元"即维持美元本位体系；"二元"即美元—欧元双本位体系；"三元"即美元—欧元—亚元（或人民币）的三足鼎立结构。无论是哪一种结构或者体系，人民币在其中的地位都将显著提高。中国将积极参与国际货币—金融体系的改革与转型，与此同时加快人民币国际化的进程；加快亚洲金融合作机制的建设；加快中国从贸易大国向资本大国的转变。

金融危机也关系到国际经济体系其他领域的改革和转型。国际贸易体系将面临保护主义还是自由贸易的较量，多哈回合继续受阻。西方以"气候、环境、生态、能源、太空"等为主题，形成新的全球治理体系。在贸易领域和气候—能源领域，中国可能遇到的挑战大于机遇。西方可能在这两个领域联手对中国施压，也可能成为西方传统大国与非西方新兴大国较量的两个主要领域。即使面临这些挑战，中国也应当将压力转化为提高国际竞争力、可持续发展能力和国际责任承受力。

在国际体系转型过程中，中美关系不仅是最重要的双边关系，而且是国际政治经济格局最重要的稳定力量之一。在金融危机过程中，美国一些战略家提出的"中美共治论"值得注意。这反映出美国在金融危机后的双重战略。一方面，在全球层面上提出"中美共治论"，要求中国承担更大责任；在地区层面上，强化"中国威胁论"，推行"离岸均势"。"中美共治论"是"利益攸关方"和"中国责任论"的新发展，反映了金融危机后中美相互依存度出现逆转。中国与美国的利益相关度在金融危机后进一步提高，从商品的市场相互依存发展到资本的金融相互依存乃至货币稳定的相互依存。从正面看，中美两国不得不关注对方的核心利益；从负面看，中美可能形成"金融恐怖平衡"，双方都具有在经济上给予对方致命打击的手段。在全球经济事务方面，中美共同利益将不断扩大，客观存在着共同治理的内在需求。在地区安全方面，中美具有保持地区秩序稳定的共同利益，同时也存在地缘政治的战略目标冲突。在制度模式和价值观方面，中美存在着根本分歧，但是共同点正在出现并可能上升。如果中美不能构成利益共同体，世界的稳定和安全将长期处于不稳定状态。因此，最大的发达国家和最大的发展中国家之间需要通过中美战略与经济对话的途径达到对全球议题的基本共识，进而全球治理体系建设提供更大范围的共识。

然而，中国应当清醒地认识到自己在国际体系转型中有两个重大制约：一是我们仍不具备对国际体系重大规则的话语权和创制权，还需要长期培养这方面的能力；二是美国霸权衰退过快对中国总体利益不利，中国在世界市场运作和国际安全保障方面还不能提供足够的公共品。这两条决定着中国应始终扮演国际体系的参与者、建设者、维护者的角色。而且，由于美国的地位和能力出现下降趋势（无论是暂时的还是长期的），国际社会更加关注"中国责任"和"中国能力"上升，西方主流媒体或者抓住其中的某些事实加以夸大，以偏赅全；或者颠倒因果关系，把中国归结为危机发生的根源；或者对中国在金融危机发生后的正常行为加以扭曲解释，造成"中国威胁上升"的假象。中国在软力量和国际形象领域受到"软遏制"的危险始终存在。这也是中国在国际体系中地位的基本特点之一。对此，我们不能忽视其深远的战略影响。

总之，我们确实面临抓住战略机遇、实现战略突破的极佳时机，必须坚持和平发展道路，坚持"有所作为、韬光养晦"；必须十分警惕、十分谨慎、十分稳妥地处理战略和策略的重大突破，防止在国际体系转型的重大历史时刻把我们自己变成矛盾的焦点，特别要防止已经产生裂痕的西方阵营重新"联手制华"。

过去 30 年，我们打开国门，从中国看世界。未来 30 年，我们融入国际体系，让世界看中国。中国与世界的关系将发生更加深刻的变化。中国和平发展道路面临更广大的空间和机遇，也存在着更严峻的挑战和问题。或许我们今天的眼光已经过于短浅，无法描述未来 30 年中国与世界将要发生的变革。但是，有一点可以确信，中国和平发展道路的方向不会变。有了这条道路，中国与世界的共同点将越来越多，成为真正的"地球村"；中国与亚洲将和衷共济，成为真正的"利益共同体"；海峡两岸的中国人将拆除所有障碍，成为真正的"中华大家园"。世界还会发生各种危机和冲突，不同人群之间还会产生误解和分歧。但是，中国人对世界的理解更加全面了，各国人民对中国的了解更加深入了；中国为世界和平与人类发展提供的物质财富和精神财富更加充分了。为什么我们可以如此乐观地预测未来，因为中国的和平发展道路是我们的唯一选择。30 年来，这条道路为中国和世界创造了如此大的机遇，30 年后它将为人类带来更大的机遇。

三、2008：中国在悲喜之间总结成就迎接挑战

2008 年，似乎注定了这是中国历史上不平凡的一年。在这一年，发生了太多让国人刻骨铭心的事情，也让国人经历了太多的悲伤与喜悦。回首这一年，我们有太多的记

忆值得采撷。

2008 年，是中国改革开放 30 周年。回首波澜壮阔的改革历程，中国实现了从高度集中的计划经济体制到充满活力的社会主义市场经济体制的伟大历史转折，实现了从封闭半封闭到全方位开放的伟大历史转折，取得了经济持续高速增长、综合国力大幅提升、人民生活不断改善的巨大成就，在对外开放与国内改革的互动中创造了增长奇迹、实现了经济腾飞，国际经济地位空前提升，从一个地区性大国逐渐变成一个新兴的世界强国。在这场革命中，中国把握经济全球化的历史机遇，充分发挥改革与开放的双轮驱动作用，以国内改革形成参与经济全球化和国际竞争的体制优势，又以积极应对全球化挑战和开放中的瓶颈与障碍来进一步推进国内相关领域改革，极大地激活了国内的要素市场，优化了资源配置，推动中国经济实现快速发展，取得了令世界各国惊叹的增长奇迹。在短短的 30 年时间里，中国已经从一个封闭半封闭的经济体，变成了开放程度最高的发展中经济体之一，基本形成开放型经济大国形态。在深化改革和扩大开放的过程中，随着国民经济持续快速发展，我国综合国力显著增强，国际地位和国际影响不断提升。改革开放 30 年的伟大成就，为我们党、我们国家、我们人民继续前进奠定了坚实基础，也在国际上奏响了中国特色社会主义的美妙乐章，中国因素、中国影响、中国效应，吸引了世界关注的目光，国际政要、知名人士、各大媒体从不同角度对我国改革开放的历程、成就和发展之路进行了评价与分析。世界关注、国民期盼，中国在科学发展、和谐发展、和平发展的理念指引下，踏上了改革开放新的征程。

2008 年，也被誉为中国的"成人年"。因为在这一年的 8 月，举世瞩目的全球体育盛会——第 29 届奥林匹克运动会在北京圆满举行。中国不负众望，克服筹备阶段的外部因素影响，积极应对、精心准备，最终以堪称完美的开闭幕式与精彩、和谐的赛事，为全球奉献了一届成功的奥林匹克盛典。北京奥运的成功，使中华民族的百年奥运梦想得以实现，而此次盛会背后的潜在含义，更使世人回味。北京奥运作为全球顶级体育赛事，在取得改革开放 30 年成就的中国举办，具有标志中国崛起的象征意义。在奥运辉煌的成功和中国体育军团荣登金牌榜首的背后，折射出改革开放 30 年积累、锻造出的政治、经济、文化、外交、体育实力。北京奥运在内外相对不利的环境下依然取得了世人公认的成功，展现了中国作为成熟大国的强大实力与发展的稳定性。北京奥运会所表现出的中国对世界的贡献也为世人所称道。奥运会极大地推动了中国与世界的交往，向世界展现了中华民族的古老文明，丰富和发展了奥林匹克的文化元素。这些对奥运事业乃至人类文明所做出的积极贡献，充分体现出中国信守承诺、努力推动和谐世界构建的大国责任。

2008 年，也是中华民族实现飞天梦想的重要一年。"神舟七号"的成功不仅实现了"神七"满载荷的太空飞行和试验，而且实施了中国首次太空行走，释放了伴飞的微型卫星，这些都是中国航天的新突破。而且，从飞船和火箭的设计来看，"神七"也都有很大的进步。国际主流舆论对中国"神七"的成功给予了肯定和赞扬，认为中国航天的巨大进步为人类探索太空做出了贡献，肯定了中国航天事业的意义，普遍认为"神七"飞天是一次和平利用太空的探索，发出了邀请中国参与国际空间技术合作的呼吁，同时，也客观地认为中国的太空技术与西方大国相比还有一定的差距。当然，也存在一些别有用心的宣传，如渲染中国航天事业的快速发展引起国际竞争，"神七"具有军事色彩等。中国发展航天事业的根本出发点是和平利用太空，为国民经济和社会发展服务，这体现在中国航天发展规划的任务设定上，多年来中国也一直在积极参与和平利用太空的国际合作，促成亚太空间合作组织的建立。当然，中美之间，以及亚太地区在太空技术领域也确实存在着竞争。

2008 年，是增长强劲的中国经济遭遇了空前困难和挑战的一年。尽管此前各界对于将要面临的困难都有所准备和预计，但是，经济实际运行结果仍旧超出了大多数人的预料。这是因为，我国经济遇到了前所未有冷热迅速交替的冲击。上半年，由于担心通货膨胀和经济过热，实行了稳健的财政政策和从紧的货币政策。下半年，美国金融海啸引发的全球金融危机与全球经济低迷导致我国外需出现了快速下滑，经济增长的另一支柱也面临坍塌。此外，国际大宗商品价格的巨幅波动和热钱大规模流入与流出也给我国经济平稳运行增添了调控的难度。正是在内忧外患的双重夹击下，我国宏观调控政策也发生了转向，积极的财政政策和宽松的货币政策同时实施凸显了经济中的困难，也传递了政府保经济增长的决心。

2008 年，是全球金融海啸开始肆虐的一年。2008 年以来，美国次贷危机深入发展，不仅危机本身已经迅速演变与升级为一场世纪性的全球金融风暴，使国际金融体系遭受重创，而且其影响也已经蔓延至实体经济领域，并导致世界经济的衰退。这场愈演愈烈的金融危机对中国以及世界经济影响深远，中国面对危机也采取了及时果断的应对措施。同时，中国还积极参与国际社会合作稳定国际金融市场，并努力推动国际货币体系的改革进程。"中国信心"对重振世界经济具有重要的积极影响。中国经济的平稳较快增长对世界经济复苏将起到重要作用，这也突出反映了中国国际地位的迅速提高。另外，金融危机同样给中国带来了机遇。尤其是推进人民币国际化战略不仅适逢其时，而且对于进一步提升中国在未来国际金融秩序中的影响力和话语权具有重大的战略意义。

由于金融危机的影响，2008 年，是中国对外贸易面临严峻挑战的一年，增长瓶颈初现端倪，贸易发展势头有所折冲。一方面，原材料价格上涨、政策性"压顺差"、人民币升值与金融危机形成四面压力，集中在 2008 年下半年释放出来；另一方面，国际上贸易保护主义抬头，外贸环境恶化，保增长压力大，国内企业竞争格局开始发生巨大变化，产业结构亟须调整。如何保持中国外贸平稳较快发展，增强抵御风险的能力，促进贸易结构的转型升级，是新时期中国对外贸易的主要命题。必须特别肯定的是，在这样困难的形势下，中国仍然表示出乐于合作、共抗危机的立场。同时，有意识地调整贸易政策和寻找扩大内部市场，也是未来政府调控外贸的重要手段。

在引进外资方面，国家在 2007 年和 2008 年先后出台了一系列新的投资贸易政策，使部分中小型外资企业承受了一定的成本压力。同时，2008 年国际金融危机的爆发，也引发了跨国公司在全球包括中国的战略调整。在国际国内投资环境发生重大变化的情况下，一方面，2008 年中国部分地区吸收外资出现了非正常撤离的情况，引起了社会各界的广泛关注；另一方面，随着中国市场逐渐成为外资的战略要地，跨国公司在中国的并购活动也日益频繁。特别是近年来，以跨国公司为主体的外资凭借其强大的资本优势，加紧在中国实施并购，而且目标多集中于中国各行业的龙头企业，对中国的国家经济安全造成了一定影响。2008 年反垄断法的实施在一定程度上将对外资并购中国企业起到规制作用，但仍然存在需要进一步完善的地方。

2008 年的两岸关系在经历了紧张对立状态之后出现了新的转折，一个和平发展的两岸关系呈现在世界面前。台湾岛内政局发生了积极变化，台湾民众厌倦了贪腐的民进党政权，也反对民进党的台独路线，于是用选票终结了民进党的统治，台独势力受到重大挫折。国民党赢得了政权，两岸关系出现了新局面。两岸在"九二共识"的基础上恢复了海协会和海基会的协商机制，通过协商解决台湾民众所关心的问题。两岸同胞盼望多年的"大三通"终于得以实现。四川地震引发了台湾同胞的深深关注，灾难拉近了两岸同胞的心。北京奥运会的成功举办让两岸人民共同体会了中华民族的荣耀。而大陆赠送给台湾的大熊猫"团团"和"圆圆"终于到达台北，给台湾民众带来快乐。大陆居民也终于有机会畅游宝岛台湾。国共两党对话机制在新的形势下不断深化。2008 年为了共同因应不断恶化的世界金融危机，两岸金融和经贸关系正在形成新的合作框架。这一局面是对 30 年前的全国人大常委会《告台湾同胞书》的一个历史呼应，也是对两岸民众长久期待的一个回报。

2008 年是中国改革开放 30 周年，既是中国对自己过去 30 年发展的总结之年，也是国际社会和舆论对中国进行全方位评估的一个重要年份。作为一个不平凡和不寻常的关键年份，中国的国家形象在这一年里伴随着跌宕起伏的各种重大事件，经受了国际舆论的全方位审视。通过对国际舆论（主要包括国际媒体、政要、学界精英以及民意调查等）中的中国形象的考察，可以得出这么一个结论，即与中国在过去一年里经历的波澜壮阔的一切相应的是，国际舆论对于中国形象的描述也经历了一个此起彼伏的过程。先是对拉萨"3·14 骚乱事件"和奥运圣火传递做出的负面歪曲报道，接着是对中国政府在汶川特大地震后的迅速有效的救灾行动的赞誉，这种对中国的正面看法随着北京奥运会的成功举办而达到高潮，而"神舟七号"飞船成功发射和宇航员首次实现太空行走，再次让国际社会见证中国作为正在崛起的大国所拥有的雄厚实力。综观 2008 年的国际舆论，可以发现，虽然面临着一些西方媒体的批评甚至诋毁，但在中国政府和海内外华人的共同努力维护下，最终向国际社会展现了一个积极的中国形象。世界已经基本接受一个正在崛起的和平、繁荣的中国。

2008 年中美关系的基本面是健康、积极、互利的。两国之间不仅借助各种成熟机制化解分歧、寻求共识，而且不断拓展的共同利益为两国之间的战略合作夯实了基础。台湾问题不再是中美关系中最具爆炸性的问题；在国际金融危机的冲击下，中美两国在经贸方面的相互依赖进一步加深，合作的领域进一步拓宽；在地区安全问题上中美合作广度和深度都在增加。总之，中美关系已经发展到相当成熟和稳健的程度，这是一个不争的事实。但是，在充分认识到中美关系的动力和潜力的同时，也应该意识到任何国家都会有利益冲突和分歧，尤其是大国之间。中国在国力每个方面的崛起已经成了一个不争的事实，两国关系复杂程度已经远胜往昔。虽然中美两国不大可能成为盟友，但它们可以有选择地进行合作并认识到要限制双方分歧造成的影响，在此基础上建立双边关系，这种安排关乎双方的利益。没有中国对于解决全球问题做出的越来越重要的承诺和参与，没有中美两国所做出的认真的合作和努力，就无法应对我们这个时代最紧迫的挑战。

2008 年，中国在多边合作机制中的作用明显提升，主要体现在中国作为东道国的第七届亚欧首脑会议的成果和东亚地区合作机制的新发展。改革开放 30 年来，中国面临的国内外环境发生了深刻变化。适应国际局势的变化，中国通过多边合作机制的平台，承担了更大的国际责任，与其他国家携手共进，践行和平发展道路。在北京峰会上，亚欧国家共同应对金融海啸、可持续发展等全球性挑战，成为中国坚持和平发展、倡导和谐世界的又一意义深远的重大外交实践。适应东亚地区形势的变化，中国在东盟地区论坛、东亚峰会、东盟＋3 等多边机制中都有突出的表现，特别是在非传统安全合作方面，中国首先致力于国内问题的预防和治理，同时注重国际多边合作和预防外交，避免了非传统安全问题向地区和全球的"扩溢"，为东亚的多边合作提供了良好的环境。

2008 年，我国遭遇了多次自然灾害，影响全国范围的如南方低温冰冻灾害、四川汶川地震灾害，其他如东南沿海的台风灾害、黄河凌汛、暴雨洪涝灾害、暴雪灾害等等。其中尤以 2008 年 5 月 12 日发生的四川汶川地震引起国内外关注。面对频发的自然灾害，中国积极采取应对措施，科学应对气象灾害。迅速启动应急预案，各地、各部门协调开展救灾工作；专业救援队伍、全军和武警部队救援人员迅速集结，赶赴灾区；企业、社会组织、群众举国动员，捐款捐物；志愿者涌向支援灾区；中国接受国际救援协助救灾；并设立全国哀悼日纪念大灾难；国内外媒体进入灾区一线对灾难和救灾行动进行了全方位报道。虽然自然灾害造成了重大损失，但是中华民族"振奋精神、坚定信心、自强不息、顽强拼搏、友爱互助、团结一心"，在共同应对灾害的过程中彰显了制度优势，表现了迅速的反应力、全面的动员力、强大的救援力、坚强的凝聚力和开放自信的态度，尤其"以人为本、尊重生命"的做法和积极开放接受国际援助，获得了高度的国际赞誉，增强了国际上对中国的信任，提升了国家形象。

2008 年中国国内发生了多起由于人为原因引发的重大安全事故，三鹿婴幼儿"问题奶粉事件"作为一起重大食品安全事故，是其中的一个突出典型。这些事故的发生，给人民群众的生命财产安全带来了重大损失，在社会上造成了极大的负面影响。但应该指出的是，中国政府和社会通过各种方式和渠道积极应对，且事实证明这些应对措施最终是有效的。同时，通过对重大安全事故的妥善处理，促进了国家制度建设，如重大事故应急机制日益完善、行政问责制逐渐走向成熟、相关法律法规进一步健全、食品安全领域的海外合作不断深入等，这有利于建立起预防和遏制重大安全事故频发的长效机制和法律保障。此外，尽管海外主流媒体纷纷谴责中国国内不法商人的唯利是图和地方政府的监管失责，是造成重大安全事故频发的主要原因，但在中国政府和社会对事故的应对处理方面，给予了积极的评价。

第一章 突飞猛进：
加快改革开放创造中国奇迹

富民强国一直是每个中国人的共同梦想。改革开放以来，在中国共产党坚定不移地引领下，中国积极迎接经济全球化浪潮带来的机遇和挑战，坚定地走上了改革开放的康庄大道。30 年来，中国实现了从高度集中的计划经济体制到充满活力的社会主义市场经济体制的伟大历史转折，实现了从封闭半封闭到全方位开放的伟大历史转折，取得了经济持续高速增长、综合国力大幅提升、人民生活不断改善的巨大成就，将几代中国人矢志追求的现代化梦想和民族复兴进程不断向前推进。当代中国经过漫长而艰难的探索，在对外开放与国内改革的互动中创造了增长奇迹、实现了经济腾飞，国际经济地位空前提升，已经从一个地区性大国逐渐变成一个新兴的世界强国。

一、国内体制改革铸就中国经济发展辉煌

胡锦涛同志在《纪念党的十一届三中全会召开 30 周年大会上的讲话》中指出，近一个世纪以来，我国先后发生三次伟大革命，第一次革命是孙中山先生领导的辛亥革命，这为中国的进步打开了闸门；第二次革命是中国共产党领导的新民主主义革命和社会主义革命，为当代中国一切发展进步奠定了根本政治前提和制度基础；第三次革命就是我们党领导的改革开放这场新的伟大革命，她引领中国人民走上了中国特色社会主义广阔道路，迎来中华民族伟大复兴的光明前景。在这第三次革命中，中国把握历史机遇，充分发挥改革与开放的双轮驱动作用，以国内改革形成参与经济全球化和国际竞争的体制优势，又以积极应对全球化挑战和开放中的瓶颈与障碍来进一步推进国内相关领域的改革，极大地激活了国内的要素市场，优化了资源配置，推动中国经济实现快速发展，取得了令世界各国惊叹的增长奇迹。

1. 改革开放创造中国增长奇迹

1978—2008 年间，中国经济高速增长，年均实际增长率达到了 9.9%，其中第一、第二、第三产业的年均增长率分别为 4.6%、11.6% 和 10.9%，三次产业结构从 28.2∶47.9∶23.9（1978 年）提高到 11.3∶48.6∶40.1（2008 年），三次产业就业结构

从 70.5:17.3:12.2（1978 年）升级为 40.8:26.8:32.4（2007 年）；居民消费价格指数（CPI）年均增长率为 5.7%，CPI 在 20 世纪 80、90 年代出现大幅波动，1980—1996 年间，高增长与高通胀相伴相随，在此期间，GDP 年均增长率高达 10.2%，而同期 CPI 年均增长率也高达 9.0%；中国政府从 1993 年开始实施宏观调控，到 1997 年实现软着陆，从 1997 年开始到 2006 年，进入一个低通胀、高增长的平稳快速增长期，年均 GDP 增长率为 9.3%，而同期 CPI 年均增长率仅为 0.9%；2007 年 GDP 增速达到了一个小高峰，按不变价格计算，比上年增长 13.0%，同期 CPI 为 4.8%①；2008年，在金融危机的影响下，GDP 增长率有所回落，但全年仍保有了 9.0% 的高速增长，同期 CPI 为 5.7%（见图 1-1）。②

（单位：%）

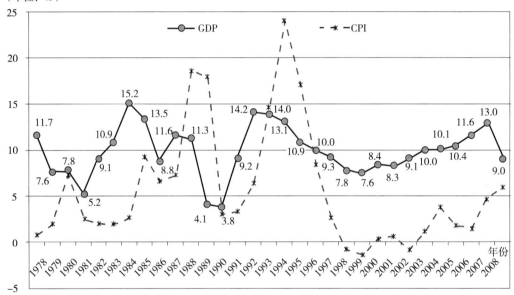

图 1-1　1978—2008 年中国的经济增长速度与通胀水平

数据来源：《中国统计年鉴（2008）》，以及国家统计局关于 2007 年 GDP 数据最终核实结果和 2008 年 GDP 数据初步核算结果的公告。

表 1-1 对中国与世界主要国家和地区的经济增长情况做了对比。1978—2008 年中国的平均增长率为 9.9%，是同期世界经济平均发展水平的 3 倍多，是发展中国家水平的 2 倍多。特别是 2001—2008 年期间，在世界主要发达国家经济增长动力略显不足时，"金砖四国"（BRICs）增长强劲，并拉动其他发展中国家实现较快增长，成为世界经济

① 国家统计局：《关于 2007 年 GDP 数据最终核实结果的公告》，2009 年 1 月 14 日。《中国统计年鉴（2008）》中的 2007 年 GDP 增长率为 11.9%，为初步核实数据，国家统计局公布的最终核实数据为 13.0%，比初步核实数据提高了 1.1 个百分点。

② 国家统计局：《2008 年国民经济总体保持平稳较快发展》，2009 年 1 月 22 日。

保持平稳增长的重要动力，其中中国的增长表现最为抢眼，2001 年以来平均增长率超过 10%。我们知道，世界上许多国家和地区都曾经历过经济的高速增长，比如，日本战后的经济高速增长期是 19 年，年均增长 9.2%；新加坡的经济高速增长期是 20 年，年均增长 9.9%；中国香港的经济高速增长期是 21 年，年均增长 8.7%；中国台湾的经济高速增长期是 26 年，年均增长 9.5%；韩国的经济高速增长期是 30 年，年均增长 8.5%。改革开放以来，我国保持了长达 30 年的高速增长，因而我国的高速增长期已与目前世界上高速增长期保持最长的韩国持平，而且中国的年平均增长速度更高，并将有可能继续延续下去，这已经创造了奇迹。①

表 1－1 1978—2008 年世界主要国家和地区经济增长率比较 （单位:%）

国家和地区	1978 年	1980 年	1990 年	2000 年	2007 年	2008 年	1978—2008 年平均增长率	2001—2008 年平均增长率
世界	4.39	1.83	2.93	4.11	3.77	2.50	3.03	2.99
发达国家	4.45	1.30	3.12	3.83	2.63	1.30	2.74	2.17
美国	5.62	-0.24	1.86	3.69	2.20	1.40	3.00	2.32
欧元区	3.13	2.17	3.56	3.85	2.60	1.10	2.23	1.70
日本	5.27	2.82	5.20	2.86	2.10	0.50	2.48	1.41
发展中国家	4.03	5.21	1.95	5.33	7.80	6.30	4.23	6.05
中国	11.70	7.80	3.80	8.40	13.0	9.00	9.89	10.20
印度	5.71	6.74	5.53	4.03	9.03	6.30	5.73	7.49
俄罗斯	—	—	-3.00	10.00	8.10	6.00	0.69①	6.53
巴西	3.23	9.11	-4.30	4.29	5.42	5.20	2.86	3.52

注：①为 1990—2008 年平均增长率。

数据来源：1978—2007 年数据来自于世界银行《世界发展指标在线数据库》（WDI 2008）；2008 年数据为世界银行的估计数据，来自于《全球经济展望（2009）》。

2. 经济总量急剧扩大排名世界前列

按汇率法计算，从 1978 年到 2000 年，中国的 GDP 总量翻了三番，从 1473.21 亿美元上升到 11984.8 亿美元，从 2000 年到 2007 年，又翻了一番多，增长到 33865 亿美元，占世界 GDP 总量的比重也从 1978 年的 1.76% 上升到 2007 年的 6.22%。世界排名 2000 年上升到第六位，2005 年上升到第五位，2006 年上升到第四位，2007 年超过德国，成为世界第三大经济体（见表 1－2）。②

---

① 转引自国家统计局：《国际地位和国际影响发生了根本性的历史转变——改革开放 30 年我国经济社会发展成就系列报告之十六》。

② 根据国家统计局：《关于 2007 年 GDP 数据最终核实结果的公告》，对中国 2007 年 GDP 数据进行了调整。

表1-2　1978、2000 和 2007 年 GDP 排名前十位的国家

排名	1978 年			2000 年			2007 年		
	国家/地区	GDP (亿美元)	占比 (%)	国家/地区	GDP (亿美元)	占比 (%)	国家/地区	GDP (亿美元)	占比 (%)
1	美国	22769	27.15	美国	97648	30.71	美国	138112.0	25.36
2	日本	9745.18	11.62	日本	46496.15	14.62	日本	43767.0	8.04
3	德国	7210.04	8.60	德国	19002.21	5.98	中国	33865.0	6.22
4	法国	5030.42	6.00	英国	14428.45	4.54	德国	32972.3	6.06
5	英国	3217.76	3.84	法国	13279.63	4.18	英国	27278.1	5.01
6	意大利	2947.71	3.51	中国	11984.80	3.77	法国	25622.9	4.71
7	加拿大	2115.82	2.52	意大利	10973.44	3.45	意大利	21074.8	3.87
8	巴西	2008.01	2.39	加拿大	7144.583	2.25	西班牙	14292.3	2.62
9	西班牙	1575.80	1.88	巴西	6444.751	2.03	加拿大	13263.8	2.44
10	中国	1473.21	1.76	墨西哥	5814.264	1.83	巴西	13141.7	2.41
	世界总计	83862.25	100	世界总计	318002	100	世界总计	544534.0	100

注：表中 2007 年中国 GDP 根据国家统计局最终核实结果换算而来，同时对世界 GDP 总额进行了相应调整。

数据来源：中国统计局：《国际统计年鉴（2009）》、《关于 2007 年 GDP 数据最终核实结果的公告》。

对世界各国进行经济总量的国际比较时，除汇率法外，还有一种比较常用的方法就是按照联合国、世界银行联合开展的"国际比较项目"（ICP）方法进行购买力平价（PPP）折算。世界银行 2007 年 12 月公布了最新一轮（ICP 2005）的购买力平价评估结果①，对以前的评估结果进行了修正，特别是对中国、印度等发展中大国有较大影响。② 如表 1-3 所示，按汇率法计算，2005 年，中国和印度的 GDP 总量分别是 22438 亿美元和 7787 亿美元，占世界 GDP 总量的比重分别为 5.0% 和 1.8%，按照原来的 PPP 测算因子计算，中国的 PPP GDP 高达 88190 亿美元，占世界 GDP 的 14.2%，印度则分别为 37790 亿美元和 6.2%。而按照最新一轮 ICP 项目的重新估算，原来的 PPP 评估高估了中国和印度的购买力水平，其实价格差并没有那么大，经过重新测算和修正后的结果是，中国的 PPP GDP 为 53332 亿美元，占世界 PPP GDP 总量的 9.7%，而印度的 PPP GDP 为 23410 亿美元，占世界 PPP GDP 总量的 4.3%。中国和印度新的评估结果与原来的相比，以购买力平价衡量的经济规模要"缩水"近 40%。而美国在世界经济总量中

---

①　世界银行 2007 年 12 月公布了初步结果，最终的详细评估结果是 2008 年 2 月公布的，下载链接为：http://siteresources.worldbank.org/ICPINT/Resources/ICP_final-results.pdf。

②　从理论上讲，通过购买力平价折算，可以有效消除各国 GDP 中价格的差异，从而克服汇率法国际比较的不足，但购买力平价的测算是一个非常综合且十分复杂的统计过程，需要通过一轮一轮的 ICP 项目去不断完善。最新一次的 ICP 项目历时四年之久才完成，中国第一次以 11 个城市为代表全面参与了这一轮评估，所以相对而言，比以前的外推法或在部分参与 OECD PPP 评估项目基础上进行估计要更符合实际、更有参照价值。参见余芳东：《对世界银行按美元计价的中国 GDP 数据的分析》，《统计研究》2004 年第 5 期；余芳东：《当前全球国际比较项目（ICP）的进展及其基本方法》，《统计研究》2007 年第 1 期。

的份额，新的评估显示原来的结果是低估的。从总体上看，这个结果似乎更为合理、相对客观一些，因为有不少专家都认为以前以购买力平价评估的中国实力是明显高估的。

表 1－3 2005 年美国、中国和印度经济总量的不同评估结果

国家	汇率法		PPP			
			原来的评估		ICP 2005 最新评估	
	GDP（亿美元）	占世界比重（%）	GDP PPP	占世界比重（%）	GDP PPP	占世界比重（%）
美国	123761	28.0	123761	20.5	123761	22.5
中国	22438	5.0	88190	14.2	53332	9.7
印度	7787	1.8	37790	6.2	23410	4.3

　　IMF 在《世界经济展望（2008 年 4 月）》中，根据世界银行新的购买力平价换算系数对世界各国（地区）的 PPP GDP 数据进行了更新，并对未来几年的趋势进行了预测。下面就运用 IMF 的数据，对目前世界上三大经济强国——美国、日本、德国和三个最大、最有潜力的新兴国家——中国、印度、俄罗斯进行一个对比分析（见图 1－2）。根

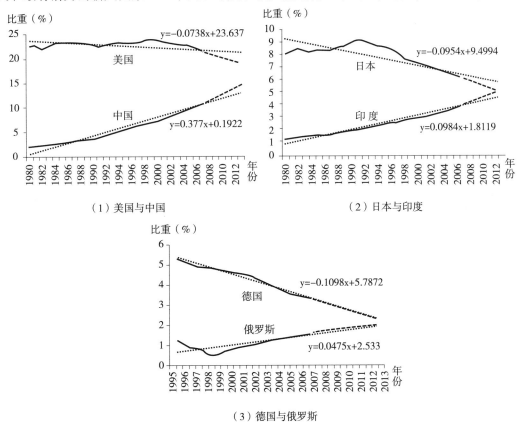

（1）美国与中国　　　　　　　　　　　（2）日本与印度

（3）德国与俄罗斯

图 1－2　三对国家 PPP GDP 世界份额走势对比分析

数据来源：IMF，WEO Database Online，April 2008.

据 IMF 对 PPP GDP 占世界总量份额的推算, 2007 年美国、中国、日本、印度、德国排在前五位, 占世界 PPP GDP 总量的比重分别为: 21.4%、10.8%、6.6%、4.6%、4.3%, 俄罗斯占 3.2%, 略低于英国, 排在第七位。但从份额变化走势上, 把这六个国家分成三组分析还是很有意义。三组国家走势交汇的趋势都非常明显, 或者说新兴国家正在赶超。其中, 根据 IMF 对 2008—2013 年的预测数据, 印度的 PPP GDP 总量在未来五年内就可能超过日本, 进入前三位。根据目前的趋势, 俄罗斯差不多也可以在 5—8 年的时间内超过德国进入前四位。中国与美国的差距相对还比较远, 美国在一段时期内还将稳居第一位, 不过中国的增长势头是最强的, 主要是看发展后劲是否足够强劲。

3. 生产力水平大幅提升

自改革开放以来, 在经济全球化和科学技术革命的浪潮中, 在不断深化的国内改革和对外开放这内外两大引擎的拉动下, 中国的劳动生产力有了大幅提升, 这正是中国实现持续高速增长的动力源泉。1980 年, 中国每个就业劳动力创造的 GDP 为 393.4 美元, 1990 年提高到 589.9 美元, 2000 年大幅提高到 1670.6 美元, 2006 年进一步提高到 3505.4 美元。与世界其他国家和地区相比, 中国的劳动生产力水平还是相当低的, 2006 年仅为美国的 3.8% 和日本的 5.1%, 不过与 1990 年相比, 中国劳动生产力已有了大幅增长, 当时中国的劳动生产力水平仅为美国和日本的 1.2% (见表 1-4)。

表 1-4　部分国家和地区相关年份劳动生产力比较　　　(单位: 美元/人)

国家和地区	1990 年	2000 年	2003 年	2004 年	2005 年	2006 年
中国	589.9	1670.6	2214.9	2581.9	2971.5	3505.4
中国香港	28295.4	53408.2	49386.0	51227.4	53732.7	56216.5
日本	48769.7	72042.4	66918.4	72516.9	71485.5	68144.7
韩国	14800.2	24695.7	27450.9	30449.8	34854.6	38603.9
美国	48761.9	72682.9	79632.9	84330.0	88379.4	92269.8
德国	—	52056.6	67166.2	76596.3	77395.0	78678.0
俄罗斯	—	4057.5	6484.1	8851.3	11288.8	14407.6
英国	36905.8	52244.0	64215.2	76378.6	78384.7	—

数据来源:《国际统计年鉴 (2008)》(光盘版), "表 6-9　全社会劳动生产率"。

图 1-3 对中国、日本、韩国和印度的劳动生产力指数 (1980 年 = 100) 的长期走势进行了比较。中国的劳动生产力增长幅度最大, 特别是近十年来呈加速提升趋势, 2006 年的劳动生产力是 1980 年的近 6 倍。同期, 韩国的劳动生产力也有很大幅度提升, 2006 年是 1980 年的 4.4 倍, 印度和日本的升幅相对较小, 分别是 1980 年的 2.8 倍和 1.7 倍, 不过印度近几年来也有加速提升的趋势。

1980 年以来, 中国的全要素生产力 (TFP) 也实现了较快增长。根据 BvD (Bureau van Dijk Electronic Publishing) EIU CountryData 数据库的数据显示, 1981—2008 年中国 TFP 平均增长率为 4.4%, 其中 1991—2008 年为 5.4%, 同期巴西、俄罗斯、印度的

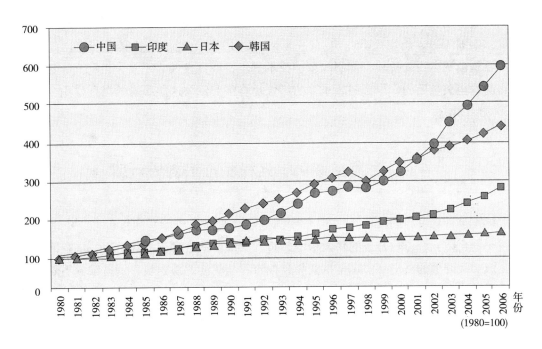

图1-3 中、日、韩、印四国劳动生产力指数走势比较

数据来源：世界银行：《世界发展指标（2008）》（光盘版）。

TFP 平均增长率仅为 0.9%、1.3%、2.4%（见图 1-4）。据有关研究显示，多数发展

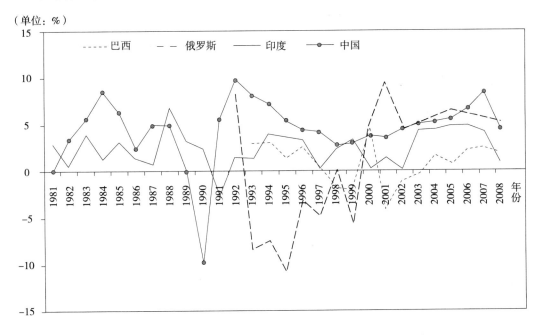

图1-4 "金砖四国" TFP 增长率变化趋势（1981—2008 年）

数据来源：BvD，EIU Country Data，http：//eiu. bvdep. com/。

中国家的年增长率只有1%—2%，发达国家一般也只有2%—3%。① 改革开放30年时间里，中国TFP年均增长率达到4%—5%，表明中国的经济增长具有一定内生性，并不主要是由资本投入拉动，体制改革、技术进步、教育投入、要素优化配置等各种因素都在起着至关重要的作用。中国未来的增长也将主要依靠这些要素的综合作用，或者说TFP的持续增长。

二、把握全球化机遇稳步推进对外开放

国家统计局发布的改革开放30年中国经济社会发展成就系列报告称：中国已实现从封闭半封闭到全方位开放的伟大历史转折，形成了从沿海到沿江沿边、从东部到中西部区域梯次开放的格局，实现了从贸易到投资、从货物贸易到服务贸易领域不断拓展的开放格局，呈现了从数量小到数量大、从质量低到质量高的开放新趋势，在世界经济舞台上发挥着越来越重要的作用。30年中，我国的开放经历了一个由点、线到面，从沿海、沿江到内地，由单方位、低层次到全方位和深层次渐进式扩展的过程。2001年12月，中国加入世界贸易组织（WTO），标志着中国原区域性推进的对外开放转变为全方位的对外开放，一个从沿海到内地、由南向北、自东向西、全方位对外开放的区域格局基本形成。

1. 中国对外开放的宏观外部环境

在过去的30年中，在信息技术革命的快速推动下，经济全球化不断深入发展，中国的改革开放把握住了这一轮全球化浪潮带给发展中国家的历史机遇，同时又成为了经济全球化新浪潮的重要推动力。

根据世界银行专家的分析，1870年以来出现了三次全球化浪潮和一次全球化退潮。② 第一次浪潮始于1870年，终于第一次世界大战开始之际，主要是由运输成本下降和贸易壁垒减少推动的，期间世界出口占GDP的比重翻了一番，达到8%左右，并掀起了一股国际移民浪潮，全世界大约有10%的人移居到新的国家。随着第一次世界大战的结束，各国实施保护主义政策，贸易壁垒高筑，世界经济增长停顿，世界出口占GDP比重跌回1870年的水平。第二次世界大战后，世界迎来了全球化的第二次浪潮，主要是由欧美日多边贸易推动的，期间OECD国家贸易快速增长促进经济高速发展，实现发达经济体的高度一体化。不过，大部分发展中国家处在外围，没有从中得益。从

---

① 赖斌：《全要素生产力推动中国经济增长》，《国际融资》2008年第1期。
② 世界银行的专家认为，从历史角度看，1870年以前，没有任何一种流动形式的规模可以大到冠以"全球化"的称谓。参见世界银行政策研究报告：《全球化、增长与贫困》，中国财政经济出版社2003年版，第17页。

1980 年开始，由于信息技术革命的推动，全球兴起了第三次全球化浪潮，这次浪潮无论从范围、规模和内容上，还是从强度、深度和速度上，都大大超过了前两次全球化浪潮，最为显著的特点就是包括中国在内的一批发展中国家融入其中，打开了全球市场，促进了全球经济一体化。

中国在第一波全球化浪潮中长期闭关自守，在第二波全球化浪潮中，一方面受到西方国家的封锁和孤立，另一方面也是中国自身没有打开国门，因此在西方世界轰轰烈烈地进行产业革命时中国明显落后了。邓小平指出，总结历史经验，中国长期处于停滞和落后状态的一个重要原因是闭关自守。经验证明，关起门来搞建设是不能成功的，中国的发展离不开世界。[①] 从 1978 年开始，在独立自主、自力更生的前提下，中国开始实施对外开放战略，执行一系列对外开放政策。从发展进程来看，中国的对外开放主要经历了早期的试点探索阶段、20 世纪 90 年代的扩大深化阶段和加入世界贸易组织后的体制性开放阶段。在短短的 30 年时间里，中国已经从一个封闭半封闭的经济体，变成了开放程度最高的发展中经济体之一。根据有关研究，从 1978 年到 2005 年，中国与世界经济一体化的水平不断提高，经济全球化指数的得分从 1978 年的 18.1 上升到 2005 年的 61.5，排名从第 98 位上升到第 66 位。[②] 中国1978—2005 年经济全球化指数的走势如图 1-5 所示，同时对照中国对外开放三个主要阶段及其开放政策，可以发现中国经济全球化水平在不同阶段总体上有加速提升的趋势。

2. 中国对外开放总体水平持续提升

中国成功的改革开放政策和对外开放战略取得了巨大成就，中国经济、贸易与投资的国际地位迅速上升。从 1978 年到 2008 年，进出口贸易总额从第 27 位上升到世界第三位，其中出口排名上升到世界第二位，同时实现了巨大的贸易顺差，外汇储备近年稳居世界第一位。外商直接投资的世界排名从 1980 年的第 60 位上升到 2008 年的第四位。国内生产总值的排名从 1978 年的第 10 位上升到 2008 年的第三位，人均国民总收入的排名也有大幅提升，1978 年在 188 个国家中排名第 175 位，到 2008 年，在 209 个国家中排到了第 132 位（见表 1-5）。

[①] 《我们的宏伟目标和根本政策（一九八四年十月六日）》，《邓小平文选》第三卷，人民出版社 1993 年版，第 70 页。

[②] 这里指 KOF 全球化指数体系中的经济全球化指数，该体系由经济全球化指数、社会全球化指数和政治全球化指数构成，并在这三项分指数基础上计算得出全球化综合指数。其中经济全球化指数由实际流量（包括贸易量、FDI 流量和存量等子指标）和限制程度（包括关税率、隐性进口壁垒、国际贸易税、资本账户限制等子指标）两项子指数计算得出。根据该项研究 2008 年的最新报告，在 122 个参评国家中，2005 年中国的全球化指数排在第 43 位，其中经济、社会、政治全球化指数分别排在第 66 位、第 64 位和第 10 位。资料来源：Axel Dreher, Noel Gaston and Pim Martens (2008), Measuring Globalization—Gauging its Consequences, New York: Springer。

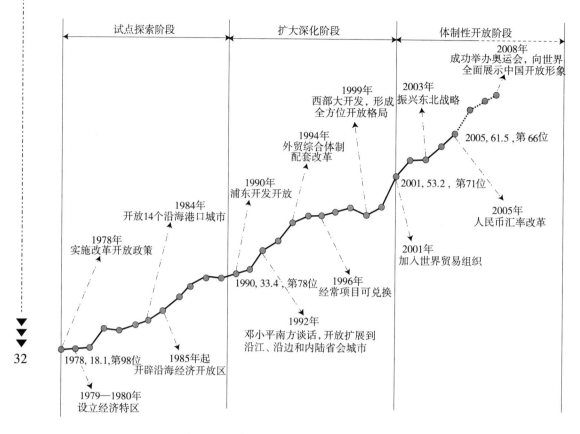

试点探索阶段　　　　　　　扩大深化阶段　　　　　　　体制性开放阶段

2008年
成功举办奥运会，向世界
全面展示中国开放形象

2003年
振兴东北战略

1999年
西部大开发，形成
全方位开放格局

2005, 61.5, 第66位

1994年
外贸综合体制
配套改革

2001, 53.2, 第71位

1990年
浦东开发开放

2005年
人民币汇率改革

1984年
开放14个沿海港口城市

2001年
加入世界贸易组织

1978年
实施改革开放政策

1990, 33.4, 第78位

1996年
经常项目可兑换

1978, 18.1, 第98位

1985年起
开辟沿海经济开放区

1992年
邓小平南方谈话，开放扩展到
沿江、沿边和内陆省会城市

1979—1980年
设立经济特区

图1-5　中国对外开放政策与经济全球化水平

注：图中 1978、1990、2001 和 2005 年标明了中国经济全球化指数的得分与排名。

数据来源：经济全球化指数数据来自 Axel Dreher, Noel Gaston and Pim Martens（2008），Measuring Globalization—Gauging its Consequences，New York：Springer（2008）。

表1-5　中国主要指标居世界位次的变化

指标 ＼ 年份	1978	1990	2000	2008
国内生产总值	10	11	6	3
人均国民总收入[1]	175（188）	178（200）	141（207）	132（209）[2]
进出口贸易总额	27	16	8	3
其中：出口额	28	14	7	2
进口额	27	17	9	3
外商直接投资	60[3]	12	9	4
外汇储备	40	7	2	1

注：① 括号内为排序的国家和地区数；② 2007 年数；③ 1980 年数。

数据来源：2008 年数据来自 BvD EIU Country Data，其他数据来自《国际统计年鉴（2009）》。

从表 1-6 中我们可以看到，中国对外开放主要指标的规模和所占份额都呈不断上升趋势。据估计，2008 年中国货物进出口贸易总额占世界总量的比重为 8.7% 左右，吸引 FDI 金额占世界 FDI 流入总量的比重为 6.4% 左右，对外直接投资金额占世界 FDI 流出总量的比重为 2.6% 左右，与 2007 年相比又有了新进展。总体上看，中国已经基本形成开放型经济大国形态。

表 1-6　1978 年以来中国对外开放相关指标的规模与份额

指标 \ 年份 \ 数值		1978	1980	1990	2000	2007	2008
GDP	数额（亿美元）	1473	1882	3546	11985	33865	43992
	占世界总量比重（%）	1.8	1.7	1.6	3.8	6.2	7.4
货物进出口总额	数额（亿美元）	211	380	1154	4743	21738	25616
	占 GDP 比重（%）	14.3	20.2	32.6	39.6	64.2	58.2
	占世界总量比重（%）	0.8	0.9	1.7	3.6	7.7	8.7
FDI 流入量	数额（亿美元）	—	0.6	34.9	407.1	835.21	924
	占 GDP 比重（%）	—	0.03	1.0	3.4	2.5	2.1
	占世界总量比重（%）	—	0.1	1.7	2.9	4.6	6.4
对外直接投资	数额（亿美元）	—	—	9	10	224.7	407
	占 GDP 比重（%）	—	—	0.26	0.08	0.66	0.92
	占世界总量比重（%）	—	—	0.39	0.08	1.1	2.6
贸易差额	数额（亿美元）	-11.8	-18.4	87.5	241.1	2622	2955
	占 GDP 比重（%）	—	—	3.5	2.4	7.7	6.7
外汇储备	数额（亿美元）	15.6	25.5	295.9	1682.8	15282	19460
	占 GDP 比重（%）	1.1	1.4	8.3	14	45.1	44.2

数据来源：2008 年中国各项指标数据来源于国家统计局《2008 年国民经济和社会发展统计公报》，全球 FDI 数据为 UNCTAD 的初步估计值。其他年份的 GDP 和外汇储备数据来源于 WDI Online 2008，货物进出口总额和贸易差额数据来源于 WTO Online Statistics Database，FDI 和对外直接投资数据来源于 UNCTADFDI Statistical Database Online。

3. 对外贸易高速增长改变世界贸易

从 1978 年到 2008 年，中国货物进出口总额由 206.4 亿美元增长到 25616 亿美元，贸易规模扩大了 124 倍，年均增长 18%，占全球的比重从不足 1% 上升到超过 8%。其中，出口额从 97.5 亿美元增长到 14285 亿美元，出口规模扩大 146.5 倍，进口额从 108.9 亿美元增长到 11331 亿美元，进口规模扩大 104 倍（如图 1-6 所示）。中国货物进出口贸易总额的世界排名在"十五"时期迅速上升，2003 年超过法国和英国上升到第四位，2004 年超过日本上升到第三位，2005—2006 年中国的进口额、出口额和进出口总额均排名世界第三，2007 年中国的出口总额跃居世界第二位。[①] 从出口结构上看，

① 2003—2006 年的排名数据来自于中国统计局：《国际统计年鉴（2008）》（光盘版）；2007 年出口总额排名资料参考杜海涛：《我国出口总额跃居世界第二位》，《人民日报》2008 年 1 月 21 日第 9 版。

2008 年中国一般贸易出口 6626 亿美元，比上年增长 22.9%，占货物出口总额的 46.4%，总体比重略有上升；机电产品出口额为 8229 亿美元，比上年增长 17.3%，占货物出口总额的 57.6%，其中高新技术产品出口占了一半左右。① 另外，近年来随着中国贸易顺差持续扩大（2007 年为 2622 亿美元，2008 年为 2955 亿美元），中国的外汇储备快速增长，自 2001 年以来更是呈几何级数增长，八年内增长 10 倍多，2008 年年末高达 19460.3 亿美元，居世界第一位。②

（单位：亿美元）　　　　　　　　　　　　　　　　　　　　　　　　（单位：亿美元）

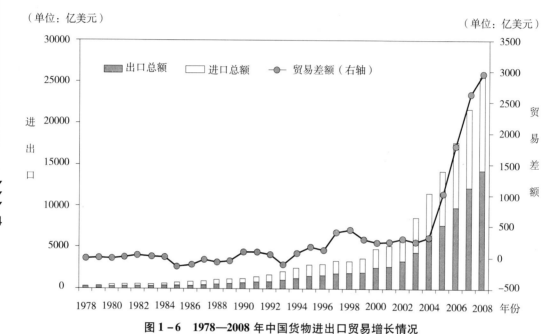

图 1 - 6　1978—2008 年中国货物进出口贸易增长情况

数据来源：《中国统计年鉴（2008）》（光盘版），"表 17 - 3　货物进出口总额"；中国海关，"2008 全年对外贸易进度情况"，http：//www. customs. gov. cn/portals10/jcyj/2008 全年度情况（1）. doc。

与改革开放之初相比，我国服务贸易也取得了巨大发展，从 1982 年的 43.4 亿美元增长到 2007 年的 2509 亿美元，25 年增长了 57 倍，年均增长 17.6%。其中，出口额从 24.8 亿美元增长到 1217 亿美元，年均增长 16.9%；进口额从 18.7 亿美元增长到 1293 亿美元，年均增长 18.5%。尤其是加入世贸组织后，我国严格履行服务贸易领域对外开放的承诺，极大地促进了服务贸易的发展。加入 WTO 6 年，服务贸易出口额年均增长 24.4%，高于同期世界平均 13.8% 的增速，也高于同期世界主要国家服务贸易出口增长速度。同时，服务贸易的结构也逐步优化，初步形成了通讯、保险、金融、专有权利使用费和特许费、计算机和信息服务、咨询、广告等全面发展的格局。改革开放之初，旅游、运输、建筑等传统服务贸易出口比重达 80% 以上，2007 年这一比重已下降到 60.8%。2007 年，服务贸

---

① 中国统计局：《2008 年国民经济和社会发展统计公报》。

② 中国国家外汇管理局，http：//www. safe. gov. cn/model_safe/index. html。

易总额占我国全部对外贸易总额的比重从 1982 年的 9.4% 上升到 10.3%，占世界服务贸易的比重从 0.6% 升至 4%；世界排名仅次于美国、英国、德国和日本位居第五位，成为世界服务贸易的重要国家，其中出口额和进口额分别位居第七位和第五位。①

我们再对比分析一下东亚三强在经济快速扩张时期的进出口表现，分别选取 1998—2007 年的中国、1961—1970 年的日本和 1968—1977 年的韩国作为比较对象，并以第一年为基期折算成指数。如图 1－7 所示，在 10 年时间里，韩国出口规模扩张最大，是基期的 8 倍多，中国为近 7 倍，日本仅为 4 倍；而中国进口规模扩张最大，是基期的近 7 倍，而韩国和日本仅为 4 倍和 3 倍。从总体上看，由于日本当时采取的是保护式的开放政策，在推进贸易自由化、引进外资等方面都是渐进式的，所以并没有出现爆炸式的进出口规模扩张。而韩国采取的是典型的出口导向型开放战略，出口规模在头 5 年就扩张了 4 倍，扩张速度是最快的。中国是比较典型的大国开放模式，进出口规模扩张得都比较迅速，特别是近年来国内巨大的购买能力正在逐步显现，进口增长尤为迅速，加之人民币升值、巨额贸易顺差和外汇储备等因素，未来中国的进口还将持续快速扩张，对国际市场的影响力也将进一步提升。

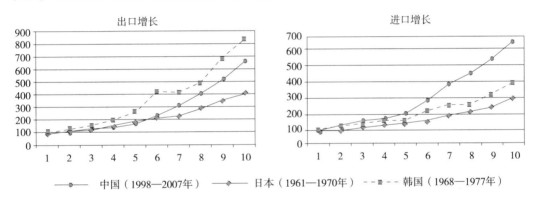

图 1－7　中日韩经济扩张时期的进出口表现

注：图中纵坐标单位为指数，以基期为 100 换算而来。

数据来源：世界银行：WDI Online 2007；国家统计局：《中国统计年鉴（2007）》；《2007 年国民经济和社会发展统计公报》。

4. 外资集聚提升中国制造的国际地位

自 20 世纪 90 年代以来，全球外国直接投资（FDI）流量的变化可谓是跌宕起伏，经过 90 年代的迅速扩张期后，2000 年达到 14113.7 亿美元的高峰，与 1991 年相比增长了 8 倍，此后却经历了连续三年骤降，缩减了 60%，降到 2003 年的 5640.8 亿美元，直到 2004 年开始回升，又出现了连续四年的高速增长，2007 年达到 18333 亿美元的新高

---

① 中国统计局：《改革开放 30 年我国经济社会发展成就系列报告之二：从封闭半封闭到全方位开放的伟大历史转折》，http：//www.stats.gov.cn/tjfx/jnggkf30n/tzw81028 - 4025/2576.htm。

峰，比 2003 年的低点增长了 2.25 倍。2008 年，由于受金融危机的影响，全球 FDI 流量再次出现大幅下降，据 UNCTAD 估计，下降幅度超过 20%。全球 FDI 流动出现如此剧烈的波动，主要是由于发达国家的 FDI 流量出现不稳定的表现。相比之下，中国由于稳定发展的经济形势，以及日趋完善的投资环境，对国际资本仍表现了较强的吸引力，自 20 世纪 90 年代以来总体呈直线上升的态势，从 1990 年到 2008 年，中国 FDI 流量增长了近 20 倍，占全球 FDI 的比重从 1.7% 上升到 6.4%，从 1993 年起已经连续 16 年成为吸收外资最多的发展中国家（如图 1 - 8 所示）。

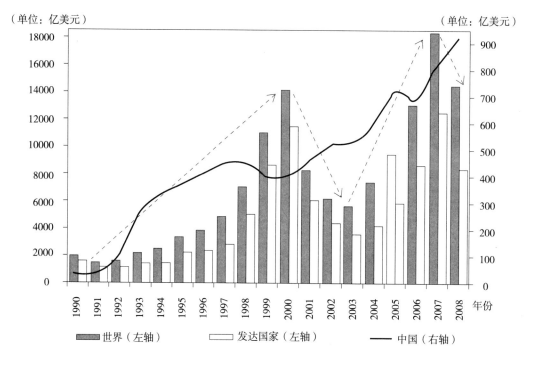

（单位：亿美元）   （单位：亿美元）

■ 世界（左轴）　　□ 发达国家（左轴）　　— 中国（右轴）

图 1 - 8　1991—2008 年中国与全球 FDI 流量变化趋势

数据来源：UNCTAD FDI Statistical Database Online；UNCTAD Investment Brief No.1，2009，http：//stats. unctad. org/fdi/。

截至 2008 年年底，中国累计批准设立外商投资企业 659812 家，累计实际使用外资 8590.8 亿美元。[①] 世界 500 强跨国公司中有 480 多家已来华投资或设立机构，跨国公司以各种形式在华设立的研发中心超过 980 家。[②]

一方面，我国利用外资正进入了一个新阶段，对外资的需求开始从数量为主转向质

---

① 1979—2007 年的数据来源于《中国统计年鉴（2008）》（光盘版）：表 17 - 14　利用外资概况，2008 年数据来源于《2008 年国民经济和社会发展统计公报》，http：//www. stats. gov. cn/tjgb/ndtjgb/qgndtjgb/t20090226_402540710. htm。

② 中国商务部：《中国外商投资报告（2007）》，http：//fdi，gov. cn/pub/FDI/wzyj/yjbg/zgwstzbg/2007 chinainvestmentreport/t20080201_89341. htm。

量为主，资金流动从流入为主转向流入和流出双向并重，吸收外资的方式从新设企业为主转向新设和并购两种方式并重。① 从外资增速看，20 世纪 90 年代中期以来，我国外资流入速度已明显低于国内固定资产投资总额的增长速度，外资在国内固定资产投资总额中的比重持续下降，已从 1996 年的最高点 11.8% 逐步下降到 2007 年的 3.36%，达到了 1981 年以来的最低点。② 从引资质量看，在新的外商投资政策指导下，外商投资的重点，从一般制造业发展到高新技术产业、基础产业、基础设施建设，尤其是近几年外商投资于研发中心、集成电路、计算机、通信产品等高技术项目明显增加；开放服务贸易领域后，商业、外贸、电信、金融、保险、房地产等服务业已成为外商新一轮投资的热点。外商投资的产业构成显著改善，第三产业投资比例大幅度提高，从 2005 年到 2008 年，第三产业外商投资金额占全部外商投资总额的比重从 24.7% 上升到 41.1%，第二产业比重则从 74.1% 下降到 57.6%。

另一方面，经过 30 年的探索和发展，我国对外投资取得积极进展。特别是自加入 WTO 以来，中国不断完善境外投资促进和服务体系，积极推进对外投资便利化进程，鼓励和支持有比较优势的各种所有制企业"走出去"，对外投资进入快速发展期。截至 2008 年年底，我国对外直接投资存量达到 1690.5 亿美元，其中，金融类企业存量 282 亿美元，非金融类企业存量 1408.5 亿美元。从 2002 年到 2008 年，我国非金融类对外直接投资从 27 亿美元大幅上升到 407 亿美元，6 年间增长了 14 倍。目前，7000 多家境内投资主体设立的境外直接投资企业已超过 1 万家，对外投资的形式也已从建点、开办"窗口"等简单方式发展到投资建厂、收购兼并、股权置换、境外上市和建立战略合作联盟等国际通行的跨国投资方式。

不过，与世界对外投资领先国家相比，中国对外直接投资的流量和存量规模都还很小。根据联合国贸发会议（UNCTAD）的统计报告，2007 年全球对外直接投资流出总流量为 19965 亿美元，总存量为 156023 亿美元③，2007 年中国的流量与存量分别为 224.7 亿美元和 958 亿美元，仅相当于全球对外直接投资流量、存量的 1.13% 和 0.61%，与世界前列国家（或地区）的差距还相当大。

三、综合国力由弱转强国际地位持续提升

改革开放 30 年来，随着国民经济持续快速发展，我国综合国力显著增强，国际地位和国际影响不断提升。

---

① 江小涓等著：《中国经济的开放与增长 1980—2005 年》，人民出版社 2007 年版。
② 数据来源：《中国统计年鉴（2008）》（光盘版），"表 5 - 4 全社会固定资产投资资金来源和按构成分固定资产投资"，http：//stats. unctad. ord/fdi/。
③ UNCTAD, FDI Statistical Database Online.

1. 国际经济地位大踏步前进

《中国现代化报告（2008）》利用麦迪森的世界经济数据①对各主要国家 1700 年以来的经济实力指数②进行了比较大跨度的评估与分析。1700—2004 年，中国从曾经的世界头号经济强国一度回落到初等水平，直到 20 世纪 70 年代，主要是改革开放以来，中国的经济实力指数迅速回升，目前已回归到中等偏上的强国水平，正逐步向现代经济强国的目标迈进（见图 1-9）。

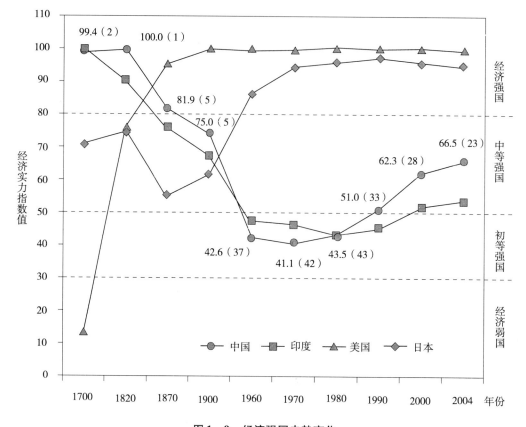

图 1-9　经济强国走势变化

注：中国经济实力指数曲线上的标注，括号内为当年的排名。

数据来源：中国现代化战略研究课题组、中国社会科学院中国现代化研究中心：《中国现代化报告（2008）》，"附表 2-3-1　1700～2004 年经济实力指数"，第 344—345 页，北京大学出版社 2008 年版。

---

① 安格斯·麦迪森：《世界经济千年史》，北京大学出版社 2003 年版。

② 《中国现代化报告（2008）》借鉴了物理学中的能量原理，通过计算经济动能和经济势能来评估一个国家的综合经济实力。经济动能 = 1/2（经济总量×经济速度的平方）= 1/2GDP ×（Δ 人均 GDP）×2，经济势能 = 经济总量×世界人均 GDP（技术水平）×人均 GDP（经济水平），经济实力（总能量）= 经济动能 + 经济势能。

在《2004 中国国际地位报告》中，我们建立了一个由三个一级指标（经济强度指数、经济强大指数、经济强盛指数）、八个二级指标（科学技术水平指数、信息化水平指数、市场化程度指数、开放度水平指数、抗风险能力指数、生产能力指数、发展前景指数、可持续发展指数）以及 50 个三级指标构成的经济强国指标体系，并运用世界银行《世界发展指标（WDI）》数据库以及 BvD（Bureau van Dijk Electronic Publishing）全球金融、各国宏观经济指标分析库，对 58 个国家 1990—2008 年的经济强国水平进行了量化评估和趋势分析。① 对于 2003—2008 年指标的计算，当时主要采用了预测和估计数据，部分缺失数据则采用统计软件进行了补充，主要用于对中国经济走向强大的趋势分析。

这里沿用 2004 年报告中的指标体系，通过采集世界银行 WDI 在线数据库以及 BvD 国家宏观经济指标（EIU CountryData）和各国竞争力指标（EIU Market Indicators & Forecasts）数据库中的最新数据②，对 1990—2008 年各国经济强国指数水平进行现实评估与分析，主要结果如表 1-7 所示。

表 1-7 主要年份经济强国指数的国际比较

综合指数	国家	1990 年		1995 年		2000 年		2005 年		2008 年	
		得分	排名	得分	排名	得分	排名	得分	排名	得分	排名
经济强度指数（EP-Ⅰ）	美国	58.1	1	58.8	1	62.1	1	62.8	1	63.3	3
	日本	55.0	7	55.0	11	58.8	9	62.1	3	63.6	2
	德国	54.9	8	55.9	8	59.3	8	60.2	9	61.5	9
	英国	57.6	2	58.6	2	60.4	3	61.4	4	61.6	8
	法国	55.5	6	56.3	7	58.6	10	59.2	13	60.4	12
	中国	41.3	39	43.9	36	46.8	33	52.6	27	54.7	24
	印度	39.4	45	41.3	45	43.4	43	45.2	45	47.3	45
	俄罗斯	38.6	49	43.3	39	46.0	36	50.1	32	52.7	32
	巴西	41.6	37	44.3	35	46.3	34	49.6	35	52.1	33
	南非	46.3	27	48.2	26	49.4	29	52.8	26	54.4	26
经济强大指数（EP-Ⅱ）	美国	87.4	1	89.6	1	97.0	1	96.9	1	97.8	1
	日本	71.1	2	68.8	5	77.1	3	81.9	2	85.3	2
	德国	68.1	5	71.7	2	77.1	2	78.3	3	80.2	3
	英国	69.8	3	70.8	3	75.0	4	78.1	4	77.8	4
	法国	68.5	4	70.3	4	72.6	5	75.1	5	77.2	6
	中国	44.4	24	52.0	20	59.6	17	72.3	7	77.7	5
	印度	38.0	36	43.5	35	47.2	31	53.1	30	58.3	26
	俄罗斯	39.4	35	45.1	33	49.7	26	60.3	21	66.0	17
	巴西	41.3	31	46.9	26	51.9	24	57.0	23	62.3	21
	南非	42.0	27	45.9	31	46.6	32	54.6	27	56.8	30

① 经济强国指标体系的详细构成和评估方法，请参考张幼文、黄仁伟等著：《2004 中国国际地位报告》，人民出版社 2004 年版，第 272—326 页。

② 世界银行 WDI 数据库的数据采集日期为 2009 年 2 月 6 日，数据涵盖 58 个样本国家 1990—2007 年相关指标的大部分数据，2008 年及部分年份的缺失数据通过统计软件进行补充。BvD 数据库的数据采集日期为 2009 年 2 月 8 日，由 BvD 数据公司上海代表处的技术人员帮助采集，数据涵盖 58 个样本国家 1990—2008 年相关指标的绝大部分数据，其中 2008 年数据为 EIU（Economist Intelligence Unit）的估计或预测数据，部分指标部分年份的数据还是存在缺失，同样运用统计软件进行补足。

续表

综合指数	国家	1990 年		1995 年		2000 年		2005 年		2008 年	
		得分	排名	得分	排名	得分	排名	得分	排名	得分	排名
经济强盛指数 EP-Ⅲ	美国	85.5	1	88.2	1	99.1	1	97.3	1	100.0	1
	日本	72.5	2	67.7	5	75.8	4	82.8	2	85.5	2
	德国	68.2	5	71.3	3	77.5	3	78.7	4	81.5	5
	英国	68.9	4	71.7	2	78.8	2	82.1	3	84.3	4
	法国	69.0	3	70.3	4	75.1	5	76.7	6	79.9	6
	中国	41.9	27	54.9	20	61.3	19	77.4	5	84.7	3
	印度	35.8	38	41.4	37	45.9	32	54.2	31	60.7	28
	俄罗斯	31.6	44	38.8	38	47.6	29	62.3	21	68.6	19
	巴西	40.0	31	45.7	29	51.2	25	57.4	26	64.8	21
	南非	39.3	33	43.3	33	44.9	36	53.6	32	56.1	32

经济强度指数（EP-Ⅰ）表征一个国家的竞争力、发展质量和稳定性，是强大指数和强盛指数的基础，由科学技术水平指数、信息化水平指数、市场化程度指数、开放度水平指数和抗风险能力指数等五个分类指数加权计算得出。经济强大指数（EP-Ⅱ）充分考虑一个国家的经济规模效应，在经济强度指数基础上乘上规模系数得到，规模系数由生产能力分指数转化而来。经济强盛指数（EP-Ⅲ）是更加综合的指数，进一步将一个国家的发展前景和增长潜力纳入体系，通过经济强大指数乘以前景系数得到，前景系数是由发展前景指数和可持续发展指数这两个分类指数经过加权平均及系数化处理后获得。

从综合指数的排名上看，美国以其强大的经济实力，稳居经济强盛指数和经济强大指数的第一位，经济强度指数也曾一度排名第一。近年来新加坡、日本在竞争力和发展质量上稍胜一筹，经济强度指数排名超过了美国，2008 年分列第一、第二位，排在第四至第十位的国家均为欧洲国家，分别是瑞士、瑞典、荷兰、芬兰、英国、德国、丹麦。在 2008 年经济强度指数排名中，中国位于"金砖四国"之首，排在第 24 位，比 1990 年上升了 15 位。俄罗斯、巴西、印度分别排在第 32、第 33 和第 45 位。2008 年，经济强大指数（EP-Ⅱ）排名前五位的国家是美国、日本、德国、英国和中国，经济强盛指数（EP-Ⅲ）排名前五位的国家是美国、日本、中国、英国和德国。中国 EP-Ⅱ 指数从 1990 年的第 24 位上升到 2008 年的第五位，EP-Ⅲ 指数从 1990 年的第 27 位上升到 2008 年的第三位，切实成为世界第三大经济体。

从构成三大综合指数的八个分类指数的表现上看（见图 1-10），1990—2008 年，中国各个分类指数值都有了大幅提升，科学技术水平指数值从 1990 年的 35.8 上升到 2008 年的 73.0，排名从第 30 位上升到第 17 位；信息化水平指数值从 10.8 上升到 64.6，排名从第 49 位上升到第 40 位；市场化程度指数值从 53.5 上升到 76.1，排名从第 32 位上升到第 27 位；开放度水平指数值从 18.8 上升到 49.6，排名从第 55 位上升到第 48 位；抗风险能力指数值从 36.9 上升到 48.2，排名从第 28 位上升到第 27 位；生产能力指数值从 52.8 上升到 86.2，排名从第 12 位上升到第二位；发展前景指数值从 51.9 上升到 73.8，排名从第 43 位上升到第 11 位；可持续发展指数值从 53.8 上升到

82.9，排名从第 36 位上升到第 12 位。

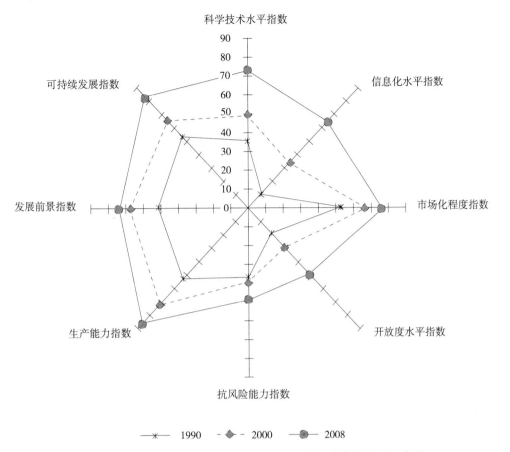

图 1-10 1990、2000 和 2008 年中国八大分类指数进展示意图

从单项指标上看，中国的优势指标集中在经济规模和增长类指标，比如经济总量、投资规模、储蓄总额、贸易总额、储备规模、市场规模、消费增长、出口增长等指标均居世界前列，这些指标也正是中国经济影响特别大的重要体现。同时，中国在科技产出、软件生产、高技术出口等指标上也取得了长足进步，排名大幅提升，2008 年均进入前十位，由此中国的劳动生产率指标表现也十分突出，这都表明中国的经济潜力巨大，发展能量还会进一步爆发。不过，中国在信息化、市场化和可持续发展等方面的比较劣势也相当明显，特别是信息基础设施、教育投资、知识产权保护、金融市场开放度、城市化水平、产业结构、能源使用效率、二氧化碳排放量等指标与世界其他国家差距还很大，成为制约中国经济进一步发展的瓶颈与障碍，有待改进和突破。

2. 国家竞争力水平有所提高

全球化背景下真正意义上的强国，应当具备较强的国际竞争能力，而一个正在走向强盛的大国，应当伴随国际竞争力水平的逐步提升。下面就运用瑞士洛桑国际管理学院

（IMD）和世界经济论坛（WEF）的国际竞争力报告对中国的国际竞争力进行初步分析。①

IMD《世界竞争力年鉴（2008）》对 55 个国家（地区）的国际综合竞争力进行了排名，排在前十位的国家和地区分别是美国、新加坡、中国香港、瑞士、卢森堡、丹麦、澳大利亚、加拿大、瑞典和荷兰，中国台湾排在第 13 位。中国大陆排在第 17 位，比 2007 年下滑了两位，从构成 WCY 国际竞争力的四大要素排名上看，"经济表现"要素仍排名第二，"政府效率"要素从第八位下降到第 12 位，"企业效率"要素从第 26 位下降到第 33 位，"基础设施"要素从第 28 位下滑到第 31 位。

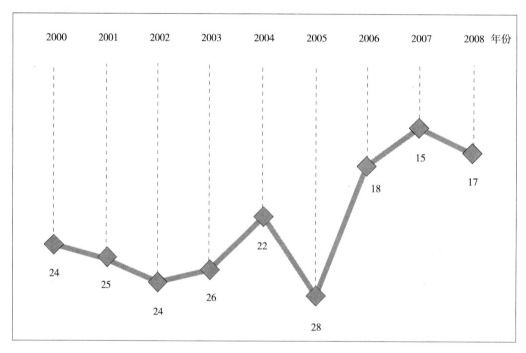

图 1–11   中国大陆 IMD 国际竞争力排名变化趋势（2000—2008 年）
资料来源：根据 IMD 历年报告进行计算调整。

不过，从过去近十年时间看，中国的国际竞争力实现了一定提升。图 1–11 描绘了 2000—2008 年中国国际竞争力的排名变化情况，从中可以看出，在 47 个始终参评的经济体中②，中国的国际竞争力排名虽然有升有降，但总体上呈上升态势。"金砖四国"（BRICs）中，除巴西表现比较一般外（在 40 位上下徘徊），2008 年与 2000 年相比，中国、印度和俄罗斯的国际竞争力排名都大幅上升，中国从第 24 位上升到第 17 位，印度从第 41 位上升到第 28 位，俄罗斯从第 47 位上升到第 40 位。

---

①   WEF 和 IMD 评估国际竞争力的理念、指标及方法等，请参考吴雪明：《全球化背景下强国国际竞争力的评估理念与指标分析》，《世界经济研究》2007 年第 12 期。

②   由于 IMD 历年来评估样本都在不断变化，每年纳入评估的经济体都是有增有减，所以进行历年排名对比分析就不是很容易。为了使得历年排名具有可比性，这里对 2000—2007 年的样本国家进行技术处理，即把期间所有不连续参评的经济体都剔除，只保留这 8 年都始终参评的经济体，一共是 47 个。

WEF《全球竞争力报告（2008—2009）》对 134 个国家和地区的全球竞争力指数（GCI）进行了评估与排名。[①] 中国大陆由 2007 年的第 34 位上升到第 30 位，排在新兴经济体和发展中大国的前列，南非、印度、俄罗斯、巴西分别排在第 45 位、50 位、51 位和 64 位。全球竞争力排名前十位的国家分别是美国、瑞士、丹麦、瑞典、新加坡、芬兰、德国、荷兰、日本和加拿大。中国香港和中国台湾分别排在第 11 位和第 17 位。

从全球竞争力指数的构成上看（见表 1-8），中国的基本条件、效率改进以及创新与高级要素三个分指数分别排在第 42 位、第 40 位和第 32 位，较上年分别上升了 2 位、5 位和 8 位。从 12 大支柱指标的表现看，市场规模（支柱 10）和宏观经济稳定性（支柱 3）具有比较优势，创新（支柱 12）方面的进步也十分明显，不过金融市场成熟度（支柱 8）、技术准备度（支柱 9）、高等教育与培训（支柱 5）和制度（支柱 1）等处于相对劣势，有待进一步改进。WEF 认为中国目前仍处于从要素驱动向效率驱动过渡的阶段。

表 1-8 2008 年中国全球竞争力（GCI）排名情况

指标	排名	得分（1—7分）
全球竞争力指数	30	4.7
基本条件分指数	42	5.0
支柱1：制度	56	4.2
支柱2：基础设施	47	4.2
支柱3：宏观经济稳定性	11	5.9
支柱4：健康与基础教育	50	5.7
效率改进分指数	40	4.4
支柱5：高等教育与培训	64	4.1
支柱6：商品市场效率	51	4.5
支柱7：劳动力市场效率	51	4.5
支柱8：金融市场成熟度	109	3.6
支柱9：技术准备度	77	3.2
支柱10：市场规模	2	6.6
创新与高级要素分指数	32	4.2
支柱11：商业成熟度	43	4.5
支柱12：创新	28	3.9

数据来源：WEF：The Global Competitiveness Report 2008 - 2009，http：//www. weforum. org/documents/GCR0809/index. html。

四、建设小康社会人民生活水平全面提高

"小康社会"是中国的一个特有概念，改革开放之初，邓小平同志创造性地使用了

---

① WEF 网站提供了《全球竞争力报告（2007—2008）》评估结果的互动查询，http：//www. gcr. weforum. org/。

"小康社会"的概念描绘了中国现代化的蓝图。随着中国特色社会主义事业的发展，"小康"的内涵和意义不断得到丰富和发展。起初，建设小康社会的目标，侧重于解决温饱问题。而到了1997年，在人均国民生产总值提前实现翻两番的情况下，党中央不失时机地提出了"使人民的小康生活更宽裕"的历史任务。2000年，党的十五届五中全会第一次提出了"全面建设小康社会"的历史任务。此后，在党的十六大报告中阐述了"全面建设小康社会"的丰富内涵，提出要在本世纪头二十年，集中力量，全面建设惠及十几亿人口的更高水平的小康社会。在此基础上，党的十七大报告以科学发展、和谐发展的理念对全面小康社会建设提出了更高要求，指出，要在优化结构、提高效益、降低消耗、保护环境的基础上，实现人均国内生产总值到2020年比2000年翻两番。下面我们通过人均国民收入、恩格尔系数、人类发展指标、世界贫困指标、千年发展目标实现程度等指标，对我国人民生活脱贫致富奔小康的历程进行初步描述和比较分析。

1. 居民生活从温饱迈向全面小康

从1978年到2008年，全国城镇居民人均可支配收入由343元增加到15781元，实际增长7.1倍，城镇居民家庭恩格尔系数从57.5%下降到37.9%，下降19.6个百分点；农民人均纯收入由134元增加到4761元，实际增长6.9倍，农村居民家庭恩格尔系数从67.7%下降到43.7%，下降24个百分点（如图1-12所示）。

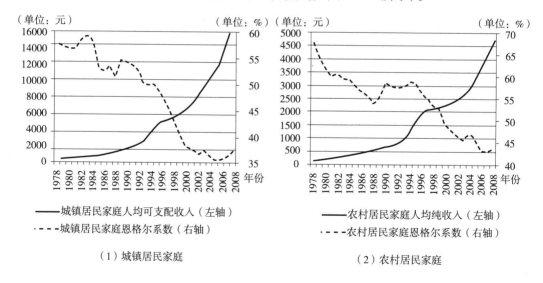

（1）城镇居民家庭   （2）农村居民家庭

图1-12　城乡居民人均收入水平和恩格尔系数变化趋势（1978—2008年）

数据来源：《中国统计年鉴（2008）》（光盘版），"表9-2　城乡居民家庭人均收入及恩格尔系数"；《2008年国民经济和社会发展统计公报》，http：//www.stats.gov.cn/tjgb/ndtjgb/qgndtjgb/t20090226.402540710.htm。

在衡量国民生活质量方面，恩格尔系数是人均收入指标的重要补充指标，不同恩格尔系数直接反映了不同的消费结构，也间接反映了不同的发展阶段。根据联合国粮农组织的标准，恩格尔系数大于60%为绝对贫困，50%—59%之间为勉强度日（即我们国家的"温饱阶段"），40%—49%为小康，30%—39%为较富裕，小于29%为富裕。我国农村居民家庭恩格尔系数于1983年首次下降到60%以下，进入温饱生活阶段，到2000年又下降到50%以下，由温饱向小康迈进，2006年又进一步下降到43%。我国城镇居民家庭恩格尔系数于1996年首次下降到50%以下，到2000年又下降到40%以下，城镇居民消费结构进一步升级，实现了从温饱向小康消费模式的转型。由此，经过30年的高速增长，目前我国城乡居民生活水平都已经达到总体小康，正在向全面小康水平不断迈进。

2. 人均国民收入步入中等国家水平

改革开放以来，随着我国经济总量大幅增加，我国人均国民总收入（GNI）也逐年稳步提高（见图1-13）。1978年，中国的人均GNI只有190美元，低于印度水平，只有世界人均GNI平均水平的10%左右，处于低收入国家行列，距离中等收入国家的最低水平还差一大截。1990年以后，我国的人均GNI水平开始呈加速提升的态势，1992年达到390美元，超过印度并开始逐步拉开差距。1998年，我国人均GNI突破世界银

（单位：美元）

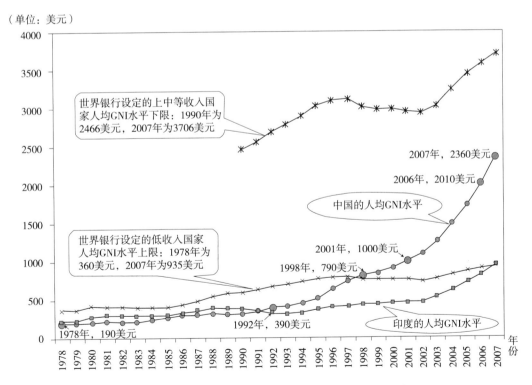

图1-13　中国人均GNI水平的国际比较（1978—2007年）

数据来源：World Bank，WDI Online 2008，http：//ddp. ext. world bank. org/ext/DDPQQ/member. do？method = getMembertuserid =/GqueryId = 135。

行设定的低收入国家人均 GNI 水平上限，进入下中等收入国家行列。进入 21 世纪后，中国的人均 GNI 连上新台阶，2001 年突破 1000 美元，2006 年突破 2000 美元，达到 2010 美元，比 2002 年翻了一番，2007 年继续攀升至 2360 美元，基本与 1990 年上中等收入国家人均 GNI 水平下限持平，达到 2007 年上中等收入国家人均 GNI 水平下限的 64%，与世界人均 GNI 平均水平的比重也上升到 30%。我国人均 GNI 居世界的位次已由 1978 年的第 175 位上升到 2006 年的第 129 位。中印相比，从 1978 年到 2007 年，中国人均 GNI 增长了 10 余倍，而印度只增长了不到 4 倍，印度到 2007 年才刚刚突破低收入国家人均 GNI 水平上限。

我们还可以再比较一下中印两国以购买力平价衡量的人均 GDP 水平的变化情况。如图 1-14 所示，1980 年以来，中国和印度的人均 GDP（PPP）都实现了较快增长，中国增长的速度则明显快于印度，1980—1991 年间，中国要低于印度，但差距迅速缩小，1992 年超过印度后，中国拉开了与印度的差距，到 2007 年，中国的人均 GDP（PPP）水平已经是印度的 2 倍左右，据 IMF 的预测数据，到 2013 年，中国的人均 GDP（PPP）水平将达到印度的 224%。

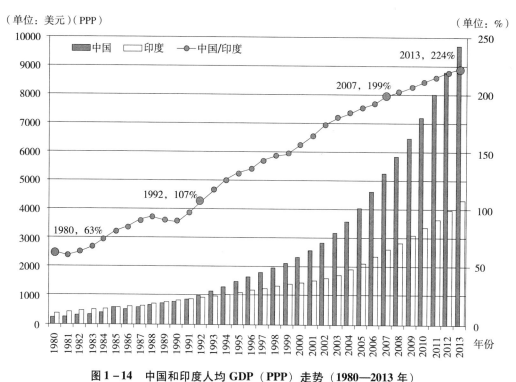

图 1-14　中国和印度人均 GDP（PPP）走势（1980—2013 年）

数据来源：IMF，WEO Database Online，http://www.imf.org/external/pubs/ft/weo/2009/01/weodata/nidex.aspx。

3. 人类发展指数持续提高

联合国开发计划署（UNDP）从 1990 年开始发布《人类发展报告》，坚持"以人为本"理念，先后推出人类发展指数（HDI）、人类贫困指数（HPI）、性别发展指数等多项指标，对世界各国的人类发展水平进行评估和排名。其中，人类发展指数（HDI）是对人类发展成就的总体衡量，具体由三方面指标构成：一是出生时的预期寿命，表征健康长寿状况；二是成人识字率及小学、中学和大学综合毛入学率，表征受教育程度；三是以购买力平价衡量的人均 GDP，表征收入水平。

根据联合国开发计划署（UNDP）2008 年 12 月发布的人类发展指数最新数据报告①，2006 年，中国的人类发展指数（HDI）为 0.762，在 179 个参评经济体中排名第 94 位，属于中等人类发展水平。从构成 HDI 指数的具体指标上看，2006 年，中国的预期寿命为 72.7 岁，排第 69 位；在教育指数的两项指标中，成人识字率为 93%，排第 53 位，小学、中学和大学综合毛入学率为 68.7%，排第 113 位；以购买力平价衡量的人均 GDP 为 4682 美元，排第 104 位。

下面，我们对"金砖四国"（BRICs）的人类发展水平做对比分析。如表 1 - 9 所示，2006 年，巴西、俄罗斯的 HDI 指数值超过 0.8，属于高人类发展水平，分别排在第 70 位和第 73 位；中国和印度还属于中等人类发展水平，分别排在第 94 位和第 132 位，中国的 HDI 指数值比印度略高，在 78 个中等人类发展水平国家中，中国位于中上水平，排在第 19 个，而印度位于中下水平，排在第 57 个。从 HDI 构成指标的排名上看，巴西和印度的指标结构都比较均衡，不过表现情况正好相反，巴西的四项指标相对都比较强，而印度的四项指标相对都比较弱。中国和俄罗斯的分指标结构都不太均衡，俄罗斯的强项指标是成人识字率和毛入学率，分别排名第 11 位和第 49 位，但有一个明显的弱项指标，即预期寿命，仅为 65.2 岁，排名第 121 位。中国的相对强项指标是预期寿命和成人识字率。2006 年中国人口平均预期寿命为 72.7 岁，是"金砖四国"中最高的，与 1981 年的预期寿命相比，25 年间提高了 4.9 岁。2006 年中国 15 岁及以上人口的识字率为 93%，比 2000 年提高了 2.1 个百分点，比 1990 年提高了 15.8 个百分点。中国的弱项指标是综合毛入学率和收入水平。2006 年，中国小学、中学和大学综合毛入学率仅为 68.7%，大大低于巴西和俄罗斯的水平。前述提及，与改革开放之初相比，中国的人均收入水平有了极大提高，但与其他国家相比，我国仍是低收入国家，即使以购买力平价衡量的人均 GDP 也只有 4682 美元，仅为俄罗斯的 1/3 和巴西的 1/2 左右。

① 由于参评国家较多，UNDP 发布的人类发展指数一般有两年时滞。截至目前，UNDP 最新一期完整报告是 2007 年 11 月发布的《全球人类发展报告（2007/2008）》，其中包含了各国 2005 年的 HDI 及相关指标的评估结果。2008 年 12 月 18 日，UNDP 发布了一个 HDI 数据更新补充报告（Human Development Indices: A Statistical Update 2008）。该补充报告不仅对各参评国 2006 年的 HDI 等指标进行了评估与排名，同时还充分考虑了世界银行和国际货币基金组织近年来联合开展的国际比较项目（ICP 2005）关于购买力平价的最新调查结果，对以往相关年份的 HDI 评估结果进行了修正。

表 1-9 2006 年 "金砖四国" 的 HDI 及其构成

指标值及排名		巴西	俄罗斯	印度	中国
HDI	指数值	0.807	0.806	0.609	0.762
	排名	70	73	132	94
预期寿命	指标值（岁）	72.0	65.2	64.1	72.7
	排名	80	121	127	69
成人识字率	指标值（%）	89.6	99.5	65.2	93.0
	排名	70	11	118	53
小学、中学和大学综合毛入学率	指标值（%）	87.2	81.9	61.0	68.7
	排名	39	49	134	113
人均 GDP（PPP）	指标值（美元，PPP）	8949	13205	2498	4682
	排名	77	55	126	104

数据来源：UNDP 网站，Statistics of the Human Development Report。

另外，从 HDI 长期走势上看，1980—2006 年，除俄罗斯外，"金砖四国" 其他三个国家的 HDI 指数值都呈持续上升态势（见图 1-15）。其中，中国的表现最为突出，不断拉近了与巴西、俄罗斯的差距，并逐步扩大了相对于印度的优势。中国 2006 年的 HDI 指数值比 1980 年的指数值提高了 0.233，是所有参评国家中提高幅度最大的。如果中国未来几年能继续保持平稳较快发展，不断提高人均 GDP 水平，同时加大对教育

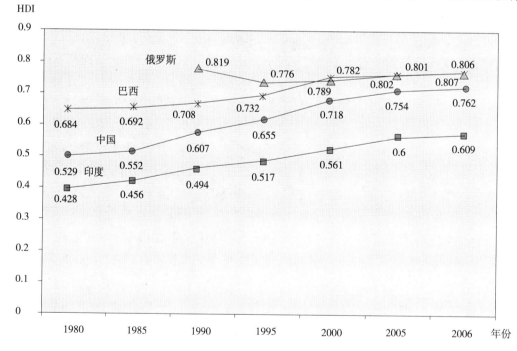

图 1-15 "金砖四国" HDI 长期走势（1980—2006 年）

数据来源：UNDP：Human Development Indices：A Statistical Update 2008。

和卫生事业的投入，特别是进一步提高综合毛入学率，那么中国就能再上一个台阶，达到高人类发展水平（0.80）。

4. 贫困人口大幅下降，减贫事业成效显著

中国农村贫困监测数据显示，从 1978 年到 2007 年，中国农村尚未解决温饱的绝对贫困人口数量已从 2.5 亿下降到 1479 万，占农村总人口的比重由 30.7% 下降到 1.6%。从 2000 年到 2007 年，温饱问题已解决但发展水平依然较低的低收入贫困人口的数量从 6213 万减少到 2841 万，占农村总人口的比重相应地从 6.7% 下降到 3%。中国国际扶贫中心的报告显示，从 1990 年到 2007 年，中国减少的贫困人口的数量占全球减贫人口数量的比重超过了 70%，成为全球提前实现联合国千年发展目标中贫困人口比例减半目标的国家，为千年发展目标的实现奠定了坚实基础。

2008 年 10 月，世界银行根据 2005 年新一轮全球购买力平价评估数据和新的国际贫困线（日均生活费不到 1.25PPP 美元），对世界主要地区和国家的贫困状况进行了重新估计，结果显示，按照新的标准，贫困人口数量比原来有所增加。以往数据显示全球贫困人口数量已降至 10 亿以下，但由于发展中国家人口生活成本增加，根据最贫困国家标准得出的贫困线上调后，2005 年全世界仍有近 14 亿贫困人口。不过，全球减贫事业成就显著的事实并没有改变，1981 年全球日均生活费低于 1.25 美元（PPP）的总人口为 19 亿，贫困人口比例为 51.9%，到 1990 年减少到 18.18 亿，贫困人口比例下降到 41.7%，2005 年进一步减少到 13.74 亿，贫困人口比例下降到 25.2%，比 1981 年降低了一半。

对全球减贫事业做出最大贡献的是东亚和太平洋地区，贫困人口从 1981 年的 10.71 亿锐减到 2005 年的 3.16 亿，贫困人口比例从 1981 年的 77.7% 降低到 2005 年的 16.8%。相比之下，撒哈拉以南非洲地区和南亚地区的贫困状况则不尽乐观，从绝对数量来说，与 1981 年相比，2005 年这两个地区的贫困人口都有所增加，分别增加了 1.76 亿和 4800 万，从贫困人口比例上看，则略有下降，撒哈拉以南非洲地区从 53.4% 下降到 50.9%，南亚地区从 59.4% 下降到 40.3%。这两个地区已经成为全球贫困人口的主体，2005 年合计达 9.84 亿，占全球贫困人口的 71.6%（见图 1-16）。

从国家和地区来看，中国对全球减贫事业做出了巨大贡献。中国的贫困人口从 1981 年的 8.35 亿减少到 1990 年的 6.83 亿、1999 年的 4.47 亿和 2005 年的 2.08 亿，贫困人口比例从 1980 年的 84% 锐减到 2005 年的 15.9%。中国的改革开放政策，在 25 年时间里，使 6.27 亿人口脱离了贫困。同期，由于撒哈拉以南地区和南亚地区的贫困人口绝对数量有所增加，世界贫困人口总体上只减少了 5.26 亿，中国为世界贫困人口总体比例的大幅下降做出了突出贡献（见表 1-10）。千年发展目标中的第一个目标是要求各国 2015 年比 1990 年贫困人口比例减半，中国于 2002 年就实现了这个目标，当年的贫困人口比例为 28.4%，相当于 1990 年水平的 47%。相比之下，印度在减贫道路上步履相对就比较艰难，2005 年与 1990 年相比，印度贫困人口绝对数量还增加了 2100

（单位：百万人）

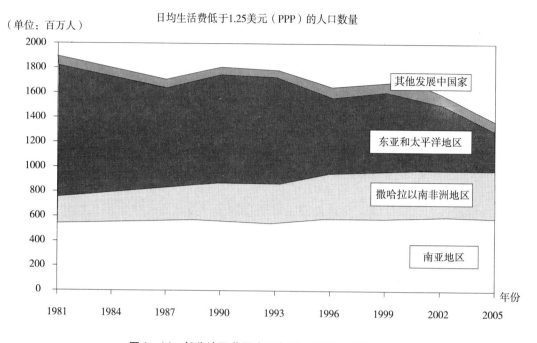

日均生活费低于1.25美元（PPP）的人口数量

图1-16　部分地区贫困人口数量（1981—2005 年）

数据来源：World Bank，Poverty Data：A Supplement to WDI 2008。

万，而在 15 年的时间里，贫困人口比例仅下降了不到20%，也即在2005—2015 年期间要完成剩下的 80% 减贫任务，应该说任务还相当艰巨。

表 1-10　中国对世界减贫事业做出巨大贡献　　　（单位：百万人，%）

国家/地区	1981 年		1990 年		1999 年		2005 年	
	数量	比例	数量	比例	数量	比例	数量	比例
世界	1900	51.9	1818	41.7	1698	33.7	1374	25.2
东亚和太平洋地区	1071	77.7	873	54.7	635	35.5	316	16.8
其中：中国	835	84.0	683	60.2	447	35.6	208	15.9
欧洲和中亚地区	7	1.7	9	2.0	24	5.1	17	3.7
拉美和加勒比海地区	47	12.9	50	11.3	55	10.9	45	8.2
中东和北非	14	7.9	10	4.3	12	4.2	11	3.6
南亚	548	59.4	579	51.7	589	44.1	596	40.3
其中：印度	420	59.8	435	51.3	447	44.8	456	41.6
撒哈拉以南非洲地区	212	53.4	298	57.6	383	58.4	388	50.9

注：此表中的贫困人口是指日均生活费低于 1.25 美元（PPP）的人口；表中数据单位为：贫困人口数量，百万人；贫困人口比例，%。

数据来源：同图 1-16。

五、改革开放事业坚定不移继续向前推进

经过 30 年的不懈奋斗，我们胜利实现了我们党提出的现代化建设"三步走"战略的前两步战略目标，正在向第三步战略目标阔步前进。改革开放 30 年的伟大成就，为我们党、我们国家、我们人民继续前进奠定了坚实基础，也在国际上奏响了中国特色社会主义的美妙乐章，中国因素、中国影响、中国效应，吸引了世界关注的目光。随着中国改革开放步入而立之年，全世界对中国这场伟大实践的关注也空前升温。

1. 外国政要看中国改革开放 30 年

对于中国改革开放 30 年取得的成就，国际政要予以高度评价。①

- 30 年成就有目共睹

——新加坡内阁资政李光耀："中国自 1978 年以来的变化令人惊奇……中国经济正在为人们提供日益提高的生活水平和比以往更好的生活方式。"

——南太平洋岛国库克群岛总理吉姆·马鲁雷："中国的改革开放已成为促进全球经济增长的重要因素。"

——巴基斯坦总统扎尔达里："每次来到中国，都会感受到这个国家的新变化。这次访问使我看到中国兄弟们取得了更大的建设成就，可以说整个国家都换了新颜。"

——印度国大党主席索尼娅·甘地："你们向世界表明，有可能在一个相对短的时间里消除贫困、注入活力、释放社会和经济创造力。"

——联合国负责经济与社会事务的副秘书长沙祖康："一个有着明确发展目标并致力于实现这些目标的政府，一个能够激励生产力和调动积极性的经济体制，加上人民的勤奋努力，是中国成功发展的基本经验。"

——德国前总理格哈德·施罗德："中国迈出了现代化的步伐，同时作为一个多民族国家，它得以保持稳定，这是过去一个世纪来最重大的文明成就之一。"

——英国前首相托尼·布莱尔："中国的开放进程将永远无法逆转。它还意味着，随着现代中国的现实变得愈来愈清晰，对中国的无知和恐惧会逐渐减弱。"

——美国前国务卿基辛格："中国取得的成就需要有对自己的国家忠诚而又愿意艰苦劳作的人民，而这两点并不是世界上所有其他国家都具备的。"

——欧洲议会社民党副主席斯沃博达："中国正在发展，其国际地位也在提高。中国所奉行的'负责任的政策'使之成为当今国际事务中的一个理性因素。"

——委内瑞拉前议长奥斯瓦尔多·阿尔瓦雷斯·帕斯："中国的改革开放成为了一

---

① 凌陈：《中国的发展举世瞩目——国际政要谈中国改革开放 30 年》，《人民日报》（海外版）2008 年 12 月 17 日。

场真正的革命，它发自深层，严肃而不可逆转。"

——菲律宾前总统拉莫斯："改革开放以来，世界看到了一个不断发展、负责任、爱好和平的中国。"

——尼日利亚外交部长特别顾问博拉："30 年前，中国还谈不上是世界上有影响力的大国，而现在中国的影响力随处可见。中国现在是一个迷人的新娘，世界各国都抢着要提亲。"

——荷兰前驻华大使闻岱博："如果中国现在仍然与外部隔绝，为了喂饱众多的人口而不堪重负，那全世界将是另一番景象。"

——澳大利亚总理、工党领袖陆克文："1978 年邓小平决定让中国重新融入世界并开始进行经济改革是 20 世纪最重大的事件之一"。

——埃塞俄比亚总理梅莱斯："中国 30 年的变化非常戏剧化、非常快，令人眼花缭乱"，可以用"非常及时"、"非常正确"和"具有世界历史意义"来形容中国 1978 年做出的改革开放抉择。

——新西兰新任少数民族事务部长兼妇女事务部长黄徐毓芳说："近几年去中国强烈感觉到中国的发展很快，不管去哪个城市，每过两年就让人感到巨大变化"，"我感觉中国政府非常重视基础设施建设，城市规划非常成功，通常考虑到了未来 50 年的发展。地方政府也会根据本地特点，有针对性地发展优势产业，从而保持自己的特点。"

- 成就彰显共产党执政能力

——埃塞俄比亚总理梅莱斯："中国过去 30 年能够取得巨大成就，与执政党中国共产党的执政能力的提高有直接联系。"他说，中国的政策制定趋于稳定和国家政权的平稳交接是中国改革开放取得巨大成功的关键因素，这也从一个侧面反映出中国共产党的执政能力获得了很大提高。梅莱斯说，中国四川 2008 年发生大地震后，中国快速反应和强大的动员能力令全世界为之折服。北京奥运会是参赛国家和地区最多的一届奥运会，是历史上最好的一届奥运会，中国毫无瑕疵的组织能力让全世界有目共睹。他说，"这有力地证明了中国共产党各级领导干部的政策执行力获得了明显改善，彰显了中国共产党在危机处理和国家重大庆典方面的卓越领导才能"。

——越共中央政治局委员、书记处常务书记张晋创："中国 30 年改革开放在各个领域取得的伟大的、辉煌的成就与中国共产党的英明领导密不可分。""党的建设是一项伟大的工程，而且与建设具有中国特色的社会主义这一伟大的工程有着密切联系，而在建设具有中国特色的社会主义中起关键作用的是中国共产党的正确领导。"

——摩尔多瓦共和国总统、摩共产党人党主席沃罗宁："中国改革开放以来，综合国力不断增强，国际地位显著提高，对于像中国这样一个人口众多、幅员广阔的国家来说，取得这些成就实非易事，显示了中国共产党与时俱进的精神和卓越非凡的执政能力。"

——日本共产党中央委员会前主席不破哲三："领导中央和地方政府执行正确的政策，是执政党执政能力的一个重要方面。面对新的情况和新的问题，适时地调整政策加以应对，是执政能力的表现。中国改革开放本身就是这种能力受到考验的一次政策转换，这次政策转换取得了巨大成功。但因为这是一条前人没有走过的道路，30 年来中国在走这条道路的过程中产生了种种矛盾，遇到了各种问题。对此，中国共产党和中国政府提出了科学发展观、建设和谐社会等新的理论政策，探索符合人民利益和社会发展原理的路线。"

——巴基斯坦第三大政党穆斯林联盟（领袖派）秘书长穆沙希德："中国汶川大地震后，人们无私地向贫困和伤残者捐款捐物的善举充分证明，中国最基本的核心价值观没有改变。中国传统的儒家思想与现代社会很好地融合在一起，这是中国共产党倡导精神文明和物质文明并重的结果。"

——澳大利亚贸易部长西蒙·克林："中国在各方面的进步证明中国共产党的执政能力是不容置疑的，而且管理国家的能力也在不断增强"，"澳大利亚根据自身的发展经验体会到，一个国家不能躺在过去的成就上。中国刚刚回顾了自己过去 30 年的历程，这是完全正确的。中国应该很好地总结和评估自己的成绩，为全球经济发展继续做出新的贡献"。

——秘鲁阿普拉党总书记毛里西奥·穆尔德："中国目前实行的政治制度能适应经济和社会发展的要求，这种制度不同于西方社会所重视的代议制民主"，"中国共产党所实行的政策和措施是务实而有效的，中国的经验以及中国共产党的强大执政能力值得学习和研究"。

——阿塞拜疆总统、新阿塞拜疆党主席阿利耶夫："中国改革开放 30 年取得的成就，认为成就一方面基于中国人民的辛勤劳动，另一方面也是中国领导人和中国共产党奉行坚定政策的结果。"

——南非非洲人国民大会总书记曼塔谢说："中国改革开放 30 年取得了辉煌成就，这一切都是中国政府和中国共产党坚定不移地实行改革开放政策而结出的硕果。"

2. 外国媒体看中国改革开放 30 年

外国媒体和资深媒体人士从不同视角回顾了中国改革开放的历程。[①]

——《华盛顿时报》副主编芭芭拉·斯莱文："改革开放使中国人民的竞争力得以完全释放……我很钦佩邓小平以及所有使中国走向富强的改革者。"

——路透社北京分社社长林洸耀："从清一色的蓝灰色中山装，到牛仔裤、西服，再到各式各样的奇装异服；从柴米油盐的凭票供应，到可乐、汉堡、牛排以及各国美食遍布大街小巷；从集体宿舍到福利分房再到住房商品化；从一个人生老病死都在同一个地方到大范围流动；中国人正享受着改革开放带来的未曾有过的自由度和选择权。中国人这样，在中国生活的外国人也一样。"

① 李天行：《海外媒体谈中国改革开放 30 年》，人民网：http://30. people. com. cn/GB/136593/8531049. html，2008 年 12 月 17 日。

——日本《东洋经济》："中国的老百姓如果没有愿望或者上进心去充分利用邓小平的改革开放政策所带来的经济发展机会，或者不是对发展的持续性抱有坚定信念的乐观主义者，那么即使拥有世界上最棒的开发计划，也不可能得到什么成果。"

——英国《金融时报》："走一步看一步，在实践中学习，对于非预期结果和无法预见的事件灵活应对并注重实效，改革开放符合邓小平所提倡的'摸着石头过河'。"

——西班牙《对外政策》："与现代化的其他方面一样，中国的新公共外交也吸取了很多有益元素，并同本国情况相结合，形成了特有的中国模式。"

——美国《科学》杂志总编辑布鲁斯·艾伯茨："毫无疑问，中国的科学技术正在不断进步……中国的百姓也很清醒地认识到，科技是经济繁荣、生活富足的关键。"

——俄罗斯《独立报》："在中国全球化的同时，世界也在某种程度上'中国化'，这既表现在经济方面，也表现在文化方面。"

——新加坡《联合早报》：在改革开放的 30 年里，"在经济增长的故事以外，中国还有一个也许较不抢眼、较不具新闻轰动效应的故事——一个文明重建的故事"。

——美国《纽约时报》："中国正在用汉语文化创建一个更加温暖和更加积极的中国形象。"

——日本共同社外信部主任中川洁：随着中国的开放程度越来越高，"心灵之间的障碍越来越少"。

——美国《时代》周刊记者迈克尔·埃利奥特："想想吧，全球 1/4 的人口，带着他们的种种好与坏、美与丑，重新融入人类发展的主流。这正是我们这个时代的伟大故事。它是我们的故事，所有人的故事——而不只是中国的故事。"

——美国有线电视新闻网（CNN）前驻华首席记者齐迈克："这是一场静悄悄的革命……我希望中国再出现一个令世人瞠目的 30 年。"

3. 外国名人看中国改革开放 30 年

国际著名专家和知名人士也分别从不同角度评价中国的发展之路以及中国发展带来的世界影响。

- 不平凡的发展之路

——美国著名国际关系理论家约瑟夫·奈①：中国 30 年发展上演传奇。

"如果你想想自邓小平的改革开放政策实施以来中国所取得的伟大成就，你就会知道，这是非常不平凡的 30 年。在这过去的 30 年中，中国的发展为世界上演了一段炫目

---

① 约瑟夫·奈生于 1937 年，是美国国际关系理论中新自由主义学派的创建者之一，首创了"软实力"概念。约瑟夫·奈曾担任美国助理国务卿、美国国家情报委员会主席、助理国防部长。1995 年 12 月，约瑟夫·奈重回哈佛，担任肯尼迪政府学院院长，如今是该校的杰出服务教授。参见曾向荣、邱敏：《约瑟夫·奈：期待中国下一个 30 年再写传奇》，新浪网：http://www.sina.com.cn，2008 年 12 月 3 日。

的传奇，中国的改革开放使 4 亿人脱离了贫困。这无论对中国还是对整个世界来说，都是一项非常伟大的成就。"

——欧盟首任驻华大使杜侠都①：改革开放让中国变得富强。

杜侠都感慨道，北京不仅长高也长大了，他到任时，北京只有二环、三环，现在都到六环了。北京也越来越漂亮了。他上任之初，在人民大会堂递交国书时说，人民大会堂很宏伟、很气派。现在北京又增加了国家大剧院、"鸟巢"、"水立方"等现代化标志性建筑。"要不是年老体弱，我真想再回北京看一看。事实证明，改革开放让中国变得富强。"

- 中国模式成为被效仿的成功之道

——世界银行中国局局长杜大伟：中国实行的改革开放称得上是全球经济中最重要的事件，不仅推动中国从一个贫穷落后的国家一跃成为世界最大、最重要的经济体之一，更重要的是，中国的改革开放为发展中国家提供了宝贵经验。②

——法国中国问题专家皮埃尔·皮卡尔：世界的目光正转向"中国模式"一种将本国国情与具体实践巧妙结合的模式、一种将过去与未来相结合的模式、一种将中国发展与世界进步相结合的双赢模式。③

——印度德里大学政治系教授、印度"发展中国家研究中心"前主任、印度"中国研究所"联合主席莫汉蒂认为，"2008 年，中国与发展中国家相互支持、彼此关照，关系更为密切，为世界和平与发展做出了不可磨灭的贡献。"中国和其他发展中国家是一种相互依托的伙伴关系，各自的发展对彼此都有很大的促进作用，发展中国家的整体地位得以提升就是依靠这种相互促进的力量。"中国是最大的发展中国家，中国的成功故事让很多发展中国家看到了发展的希望，中国发展模式成为被效仿的成功之道。中国自身实力的增强极大地提升了中国在国际事务中的影响力，这也无疑加重了发展中国家作为一个整体在国际事务中的分量，为发展中国家在国际事务中赢得了更大的主动权和更多的利益。"他还强调说，为推动公正、合理的国际政治经济新秩序的建立，中国应与广大发展中国家进一步加强团结与协作。④

——马里著名作家赛伊杜·博迪恩：30 多年前，中国与非洲许多国家几乎处于同一条经济起跑线上，但中国实行改革开放政策后，社会经济迅速发展，非洲可以通过借鉴中国的发展经验和与中国在多领域开展合作来摆脱贫穷落后的局面。⑤

---

① 杜侠都为欧盟首任驻华大使，在中国度过了 6 年外交生涯。其后受聘担任法国最大奢侈品集团的中国事务高级顾问，并出任中法委员会副主席。参见李永群：《我真舍不得离开中国——访欧盟首任驻华大使杜侠都》，《人民日报》2008 年 11 月 3 日，第 3 版。

② 罗春华：《中国务实性改革值得借鉴》，《人民日报》2008 年 11 月 17 日。

③ 顾玉清：《中国问题专家皮卡尔称"中国模式"令人瞩目》，《人民日报》2008 年 10 月 21 日。

④ 任彦：《不平凡的发展之路——访印度"发展中国家研究中心"前主任莫汉蒂教授》，《人民日报》2008 年 12 月 31 日，第 3 版。

⑤ 陈顺：《访马里作家博迪恩：中非合作是非洲发展的通途》，新华社达喀尔 2008 年 12 月 1 日电。

● 影响和改变世界的 30 年

——华盛顿智库裴敏欣①：中国改革开放改变了世界格局。

如果要排列第二次世界大战后世界上最重要的有影响世界格局的国际事件，那么除了冷战结束，中国因改革开放而崛起并成功融入世界经济体系排在第二位不会有争议。裴敏欣的理由是，中国改革开放基本上改变了世界经济格局和世界权力格局。

——瑞典中国问题专家约翰·拉格奎斯特②：改革开放对世界有多方面影响。

中国的改革开放政策对世界的影响可以说是多方面的，其中最大的影响要数中国经济的高速发展。经济发展不仅让中国变得富裕起来，而且对世界经济的发展也起到了重要的推动作用，如中国大量的进口为不少国家创造了更多的就业机会。虽然对中国的崛起，国际上存在着不同的看法，但他认为，从近些年的发展趋势来看，随着经济力量的增强，中国在维护世界和平与安全方面以及在应对气候变化等方面，正在做出越来越大的努力，并发挥了越来越大的作用，显示了一个负责任大国的形象，如中国正积极参与海地、黎巴嫩及非洲一些地区的国际维和行动。

——美国宾州州立大学教授、资深中国问题专家丹尼斯·西蒙和曾任联合国高官的哥伦比亚大学兼职教授斯卡·科裴拉：中国在世界未来发展中的关键地位与重要影响得到了充分认可。③

科裴拉说，以往总有一些西方国家与国际组织对中国指手画脚，而现在，中国在世界未来发展中的关键地位与重要影响得到了充分认可。全球问题的解决离不开中国的参与。西蒙说，中国在联合国的作用曾被仅仅视为"第三世界"利益的捍卫者，而今已远不止如此。中国在能源、环境、卫生等重要国际议题方面均积极参与，在国际科技领域也发挥积极作用，这些几乎都是联合国将加大关注力度的领域。此外，中国在联合国其他领域，如贫困、儿童、劳工权益等方面也积极发挥作用。如果说 20 世纪 80 年代初期中国处于世界经济的边缘，那么现在中国已经位于世界秩序的中心。应对全球金融危机表明中国与世界是如何密不可分。外国投资与对外贸易在融合中外经济的进程中发挥了关键性作用，外国研发机构在中国仍将继续发展，此类机构在中国已多达 1200 家。中国已成为许多跨国公司全球供应链的重要一环。所有这些都扩大与加深了中国与外部世界的联系网络。与此同时，随着中国的发展，世界也必须学会如何接纳中国为国际社会的"利益攸关者"，并逐渐适应一个变化了的全球形势。当今全球化时代，各国相互

---

① 裴敏欣为卡内基国际和平基金会高级研究员，他 1984 年赴美留学，20 世纪 90 年代初进入华盛顿智库圈，成为这个圈子炙手可热的人物。转引自邱江波：《华盛顿智库裴敏欣：中国改革开放改变了世界经济和权力格局》，中新网：http://www.chinanews.com.cn/gn/news/2008/10-29/1428916.shtml。

② 约翰·拉格奎斯特为瑞典国际事务研究所中国问题专家。瑞典国际事务研究所已建立整整 70 年，是瑞典最权威的国际问题研究机构。拉格奎斯特精通中文，多年从事中国问题研究，是公认的中国问题专家。参见吴平、和苗：《中国离不开世界、世界也离不开中国——访瑞典中国问题专家约翰·拉格奎斯特》，新华社斯德哥尔摩 2008 年 11 月 26 日。

③ 席来旺：《中国与世界密不可分——访美国宾州州立大学教授丹尼斯·西蒙和哥伦比亚大学兼职教授斯卡·科裴拉》，《人民日报》2008 年 12 月 31 日，第 3 版。

依存度日益加深，协商与合作成为国际关系的新潮流，国际关系的蓝图将因中国成为世界经济的重要驱动力而发生深刻变化。

- 挑战与机遇并存的未来30年

——世界银行前副行长布吉尼翁①：中国实现和谐社会要消除不平等现象。

谈到中国的发展有一点很重要，就是近些年随着飞速发展形成的社会不平等现象。我指的不仅是沿海和内陆的差距，城乡之间的差距，还包括在社会各个领域内形成的不平等。问题是在中国的社会不平等是否已经达到了严重的地步？因为在不久前的经济制度下，中国还基本没有差距。而今天富人的孩子一出生就有着比普通孩子高太多的优越条件。如果任凭这种社会不平等继续发展恶化，会给中国社会带来很大矛盾和危机。我注意到中国政府意识到了这个问题，所以才提出"和谐社会"的概念，这是一个很严肃的话题。还有就是环境污染问题，在中国也十分突出，中国的环境对全世界都很重要，现在是全球化时代。

——华盛顿智库裴敏欣：未来30年的中国。

挑战之一：人力成本。作为中国改革开放维持高增长最重要资源的"人口红利"，将在未来5年最多10年之间消失。劳动成本的增加，医疗、失业等保险费用的增加，将给未来30年的改革开放增加巨大压力。

挑战之二：发展模式。20世纪90年代以来以出口为导向的发展模式，对过去30年中国进步的作用不可估量。但未来西方市场是否会对中国继续开放？这个问题将逐渐浮出水面。

挑战之三：资源成本。前30年的高速增长靠的是低成本，资源成本因素并没有考虑在内。今后30年，道路显然不能这样走。同时，贫富差距等社会问题也必须面对。

优势之一：国力强大。和30年前相比不同，中国已经有一个完整的多元经济体系，经济管理经验也很丰富，特别是熟悉了国际经济管理的基本方式。

优势之二：民间力量。中国未来30年的发展，还有一个重要的优势，即民间力量有了史无前例的增长，从民营企业到社会精英的正面发展，都是中国改革开放今后可以调用的资源。中国未来30年是否能克服众多挑战，要看中国政府怎样最有效地调动这些资源。

4. 中国在新的发展理念指导下继续前进

以党的十一届三中全会为起点，30年来，从什么是马克思主义、怎样对待马克思主义，到什么是社会主义、怎样建设社会主义，到建设什么样的党、怎样建设党，再到

---

① 弗朗索瓦·布吉尼翁为法国经济学家，2003—2007年担任世界银行高级副行长、首席经济学家。布吉尼翁在研究和教学领域建树卓著，他的主要研究领域是收入分配、税收等。他先后供职于智利大学、多伦多大学、经合组织发展中心、法国科学研究中心。2007年10月起担任新成立的巴黎经济学院院长。参见司徒北辰：《世界银行前副行长谈中国改革开放30年》，新浪网2008年12月6日。

实现什么样的发展、怎样发展，我们党不懈探索人类社会发展规律、社会主义建设规律、党的执政规律，在一次次与时俱进中，开创了中国特色社会主义道路，形成了中国特色社会主义理论体系。科学发展、和谐发展、和平发展的理念，正引领着全国人民踏上改革开放新的征程（见图 1-17）。

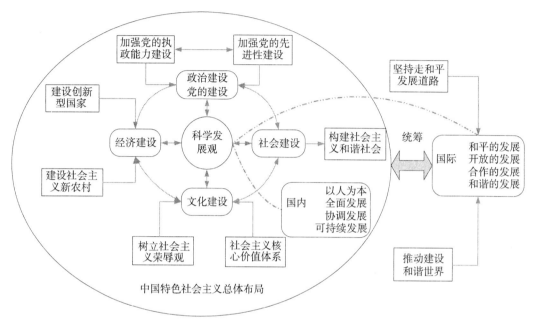

图 1-17　科学发展、和谐发展与和平发展

中国在改革开放的实践中不断摸索、不断学习、不断创新，探索出一条融合了现代发展的先进理念而又富有中国特色的渐进发展之路，一步一个台阶地向社会主义现代化强国目标不断迈进（见图 1-18）。

中国的长期战略目标是到 2050 年基本实现现代化，达到中等发达国家的水平。在具体实践中，又将这个长期目标与近期（五至十年）、中期（一二十年）目标有机结合起来。邓小平 1982 年首先提出"两步走"设想①，1987 年正式提出"三步走"战略。② 我们国家分别于 1987 年和 1996 年提前实现了第一步和第二步战略目标，先后达到了温饱和总体小康水平。第三步战略目标时间跨度比较大，横跨半个世纪，在党的十

---

① 《邓小平文选》（第三卷）："一心一意搞建设"（一九八二年九月十八日），人民出版社 1993 年版，第 9 页。邓小平在文中指出：十二大提出的奋斗目标，是二十年翻两番。二十年是从一九八一年算起，到本世纪末。大体上分两步走，前十年打好基础，后十年高速发展。

② 《邓小平文选》（第三卷）："一切从社会主义初级阶段的实际出发"（一九八七年八月二十九日），人民出版社 1993 年版，第 251 页。邓小平在文中指出：我国经济发展分三步走，本世纪走两步，达到温饱和小康，下个世纪用三十年到五十年时间再走一步，达到中等发达国家的水平。这就是我们的战略目标，这就是我们的雄心壮志。

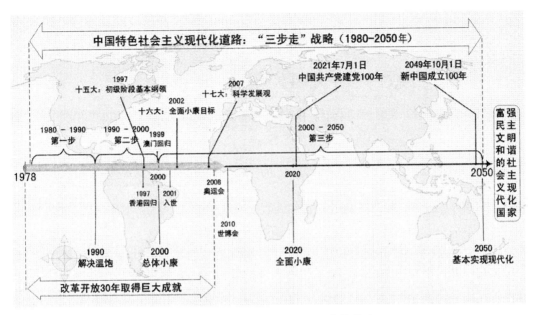

图 1-18　中国特色社会主义现代化道路

五大、十六大和十七大报告中，第三步战略目标的实现路径变得越来越清晰。

党的十六大报告明确提出了全面建设小康社会的奋斗目标。党的十七大报告则在十六大确立的全面建设小康社会目标的基础上对我国发展提出了新的更高要求，特别是要在科学发展观的指导下，增强发展协调性，努力实现经济又好又快发展，要在优化结构、提高效益、降低消耗、保护环境的基础上，实现人均国内生产总值到 2020 年比 2000 年翻两番。十七大报告描绘了 2020 年全面建设小康社会目标实现时的美好图景：我们这个历史悠久的文明古国和发展中社会主义大国，将成为工业化基本实现、综合国力显著增强、国内市场总体规模位居世界前列的国家，成为人民富裕程度普遍提高、生活质量明显改善、生态环境良好的国家，成为人民享有更加充分民主权利、具有更高文明素质和精神追求的国家，成为各方面制度更加完善、社会更加充满活力而又安定团结的国家，成为对外更加开放、更加具有亲和力、为人类文明做出更大贡献的国家。

胡锦涛同志在纪念党的十一届三中全会召开 30 周年大会上指出：我们的伟大目标是，到我们党成立 100 年时建成惠及十几亿人口的更高水平的小康社会，到新中国成立 100 年时基本实现现代化，建成富强民主文明和谐的社会主义现代化国家。只要我们不动摇、不懈怠、不折腾，坚定不移地推进改革开放，坚定不移地走中国特色社会主义道路，就一定能够胜利实现这一宏伟蓝图和奋斗目标。

第二章　百年梦圆：
举办奥运盛会展示大国风范

2008 年 8 月，第 29 届奥林匹克运动会在北京圆满举行。作为举世瞩目的全球体育盛会，北京奥运会如约而来，完美开闭幕式与精彩的赛事为全球奉献了一届成功的奥林匹克盛典。北京奥运的成功，使中华民族的百年奥运梦想得以实现。在此次奥运会上，中国运动健儿勇夺金牌榜首位，奥运主办水平更得到广泛赞誉。同时，中国的奥运外交在本次奥运会期间也取得了巨大成功，奥运会极大地推动了中国与世界的交往，向世界展现了中华民族的古老文明，丰富和发展了奥林匹克的文化元素。这些对奥运事业乃至人类文明所做出的积极贡献，充分体现出中国信守承诺、努力推动和谐世界构建的大国责任。

一、完美北京奥运盛会成就中国百年梦想

北京奥运会以及残奥会的举办历时约一个月，但从 2008 年年初开始，奥运的相关筹备、准备工作便已进入最终的攻坚阶段。在 8 个月的奥运冲刺当中，奥运的运行环境遭遇了外部压力、自然灾害、金融风暴等诸多不利因素的影响。尽管遇到了诸多考验，但中国政府和人民共同努力，积极应对、化解了奥运筹办、举办中遇到的困难与挑战。中国的 2008 奥运之路尽管有些许沉重，但依然稳步前行。北京奥运，最终奉献给世人的是更多的精彩与惊喜。

1. 精心组织：奥运会前准备工作有条不紊

奥运的场馆、基础设施建设和运行管理是奥运筹备的重中之重，在北京奥运筹办方的积极努力下，规模宏大的建设项目如期完工，城市运行管理更为顺畅，为奥运会的成功举办提供了坚实的物质支撑。到 2008 年 6 月，奥运场馆基本按期竣工，并投入试运行。2008 年 7 月，本次奥运会即将使用的 37 处场馆均已经过"好运中国"测试赛的检验。奥运场馆落成之后，各国记者、游客被这些场馆的独特风格与规模所吸引，特别对于 2008 年 6 月 30 日竣工落成的奥运会主场馆——"鸟巢"国家体育场，各界更不吝赞赏之言。"鸟巢"体育场被认为是典型的东西方文明融合的结晶，全球跨度最大、施工

难度最高的钢结构是中国设计师与西方设计师合作设计成果的杰出代表。在美国《时代》周刊评选出的 2007 年世界十大建筑奇迹中，"鸟巢"入选，被视为历届奥运场馆的奇迹。香港《南华早报》评论则感叹到：在未来的日子里，人们可能记不起 2008 年奥运会的红色会徽、它的赞助商，甚至是 100 米跑冠军。但他们将记住举办这届奥运会的体育场，以及整个国家的自豪和希望。①

城市交通及基础设施的建设和良好运行，是保障北京奥运顺利进行的重要条件。奥运筹办方在这一方面交出了较为完美的答卷。奥运举办前夕，为奥运服务的三条地铁线路：机场线、地铁 10 号线第一期，以及奥运支线都按期投入使用。这三条地铁线路耗资 223 亿元人民币，全长 58 公里，能够使乘客可以使用轨道交通从机场直达奥运中心区，北京地铁乘客也从每天 330 万人次提高到 400 万人次。7 月 20 日北京开始实施的车辆单双号限行措施，使大街上行驶的车辆减少 180 万至 200 万部，转而使用公共交通工具的乘客每天增加 400 万人次。

安全保障是北京奥运顺利举办的重要前提条件，也是各国民众和运动员异常关注的方面。北京奥运筹备方在这一方面进行了全力的准备。奥运准备阶段，北京的机场和火车站进一步加大了安检工作力度。中国为奥运会组建了一支由 10 万人组成的特别反恐部队，40 万城市志愿者和 100 万社会志愿者为反恐部队的行动提供支持。有关部门在主要奥运场馆附近还部署了地对空导弹，对于地铁、公交等市政交通体系也进行了严格的安检，保证奥运举办的万无一失。北京奥运会开幕式和闭幕式门票中都嵌入了微型芯片，里面存有持票人的个人体征信息，以增强场馆的安全系数。对于中国的奥运安保措施，国际刑警组织负责人罗纳德·诺布尔赞赏道，中国投入了"前所未有"的力量以确保北京奥运会的安全，国际恐怖主义想在中国活动是非常困难的。诺布尔说："我相信中国已经做了该做或者可以做的一切来确保奥运会的安全。"

反兴奋剂是保证北京奥运会公平、公正的核心因素。北京奥运筹办方采取多项措施，兑现举办一届有史以来"最干净"奥运会的承诺。中国于 2007 年就成立了由中央政府直接管理的中国反兴奋剂中心，并新建了目前最先进的反兴奋剂实验室，拥有大量先进的技术设施和科技人员，保障奥运期间进行的 4250 次药检，检测次数比雅典奥运会多 25%，比 2000 年悉尼奥运会多 90%。组织者对获得每项比赛前 4 名的选手以及另 2 名随机选择的选手都进行药检。

防止奥运比赛政治化，维护奥林匹克精神的纯洁也是北京奥运筹备的重要方面。在中方的努力下，这一要求得到了国际奥委会以及世界各国的广泛支持。2008 年 5 月，国际奥委会正式告知各国和各地区奥委会，它们的运动员在北京奥运会期间不得发表任何政治声明。奥运会期间的电视报道也将采取更多措施，以使北京奥运会不受无序政治活动的干扰。8 月初，在奥运举办前夜，国际奥委会主席罗格指出："如果奥运竞技场成了解决纷争、发表政治声明的地方，那么就无奥运精神可言了。运动员绝对有机会表

---

① 《建筑上的"留窝蛋"》，香港《南华早报》2008 年 6 月 26 日。

达各自的意见。但我们要求他们不要在奥运场馆，特别是比赛场地或奥运村发表意见。"国际奥委会名誉主席萨马兰奇表示，利用奥运会作为政治武器，用"荒谬的抵制"威胁开幕式或闭幕式毫无意义。联合国体育特使维利·莱姆克则表示，不应强迫运动员在北京奥运会期间发表政治性讲话。他指出，联合国秘书长潘基文也持这种观点，"他明确呼吁不要让体育运动不恰当地带上政治色彩"。①

2. 力排阻挠：北京奥运圣火传遍五大洲

奥运火炬传递历来是奥运前夕受到最多关注的热身活动。北京奥运火炬传递也不例外。这一历时 130 天的火炬传递活动于 2008 年 3 月 24 日从雅典起航，跨越了 19 个国家，最后回到中国，持续了三个月的旅程，而且历史性地登上了珠穆朗玛峰，成为全球在奥运预热阶段关注的最大热点之一。本届北京奥运会火炬接力创下几个历史之最，传递距离为 13.7 万公里，堪称历届之最。火炬接力时间达到 130 天，时间最长。同时，北京奥运会圣火历史上第一次传遍亚洲、欧洲、非洲、南北美洲和大洋洲，范围最广。参加北京奥运会火炬传递的火炬手达到约 21700 人，火炬手最多。

北京奥运火炬的境外传递旅程并不平静。在火炬境外传递期间，一小撮藏独势力利用全球对奥运的关注，肆意干扰奥运火炬传递。一部分西方媒体则推波助澜，一方面严重歪曲报道拉萨"3·14 骚乱事件"，同时在奥运火炬传递活动中诬蔑中国人民。这些行为对北京奥运火炬在部分国家和地区的传递产生了一些不利影响。但奥运的魅力、中国人民的真诚以及奥运组织者的努力是得到各国民众认可的。在绝大多数传递地区，火炬传递每到一处，当地城市的政府都组织了隆重的欢迎仪式，举办各种庆祝活动，并为北京奥运会火炬传递精心设计传递路线。同时，各国政府与地方组织积极配合北京奥运主办方，以出色的组织和安全保卫工作为火炬传递工作顺利进行提供了强有力的保障。海外华侨、留学生也与当地有正义感的民众一道，与干扰活动进行了针锋相对的斗争。正是由于得到了全球民众的广泛支持，北京圣火的境外旅程基本按照原计划，历时一个月走遍了全球五大洲的 19 个城市，成功地向世界传递了和平友爱的讯息。

奥运火炬传递过程中遇到的阻挠也引起了各国相关人士的思考。在干扰活动较多的欧洲，法国外交部长库什内就认为所谓的抗议活动对于解决问题意义不大。他说："我们不能将外交政策限定在人权领域。"他在接受《费加罗报》采访时指出，法国希望促成达赖喇嘛和北京重启对话。但他说，抗议活动"使解决办法更加复杂"。德国外交政策协会研究中心主任、中国问题专家埃伯哈德·桑德施奈德说："中国经济有巨大吸引力和强大实力，我们采取的任何措施都会遇到麻烦的反制措施。奥运会对中国人而言意义重大，但不及西藏问题，主权和稳定永远高于公共关系。"同时，在奥运火炬传递过程中，境外媒体对于一些西方民众和少数西方国家领导人在北京奥运火炬传递上的不明智作为也进行了反思。《华尔街日报》2008 年 4 月 15 日刊登了对在华访问学者、美国

---

① 《联合国体育特使反对政治干涉奥运》，《参考消息》2008 年 7 月 27 日。

人苏姗·布朗奈尔的采访。针对奥运火炬传递遇到的风波，她认为，中国不但会举办一届成功的奥运会，而且，中国也是一个值得尊敬的举办国。她并不否认中国存在一些问题。但是，她认为一些西方人无视中国在过去多年里取得的进步。她说，在中国，你看到的是积极热情、理想主义和对未来充满信心。但是，当你放眼海外，中国的形象却被丑化了。

在排除诸多干扰，结束境外的传递之后，奥运火炬在2008年5月4日终于来到中国境内，奥运圣火的境内传递从中国海南省开始，在一片爱国主义热潮中开始长达3个月的在中国各大城市的传递活动，并向国际社会传递出中国人民的爱国热情和对奥运的期盼。美国《华盛顿邮报》的报道指出，火炬接力活动为中国人民及领导人提供了期盼已久的和谐与喜悦。火炬传递的现场表现出，中国民众对中国举办奥运会的支持是真诚的。面对境外干扰活动引起的争议，13亿中国人显得异常团结，他们都对奥运会在北京举办感到欢欣鼓舞。① 5月8日，奥运火炬登顶世界最高峰珠穆朗玛峰，这一历史性时刻也得到全球的广泛关注。路透社、美联社、法新社、时事社等全球重要新闻发布机构在第一时间进行了报道和评述，舆论普遍认为，火炬成功登顶珠峰是一项壮举，这实现了中国为举办2008年北京奥运会而许下的承诺之一。

2008年8月6日，距离奥运会开幕还有两天，全球奥运火炬传递进入目的地北京，得到了首都人民的热烈欢迎，掀起火炬传递最后阶段的高潮。美联社的消息描述道，奥运火炬的到达标志着中国历时7年的奥运会筹备工作进入最后阶段，成千上万的人在长安街两侧夹道为火炬手欢呼喝彩。法新社的报道指出，奥林匹克火炬在北京市中心踏上最后一段旅程。千百万市民的真诚欢乐取代了时常围绕在火炬全球之旅周围的争议之声。北京最后阶段的传递活动也标志着奥运历史上最宏大、最具争议性的火炬传递活动进入了尾声。②

3. 举世关注：北京奥运华丽开幕

2008年8月8日晚8时8分，北京奥运会在国家体育场隆重开幕。开幕式上，中国国家主席胡锦涛宣布第29届奥林匹克运动会开幕。随后，近四个小时的表演和诸项仪式完美举行，令世人惊叹。全球主要媒体对奥运会开幕式进行了密集报道，创下奥运转播史上的纪录。据估计，全球共有超过40亿电视观众观看北京奥运会开幕式。根据国际奥委会的统计，在中国的收视率达到80%，美国和欧洲电视市场的收视率达到50%！③ 根据美国《纽约时报》报道，仅美国取得奥运转播权的美国全国广播公司（NBC）播放的开幕式，在美国就取得21.5%的收视率，大约有1600万个美国家庭收看。这是有史以来美国本土以外举行的奥运会的最佳收视率，上届雅典奥运只有18%

---

① Edward Cody: "Torch Lights a Patriotic Spark", *The Washington Post*, May 5, 2008.

② 《北京为奥运圣火传递喝彩》，《参考消息》2008年8月7日。

③ "International Olympic Committee", *Olympic Review*, Sept. 2008, Issue 68, p. 7.

的收视率，而 2000 年悉尼奥运的收视率也不过 18.5%。

特别值得关注的是，传统上往往在对中国事物的报道中夹杂政治敏感话题和污蔑歪曲评论的西方媒体，在此次奥运会开幕式报道中基本上采取了肯定的评价。前述取得美国奥运独家播放权的 NBC 公司，为介绍开幕式中的文化元素，特意聘请了美国的"中国通"约书亚·莱姆。但在 4 个小时的节目报道中，莱姆与两位著名主持人均没有提到西藏以及其他敏感的话题。这使得一部分希望看到 NBC 报道中引起中国尴尬言论的西方观察家十分失望。①

在报道中，各国的权威媒体纷纷以"华丽"、"奢华"、"令人惊叹"等少有的夸张性词汇作为形容词，评论北京奥运会开幕式的中国元素和壮观景象。美国《纽约时报》的报道指出，北京奥运会开幕式上令人惊叹的演出盛赞了中国文明，并努力激发了这个古老民族的自豪感，它还向外界传递了重要信息：我们是友好的。在开幕式的表演中，导演张艺谋将中国的"和谐"理念进行了壮观的视觉演绎。随着中国变得日益富强，中国领导人想让世界放心，使各国意识到正在崛起的中国不会构成任何威胁。具有轰动效果的开幕式演出表明，至少在这个夜晚，中国的宣传取得了巨大的成功。②

法新社的报道指出，北京奥运会开幕式文艺表演以传统中国的梦境和颂歌以及古代伟大发明为主调，其表演让"鸟巢"现场观众赞叹不已。路透社则对奥运开幕式在传统与创新之间的结合进行了评论，该社的消息表示，这场华丽的表演浓缩了中国 5000 年的历史，而且没有出现老套的中国传统形象——熊猫、红灯笼和舞龙。

美国《华尔街日报》的评论指出奥运会开幕式融合了传统表演与高科技特技，充分展示出中国向现代化强国的迈进。整个开幕式进行得几乎完美无瑕。伴随着开幕式表演的进行，现场 91000 名观众以及运动员、赛会组织者和全球政要不时爆发出欢呼声和掌声。举行开幕式的巨大钢结构"鸟巢"已经成为了北京迎接第 29 届奥运会而旧貌换新颜的象征。③

此外，还有一些重要国际媒体甚至使用了"极端"词汇来形容奥运开幕式的盛况。例如，英国《金融时报》称，北京奥运会开幕式使中国在奥运会开幕式的竞争中赢得了"金牌"，过去没有、未来也不会有任何国家可以媲美中国政府为奥运投注的人力与投资。德国《世界报》甚至认为，奥运会从未有过如此辉煌的开幕式。美国《新闻周刊》则形容开幕式"美得令人窒息"。

来华出席奥运会开幕式及相关活动的各国领导人也纷纷盛赞开幕式的成功举行和中国政府、人民为北京奥运会做出的杰出贡献。美国总统布什表示：中国政府和人民给世界各国人民奉献了一场壮观、成功的奥运会开幕式。其精彩程度令人难以置信。法国总

---

① 《西方媒体评点北京奥运会开幕式》，《南方周末》2009 年 1 月 22 日。

② Jim Yardley: "China's Leaders Try to Impress and Reassure World", *The New York Times*, Aug. 8, 2008.

③ 《北京奥运开幕式盛况空前》，《华尔街日报》中文网络版，http://chinese.wsj.com/gb/20080809/chw112807.asp? source = article，2008 年 8 月 9 日。

统萨科齐表示，来华出席北京奥运会开幕式很荣幸，并对中国人民为筹办奥运会所做出的巨大努力和杰出贡献表示钦佩。他深信，2008 年 8 月 8 日将标志着中国的伟大复兴。澳大利亚总理陆克文赞赏道：北京奥运会开幕式非常隆重，独一无二，令人耳目一新，十分震撼，特别是主火炬点燃的方式很有创意，给全世界留下了深刻印象。韩国总统李明博评价道：开幕式规模宏大，井井有条，富有中国传统气息。同时也展现了很高的现代科技，全世界人民都会对此感到惊奇。作为亚洲人，他对北京奥运会开幕式的成功举行感到自豪。李明博认为，"同一个世界，同一个梦想"的口号将对未来的奥林匹克事业产生重要影响。[①]

4. 精彩纷呈：奥运赛事的顺利进行

开幕式后，奥运会赛事正式拉开序幕。来自 204 个国际奥委会成员国和地区的 1.6 万名运动员在 28 个大项、302 个小项的比赛项目中展开角逐。在 16 天的比赛日中，共产生 302 枚金牌，进行了 300 余场比赛。赛事的进行堪称完美，成绩斐然。在北京奥运会上，多项世界纪录被打破，世界体育强国的格局再次被改写。中国以 51 枚金牌的辉煌成绩登上金牌榜首，美、俄等国处于第一阵容，英、德、澳、韩、日、意、法进入前十名。从总奖牌榜方面看，美国以 110 枚奖牌的数量仍居首位，中国为 100 枚，虽居第二位，但与美国的差距已经不大。参加奥运会的 204 个国家和地区中，共有 87 个国家地区获得奖牌，这是有史以来最多数量的国家和地区选手获得奖牌。

赛事的后勤保障工作有条不紊。奥运期间的交通十分便捷顺畅，服务于贵宾、运动员、注册媒体、赞助商的 2700 多辆客车，日均客运量约 7 万人次，确保了 1.6 万名运动员和 2.2 万名注册记者快捷、准时参加比赛和相关活动。在安全保障上，北京奥运会期间约有 11 万人参与具体的安保工作，建立了国家、赛区、场馆三个层级的指挥机制。奥运会赛事进行当中，这个组织严密的安保系统始终高效畅通地运转，在场馆、运动员和媒体住地、城市公共场所采取的安保措施严格而人性化，赛场内外保持了平稳良好的社会秩序，没有发生一例恐怖、严重安全事件。环境问题曾是部分国际人士质疑北京奥运会的重要方面，奥运会的组织者通过努力，切实为各国运动员带来了舒适、良好的环境。从 8 月 8 日奥运会开幕至 8 月 23 日，16 天空气质量全部达标，其中有 9 个一级天气，创造了 10 年来的最高水平。

广为关注的奥运会比赛纯净性也得到了保证，到比赛结束的 25 日，仅有 6 例运动员样本在反兴奋剂检测中被检测为阳性，相对于规模空前的赛事中总共 4500 次检验，这一结果令人惊叹。在 2004 年雅典奥运会上，其规模相对较小，而当时进行的 3300 次检测则出现了 26 例违规样品。[②]

来自中国各地的 150 万名志愿者保障了竞赛的顺利进行。其中有 7.4 万名志愿工作

---

① 《外国领导人盛赞北京奥运会》，《人民日报》2008 年 8 月 11 日。

② Karolos Grohmann: "Jury Still out over Beijing Games Doping", *Reuters*, Aug. 25, 2008.

者在各体育场馆和所有的奥运设施协助工作。在 9 月份的残奥会期间，还有 3 万名志愿者参加志愿服务。此外，北京安排了 40 万名志愿助手在 550 个城市广场和车站，负责提供信息、语言文字翻译以及急救等服务。同时，还有 100 万名志愿者在北京各区维持秩序。

在赛事的进行中，北京奥运会主办方展示了卓越的组织能力与良好的服务水平。由于竞赛过程的流畅有序，赛事的组织工作被国际奥委会主席雅克·罗格称赞为"完美无瑕"。国际奥委会奥运会执行主任吉尔伯特·费利连续用五个"满意"给予评价，开幕式、奥运村、场馆、交通、志愿者的表现都让他赞不绝口。国际奥委会新闻宣传部长吉赛尔·戴维斯说："所有人都认为北京奥运会的组织工作极为出色，北京奥组委为奥运会做了充分准备。在 16 天中组织 28 个大项的比赛是一件相当复杂的事，后勤保障工作会相当繁复。但从奥运会顺利的运作、壮观的场馆和完美的比赛，我们看到北京奥运会的组织工作进行得十分完美。"①

在北京奥运会之后 2 周举办的残奥会赛事同样十分顺利。残奥会出色的赛事组织、完善的无障碍设施、人性化的服务，赢得了运动员、教练员和国际社会的广泛赞誉。在残奥会赛场上，来自 147 个国家和地区的 4000 多名残疾人运动员顽强拼搏、奋勇争先，刷新了 279 项残疾人世界纪录和 339 项残奥会纪录。中国体育代表团获得 89 枚金牌、211 枚奖牌，名列金牌榜和奖牌榜首位，创造了中国体育代表团参加残奥会以来的最好成绩。

5. 回忆永存：北京奥运的完美谢幕

2008 年 8 月 24 日，北京奥运会在完成了 16 天异彩纷呈的竞赛后，圆满结束。奥运主办方为全球观众准备了令人难忘的闭幕式，再一次向世界展示了中国的魅力。在表演中，"鸟巢"体育场顶边显示荧幕变幻成红色跑道，特效灯光在"空中跑道"投射出北京奥运会每一天的瞬间，运动员奋力拼搏的画面一一呈现在 9 万余名观众面前。随后，数名外国运动员以卷起中国画轴的方式，将燃烧在中国国家体育场"鸟巢"的主火炬慢慢熄灭。北京奥组委主席刘淇发表讲话，宣布本届奥运会圆满结束。他在讲话中评价道，在 16 天的比赛中，各国运动员展示出高超的竞技水平和良好的竞赛风貌。国际奥委会主席罗格在闭幕式上致辞中指出，这是一届真正的无与伦比的奥运会，16 个光辉的日子将在人们心中永远珍藏。他代表国际奥委会，感谢中国人民，感谢所有出色的志愿者，感谢北京奥组委。最后，罗格宣布第 29 届奥林匹克运动会闭幕，并号召 4 年后在伦敦举办的第 30 届奥林匹克运动会上相聚。2012 年奥运会主办城市伦敦的奥组委带来了"伦敦 8 分钟"的接旗宣传表演。

在经历了 16 天的精彩比赛后，北京奥运会的闭幕式为世界带来了一个完美的回顾和结尾，也得到了舆论各界普遍的高度评价。英国五大主流报纸于 2008 年 8 月 25 日均在头版刊发了北京奥运会隆重闭幕的消息和大幅照片。《独立报》在头版头条文章中

---

① 陈一鸣：《"三个满意"的体育盛会》，《人民日报》2008 年 8 月 26 日。

说，北京奥运会是"迄今我们所看到的最伟大的奥运会"，也许将来也没有任何城市能够超越。北京奥运会规模宏大，而且组织得"毫无瑕疵"。从以上两方面来看，伦敦不可能举办一届比北京更好的奥运会，但它却可以举办一届迥然不同、别具特色的奥运会。路透社的消息指出，闭幕式为旨在展示中国的力量、现代性和体育实力的奥运会画上了句号。美国《洛杉矶时报》形容，中国通过一场娱乐表演盛宴，为 16 天兼具近乎完美的后勤保证与极佳运动成绩的奥运首秀进行了总结。① 德新社于闭幕式当日发布消息指出，北京奥运会的闭幕式如同开幕式一样，通过一个绚烂多彩的盛会，中国充分利用最后一个机会向全世界的观众展示自我。美国《基督教科学箴言报》发表文章援引中国问题专家的话说，中国的体育实力、组织技巧和现代化形象令世人羡慕。北京奥运会意义深远，不仅提高了中国人的自信心，而且也增加了世人对中国的信任。

一些国家元首也在北京奥运会成功闭幕后发来贺信，表达对奥运成功举办的赞赏。时任日本首相福田康夫在祝贺北京奥运会成功举办的贺信中表示，为了成功举办奥运会，中国人民众志成城，努力克服四川大地震这一前所未有的灾难，这一形象将与北京奥运会的巨大成功一起永远留在人们记忆中。在奥运会开幕式上，中国人民向世界发出了"和"的强烈呼声。这不仅是中国的追求目标，同时也为世界各国指明了努力方向。希望日中共同巩固和加强"战略互惠关系"，向世界展示"和"的姿态。

2008 年 9 月 17 日，北京"鸟巢"国家体育馆举行了北京残奥会的闭幕式，国家主席胡锦涛与国际残奥委会主席克雷文一道，与来自世界各国各地区的数千名残疾人运动员、教练员和来宾，以及现场 9 万多名观众共同热烈庆祝北京残奥会取得圆满成功。这场精彩而震撼人心的闭幕式，为 2008 年北京的两个奥运赛事完美地拉上了帷幕。至此，中国实现了"两个奥运，同样精彩"的承诺，2008 奥运也在此刻被载入奥林匹克史册。国际残奥委会主席克雷文在闭幕式的致辞中称赞道，北京残奥会是有史以来最伟大的一届残奥会，希望所有运动员、教练员和官员把北京残奥会独一无二的体育精神带往地球的四面八方，以此鼓励更多的人参与运动，结交朋友，点燃心灵之火。美联社的报道说，北京上演了一场场面宏大的残奥会闭幕式，为 6 个星期来成为全球体育焦点的北京奥运画上完美句号。残奥会闭幕式标志着北京奥运的结束。与奥运会一样，官员们高度赞扬东道主中国为此次残奥会奉献了令人惊讶的比赛场馆和紧凑有序的组织。在长达 11 天的比赛中，残奥会场馆几乎都坐满了观众。美联社的评论指出，在残奥会期间，北京的天气近乎完美，没有交通拥堵，抬头可见蓝天，几乎让人想不起北京长期以来的空气污染。

二、奥运会成功举办展示中国的大国实力

2008 年，北京奥运会的成功举办，赛会自身的绚烂多彩自然使世人久久回味，而

---

① Associated Press: "Mixed Legacy Likely as China's Olympics End", *Los Angeles Times*, Aug. 24, 2008.

更加引人瞩目的则是此次盛会背后的潜在含义。北京奥运作为全球顶级体育赛事，在30年来迅速发展的中国举办，这本身就具有里程碑意义。同时，此次奥运在内外相对不利的环境下依然取得了世人公认的成功，展现了中国作为新兴大国的强大实力与发展的稳定性。在奥运辉煌的成功背后，折射出改革开放30年积累、锻造出的政治、经济、文化、外交实力。从某种意义上说，北京奥运会可以被视为开放30年的提前庆典与成果展示。

1. 中国崛起：奥运会成功举办的标志性含义

奥运会往往成为新兴国家发展成为世界强国的标志性事件。这点对于东亚的国家而言尤为显著。北京奥运会之前，亚洲国家曾经主办过两届夏季奥运会。1964年东京奥运会，被普遍视为是日本摆脱战败阴霾，进入世界强国行列的重要标志。1988年汉城奥运会，显示出韩国作为亚洲"四小龙"，从发展中国家崛起为新兴工业国家的实力。而北京奥运的成功也不例外，它在某种意义上标志着中国的崛起，同时也反映出这种崛起被世界所接纳。《经济学人》这样评论道，与1964年的东京与1988年的汉城一样，北京奥运成为一个经济强国降临的庆典，只不过这个经济强国更大、更完美，这一事件更有助于全球1/5居民和谐地重新融入这个世界。①

北京奥运会作为展现中国实力的平台，得到各方关注，特别是各国政要的重视。一些国家领导人也利用这一机会，做出对中国国力的评价。作为当今世界唯一的超级大国，美国一直对于中国的迅速发展持一种十分复杂的态度。而在此次奥运期间，美国国家领导人对于中国实力的评价则带有某种肯定的意味。在奥运开幕前，美国总统布什就在公开场合谈及中国的崛起。在接见亚洲联合记者团时，他说道："我对中国的崛起持积极的态度。"② 布什进一步指出，他个人和美国尊重中国人民，尊重中国的历史，尊重中国的传统。他对能够应邀参加奥运会感到荣幸，并认为这将是一个令中国人民感到自豪的时刻。

舆论界对于北京奥运会的标志性含义也进行了深入分析与评论。各国媒体普遍认为，奥运会对于中国的意义大大超越了体育盛会本身，它已成为中国摆脱近代伤痛，重建信心、再度崛起于世界民族之林的重要标志。中国的近邻日本，对于这种崛起的含义自然印象深刻。日本《朝日新闻》的评论认为，奥运会给中国人带来的喜悦并不仅仅源自新中国成立后几十年的发展。从19世纪的鸦片战争开始，饱受西方列强和日本侵略的历史令中国人备感屈辱。可以说，这种心灵的创伤直到今天仍潜藏在中国人最深层的意识中。主办奥运会就是消除这种屈辱感的大好机会，北京奥运会翻开了中国历史上辉煌灿烂的新篇章。日本共同社的报道进一步指出，奥运会对于中国来说绝不仅仅是一场体育盛会，而是承载着13亿中国人的"百年梦想"。国际社会也屏住呼吸，密切关

---

① "China's Dash for Freedom", *The Economist*, Aug. 2, 2008.
② Edward Cody: "Hu Asserts World's Confidence in China", *The Washington Post*, Aug. 2, 2008.

注着这次在政治经济影响力日益增强的中国举办的奥运会。共同社认为，中国作为世界的一员应当遵循相同的规则彼此和平友好地相处，这也是中国所希望的。没有人会反对中国成为一个与它的实力相当的宽容的"超级大国"。

　　奥运圆满闭幕后，一些国际媒体不约而同地认为，奥运会的成功，是中国取得的重要胜利，充分展示出中国作为新兴强国的姿态与崛起的态势。法国《解放报》对中国在奥运会上取得的胜利进行了总结。文章中指出，对北京而言，本届奥运会是一种三重胜利。首先是技术性的胜利，奥运会期间未发生任何重大意外，一切都进行得井然有序。奥运安保工作全面而细致，比赛期间没有发生恐怖事件。其次是政治上的胜利，奥运会期间没有出现不和谐的声音。最后是国家自豪感的胜利，中国代表团称雄金牌榜让中国人感觉找回了自信。① 美国《国际先驱论坛报》的分析指出，北京奥运会对于绝大多数中国人民而言，是一次无与伦比的成功体验。创纪录的金牌数量引发了全国的热情，北京也以热情和效率征服了国际游客的心。尽管政府遭受到一些批评，但中国依然向全球观众展现出自身作为崛起中的政治经济强国的力量。② 西班牙《先锋报》认为，自改革开放以来，中国不断谋求融入国际社会，加入各种国际组织，而北京奥运会则表明，中国不仅是个成功的参与者，也是一个合格的组织者。过去被动的、被组织的角色发生了转移，是一个大国成长过程中必须经历的节点。通过这次奥运会，中国更有信心，懂得了作为一个大国应当如何与国际社会往来和互动。美国亚洲协会执行副主席杰米·梅兹尔则在新加坡《联合早报》上撰文指出，奥运盛会绝不仅仅是在回顾中国的5000 年历史，它是在向世人宣布，中国是一个文明大国，理应在全球体系中占有一席之地。③

　　在器物层面以外，奥运会前后中国民众所表现出的昂扬向上的民族精神和爱国热情则被视为中国崛起这一现实趋势在公众意识领域的投射。中国崛起的民族自豪感和凝聚力也通过此次奥运得到了充分体现，这种振奋、自信的民族精神无疑是中国崛起的重要理性支撑。英国前首相托尼·布莱尔在《华尔街日报》撰文对这种积极向上的民族精神做出了高度评价，这一文章受到国际舆论的广泛关注，并多次被转引。文章认为，奥运会使人们感受到，中国的年轻企业家无论男女，都非常聪明、敏锐和坦率，不怕就中国及其未来发表自己的看法。他们充满自信和乐观，不愤世嫉俗，表现出积极进取的精神。这使布莱尔联想起鼎盛时期的美国和奋勇向前的其他任何国家。这还意味着，对中国的无知和恐惧将渐渐消失，而现代化的中国正成为日益明显的事实。尽管中国还有数百万人仍生活在贫困中，还存在一大堆的政治、社会和经济问题要解决，但是，正是这次体育盛会期间中国人所表现出的这种精神将决定着中国的未来。对于本届奥运会将让中国在历史上留下怎样的形象这一问题，布莱尔的答案是，它标志着一个新的时

　① 《法报文章：北京奥运取得三重胜利》，《参考消息》2008 年 8 月 27 日。
　② Jim Yardley: "After Glow of Games, What Next for China?"*International Herald Tribune*, Aug. 25, 2008.
　③ Jamie Metzl：《北京奥运给美国的震撼》，《联合早报》2008 年 9 月 4 日。

代——永远不会倒退的开放的中国。①

港澳各界也因北京奥运会而欢欣鼓舞。港澳舆论普遍盛赞奥运，将之视为中国展现大国魅力、标志民族复兴的里程碑。《大公报》的社论指出，本届奥运，若要以一句话来形容，就是成功和超越。北京奥运灿烂夺目的成绩并不仅仅是在比赛场地上所夺得，而是由全体中国人民办好奥运的行动所共同缔造，中国以一个崭新的形象呈现在世人面前。北京奥运会以无比的热情和巨大的成功告诉世界：我们在振兴自己的民族、强大自己的国家的这个过程中，愿意与世界各国加强沟通、促进了解、增益友谊，中国人民是热情、友好和负责任的。② 一些香港媒体对奥运与开放 30 年的关系进行分析，指出北京奥运之年，也是中国改革开放 30 周年，这看似巧合，实际上蕴涵着历史的必然。正是改革开放 30 年来雄厚的物质基础和日渐提高的软实力，让中国有能力成功举办奥运会。奥运梦不仅是中国强国梦的一部分，而且是中国改革开放的加速器。北京奥运不仅是中国人梦圆的时刻，更是中国改革开放的新起点。中国将重新出发，不仅努力走向真正的体育强国，而且将加快改革开放，加快与国际社会接轨，继续以"和谐之旅"走向世界，促进中国人民和世界人民和睦相处、共同进步。③

2. 雄霸体坛：中国代表团荣登金牌榜首

在北京奥运会上，最大的亮点之一，就是中国体育代表团以 51 枚金牌的成绩高居金牌榜首，这一成绩不仅是中国体育运动发展史上的辉煌里程碑，也从一个侧面展现出中国国家综合实力的提升。尽管奥林匹克精神并不将获得奖牌作为参加竞赛的终极目标，国际奥委会也从来没有正式承认过任何以国别为基础的奖牌榜、金牌榜，但奥运会上金牌与奖牌的竞争仍被视为国与国之间角力的隐喻性标志。这点在第二次世界大战后国际全球局势保持总体相对和平的背景下，表现得格外突出。数十年来，美国与前苏联及俄罗斯一直垄断着奥运金牌与奖牌榜第一集团的位置。这种局面随着 2004 年雅典奥运会中国体育代表团夺取奥运金牌第二位而出现了重大变化。中国超越俄罗斯，成为对美国体育强势地位的新兴冲击力量。2008 年北京奥运会，中美在金牌与奖牌榜的争夺不仅成为体育界以及大众视线关注的"热点"，也成为国际舆论衡量中国力量上升的标志性话题。

在奥运开幕前夕，各国媒体就对这一竞争议题展开了热烈的讨论。英国《每日电讯报》的报道以"金牌争夺战使中国第一次有机会'击败'美国"为题对奥运金牌榜的争夺进行了预测和分析。该报将金牌榜的争夺视为中国与美国在体育领域展开的全球超级大国地位争夺战。中国付出了前所未有的努力，以确保 2008 年北京奥运会不仅是物质保障的胜利，也是体育方面的胜利。该报评论道，无论北京奥运会形势如何，若干年内

---

① Tony Blair: "We Can Help China Embrace the Future", *The Wall Street Journal*, Aug. 26, 2008.
② 《中国赢得金牌感动世界实现梦想》，香港《大公报》2008 年 8 月 25 日。
③ 《京奥圆满结束，中国重新出发》，香港《文汇报》2008 年 8 月 25 日。

中国在奥运会上取得霸主地位似乎是确定无疑的事情。路透社的报道指出，自从苏联解体以来，美国一直垄断着奥运会奖牌榜头名的地位。中国一直在淡化有关它会不会在北京奥运会奖牌榜上超越美国的问题，但这场争夺世界体坛霸主地位的斗争似乎仍然会很激烈。中国是 2008 年奥运会的东道主，而且特地为备战北京奥运会在优势体育项目上投入了大量人力物力，自然令人们期待中国能够取代美国，坐上奖牌榜的头把交椅。

各国的众多媒体都对中美金牌榜之争进行了预测，而恰恰是一家美国媒体最为精准。美国《今日美国报》在奥运赛前的预测神奇地与最终的结果非常吻合，该报预计，中国将获得 51 枚金牌，而美国只获得 43 枚金牌。因此，美国和俄罗斯或许也将失去在金牌榜上的领先地位。唯一能让美国人感到欣慰的是，他们 104 枚的奖牌总数仍会以微弱的优势领先于中国的 97 枚。这些预测在北京奥运会上基本被证实。

在奥运会结束后，国际媒体纷纷评论中国雄霸金牌榜的延伸含义。CNN 在描述北京奥运成绩时，指出中国早早锁定了奥运金牌榜的首位，远没有让最后时刻激烈争夺排名的情况出现，该报道将中国形容为一个新兴的体育"超级大国"。[1] 路透社的评论说，纵观整个奥运会，中国在体育上的成功是令人信服的。首先是中国的百枚奖牌赢得干净，没有涉及兴奋剂问题，也没有给人以靠东道主的面子"巧取豪夺"的印象。美国《国际先驱论坛报》的报道认为，奖牌榜的成绩表现出中国已经走向世界。中国大获全胜，美国落后于中国。若没有菲尔普斯，二者的差距会更大。英国《卫报》评论道，在金牌榜上领先世界，重塑中国的自豪感，展示了中国的巨大变化。因此，本届奥运会对于那些喜欢最高水平的人而言，几乎是最令人满意的一届。中国遵循"更快、更高、更强"的奥林匹克精神，设计了有史以来最长的圣火传递路线，上演了最好的开幕式，刷新了最多项世界纪录，中国已经超过了过去所有的奥运会主办国。

3. 经济奥运：中国向世界展示强大经济实力

北京奥运在改革开放 30 周年的前夕举办，这并不是一个单纯的时间巧合。奥运会的举办需要强大的经济实力作为基础，同时也体现出奥运举办国的经济实力，这点对于大国而言尤为突出。在历届奥运的举办国中，从未出现总体经济实力贫弱大国的身影。因此，北京奥运的圆满成功，正是建基于改革开放 30 年积累的物质财富以及经济运行体系，而这一国际盛会的成功，也从一个侧面展示出中国经济的规模与活力。

奥运经济的体量与中国经济总量的对比，本身就是了解中国经济实力和进步的明镜。北京奥运会自身产生的经济效益一直受到外界的关注。有专家预计，从 2004 年到 2008 年间，奥运会给北京 GDP 带来了 1055 亿元（134 亿美元）的贡献。从北京获得奥运会举办权的 2001 年到 2006 年，北京的经济年增长率达到 12.2%。同一时期，北京的人均 GDP 翻了一番多，达到 6300 美元，而北京城市工人的人均工资已经从 2001 年的 20962 元（3050 美元）提高到 40117 元（5840 美元），约增加了 110 个百分点，扣除通

---

① "Grand Spectacle Closes Beijing's Olympics", *CNN*, Aug. 25, 2008.

货膨胀因素的实际年均增幅达到 15.7%。而对比北京奥运与中国经济总量的比例，我们很容易发现，北京奥运产生的巨大经济效益与目前中国庞大的经济实力相比，却依然小得令人瞠目。这种巨大的反差，从一个侧面，反映出中国经济实力在 30 年中得到的巨大提升。美国《商业周刊》对于这种经济上的反差进行了探讨，文中注意到，在过去的几年里，中国为北京奥运开展了大量准备工作。但是，与人们的普遍看法相反，奥运会对中国经济增长及经济政策的影响大概可以忽略不计。该刊物预测，奥运会结束后，中国经济将出现许多值得关注的关键问题，但奥运会的影响并非其中之一。北京人口仅占全国的 1.1%；经济产值不到全国的 3%。即使把过去 4 年间筹备奥运会的开支加起来（约 400 亿美元），也只占到中国 GDP 的 0.3%。①

若考虑 2008 年北京奥运的运行背景，则进一步反衬出中国经济的强大。2008 年是世界经济遭遇"寒冬"的一年，也是中国直面多种挑战的一年。没有改革开放积累起来的经济实力和体制保障，中国无法从容应对各种挑战，无法以国际一流水平的"硬件"举办如此规模的国际盛会。北京奥运会场馆建设投资约 130 亿元人民币，奥运会运行资金投入 20 多亿美元。仅 7 年间北京城市基础设施建设就投入 2800 亿元人民币，超过 1978 年全国国内生产总值的 2/3。正是由于当前中国的雄厚经济基础，才使得北京奥运的场馆以及城市硬件水平达到了前所未有的优秀程度。这种城市的物质水平提升，绝不仅限于北京一个城市。美国哈佛商学院高级副院长约翰·奎尔奇在为英国《金融时报》撰写的文章中描述道，奥运场馆的建设采用了世界级的设计和建筑标准。机场、高速公路及其他基础设施都得到了改进——不仅是在北京，所有奥运赛事举办城市都是如此。奎尔奇还评论道，"如果这是中国政府想要展示 30 年来所取得的成就，又有什么关系呢？至少，这是人类历史上最伟大的经济转折之一。"②

此外，奥运会对中国经济前景的象征意义也十分突出。美国《华盛顿邮报》评价道，北京奥运从一开始便被视为对中国领导层能力的检验，也被视为中国过去 30 年发展进步的展示机遇。美国《华尔街日报》认为，对于中国人而言，奥运会承载的意义更善意，也更为复杂。在繁荣的景象下，民意调查和个人访谈显示出了无比高涨的乐观情绪，即认为明天将会比今天更好的信念。即便对于并不关心体育的民众来说，奥运会的意义也超过了两周的体育赛事。它已成为中国人与中国经济发生巨变的象征。

4. 举世瞩目：盛会彰显中国国际影响力日增

北京奥运的成功举办是中国综合国力的重要展示机遇，中国的国际影响力也通过这一舞台进一步得到提升。前文所述的许多重要国际政治人物出席奥运以及对奥运会的溢美之词本身就体现了国际政界对中国政治影响力的认可。事实上，在奥运会举办前夕，许多国际重要人士和媒体就对奥运将给中国带来的国际政治影响力提升做出了积极的评

---

① Chi Lo: "Beijing Olympics: 'Negligible' Economic Impact", *Business Week*, Aug. 13, 2008.

② John Quelch: "Brands Act Local to Woo a Billion Chinese Consumers", *The Financial Times*, Aug. 11, 2008.

价。其中值得一提的是，2008 年 5 月初，在西方世界影响力强大的教皇本笃十六世（Benedict XVI）在公开场合指出，北京奥运会是对"整个人类大家庭来说非常重要的一件事"。这是教皇首次对 2008 年北京奥运会发表看法。法国《费加罗报》则以"奥运会伴随中国的鼎盛"为题，在 7 月中旬发表文章，文中认为，北京奥运会开幕前夕，中国似乎已经达到了某种鼎盛。从外部环境看，（中国周边的）地区局势从未如此之好。美国《华尔街日报》的评论进一步指出，北京奥运的召开使全球各地都感受到了一种冲击力：中国用了一代人的时间，就从一个经济落后的国家一跃而成为超级大国。对国外的许多人来说，中国赢得奥运会主办权是对中国国际地位的承认。

　　北京奥运成功举办之后，各界对于奥运会对中国政治影响力的提升作用进行了积极评价。美国《华盛顿邮报》以"中国的胜利"为标题，对奥运给中国国际影响力带来的提升进行描述。该文指出，通过壮观的开闭幕式盛宴，坚持马列主义的中国共产党证明自己有能力通过创造财富、积累经验来成功举办一场展现自身世界性力量的奥运盛事。文章认为，奥运会对于中国而言不仅是体育上的成功，也是政治上的成就。在迅速迈向繁荣的道路上，奥运将中国共产党作为这个全球最大的国家成熟领导与管理群体的形象广为传播，并加以强化。①

　　一些中国问题专家对于北京奥运会的政治含义进一步进行了解析。他们认为，奥运会使中国获得了更多的国际认同，并有助于中国了解世界，以更为积极的心态参与国际事务。乔治·华盛顿大学中国政策项目主管沈大伟在接受美国媒体采访时认为，"就国际形象而言，我想奥运对中国政府是一个惊人的成功，这将为中国赢得巨大的国际尊重"。该报根据对多位分析家的采访总结道，奥运会使中国赢得了世界尊重，奥运成功带来的一个深刻的变化就是中国领导人和民众将更容易信任世界其他国家，并有助于淡化极端民族主义。②

5. 政要云集：奥运外交取得积极丰硕成果

　　2008 年，"奥运外交"成为集中显示中国外交实力的重要契机，北京奥运会不仅是各国运动员的大聚会，也成为国际政要聚首的舞台。在改革开放已经 30 年的大背景下，这次以中国为中心的"奥运外交"，标志着中国进入自信面对世界的一个新阶段。在 2008 年的前半年，北京奥运面临各种压力，一些国家首脑甚至带头抵制。但伴随着中国的外交努力，最终使数量空前的重量级政要确认出席北京奥运，这说明中国在反击抵制奥运会的斗争中大获全胜，"奥运外交"取得巨大收获。这一成功并不是孤立或偶然的，而是 30 年来中国外交能力伴随中国国家实力增强、国际影响力提升并不断成长的必然结果。

　　从实际效果来看，"奥运外交"的成就集中体现在奥运开幕前夜的首脑欢迎过程

---

　　① Edward Cody: "A Victory for China, Spectacularly Successful Games May Empower Communist Leaders", *The Washington Post*, Aug. 25, 2008.

　　② Peter Ford: "Olympic success boosts China's confidence", *The Christian Science Monitor*, Aug. 24, 2008.

中。从 2008 年 8 月 7 日起，中国领导人与来访出席北京奥运会开幕式的 80 多个国家、地区的首脑举行了 70 多场首脑会谈，堪称中国外交的华丽盛宴。80 多名世界各国和地区政要出席奥运会开幕式，也刷新了出席奥运会开幕式领导人的纪录。中国国家主席胡锦涛与国际奥委会主席罗格、美国总统布什夫妇、俄罗斯总理普京等数十名国际政要济济一堂，共同步入人民大会堂宴会厅的照片，不仅成为全球各大媒体的标题图片，也成为奥运外交成功的缩影。

从更高的层面来看，中国的"奥运外交"不只体现了中国本身的利益，更促进了世界的和谐。在奥运开幕前夕，来自各国政界不同的领导人，在北京汇聚在一起，一方面反映了中国的吸引力和影响力，另一方面也体现出"和谐世界"的理念。这不仅与奥林匹克运动追求各国民众平等交流的精神相一致，也体现了中国"求同存异"的外交精神。中国的"奥运外交"由此成为推动世界和谐、和平的重要契机。这一点使"奥运外交"的成功更具世界意义。

法国《世界报》对中国奥运外交评论道，在奥运会开幕的周末，北京成了"世界新的外交中心"。首先，从聚集的外国领导人人数上就可看出这一点：80 多位国家和地区政要前来聚会，这是奥运会历史上前所未有的，而且人数超过 2004 年雅典奥运会两倍。特别应当注意的一点是，以往从未有任何一位美国总统出席在美国之外的奥运开幕式，也没有任何一位法国总统出席在欧洲之外的奥运开幕式。然而，如今布什和萨科齐都出席了北京奥运开幕式。其次，从聚集的外国领导人身份上也可看出这一点：几乎所有大国领导人都在那里。一位欧洲外交官评价道："现在中国在所有重大问题上都拥有地位。"

在奥运外交场合，中国国家领导人在接待各国政要时，展现出高度的自信与开放胸襟，使人们感受到中国的大国风采。同时，许多细节的安排，则表现出中国的外交原则与成熟的外交技巧。日本《读卖新闻》评述道，中国国家主席胡锦涛 8 日出席了欢迎 80 多个国家首脑的午宴及北京奥运会开幕式。这是开展首脑外交、显示国际协调的大舞台。胡锦涛及其夫人刘永清在大厅笑迎各国首脑，并与他们合影留念。由此可见，中国有信心跨越遭西方列强侵略的历史，作为 21 世纪的大国走发展道路。各国首脑为等待与胡锦涛握手而排起的长队，这是中国外交达到巅峰的瞬间。胡锦涛主席在各国首脑面前的宣示，显示了国际协调姿态。在欢迎午宴上，胡锦涛将布什总统、微笑的福田首相及国际奥委会主席罗格夫妇安排在了主桌上。① 路透社的报道也注意到，在上述欢迎午宴上，礼宾官们做出了一个能反映中国希望赢得世界强国理解，同时又希望广交亚洲朋友的座次安排。美国总统布什坐在罗格身边。俄罗斯总理普京作为中国的坚定盟友也在主桌就坐。此外，与中国关系微妙的日本首相福田康夫和法国总统萨科齐也坐在主桌。

6. 京奥文化：推动中国软实力的世界传播

近一段时期以来，"软实力"因素日益成为评判一国对外影响力的重要方面。改革

---

① 《日报述评：中国"奥运外交"展现大国气魄》，《参考消息》2008 年 8 月 10 日。

开放 30 年来，中国更多地是以"中国制造"的产品以及各项硬实力与世界"交流"，展现出一个经济大国的形象。而"软实力"的建构与传播，尽管得到各界的重视并不断进行尝试，但始终缺乏一种良好的传播渠道。北京奥运会的举办，则为中华文化和世界各国文化交流提供了历史性契机，从而在相当大的程度上推动了中国的软实力传播。

在价值观方面，北京奥运突出地反映了中国强调集体力量和谐共生的发展方式的重要价值和吸引力。这是一种与西方强调个体、竞争的价值观不同的一种文化与发展模式。无论在奥运筹备、开闭幕式、赛事相关组织、接待以及对外宣传上，中国都展示出极强的国家组织协调能力和包容与宽容精神。这种硬实力基础下内化而成的软实力，体现出中国重视运用集体力量和智慧，强调和谐的内在精神。《纽约时报》专栏作家戴维·布鲁克斯撰文指出，在划分世界的诸多方式之中，最引人关注的是崇尚个人主义的社会与崇尚集体主义的社会之间的差异。这二者之间的对比，将引发一种新型的全球对话。而北京奥运会开幕式就是这样一种对话。中国以此坚定地表明，发展不仅可以通过西方的自由方式实现，也可以通过东方集体主义方式来实现。这是当代的集体主义，以高科技展现为中国奇迹般增长背景下的和谐社会场景。许多最新科学研究的实质表明，西方主张的个人选择是个错误观点，中国把社会放在第一位是正确的。中国的崛起不仅仅是经济事件，也是文化事件。和谐与集体主义的理想将显示出与美国梦一样的吸引力。北京奥运会的看点有很多，除了比赛之外，就是重新发现中国的文化力量，中国正在谋求成为一个国际性文化大国。①

中国文化元素也通过奥运得以更为深入地向世界传播。进入 2008 年后，长时间、高频率、多形式的密集展示提高了中国文化在全球的影响范围与被接纳程度。这种文化的传播效果在开闭幕式的文艺演出当中得到了集中的体现。在开闭幕式上，表演通过历史和现实的精彩结合，营造出恢弘的整体气势，展现出宏大的中国气派。演出风格总体上体现了中国意境与东方神韵，体现了中国文化的深厚底蕴。通过贯穿始终的传统卷轴画、四大发明，以及从中国北方到南方各种文化的展示，十分透彻地将灿烂的中华文明展现在世人面前。新加坡《联合早报》的评论文章指出，从奥运会开幕式可以看出，中国古代文明和奥林匹克精神、现代精神并不隔膜。最简单的例子是，一个"和"字呈现的文化精神，在中国衍化出在国内建构和谐社会、在国际建构和谐世界的政治努力，呼应了追求和平的奥林匹克精神。中国人到古代中国去寻找精神源头，和现代西方人到古希腊寻找奥林匹克精神，并无二致。

7. 开放宽容：奥运精神显示国民成熟心态

承办国民众对奥运比赛的支持以及观众在赛场的表现，是体现承办方对奥运负责程度乃至国民对外态度的重要窗口。中国观众在国际赛事中的宽容度曾是各界十分关注的议题。在北京奥运会上，中国观众真正体现出对各国运动员的欣赏与尊重，同时展现出

① David Brooks: "Harmony and the Dream", *The New York Times*, Aug. 12, 2008.

大国民众的自信与谦和。这从社会精神层面展现了中国开放 30 年来，随着国力增强以及对外交流的日益频繁，国民心态的积极变化。

开幕式上，多达两百多个代表团的运动员入场，无论运动员所代表的国家与中国亲疏与否，都得到了 9 万多名观众的鼓掌。而曾一度被取消参赛资格的伊拉克队员入场时，欢呼的热烈程度仅次于东道主中国队。面对此情此景，美国《时代》周刊感慨道："奥运会也许是由国家组成的，但奥运精神超越了民族主义。"奥运开赛后，中国观众表现出的群体素质，得到了国外媒体的好评。美国《华盛顿邮报》注意到："无论中国队是输是赢，中国观众都为运动员的表现而热烈欢呼，没有流露出任何狭隘的民族主义情绪。"即便对于来自之前曾发出过不良声音国家的运动员，中国观众仍然给予了礼遇和宽容。德国《柏林晨邮报》说："自从各项比赛持续进行、德国运动员也经常登上最高领奖台以来，中国展示出了越来越友好的面孔。"德国《世界报》热情称赞了中国观众的观赛风度。该报在《中国获胜并主宰了全场》一文中，援引德国社会学家迪格尔的评论认为，中国人真正理解并实践了奥运精神，比赛现场的观众就是其中出色的榜样。该文认为，从公众表现出的良好观赛风度来说，毫无疑问，中国已经赢了。

在赛场上，中国观众不论国籍，为各国选手的精彩表现"加油"助威的声音此起彼伏，成为本届奥运会屡创佳绩的积极因素之一，也化解了一些人对所谓中国民族主义的担心。有报道指出，"Jia You"（加油）已经成为奥运期间外国媒体频繁引用的直接引语。港澳媒体对于中国观众的自信表现也赞赏有加。《香港经济日报》的社论指出，北京奥运会最成功之处，在于振奋民心，摆脱还可能残存的自卑心理，奥运会上表现出中国国民兴奋中不失冷静，没有自大、亢奋之心，只要能保持这种自信、从容，以宽大、关怀之情与国际接轨，北京奥运会无疑可成为中国崛起的新起点。①

三、精彩赛事促进中国与世界相互了解

2008 年北京奥运会，不仅为世界奥林匹克事业留下了诸多成就，而且进一步丰富了人类文明成果，堪称中国为世界奉献的重要财富。通过北京奥运会的举办，中国成功地兑现了申奥承诺，不仅奉献出一届组织完美、水平优秀、赛事精彩的奥运盛会，而且使奥林匹克精神在更广的范围上得以更深入地传播，使世界与中国的相互了解大大加深。从政治、经济、历史、文化维度思考，北京奥运会的意义已远远超越了世界性体育盛会的自身属性，而成为中国表达对世界承担责任、积极贡献等意愿的重要平台。

---

① 《不卑不亢中国崛起新起点》，《香港经济日报》2008 年 8 月 25 日。

1. 北京奥运推动世界与中国互动了解

由于中国的巨大幅员体量与人口规模，长久以来，中国与世界的相互认识、相互融合便成为世界文明发展的重要方面。尤其是在全球化日益深入的背景下，推进中国与世界的互动了解，已成为中国对全球经济推动作用之外的重要贡献。2008 年 8 月 1 日，中国国家主席胡锦涛在接受外国媒体联合采访时表示，北京奥运会的精神遗产更为持久、更为宝贵。他把"促进世界各国文化的相互交流、相互借鉴"列为北京奥运会三大精神遗产之一。在北京奥运会的闭幕式上，国际奥委会主席罗格在致辞时总结道，"通过本届奥运会，世界更多地了解了中国，中国更多地了解了世界，我认为这将是一种长期的积极因素。"[①] 这句话言简意赅地概括了奥运会在推动中国与世界交流方面的重要桥梁作用。

北京奥运会既是全球最重要的体育盛事，也是来自世界各地的人们交流文化、加深了解、增进友谊的平台。奥运会期间，两万多名海外媒体工作者和数以百万计的外国观众和游客涌入北京，来到中国。他们既报道与观看了比赛，也了解、传播了真实的中国。从交往角度看，北京奥运会同时起到了两方面的重要作用，一方面，世界各国的政府、民众利用这一契机更加深入地了解了中国，同时，中国也通过这一桥梁更加深入地融入到世界之中。而完美地构建这一奥运桥梁，可以视为中国对世界做出的重大贡献。

从传播角度看，奥运会使世界各地前所未有地关注中国，也使中国民众史无前例地聚焦这一世界性盛会。仅以电视媒体为例，此次奥运会的全球电视收视规模就超越了历届奥运会的转播覆盖面，创造了新的纪录。根据全球知名媒体信息机构尼尔森公司在全球 37 个国家和地区所收集的数据表明，从 2008 年 8 月 8 日至 8 月 24 日收看北京奥运会的观众达到了 47 亿人，约占全球人口的 70%。比雅典 2004 奥运会的 39 亿观众数增加了约 21%，比悉尼 2000 奥运会的 36 亿观众人数增加了约 31%。从收视规模来看，主办国中国有 94% 的观众收看了奥运会，韩国出现了类似的高收视率；紧随其后的是墨西哥，有 93% 的墨西哥观众收看奥运会。从观众数量来看，中国则遥遥领先，位居榜首。美国全国广播公司（NBC）体育频道表示，北京奥运会开赛以来，NBC 平均每天观众数高达 3430 万，比雅典奥运会同期多 570 万。提供视频直播和需要付费才能获取档案资料的 NBC 网络平台，前 4 天的交易量超过雅典奥运会 17 天的交易量：共有 1350 万段视频被下载，2.911 亿个页面被浏览。

这种对于奥运会的关注极大地提升了各国民众对中国的了解。根据尼尔森公司在闭幕式后对 16 个国家的观众进行的一项网上调查，七成受调查者表示北京比他们想象的更加现代，科技也更发达。在接受尼尔森调查的受访者中，约有一半人对北京的实际环

---

① David Barboza: "Olympics Close With a Bang and a Double-Decker Bus", *The New York Times*, Aug. 24, 2008.

境印象非常好或比较高。而中国的国内舆论也一致认为，奥运会改变了世界对中国的看法。研究机构思纬（Synovate）在奥运会后对中国 500 名城市居民进行了调查，其中有 60% 的受访者认为奥运会最重要的遗产是世界其他国家了解了中国。

对于北京奥运推动世界了解、认识中国的重要作用，国际政要、相关媒体也做出了肯定的评价。美国总统布什在接受美联社记者采访时谈到："我认为奥运会为人们提供了到中国并观察中国的机会，同时也使中国人看到了世界，有机会同世界各地的人们进行交流。"美国前总统国家安全事务助理布热津斯基说："奥运将把中国有机地纳入到国际社会中来，中国孤立于世界的时代从此结束。"法国《费加罗报》发表题为《中国与西方坦诚相对》的文章指出，在全世界，人们从未如此多地谈论中国，谈论这个庞大、神秘、全球绝大多数人还不甚了解的国家。该文认为，媒体进行的大量报道与调查让人们看透了表象，不论发生什么事情，中国与世界其他地方的关系全都改变了，西方再不能无视中国及其 13 亿人民。

同样，在世界了解中国的同时，中国的民众也通过奥运这一契机进一步认识了世界，感受和理解奥林匹克运动的精神实质。例如，在 2008 年奥运举办前后，北京与 6 个奥运协办城市高密度地进行了多达 3000 场次、来自世界不同文明板块国家和地区的文化交流活动，其中包括首都博物馆在奥运会倒计时 10 天推出的这组奥运专题展，以及连续三场展示欧洲、亚洲、非洲、拉美等地区文化的大型文艺演出。4 亿多青少年接受了历史上最广泛的奥林匹克价值观教育。国际奥委会主席罗格称，中国的这一奥林匹克教育计划是"奥林匹克精神传播的历史性突破"。

2. 文明对接：中国元素增添奥林匹克文化新内涵

奥运会是全球瞩目的体育盛典，也是人类追求共同理想的精神聚会。北京奥运让世界相聚在同一个梦想中，以"和平、友谊、进步"的精神感动世界，这是对奥运精神的重要推进，也是中国举办奥运的宗旨。而同时，在奥运共同精神的框架下，北京奥运的独特中国元素也丰富了奥林匹克事业，在奥运的内涵中添加了中国的色彩。在 100 多年奥林匹克历史上，北京奥运会谱写下了新的篇章。正如国际奥委会主席罗格所言：奥运会来到中国，来到这个拥有全世界 1/5 人口的国家，这一事实本身就已意义非凡，"这届奥运会已经成为奥林匹克运动的里程碑"。被认为是纯粹西方文明产物的奥运会首次交由拥有世界 1/5 人口的中国举办，一个重要意义就是促使奥林匹克精神、理念和价值观获得最大范围的普及推广，更加具有普世性。

从文化的融合角度上看，中国的传统与当代文化，通过北京奥运会与奥林匹克精神实现了良好的融合，极大地丰富了奥林匹克文化，在奥林匹克普世价值中，融入了中国的贡献。奥林匹克运动起源于西方，"更快、更高、更强"的奥运精神体现了全世界人民高度认同的普世价值。东方文化一方面也具备上述普世因素，同时其适应奥运文化的自身特性也成为奥林匹克文化的重要组成部分。在东京、汉城奥运会上，柔道、跆拳道等东方传统体育项目进入奥运会，奥运会进程中渗透的民族特性与文化精髓，都极大地丰富了奥林匹克文化。在 21 世纪举办的北京奥运会，排除了冷战背景下奥运会强势政治因素对举办国文化的压抑，得以进一步深化阐发了中国本土文化对当代奥林匹克精神实质的理解和创新，使奥运文化的内涵与外延都更为丰富和多彩。

以奥运的形象景观设计为例，北京奥运会推陈出新，打破了以往历届奥运会只有 2 个主色调的传统，而是确立了 5 个具有中国特色的标准主色调色彩系统，即琉璃黄、中国红、青花蓝、国槐绿、玉脂白，又在此基础上产生了许多辅色如长城灰，并在一个色彩基调上产生了渐变的关系，形成了一个主色鲜明、辅色丰富的色彩系统。高科技的发展为北京奥运会的色彩景观运用提供了可实施的条件，最终形成了以"祥云"图案为核心的五彩双色渐变炫色系统，这也是区别于历届奥运会视觉景观的一个创新。而这一五彩"祥云"，也是北京奥运会的一大创举，它是在奥林匹克史上首次提出的核心图形概念，将中国古文化中最具民族特色的"祥云"图形作为北京奥运会的核心图形。

从融合中国传统建筑精髓的奥运会场馆到显示中国特色的金镶玉奥运奖牌，再到无处不在的"祥云"图案，中国都在努力地展示自身璀璨的历史文化，并将自身的文化精髓与起源于西方的奥运精神相融合。本届奥运会所极力倡导的"和为贵"，以及"有朋自远方来，不亦乐乎"的中国传统价值观，已成为奥运精神中新的构成部分。这种融合与创新，使中国在 21 世纪的奥林匹克运动事业与东方古代文化之间建立了一条纽带。

在体育的商业领域，"中国品牌"的流行，则从另一个侧面体现出北京奥运会为奥林匹克乃至整个世界带来的中国色彩。在 2008 奥运年，诸多的跨国企业以"中国品牌"作为年度的主打宣传方式，将中国元素推上国际舞台。其中，奥运赞助商的商业品牌集中展示了它们在中国市场的优势。由于对中国市场的关注，本届奥运会赞助商达到了创纪录的 63 家，这些企业为获得独家赞助权而支付给国际奥委会的金额也超过了历届奥运会的额度。这些赞助商从各自的全球奥运预算中拿出超过以往任何时候的资金，用于在中国推广它们的品牌。西方跨国公司在中国的广告正铺天盖地，它们寻求将市场从大城市拓展到边远省份。据英国《金融时报》统计，这些公司用于与奥运相关的广告费用可能超过 60 亿美元。其中多数广告并不直接推广品牌的特征和属性，而是致力于让西方品牌披上中国的民族外衣。①

3. 屡创佳绩：和谐赛事氛围提升奥运成绩水平

在衡量一届奥运会的成就与贡献水平时，运动成绩无疑是最为核心的评价指标。从本质上看，奥运会是以运动竞赛为核心的国际性活动。因此，赛事本身的精彩程度、运动成绩的优异水准是体现举办国对奥林匹克事业乃至全球民众的贡献大小的重要标杆。在这一方面，北京奥运交出了堪称完美的答卷。在本届奥运会上，各国运动员屡创佳

---

① John Quelch: "Brands Act Local to Woo a Billion Chinese Consumers", *The Financial Times*, Aug. 11, 2008.

绩，竞赛的精彩程度更得到各方的赞誉。运动成绩的提升与高水平的竞赛，一方面体现了中国在赛事组织保障上成功以及对全球顶尖运动员的强大吸引力，另一方面也体现出世界奥林匹克运动水平的整体提高。这无疑是北京奥运在体育运动层面对世界做出的巨大贡献。

北京奥运会上，在田径、游泳、举重、自行车、射箭、射击项目中，有 24 人 8 队 46 次破 38 项世界纪录、1 人平 1 项世界纪录，其中包括两名中国选手 6 次改写 4 项世界纪录。同时，奥运选手创造了 132 项奥运会纪录。奥运游泳场馆"水立方"，成了诞生世界纪录最多的场所。在奥运会游泳比赛中，有 17 人 5 队 24 次刷新 21 项世界纪录。其中男子 9 人 3 队 13 次破 11 项、女子 8 人 2 队 11 次破 10 项游泳世界纪录。全球各地选手竞相改写世界纪录，成为本届奥运会游泳比赛的一大特点。美国选手创造了 10 项世界纪录，澳大利亚运动员 5 次破世界纪录，欧亚非运动员也先后 9 次改写了 8 项世界纪录。美国游泳选手菲尔普斯，成为破世界纪录最多者。他不仅力夺 8 金，超越前辈斯皮茨一届奥运会独得 7 金的纪录，而且在所参加的 8 项比赛中，7 次刷新世界纪录。田径比赛也成为打破世界纪录、吸引全球关注的重要场所。在"鸟巢"体育馆中，有 3 人 1 队 5 次改写 5 项新的世界纪录。而在雅典奥运会上，田径比赛仅破、平世界纪录各一项。牙买加的飞人博尔特是北京奥运会田径场上当之无愧的头号明星，他在男子田径短跑领域打破三项世界纪录，特别是打破了世人关注的男子 100 米世界纪录。

使世人关注的是，在此次奥运会上，一些被传统体育强国垄断的项目领域被突破，发展中国家成为这些领域的新生力量，从而使奥运赛事的多样化和精彩程度得到很大提升。例如，在短跑项目上，美国队曾长期拥有优势。而在北京奥运会上，牙买加运动选手对美国在田径项目上的统治地位进行了成功的冲击，他们在男子 100、200、4×100 米、女子 100 米、女子 200 米项目领域均取得金牌，在女子 200 米还包揽了前三名，从而构建了新的短跑王朝。路透社转引牙买加选手斯图尔特的自信评论指出："作为一个队伍，我们正主导这项运动。美国已成为过去。这次奥运是牙买加的。"①

在北京奥运会上，有多个国家和地区实现了奥运会金牌和奖牌零的突破，阿富汗、毛里求斯、塔吉克斯坦、多哥等 4 个国家第一次获得了奥运会奖牌；巴林、蒙古、巴拿马第一次获得了金牌；而印度则第一次摘得了个人比赛奖牌。奥运的优异成绩使各国选手和关注的民众欢欣鼓舞。例如，为巴拿马赢得奥运史上第一金的男子跳远选手萨拉迪诺是乘坐巴拿马总统专机凯旋的。在著名的巴拿马运河管理局广场，他得到了 21 响礼炮和近万狂欢民众的热情欢迎。这些成绩和突破，尽管对于一些体育大国而言似乎微不足道，但这标志着奥林匹克事业和运动水平在广度和深度上的更大突破，因此意义重大。

在运动成绩之外，各国观众还见证了北京奥运赛事中的别样精彩，这就是奥运竞赛

---

① Kevin Fylan: "Clean Sweep in the Sprints —It's the Jamaica Olympics", *Reuters*, Aug. 21, 2008.

中表现出的人文精神。在赛场内外，各国运动员在"同一个世界、同一个梦想"精神的感召下，展现出顽强、坚韧、宽容、公正的人类美德，这成为北京奥运献给世界的重要精神财富。2008 年 12 月 22 日，国际奥委会主席罗格在圣诞节前夕对北京奥运会进行了回顾，他评价道："北京（奥运会）是一次非凡的成功。参赛国家比以往各届都要多；获得奖牌的国家更多；参赛的女性更多。我们见证了菲尔普斯、博尔特等人不可思议的表现，看到了只有在赛场上才会出现的情景，例如俄罗斯和格鲁吉亚两国运动员在领奖台上互相拥抱。"

罗格的回顾指出了北京奥运赛事中更为丰富的内涵。各国运动员在竞赛中表现出了人与人之间相互关心、爱护、帮助的精神，特别是体育弱国的运动员表现出的自强与自尊，使世人印象深刻。这些金牌与名次之外的表现，更为突出地表现出团结、友谊、和平的奥林匹克精神。例如，伊拉克选手历尽波折在最后时刻现身奥运会，阿富汗女运动员罗比娜顶替失踪同伴参赛，这些运动员出现在赛场上参与奥运，比取得胜利更具有意义，比金牌更宝贵，更加赢得人们的尊重和喝彩。而另一些运动员在北京奥运上展现出的拼搏精神，则体现了人类努力超越自身极限的顽强。例如，原本按自身条件理应参加残奥会的独腿南非残疾女运动员纳塔莉·杜托伊特游完全程，最终获得北京奥运会女子马拉松游泳第 16 名。这一成绩令各国观众为之赞叹。同样，在残奥会上，许多选手克服自身缺陷，勇创佳绩的感人场面，不仅赢得赞赏，也引发人们对于残疾人事业新的思考。

4. 完美组织：精心赛程安排体现中国负责态度

从筹备、组织、保障角度上看，北京奥运会与残奥会的进程堪称完美，在奥运筹办、举办的全过程中，无论是中国政府、承办领导部门、奥运参与者以及广大中国民众，对于奥运会都采取了积极、宽容以及全力以赴的态度。正是在这种全力以赴的精神支撑下，奥运赛事才得以排除种种困难与干扰，精彩、和谐地呈现在全球面前。从最后的结果来看，中国兑现了 2008 年北京奥运会的各项承诺，这充分体现出中国对奥运事业的负责、真诚的态度。

奥运的筹备工作是体现举办国对待奥运会态度的重要方面。中国在奥运赛事筹备方面的积极态度得到了奥委会的高度评价。在奥运开幕前夕，奥委会主席罗格在接受美联社记者的采访时将北京的准备工作与 4 年前雅典奥运会的筹备情况进行了对比。2004 年，奥委会在临近赛事开幕之时还在担心场馆能否按时建成。而对于北京奥运会的筹备组织，罗格称赞道："（与上届奥运会的筹备相比）情况完全不同。现在，我们毫不担心组织工作，也没有任何遗憾。8 月 9 日一旦到来，奥运会的魅力以及完美无瑕的组织工作将取代一切。"罗格还表示北京的奥运村是"最棒的"奥运村。

2008 年 11 月下旬，国际奥委会发布的一份评估报告称，北京奥运会取得了"无可争议的成功"，在新闻自由、环境和公共卫生等多个领域给中国带来了变化。这份评估称赞北京奥运会与史上其他任何一届奥运会相比，吸引的参与更为广泛，观众数量更多。这份评估报告认为："这届奥运会通过推进体育运动的普及，拓展与增强了奥林匹克运动的影响。它还给中国带来了许多有形、无形的收益，尤其体现改善公共基础设施方面。一部分益处是立竿见影，还有一些将随着时间的推移逐渐显露。"报告对北京的组织者们近乎完美的工作十分赞赏，当中详细分析了对 50 万志愿者的成功协调以及对复杂的交通和安全系统的维护。报告还指出，北京奥运会的媒体设施"被普遍誉为有史以来最好的"。①

中国举办北京奥运的努力不仅得到奥委会的赞许，也得到众多国家和国际组织的肯定。英国首相布朗在同胡锦涛主席会见时表示，中国提高了举办奥运会的水平，英国作为下届奥运会的东道主希望借鉴中国的成功经验。2008 年 8 月 6 日，出席北京奥运会的联合国副秘书长兼环境规划署执行主任阿齐姆·施泰纳考察了北京环境保护工作，就北京"绿色奥运"筹备工作取得的成绩给予了高度评价。他表示，北京已经实现了绿色奥运的承诺，北京奥运会将给中国留下宝贵的环保遗产。美国财政部长保尔森 8 月 13 日专程来到北京奥运村，代表美国绿色建筑协会为北京奥运村颁发绿色环保金奖"能源与环境设计先锋金奖"。

5. 严守规则：遵守奥运惯例彰显大国自信真诚

按照奥运惯例进行相关的筹备，是体现奥运会主办方真诚、负责的重要方面。北京奥运组委会在这一方面对世界做出了表率。即便是一些与中国国情有所差异的惯例，奥运主办方依然秉承着负责的态度予以遵守和协调。这种对奥运惯例的遵守与努力，表现出中国作为负责任大国，在参与复杂国际事务方面时尊重、遵循既有规则的公正态度和积极精神。

其中，设立示威抗议区域就是凸显奥运筹备真诚态度的突出案例。在赛场之外，设立不同言论的表达场所，是此次奥运会主办方宽容与大度的表现。北京奥组委将紫竹院公园、日坛公园和世界公园设定为奥运期间指定的游行示威区域，遵循了奥运会期间的国际惯例。北京奥组委在市中心区、距离运动场馆较近的地区设立示威专区，给各界人士与非政府组织来表达、交流思想，这一行动彰显了中国政治文明的提升和大国自信，也是展示中国民主发展进程的重要举措。这一举动也引起国外各界的关注与评论。澳大利亚奥委会主席约翰·科茨对北京奥运会设置游行示威公园进行了积极的评价，并称其为一项"伟大的创举"。比利时"亚欧项目"主任、中国问题专家福凯在接受记者采访时指出，示威在中国并非不正常现象，已成为人们生活的一部分。他认为，中国在 3 个公园设立示威区，是一个非常积极的举动。美国《纽约时报》的相关报道指出，中国为奥运示威者划定区域，这种安排打破了中国政治体制的常规做法。《国际先驱论坛报》评论道，划定示威区域的举措对于中国政府而言是一个"突破"。

---

① Katie Thomas. I. O. C. : "Issues Glowing Review of Beijing Games", *The New York Times*, Nov. 26, 2008.

大事记 2-1　2008 年奥运大事记

日　　期	事　　件
1 月 3 日	第 29 届奥林匹克运动会组织委员会第五次全体会议（扩大）在京召开。中共中央政治局委员、北京市委书记、北京奥组委主席刘淇出席会议作 2007 年奥运筹办工作报告并部署了 2008 年筹办重点工作。
1 月 11 日	2008 年北京奥运会篮球预赛和决赛用馆——奥林匹克篮球馆竣工验收交付使用。
1 月 28 日	奥运会游泳比赛场馆——国家游泳中心（简称"水立方"）竣工。国家游泳中心在国内首次采用 ETFE 气枕结构，也是世界上建筑面积最大、功能要求最复杂的膜结构系统。
2 月 27 日	希腊奥委会举行会议，一致通过决定，由演员玛利亚·娜芙普利担任第 29 届北京奥运会圣火采集仪式最高祭司。 玛利亚是自 1936 年开始圣火采集仪式以来的第十位最高女祭司，是第九位夏季奥运会圣火采集仪式最高女祭司。
3 月 24 日	北京时间 3 月 24 日下午 17 时，北京奥运会圣火采集仪式准时在希腊古奥林匹克遗址举行。希腊总统帕普利亚斯和总理卡拉曼利斯同时出现在了仪式现场。最高女祭司娜芙普利都成功点燃了北京奥运会的圣火。中国运动员罗雪娟与第一棒火炬手尼克拉泽斯完成了圣火交接。
3 月 24—30 日	北京奥运圣火在希腊境内传递 7 天，随后传到中国。希腊境内的传递经过了 16 个地区，43 个城镇以及 4 个社区，沿途举办了 29 个庆祝仪式，火炬传递还经过希腊著名的 5 个考古遗址，总长度 1528 公里。圣火最终抵达位于雅典市中心的 1896 年首届现代奥运会会场。
3 月 30 日	北京奥组委主席刘淇从希腊奥委会主席基里亚库手中接过圣火，并将火种存放在火种罐中。北京奥运会圣火交接仪式取得圆满成功。奥运圣火由"奥运圣火号"专机运回中国北京。
3 月 31 日	采自希腊奥林匹亚的奥运圣火抵达北京，在北京举行了隆重的欢迎圣火进入中国仪式和北京奥运会火炬接力传递正式启动仪式。中共中央总书记、国家主席、中央军委主席胡锦涛在天安门广场点燃圣火盆，北京奥运会境内外传递活动正式启动。 北京奥运会、残奥会赛会志愿者报名结束，赛会志愿者申请人数为 112.5799 万人，其中 90.8334 万人同时报名残奥会志愿者。
4 月 1—5 月 3 日	4 月 1 日，北京奥运圣火运抵哈萨克斯坦城市阿拉木图。4 月 2 日，阿拉木图奥运火炬传递启动，北京奥运火炬的境外传递正式拉开序幕。4 月 2—5 月 3 日，北京奥运火炬传递在包括伦敦、巴黎、旧金山、伊斯兰堡、首尔、平壤、香港、澳门在内的 21 个境外城市进行了传递，共有 1700 余名火炬手参加了传递活动。
4 月 9 日	国际奥协主席拉涅亚在北京宣布，全世界 205 个国家和地区奥委会都将参加北京奥运会。这意味着，北京奥运会将成为历史上参赛国家和地区最多的一届奥运会。
4 月 28 日	2008 年北京奥运会开幕式及田径项目主场馆——国家体育馆（又称"鸟巢"）通过竣工验收。
5 月 4—8 月 6 日	5 月 4 日，北京奥运火炬传递活动在三亚举行，火炬的境内传递正式开始。5 月 4 日—8 月 6 日，奥运火炬在中国的 31 个省、直辖市、自治区传递，途经 113 个城市和地区。境内火炬手 19400 名。
5 月 5 日	5 月 5 日上午 9 时，北京奥运会第三阶段门票销售工作启动。
5 月 8 日	2008 年 5 月 8 日北京时间 9 时 17 分，北京奥运火炬抵达地球之巅——珠穆朗玛峰顶。藏族女火炬手次仁旺姆将"祥云"火炬高高举起。随后，火炬手展示了五星红旗、奥运五环旗和北京奥运会会旗。
5 月 12 日	5 月 12 日，四川汶川大地震发生。5 月 18 日至 21 日，全国哀悼日。火炬传递活动暂停。
6 月 27 日	中共中央政治局 27 日召开会议，听取北京奥运会、残奥会筹办工作进展情况汇报，研究部署北京奥运会筹办最后阶段重点工作。中共中央总书记胡锦涛主持会议。
6 月 30 日	北京奥运会 37 个竞赛场馆及京内 45 个独立训练场馆全部竣工。
7 月 1—3 日	联合国秘书长潘基文 7 月 1 日抵达北京，开始对中国进行为期 3 天的正式访问。潘基文参观了奥运场馆，在与国家主席胡锦涛会见时高度赞赏北京奥运会筹备工作进展，表示相信中国定会举办一届历史上最为成功的奥运会，预祝北京奥运会取得圆满成功。

日　　　期	事　　　件
7 月 3 日	北京奥运会和残奥会所需要的 6000 枚奖牌全部制作完毕，必和必拓公司在北京正式移交给北京奥组委。
7 月 8 日	北京奥运会残奥会主新闻中心、国际广播中心、2008 北京国际新闻中心正式启用。
7 月 27 日	2008 年北京奥运会奥运村正式开村，来自 200 余个国家和地区的 16000 名运动员和随队官员将陆续入住。中国体育代表团成为第一个正式入住的代表团。
8 月 6—8 日	8 月 6 日，奥运火炬抵达北京，进行在北京最后阶段的传递。上午 8 时许，中共北京市委书记、北京奥组委主席刘淇将第一棒火炬交给航天英雄杨利伟，奥运圣火北京传递正式开始。8 月 8 日，圣火结束全球历时 130 天，13.7 万公里的传递，静待奥运开幕。
8 月 8 日	8 月 8 日中午 12 时，中国国家主席胡锦涛与夫人刘永清在人民大会堂出席北京奥运会的八十余位国家元首、政府首脑及王室成员举行欢迎宴会。此次来访出席北京奥运会的国家领导人包括：美国总统布什、俄罗斯总理普京、日本首相福田康夫、法国总统萨科齐、韩国总统李明博等。北京时间 8 月 8 日晚 8 时 8 分，第 29 届夏季奥林匹克运动会开幕式在国家体育场隆重召开。中华人民共和国主席胡锦涛宣布北京第 29 届奥运会开幕。国际奥委会主席罗格在第 29 届奥林匹克运动会开幕式上致辞。开幕式进行了以 "美丽的奥林匹克" 为主题的大型文艺表演，来自 204 个国家和地区代表团、1 万多名运动员代表入场。著名体操运动员李宁点燃奥运主火炬。全球约 40 亿人次观众通过各种途径观看了开幕式盛况。
8 月 9 日	捷克选手卡特日娜·埃蒙斯获得女子 10 米气步枪决赛的冠军，这也是 2008 北京奥运会产生的首枚金牌。在女子举重 48 公斤级决赛争夺中，来自中国广东的陈燮霞以总成绩 212 公斤夺取该项目金牌并打破奥运会总成绩纪录，这是中国举代表团在北京奥运会赢得的第一枚金牌。
8 月 16 日	2008 北京奥运会 "飞人大战" 男子 100 米决赛在国家体育场 "鸟巢" 上演。世界纪录保持者博尔特以 9 秒 69 的成绩，打破了由自己创造的 9 秒 72 的世界纪录夺冠，成为了奥运史上首位夺得男子百米金牌的牙买加籍选手。
8 月 17 日	男子 4×100 米混合泳接力决赛落幕，美国队在菲尔普斯的带领下获得金牌，菲尔普斯也成功地打破了前辈施皮茨单届奥运会获得七金的纪录，独揽八枚金牌。
8 月 18 日	中国 "飞人" 刘翔在男子 110 米栏预赛首轮因伤退赛，成为奥运期间最大的 "突发事件" 之一。
8 月 24 日	8 月 24 日下午，北京奥运会全部赛事结束，中国体育代表团以 51 枚金牌首次荣登金牌榜头名。美国和俄罗斯分列金牌榜第二、三位。在北京奥运会上，有 24 人 8 队 46 次破 38 项世界纪录、1 人平 1 项世界纪录，其中包括两名中国选手 6 次改写 4 项世界纪录。同时，奥运选手还创造了 132 项奥运会纪录。2008 年 8 月 24 日晚 8 时，第 29 届北京奥运会闭幕式在国家体育场 "鸟巢" 隆重举行。胡锦涛等中国国家领导人，国际奥委会主席罗格、终身名誉主席萨马兰奇，以及来自世界各地的领导人和贵客出席闭幕式。闭幕式上进行了以 "相聚"、"记忆" 和 "狂欢" 为主题的文艺表演。国际奥委会主席罗格、北京奥组委主席刘淇致辞。罗格宣布第 29 届奥林匹克运动会闭幕。下届奥运会主办城市伦敦奥组委带来了 8 分钟精彩的接旗表演。
8 月 25 日	国际奥委会举行答谢早餐会并颁授奥林匹克勋章。中共中央政治局委员、北京市委书记、北京奥组委主席刘淇获得奥林匹克金质勋章。国际奥委会主席罗格颁授勋章。
8 月 28 日—9 月 6 日	残奥会火炬在北京天坛点燃，残奥圣火由 850 名火炬手分别沿着 "中华文明线" 和 "时代风采线" 两条路线同时传递。残奥火炬传递跨越了国内 11 个省、自治区、直辖市的 11 个城市。
9 月 6 日	2008 年 9 月 6 日晚 8 时，历史上参加国家和地区数量最多的残疾人奥运盛会——北京 2008 年残奥会开幕式在国家体育场隆重举行。胡锦涛等中国国家领导人、国际残奥委会主席克雷文，国际奥委会终身名誉主席萨马兰奇，以及来自世界各地的贵宾出席开幕式。147 个国家和地区的残奥会代表团 4000 多名运动员按中文笔画为序依次步入 "鸟巢"，与全场 9 万余名观众共享近 45 分钟的文艺表演。中华人民共和国主席胡锦涛宣布，北京 2008 残奥会正式开幕。北京奥组委主席刘淇、国际残奥委会主席克雷文分别致辞。中国派出历史上最大的残奥代表团，共有 547 人，其中运动员 332 人，68% 的运动员是第一次参加残奥会。

续表

日　期	事　件
9 月 7—17 日	来自 147 个国家和地区的 4000 多名残疾人运动员顽强拼搏、奋勇争先，刷新了 279 项残疾人世界纪录和 339 项残奥会纪录。中国体育代表团获得 89 枚金牌、211 枚奖牌，名列金牌榜和奖牌榜首位，创造了中国体育代表团参加残奥会以来的最好成绩。
9 月 17 日	2008 年 9 月 17 日晚 8 时，北京 2008 年残奥会闭幕式在国家体育场隆重举行。胡锦涛等党和国家领导人、国际残奥委会主席克雷文、国际奥委会主席罗格，以及来自世界各地的贵宾出席闭幕式。北京奥组委主席刘淇、国际残奥委会主席克雷文分别致辞。克雷文宣布北京 2008 年残奥会闭幕，并号召世界各地的残奥健儿 4 年后相聚伦敦。现场进行了文艺表演与伦敦接旗演出。
9 月 20 日	北京奥运村、残奥村正式闭村。
9 月 29 日	北京奥运会、残奥会总结表彰大会在人民大会堂举行。党和国家领导人有胡锦涛、吴邦国、温家宝、贾庆林、李长春、习近平、李克强、贺国强、周永康等出席表彰大会。表彰大会开幕前，党和国家领导人接见了北京奥运会、残奥会先进个人和集体。

第三章 "神七"飞天：
勇攀科技高峰推动国际合作

科技事业是中国国家发展战略的重要组成部分，而太空技术则是中国科技事业的核心组成部分，更是中国综合国力和大国地位的象征。2008年是中国太空技术发展史上的重要一年，继2007年中国成功发射了"嫦娥一号"探月卫星，实现了深空探测的突破之后，中国又按照航空航天的既定规划，成功完成了"神舟七号"的飞天和试验任务，实现了中国人的首次太空行走。这是中国在经历了汶川地震的巨大悲痛和奥运成功的巨大喜悦之后，又一国家和民族盛事，它再次展示了中国雄厚的经济技术实力和万众一心勇攀科技高峰的气概，标志着30年的改革开放已经大大提升了中国的综合国力。

一、中国载人航天事业再次获得重大突破

2008年中国"神舟七号"飞天的成功是我们的航天事业继"嫦娥一号"成功后的新突破，中国人民为之振奋，国家地位得到提升。2008年9月25日晚21时10分，随着酒泉卫星发射中心指控大厅的一声令下，"长征二号"F型火箭托载着"神舟七号"飞船，在星夜腾空而起。随着逃逸塔、助推器、一级和二级发动机，以及整流罩的分离，火箭飞入太空，准确进入太空轨道，发射取得了圆满成功。从9月25日晚进入太空到9月28日晚成功着陆，"神舟七号"在太空一共飞行了3天左右的时间。飞行期间，航天员飞行乘组翟志刚、刘伯明、景海鹏在地面组织指挥和测控系统的协同配合下，一共进行了1000多项的操作单元；飞船进行了成功的变轨；航天员顺利完成了空间出舱活动和一系列空间科学试验；成功释放了伴飞小卫星；"天链一号"卫星数据中继试验获得重要成果；最后"神七"安全着陆在内蒙古中部的阿木古朗草原上。"神七"载人航天是中国载人航天工程继"神舟五号"和"神舟六号"载人航天飞行之后取得的又一重大跨越，实现了许多方面的技术突破和创新。

1. 飞船和火箭设计方面的改善①

"神舟七号"是自"神舟"系列飞船诞生以来在飞船设计方面变化最大的一次，这是由"神七"的任务和使命所决定的。"神七"飞天的任务主要包括：要进行满载荷的"多人多天"的太空飞行；展开一系列的空间试验；实现航天员的出舱活动。这些都对飞船提出了新的要求，使得飞船的设计较前发生了很大的变化。比如，"神七"首次在承载三人的满载荷的情况下进行多天的飞行，这要求神舟飞船提供更好的生命支持系统，在起居、生活和环境控制等方面要更加舒适和人性化。有专家评论道，"神七"内部的舒适度已经大大超过了前两次的载人飞船，与老牌的空间大国美、俄的飞船舒适度也不相上下。"神七"的空间试验任务主要有：搭载我国第一个上天的中继卫星用户终端；进行固体润滑材料的在轨实验——将中科院提供的固体润滑材料在外太空暴露后，由出舱行走的航天员取回；释放伴飞小卫星，完成伴随卫星的在轨试验。这些都要求飞船进行改进设计。例如，为了成功实现出舱活动，飞船去掉了"神六"时的留轨功能，重新设计轨道舱，使其变成生活舱和气闸舱的综合体，成为航天员从返回舱到舱外再从舱外回到返回舱的通道，气闸舱两面的大门也就成了航天员的"生命之门"，需要绝对的密封和隔离功能。② 除此之外，围绕着出舱活动，飞船还增加了一系列的辅助设备，比如，对舱外服提供电、机械、热等方面的支持，气闸舱内还设计了扶手、脚踏器之类的设备，以帮助航天员完成舱外服的穿脱等动作。为了将航天员舱外活动图像及时、清晰地传回地面，"神七"在前后端分别加载了一台舱外摄像机，通过两路图像实时地观察和传输航天员舱外行走的情形。"神舟七号"飞船围绕着这些新的任务进行了较大的改进，据有关专业人士透露，到"神舟八号"实现空间交汇对接技术之后，"神舟"飞船将实现定型，届时，飞船将会实现批量生产，成为我国空间站至地球表面的天地往返运输工具，也能为其他国家提供人员和货物的天地运输服务。

在火箭设计方面，我们也对已经发射了6艘飞船的"长征二号"F型火箭进行了改造。针对以前火箭在上升飞行阶段出现的振动问题和火箭飞行至415秒时的异常现象，都进行了技术攻关，共有36项技术改进，并解决了8Hz振动现象和415秒现象。振动问题的解决改善了航天员乘坐火箭的舒适性，通过解决火箭415秒时出现的参数大幅跳变和趋势转折，又大大增加了火箭的稳定性。这两大技术攻关成为"长征二号"F型火箭的新亮点，使得"长征二号"F火箭的可靠性评估值从0.97提升到0.98，航天员的安全性指标达到了0.997，乘坐的舒适性也得到了进一步的改善。另外，这次发射还在火箭关键部位安装遥测图像测量装置，可实时监视和记录火箭的主要飞行动作。③

---

① 左赛春：《我国载人航天飞行的一座新里程碑——中国载人航天工程副总指挥马兴瑞谈神舟七号的技术新突破》，《国防科技工业》2008年第10期，第10—12页。

② 左赛春、黄希：《迈向宇宙的新起点》，《瞭望新闻周刊》2008年第39期，第8页。

③ 左赛春：《我国载人航天飞行的一座新里程碑——中国载人航天工程副总指挥马兴瑞谈神舟七号的技术新突破》，《国防科技工业》2008年第10期，第10—12页。

2. 太空行走和释放小卫星

"神七"飞天最大的亮点就是中国航天员首次实现了出舱活动，也就是我们通常所说的"太空漫步"，2008 年 9 月 27 日 16 时 41 分 00 秒，航天员翟志刚身穿中国研制的"飞天"舱外航天服，从"神舟七号"飞船进入太空，他挥动着五星红旗，向全国人民和全世界人民问好，这个画面通过电视向全世界进行直播，永远定格在人类航天史的历史进程中，中国空间技术由此而实现重大跨越。这次太空行走历时 19 分 35 秒，它不仅使得中国成为世界上第三个独立掌握空间出舱技术的国家，也表明中国在舱外航天服研制方面取得了成功，已经具备空间出舱完成科学试验任务的综合能力。实现出舱行走的关键就是舱外航天服，它就像是一个微型的飞船载体，保护航天员在太空完成各种任务。中国的舱外航天服重 120 公斤，造价约 3000 万人民币，自 2004 年 7 月正式立项到 2007 年年底第一套航天服交付使用，历经 3 年半左右的时间。中国科研人员在没有任何基础的条件下，从航天服的一针一线，小到元器件、原材料的性能指标，大到整体结构和外形都是从头设计，不断实现零的突破，最终研制出了中国自己的"既舒适又漂亮"的航天服。①

释放伴飞小卫星是"神七"飞天的又一大亮点。2008 年 9 月 27 日 19 时 24 分"神舟七号"搭载的伴飞小卫星成功释放，这是我国首次在航天器上开展微小卫星伴随飞行试验。所谓"伴飞小卫星"，就是环绕着空间站或其他空间飞行器运动的专门的航天器，其主要作用就是实现对主航天器的观测和照料，辅助其完成任务。"神七"释放的伴飞小卫星只有 40 多公斤，全部载荷不足 10 公斤，具有光学成像、大容量压缩存储、机动变轨、自主导航、多模式指向、测控数传等多种功能。"神舟七号"飞船开展这项工作的任务目标有三项：试验和验证伴星在轨释放技术；伴星释放后，对飞船进行照相和视频观测；在返回舱返回后，由地面测控系统控制，择机进行对轨道舱形成伴随飞行轨道的试验，为载人航天工程后续任务中交会对接和拓展空间应用领域奠定技术基础。伴星发回的图像数据表明，释放小卫星是成功的。返回舱返回后，在轨道舱 3 个月留轨寿命期内，伴星继续围绕着轨道舱工作，由航天测控网国内陆上站和北京中心对伴星进行测轨跟踪、遥测、遥控、数据注入等工作，并根据轨道衰减和伴星剩余推进剂的情况合理考虑进行轨道维持。②

3. "神七"与载人航天三部曲

"神舟七号"的成功是中国载人航天的重大进展和全面提升。作为一项涉及众多科技领域的宏大系统工程，中国载人航天工程包括航天员、空间应用、飞船、运载火箭、

---

① 郝哲：《集智攻关保安全　太空天堑变通途——"飞天"舱外服研制纪实》，《国防科技工业》2008 年第 10 期，第 24—25 页。

② 孙彦新、徐壮志：《空间实验 ABC》，《环球》2008 年第 19 期，第 20—21 页。

发射场、测控通信、着陆场和空间实验室八大系统，涉及众多高新技术领域。这次飞行任务的圆满成功，意味着中国在这八大领域取得了全面提升，在某些领域取得了重点突破，也为实现中国载人航天工程"三步走"发展战略，建立短期有人照料的空间实验室、开展一定规模的空间应用研究进而发展我国空间站，奠定了坚实的科研和技术基础。"神舟七号"飞天成功，标志着中国载人航天工程"三步走"战略的第二步取得突破性进展。① 按照我国载人航天的总体规划，整个载人航天工程将分三步走：从"神舟一号"到"神舟六号"飞船是载人航天的第一步，主要突破载人天地往返技术；第二步主要突破航天员出舱、交会对接，以及短期有人照料的空间实验室技术；第三步要实现长期在轨运行的空间站大系统。"神舟七号"的成功是载人航天第二步的漂亮开局，下一步中国将于 2010 年至 2011 年底发射"天宫一号"目标飞行器，随后分别发射"神八"、"神九"、"神十"与之交会对接。"天宫一号"重达 8 吨左右，类似于一个小型空间实验站，将是中国首个空间实验室，在后续飞船与之对接之后，中国将在 2020 年左右建成载人空间站。同时，在载人航天工程所取得的技术积累以及其他国家有关航天工程成果的基础上，中国还将适时地启动载人登月有关技术的攻关，也就是说，将中国的载人航天工程和深空探测工程结合起来，推动中国太空技术的全面快速发展。当然，何时实施这项庞大的系统工程，中国有关部门还在组织专家做进一步的充分论证，不过，"神七"载人航天的成功无疑为国家的决策提供了有力的支持。在实现载人航天"三步走"战略目标之后，中国将走向星际空间更遥远的地方。

大事记 3－1 "神舟七号"载人飞天的全景进程②

时　间	事　件
2008 年 9 月 25 日	
17 时 30 分	"神七"航天员出征仪式在酒泉卫星发射中心问天阁举行。胡锦涛主席为航天员壮行。执行"神七"飞行任务的航天员是翟志刚、刘伯明、景海鹏。
19 时许	3 名航天员进入"神七"飞船船舱，飞行准备就绪，北京航天飞控中心指控大厅内，工作人员已各就各位，飞船返回舱舱门关闭。
21 时 10 分	"长征二号"F 型火箭点火成功，"神七"飞船腾空而起，这是"长征"系列运载火箭的第 109 次飞行。
21 时 32 分	载人航天工程总指挥常万全在酒泉卫星发射中心宣布："神舟七号"飞船发射成功。同时，着陆场系统全面启动。
2008 年 9 月 26 日	
4 时 03 分	飞船启动变轨程序，由椭圆轨道进入近圆轨道，这对飞船正常在轨飞行和准确返回至为关键。
22 时 10 分	翟志刚和刘伯明分别穿上"飞天"和"海鹰"舱外航天服，在轨道舱开始大约 100 分钟的在轨训练。

---

① 孙彦新：《"神七"，不一样的神气》，《环球》2008 年第 19 期，第 16—17 页。

② 资料来源：《"神七"七号飞天全记录》，《国防科技工业》2008 年第 10 期，第 7—9 页；《"神七"发射全记录》，《新华日报》2008 年 9 月 26 日，第 A3 版。

时　　间	事　　件
2008 年 9 月 27 日	
11 时	总指挥部会议决定，翟志刚为出舱航天员，刘伯明在轨道舱支持配合翟志刚，景海鹏值守返回舱。
14 时	中国科学院空间环境研究预报中心预报，当前空间环境平静，飞船在轨运行和航天员出舱是安全的。随后，两名航天员开始穿着舱外航天服并检查航天服气密性。
16 时 34 分	地面下达出舱指令。翟志刚"浮"到轨道舱舱门附近，伸手转动舱门手柄。深邃的太空，在中国人面前豁然敞开。
16 时 41 分	身着中国研制的"飞天"舱外航天服的翟志刚头先脚后飘出船舱，开始沿着轨道舱壁活动，并向地面指挥中心报告自己的身体状态。刘伯明第二次探出舱门时，翟志刚取下安装在舱壁上的科学试验样品，顺利交回舱内。
17 时许	翟志刚成功返回轨道舱，舱门关闭。
19 时 24 分	神舟飞船飞行到第 31 圈时，成功释放伴飞小卫星。这是我国首次在航天器上开展微小卫星伴随飞行试验。
2008 年 9 月 28 日	
12 时 50 分	"神舟七号"返回舱舱门关闭。
16 时 40 分许	各测控站点进入"神七"飞船返回跟踪的 10 分钟准备。地面搜救分队已抵"神七"飞船预定着陆地域。
16 时 49 分	"远望三号"测量船向飞船发出返回指令，飞船开始第一次调姿。返回舱与轨道舱"挥手"作别。随即，飞船进行第二次调姿，发动机点火制动，飞船正式踏上归乡路程。
17 时 30 分左右	飞船主降落伞打开，橘红色的巨伞在蔚蓝色的天幕下缓缓飘降。
17 时 37 分	飞船成功着陆，3 名航天员安全返回地面。

二、国际舆论热议"神七"飞天顺利成功

　　国际社会对中国的载人航天工程一直保持着高度的关注，"神舟六号"取得成功后，国际舆论的焦点就转移到"神舟七号"上来。奥运结束后，国外媒体对"神七"发射给予了空前的关注和热情，对"神七"发射进行报道的媒体覆盖了广播、电视、报纸、互联网等。英国广播公司（BBC）、美国有线电视新闻网（CNN）、法国新闻台（iTele）等电视媒体对"神七"发射进行了现场直播，并在整点新闻中滚动报道"神七"的升空过程，有的还邀请专家进行点评。美联社、路透社、波兰广播通讯社和法新社等国外通讯社也对"神七"的发射进行了全程跟踪报道。① 一些国家的纸质媒体也用大篇幅报道"神七"发射。印度的《印度斯坦时报》用半个版面刊登"长征"运载火箭的大幅照片，巴西发行量最大的报纸《圣保罗报》以接近整版的篇幅，报道了"神七"发射的准备工作以及中国航天事业的发展历程。法国《世界报》于 2009 年 9 月 25 日在头版显著位置刊登"神七"图片，并配发了文章。许多著名的报纸、期刊都在头版或者显著位置大幅报道了"神七"的消息或评论。比如，法国的《费加罗报》，

---

① 《这是中国的一次巨大飞跃》，《新华日报》2008 年 9 月 26 日，第 A4 版。

俄罗斯的《独立报》，美国的《时代》周刊、《华盛顿邮报》、《华盛顿观察》、《新闻周刊》、《华尔街日报》、《基督教科学箴言报》、《纽约时报》，英国的《每日电讯报》、《经济学家》，日本的《日本经济新闻》、《每日新闻》、《东京新闻》等。在互联网媒体上，对"神七"的报道更是丰富多彩、图文并茂，有的还是以相当的篇幅和显著的位置进行多天的报道，南美洲最大的门户网站——特拉网站在其报道中指出："这是中国第三次发射载人飞船，航天员将会尝试太空行走，具有历史性意义。"各个新闻媒体都在网站上刊登中国"神七"的消息和评论。① 国际舆论对"神七"的关注主要是正面和肯定的评价，当然，也夹杂着各种各样的声音。国际舆论对"神七"的报道主要包括以下几点：

1. 国际舆论的主流认为"神七"成功体现了中国航天的新突破，是中国在奥运会之后取得的又一个重大荣耀，也是为人类探索太空做出的巨大贡献，提高了中国的国际形象和国家地位

欧洲的媒体对中国"神七"发射大都采取赞叹的态度，认为这体现了中国的崛起。在"神七"发射前夕，英国路透社就以"神七"将为中国再夺一枚太空金牌为题对中国的载人航天进行了报道。② 报道称，中国是继苏联和美国之后，第三个将人类送入太空的国家，对中国的载人航天和太空探索进行充分的肯定。英国《独立报》网站2008年9月28日在报道《北京，我们起飞了》中写到，与航天舱安全相连的航天员乘组指令长翟志刚27日在太空挥动五星红旗，庆祝中国的首次太空行走以及他的祖国在惊人崛起过程中取得的最新成就。就像8月的北京奥运会一样，太空行走也成了中国崛起的有力象征，同时表明了中国在科技方面的雄心。俄罗斯报纸网在9月27日以《伟大的中国"漫步"》为题写到，太空漫步是中国航天领域的一次突破。舱外活动的成功开辟了中国航天发展的新阶段。中国航天领域的发展速度快于美国和俄罗斯。法国《费加罗报》9月23日的一篇文章称，虽然在技术上无法与美国或者欧洲相匹敌，但中国试图成为造福于发展中国家的太空强国。日本《经济新闻》9月26日报道，中国的目的在于向世界显示其继美国和俄罗斯之后成为航天大国的地位，同时以在北京奥运会后的这一盛事来弘扬国威。中国不遗余力地完善基础设施。现在，中国加紧研发新型长征五型火箭，还决定在海南岛文昌市建设第4个卫星发射中心。以此次实施出舱活动为开端，中国今后将确立宇宙飞船对接技术，并酝酿在2020年前建设中国宇宙空间站的设想。

美国媒体在"神七"发射中的报道基调也与以往对中国航天事业的报道发生了一些变化，这次报道相比以前任何一次对中国载人航天的报道都显得积极、正面。众所周知，在2007年1月中国成功进行反卫星试验后，本来就对中国发展太空技术存在着高度戒备心的美国，对中国发展太空技术更是"草木皆兵"，甚至达到神经质的程度。但

① 《外媒：中国航天新飞跃》，《香港大公报》2008年9月27日，第6版。
② 《英国媒体：神舟七号为中国再夺一枚太空金牌》，《环球时报》2008年9月23日。

这次"神七"发射无论是美国的媒体还是军方，都没有发表过多的"不适"言论，同样对中国发出了祝福和赞扬，就好比奥运一样，"神七"发射对美国人来说是一件国际大事，但没有过多渲染政治因素。"神七"发射前夕，《华盛顿观察》2008 年 9 月 24 日刊登的一篇文章写到，北京奥运会结束之后，中国继续积极筹备着另一件让世界瞩目的壮举——发射"神舟七号"载人宇宙飞船。与 2007 年中国成功试射反卫星火箭后华盛顿出现的惊讶与惶恐不同，这次美国的太空专家们抱着积极的祝福等待中国"神七"的一飞冲天。① 《时代》周刊 9 月 24 日的一篇文章写到，在北京奥运会上，中国用第一名的成绩证明自己是世界上最棒的。现在，中国会向世界表明，拿铜牌也让她感到高兴。本周晚些时候，继宇航员阿列可谢·列昂诺夫 43 年前在绕轨飞行的太空船外停留12 分钟之后，中国计划成为在苏联和美国之后第三个实施太空行走的国家。这一壮举将是科技和公关领域的双丰收。

关于中国航天员的太空行走，国外媒体纷纷认为，这是中国载人航天的又一里程碑。翟志刚 27 日完成太空行走，并顺利返回"神舟七号"飞船轨道舱后，美联社、路透社、法新社和德新社等各大通讯社及其他媒体纷纷在第一时间予以报道。美联社的报道说，翟志刚的太空行走加强了中国建立自己的空间站，向空间探索领域进一步推进的雄心壮志。路透社报道说，这是一次历史性的太空行走，标志着中国第三次载人航天飞行达到高潮，是中国朝着建立空间实验室和较大规模空间站这一长期目标迈出的又一步。法新社说，中国已经成为继苏联和美国之后第三个实施太空行走的国家，此次太空行走是中国第三次载人航天飞行最重要的环节。德新社 27 日连续播发消息，详细介绍了翟志刚完成首次出舱行走的全过程。文章说，这次太空行走将成为中国宏大的航天计划的一个里程碑。德国之声电台报道说，中国成功进行太空行走标志着中国载人航天事业进入了一个关键阶段，为建立持久空间站创造了前提条件。美国的《纽约时报》在28 日的一篇报道中写到，"中国宇航员离开了神舟七号进行了这个国家第一次太空行走，这是中国太空计划的另一座里程碑。——这个成就是他朝着建立超级经济和技术大国的又一步骤"。② 法国《世界报》网站在 27 日的一篇文章中写到，这"充满风险而又具有历史性意义"，此举象征中国已经进入世界太空强国俱乐部。③ 曾 3 次太空行走的美国前宇航员温斯顿·斯科特认为，中国航天员首次太空行走，"时间长短并不重要，重要的是，这是（中国载人航天的）一个具有重要意义的成就"。法国国家空间研究所中国航天事务专家茜尔维·卡拉里持同样看法，"神七"的重要突破就是中国航天员的首次太空行走，通过实现这项操作，中国在太空探索上又迈出了一大步。无论是宇航员的太空服，还是其他为舱外活动配的设备，都意味着中国在航天技术方面的进步。

---

① 《"神舟七号"是和平信使》，《环球时报》2008 年 9 月 25 日，第 6 版。
② DAVID BARBOZA, "Chinese Astronaut Takes Nation's First Spacewalk", in *New York Times*, September 29, 2008, p. A19.
③ 《这是中国的一次巨大飞跃》，《新华日报》2008 年 9 月 26 日，第 A4 版。

国际宇航联合会负责人菲利普·威尔肯斯认为，这次飞行任务是中国未来建设空间站的关键一步，出舱行走表明中国具备了在太空中进行更为复杂操作的能力，将为中国未来建设空间站打下基础。①

2. 国际舆论普遍认为"神七"飞天是一次和平利用太空的探索，并客观地评价中国的太空技术与西方大国相比还有一定的差距，相比前几次载人航天试验，"神七"升空少了许多"中国威胁论"的杂音

"神七"发射前夕，美国知名的太空问题专家、乔治·华盛顿大学空间政策研究所主任约翰·洛格斯登在接受采访时就表示，"如果'神七'成功完成太空旅行，不仅仅是美国，整个世界都会对中国太空技术的发展留下深刻的印象。这不会导致'中国威胁'论的抬头，'神七'是带着和平使命升空的，它不是敏感的军事技术"。已经退役的美国宇航员杰·巴基表示，"'神七'升空不应该导致'中国威胁'论的上升。美国人应该意识到探索太空不是美国人的专利，任何一个国家都可以做"。自2007年1月中国进行了反卫星的导弹试验后，美国从国会到学术界都将神经绷得紧紧的，仔细琢磨中国人的太空意图与政策。而且，中美两国在太空领域的互动向来是微妙的，中国启动"嫦娥工程"的时候，布什政府宣布了"重返月球"计划，两国似乎都在争先落脚月球。然而，此次"神七"大张旗鼓地升空，五角大楼和美国媒体却显得平静自在得多。② 英国广播公司2008年9月25日刊登的一篇分析指出，那些认为中国已经开始与美国或者其他传统太空强国进行新的太空竞赛的想法太过离谱，没有迹象表明，美国有意与中国展开太空竞赛，而且也并不因此担心，欧洲同样如此。

国际舆论这次并没有无端夸大中国在空间技术方面的进步，许多航天领域的专家都对中国太空技术的发展，中国与美国、俄罗斯的差距做出了客观的评价。前面提到的美国专家约翰·洛格斯登评论到，中国在太空领域取得了好成绩，但是处于启蒙学习阶段，他形象地比喻中国仍然是太空领域的少年。他高度评价了中国的太空行走，但同时也指出，这是美国和前苏联在40年前已经成功进行过的了，中国与美俄在太空技术上的差距是很大的。③ 美国国家航空航天博物馆的高层管理者和资深太空历史专家罗杰D.鲁尼厄斯在谈到中国的太空发展计划时评论到，"他们已经加入了一个只有美国和俄罗斯才能加入的，非常排外的俱乐部，尽管他赶上美俄所取得的成就还有很大的距离，但已经有了一个伟大的开始"。④ 这样的评价与中国专家自己的评价也基本类似，我们的航空专家在接受媒体采访时也多次强调，中国与美俄仍然存在着很大的差距。其他还有一些媒体认为，尽管中国是第三个独立开展载人航天活动的国家，但如果她计划突破美

---

① 《国际视野中的中国航天》，《大公报》2008年9月30日，第A13版。
② 《"神舟七号"是和平信使》，《环球时报》2008年9月25日，第6版。
③ 《"神舟七号"是和平信使》，《环球时报》2008年9月25日，第6版。
④ DAVID BARBOZA: "China Launches Spacewalk Mission", in *New York Times*, Sept. 26 2008, p. A16.

俄在载人航天领域所取得的成就，那她仍然有很长一段路要走。这些声音相比"中国威胁"论，无疑更加客观、理性一些。

美国等西方舆论对中国"神七"载人航天之所以采取不同于以前的态度是多种因素促成的。首先，中国在这次载人航天的飞行试验中，对国内外媒体采取了非常开放、透明的态度，境外一些媒体的记者第一次深入到酒泉卫星发射基地，与中国航天城进行零距离的接触，更让外国媒体感到兴奋的是这次载人航天发射将全程采取电视直播的方式，向全世界转播"神七"的一举一动。在酒泉卫星发射中心还多次举行记者招待会，相关新闻发言人对各国媒体记者提出的问题也是对答如流。境外记者纷纷表示，他们完全没有想到可以参观发射基地的厂房和塔架，也没有想到基地的管理这么公开和开放。① 这次"神七"发射，中国方面继续采取了奥运期间对境外媒体采取的开放和透明的政策，受到了外媒的欢迎，同时也断了那些"莫须有"报道的口实。其次，2008 年发生在中国的一系列的大事都向世界展示了中国人自强不息、以人为本和不断超越创新的民族特质，西方妖魔化中国的话语体系不断被打破，这大大抵消了一些西方媒体要以此来蛊惑"中国威胁论"的声音。进入 2008 年，中国党和政府领导人民就战胜了南方遭遇的罕见雨雪冰冻灾害，接着再次凭借自强不息的民族精神，谱写了一部感天动地、气壮山河的抗震救灾英雄史诗。北京奥运和残奥会的巨大成功，又为世界奥林匹克运动和中华民族留下了宝贵的精神财富。凡此种种都大大打破了西方一些媒体要妖魔化中国的话语霸权，改善了中国的形象，也使得我们的"神七"发射少了许多"中国威胁论"的杂音。最后，在当前金融海啸席卷全球的情况下，国际舆论期待中国做出更大的贡献，西方有些国家有求于中国。中国在近些年也以一个负责任大国的身份积极参与国际治理，尽了我们应尽的义务，这也获得了世界的肯定，中国和平发展的形象在国际舆论中越来越清晰起来，这些也都是此次载人飞船发射少了许多杂音的原因。

3. 呼吁中国参与国际太空技术合作的呼声增多。在对中国获得的巨大进步表示肯定和赞叹的同时，也发出了与中国进行空间技术合作的呼吁

中国在太空技术方面的进步使得国际舆论认为中国已经具备了参与国际太空技术合作的技术实力、资格和基础。国外的太空专家或航天员普遍表示中国太空技术的进步为她参与国际空间站的合作提供了基础。在美国宇航界，曾经参加过哈勃太空望远镜修理工作的美国宇航员杰弗里·霍夫曼（Jefferey Hoffman）说，"希望中国能够继续发展自己的太空实力，并与世界其他国家携手和平开发与利用太空"。宇航员汤姆·琼斯（Tom Jones）认为，中国太空行走的成功是中国航天事业向前迈出的"伟大一步"，为将来与其他国家开展太空合作打下了更为坚实的基础，也为中国未来加入国际空间站"准备了一张颇有价值的门票"。美国著名太空安全专家詹姆斯·莱维斯（James Lewis）说，"神七"的升天和太空行走是中国航天事业的"又一亮点"，为中国未来建立太空

---

① 潘婷：《"神舟七号"发射又一"第一"：向外媒开放》，《中国青年报》2008 年 9 月 25 日。

站做好了准备，是一项"承前启后"的成就。他还说，在太空技术上，中国已经与俄罗斯"平起平坐"。美国宇航局总部负责公共事务的官员迈克尔·布鲁克斯表示，国际对话可以增强人类对地球以及太空的认识，中国的太空探索项目为中美在地球和空间科学领域的合作提供了潜在机会。①

国际宇航联合会负责人菲利普·威尔肯斯认为，实现太空行走表明中国具备了在太空中进行更为复杂操作的能力，将为中国未来建设空间站打下基础。在具备建成空间站的能力后，中国将成为世界各国在航天发展中"不可或缺"的合作伙伴。欧洲航天局负责与中国和俄罗斯合作事务的官员卡尔·贝里奎斯特强调，中国在航天领域的发展不是一种威胁，对欧航局来说意味着机遇。神舟飞船还会不断发展和更新，这就为未来的合作打下了基础。无论是美国、俄罗斯、欧洲还是中国，都对探索宇宙表现出浓厚的兴趣，合作是最好的探索方式。② 加拿大宇航员比亚德尼·特里格瓦松在采访时表示，"神七"的成功并首次实现太空行走，显示"中国在航天技术领域取得了巨大进步，中国应该成为世界航天技术合作领域的平等伙伴"。他认为，这次发射载人飞船不仅对中国意义重大，也将改变国际空间技术合作方面的格局，中国有可能在不久的将来成为世界空间技术合作中的主力。而在"神七"发射前，日本内阁官房长官河村建夫就已表示，中国的航天发展达到了很高的水平，"将来我们必须考虑与中国展开太空合作。我们可以开始考虑这件事了"。③

4. 整个国际华人社会对"神七"飞天的成功备感自豪和荣耀

"神七"飞天和太空行走的成功在北京奥运后再次点燃炎黄子孙的爱国热情与民族自豪感，在各大华文媒体的报道中，华人的自豪感跃然纸上。④ 美国、欧洲、中国港澳台，以及世界其他地方的华文媒体都对中国载人航天给予了充分报道和赞叹。比如，美国的《侨报》在2008年9月27日发表中国时评文章说，这次载人航天的发射则让身居海外的华人华侨扬眉吐气，体会到了作为炎黄子孙的自豪与荣耀。⑤ 欧洲的《欧洲时报》2008年9月25日发表社评写到，"神七"飞天，中国人漫步太空，给海外华侨华人带来了鼓舞与欢欣，因为它们都标志着中国人负载着和平之光的强国梦想正在一步步变成现实。⑥ 香港《文汇报》在社评中说，"神七"凯旋，振奋了国人志气；航天员坚忍不拔的意志，有助提升民族精神，是中国继续发展的珍贵财富。⑦ 香港《大公报》连

---

① 《国际视野中的中国航天》，《大公报》2008年9月30日，第A13版；《这是中国的一次巨大飞跃》，《新华日报》2008年9月26日，第A4版。

② 《这是中国的一次巨大飞跃》，《新华日报》2008年9月26日，第A4版。

③ 《国际视野中的中国航天》，《大公报》2008年9月30日，第A13版。

④ 参见《海外赤子尽欢颜》，《大公报》2008年9月27日，第6版。

⑤ 《外媒：中国航天新飞跃》，《大公报》2008年9月27日，第6版。

⑥ 《外媒：中国航天新飞跃》，《大公报》2008年9月27日，第6版；《负载着和平之光的"强国梦"》，《欧洲时报》2008年9月25日。

⑦ 社评：《"神七"凯旋 国人振奋》，《香港文汇报》2008年9月29日，第1版。

续多天刊发多篇社论来庆祝"神七"的升空和成功,其中《感谢"神七"英雄,愿红旗永耀太空》说,"神七"大功告成,中国航天事业从此翻开新一页,"太空王国"版图也自此改写,中国将在人类未来的太空和平开发利用伟业中扮演一个更重要角色,中国将更有能力对人类社会的发展进步做出贡献。① 另外一篇评论写到,我们有充分理由相信,中国航天员迈向太空的"第一步",将引领一个时代,开辟一个新世纪。② 香港《文汇报》、《明报》等媒体的网站也发出多篇报道,及时关注"神七"安全着陆、本次载人航天圆满成功的情况。"神七"的成功使得全球的华人都感受到了祖国强大带来的自豪。

5. 国际舆论中也存在相当多的、别有用心的评论和报道

由于意识形态、价值观和社会制度等方面的原因,美国等西方国家对中国抱有很深的成见,他们对中国航空航天事业的每一步发展都保持着警惕。太空霸权美国虽然对中国发射"神七"表现出了更为积极和正面的态度,但这并不表明它对中国发展太空技术就"放心"了。据报道,在"神七"获得成功后,美国颇有影响的智库传统基金会就在其网站上预报,针对中国成功的"太空行走"召开专门研讨会,来分析是否受到来自中国的太空挑战。③ 美国已经对中国快速发展的太空技术表现出忧虑,或者说,美国已经将中国视为太空技术强国,将中国视为美国潜在的竞争对手。

西方许多媒体在对中国航天的进步表示肯定和赞扬的同时,也夹杂着疑虑、怀疑等许多复杂的情绪,在对中国进行"歪读"时尽量给自己带上客观的面具,显示出一种"欲说还羞"的特点,这也许是西方媒体吸取了2008年"涉藏"报道的经验,以及经历"汶川地震"和奥运的报道之后所形成的经验。大致说来,西方一些舆论对中国发射"神七"的"歪读"分为如下两类:

一是挑拨太空竞赛,故意渲染"神七"的成功意味着中国太空技术的快速进步,而美国等西方国家的太空进步则处于放缓的状态,渲染中国很快就会追赶上美国的"紧张气氛"。比如,德通社的报道,故意渲染中国在航天方面的快速发展,以及美国则因为经费短缺,而不得不放慢脚步,美国太空老大的位置有朝一日将会被中国替代。在登月方面,美国或许在第二阶段被中国超过,这将是美国的噩梦。④ 还有一些媒体将中国发展太空技术引起的太空竞技纳入地区实力竞赛范畴,称中国不愿意被其两个强大对手——日本和印度打败,希望成为第一个踏足月球的亚洲国家。日本和印度都制定了自己的探月计划,将与中国进行的太空竞赛作为国家实力竞争的重要内容。美国《新闻周刊》煞有介事地称,太空竞赛在中印之间展开。⑤ 还有媒体故意渲染美国当前在发

---

① 社评:《感谢"神七"英雄 愿红旗永耀太空》,《大公报》2008 年 9 月 29 日,第 A2 版。
② 毕晓哲:《中国迈向太空的"第一步"》,《大公报》2008 年 9 月 28 日,第 A15 版。
③ 王启超:《中国"熊猫飞天"美智库紧急开会研究对策》,《环球时报》2008 年 9 月 28 日。
④ 《德媒:神七成功抢风头 NASA 忧其地位笑不出》,《环球时报》2008 年 9 月 29 日。
⑤ 《太空竞赛在中印之间展开》,《环球时报》2008 年 9 月 22 日,第 6 版。

展航天方面遇到的问题，中国在加速发展自己的太空技术的时候，而美国则因为金融危机、俄罗斯入侵格鲁吉亚和美国航天飞机即将报废等大事的同时发生，动摇了美国在航天领域的绝对优势。强调美国在推出新的火箭和飞船之前，所有航天飞机可能都会停飞，因此"神七"可能掀开太空竞赛的历史新篇章。① 美国媒体往往在表示了肯定和赞扬之后，也做出一些负面的报道，称中国虽然与美国差距很大，但也有可能先于美国在2020年之前登陆月球，报纸还引用美国宇航局的格里芬在美国参议院作证时的证词，"我敬佩他们所做的，但我也担心这将把美国抛在后面"，认为印度和日本也都有野心勃勃的太空计划，这使得亚洲地区存在着空间技术的竞争，欧洲也加入到这种探索太空的竞争中来。还煞有介事地提到，美国中情局近期逮捕了一个中国出生的物理学家，控告他自2003年起就开始非法向中国出口太空发射技术数据，为中国服务。②

二是故意渲染中国的"神七"发射具有军事色彩，中国的太空计划缺乏透明度。德国媒体在这一类报道中表现活跃，甚至有德国媒体称中国的太空计划含有军事意图，在某种程度上是抗衡美国，美国媒体也有这样的报道。《华盛顿邮报》的一篇文章写到，中国以外的航天专家一般都不了解她的各种航天工程——载人和不载人，民用和军用——是如何组织和管理的，只知道他们大多由人民解放军掌管。称中国在太空的意图被美国一些专家视为威胁，尤其是因为中国的许多活动都讳莫如深。③ 这类报道往往提到中国曾经进行的反卫星试验是对美国太空资产的威胁，提到中国的"北斗"导航系统是美国GPS和欧洲伽利略系统的竞争对手，认为中国的太空活动都是以军事用途为目的。虽然没有直接明目张胆地渲染"中国威胁论"，但其用心也实际上也起到了这种效果。

三、中国力推国际合作，倡议和平利用太空

1. 中国和平利用太空的政策和规划

中国载人航天的根本目的是探索并和平利用外层空间，服务于本国经济建设和人民的福祉。中国领导人在多种场合，多次强调了中国和平利用太空的坚定意志。在中国发布的各种空间科学技术规划和航天规划中也明确指出，中国发展空间技术和载人航天技术的根本目的是和平利用太空，为本国人民甚至世界人民造福。在2006年10月发布的中国航天白皮书中，明确中国发展航天事业的宗旨是：探索外层空间，扩展对地球和宇宙的认识；和平利用外层空间，促进人类文明和社会进步，造福全人类；满足经济建设、科技发展、国家安全和社会进步等方面的需求，提高全民科学素质，维护国家权

① 《俄罗斯和中国将统治载人航天飞行》，《世界报》2008年9月25日。
② DAVID BARBOZA: "China Launches Spacewalk Mission", in *New York Times*, September 26 2008, p. A16.
③ Jill Drew : "Space Inspires Passion And Practicality in China", *The Washington Post*, Sep. 25, 2008, p. G. 7.

益，增强综合国力。① 国防科工委在 2007 年 1 月发布的《"十一五"空间科学发展规划》的指导思想指出，我们"以满足国民经济发展和国家安全需求、建设创新型国家为根本出发点，统筹空间技术、空间应用、空间科学全面协调发展"，"推进空间科学事业为全面建设小康社会、构建和谐社会服务，为建设创新型国家服务，为国家安全与祖国统一服务，为维护世界和平与发展服务"。② 2007 年 10 月发布的《航天发展"十一五"规划》的指导思想再次强调了这一点。

中国发展航天科技和空间技术的和平性质体现在它所设定的发展规划、任务和议程上。根据《航天发展"十一五"规划》，中国发展航天科技的九大任务是：增强产品供给保障能力，全面完成科研生产任务；启动并实施重大科技工程，带动科技跨越发展；提升自主创新能力，突破关键技术；加快太空技术发展，提高业务服务能力；积极拓展太空应用，提高航天产业发展能力；持续开展太空科学研究，扩展人类认知领域；加强行业管理，营造有利于航天发展的良好环境；实施人才兴业战略，加强航天先进文化建设；加强国际交流与合作，扩大对外开放。这些任务大都是以满足国民经济和社会发展为主，比如第五项发展太空产业能力方面，要求初步建成天地统筹、地面协调的卫星地面系统和应用系统，并且要发展通信、导航、遥感等卫星及其应用，形成太空、地面与终端产品的制造、营运服务的航天产业链等等，除促进航天先进技术的市场转化，培育形成若干知名品牌外，还要稳步推进服务业与对外贸易的发展。③ 围绕着这些空间技术的应用，中国要有计划地在航天重大科技工程领域启动载人航天工程、月球探测工程、高解析度对地观测系统、北斗卫星导航系统、新一代运载火箭工程等，这也是我国和平开发和利用太空的硬件基础工程建设。

航天计划也给我国的国民经济带来了巨大的收益和推动力。根据国内外的经验，在航天领域每投入 1 美元，就会对整个国家的经济产生 8—14 美元的带动效益。④ 据统计，我国已有 1800 多项空间技术成果应用到国民经济各个部门，近年来开发掌握的 1100 多种新材料，有八成是在空间技术的牵引下研制完成的。在太空中建设为人类服务的空间飞行器、轨道飞行器、深空探测器和空间试验站等，可以为我们的气象、通信、导航、灾害预报等各个方面服务。航天技术已经在不知不觉中悄悄地改变着我们的生活，带给我们许多便利，也产生了巨大的经济社会效益。防寒服等用上航天技术后更轻更薄而保暖效果更好。人们餐桌上的食物因为有了航天育种技术培育的农作物新品种而更有营养，同时因为少使用了化肥和农药而更健康、更安全。采用航天技术制作的建筑材料防水抗震性能更好、更节能。有了卫星导航仪，人们的出行可以避免堵车、少走弯路而变得更快捷、更方便、更高效。⑤ 航天科技作为代表当代最高水平的高新技术，

① 国务院新闻办公室：《2006 年中国的航天》，北京，2006 年 10 月，第一部分。
② 国防科工委：《"十一五"空间科学发展规划》，北京，2007 年 1 月，第 4 页。
③ 国防科工委：《航天发展"十一五"规划》，北京，2007 年 10 月。
④ 刘洋：《"神七"撬动千亿航天产业》，《国际金融报》2008 年 9 月 25 日，第 5 版。
⑤ 蒋建科、秦福祥：《"太空经济"方兴未艾》，《人民日报》2008 年 10 月 9 日，第 13 版。

对其他高新技术以及经济社会的发展具有很强的带动示范效应，一旦转化为现实生产力，就能产生无法估算的经济效益。事实已经证明，谁抓住了"太空经济"的机遇，谁就会在未来的竞争中赢得主动。

中国载人航天工程在中国航天科技中占有重要地位，其目的也是和平开发、利用太空，它的发展也是围绕着中国航天的宗旨，服务于国民经济和国家安全，服务于构建和谐社会和建设创新型国家。"神七"飞天试验就是最好的具体体现，这次飞行的任务完全是民用的目的，没有敏感的军事技术。对这次发射，中国采取了空前开放的态度，在火箭点火前，我们的酒泉东风航天城第一次对海外媒体开放，神舟系列载人航天飞行任务也第一次向外媒开放；在整个飞行过程中，中国都进行了电视直播，使得航天员的一举一动都呈现在全世界的面前。台湾 TVBS、俄新社、路透社、美联社、日本富士电视台、《联合早报》等媒体也都深入到酒泉发射基地进行采访，这种透明度的增加不仅透出中国的自信，更重要的是，它表明我们和平利用太空的态度。另外，"神七"的成功也蕴涵着巨大的产业价值，一旦"神七"的科技成果转化为民用，所带来的产业价值必然将是惊人的，它不仅将带动航天产业的发展，未来还将给国民经济带来巨大动力。据粗略估算，通过"神五"、"神六"带来的产业价值已经超过 1200 亿元，虽然"神七"还无法具体估算它能产生多少价值，但与"神七"相关的产业几乎涵盖了日常生活的各个产业，因此它所带来的产业价值也必然是巨大的。而且，在神舟系列飞船的发展进程中，民营经济已经逐步介入其中，并分担起越来越多的项目。① 这一方面表明了我们发展载人航天的和平性质，另一方面也表明航天科技起到了推动国民经济发展的作用。

2. 中国和平利用太空，需要积极参与国际合作

中国发展太空技术的和平性质决定了她对参与国际合作抱有积极的态度。中国政府的一贯立场是：外层空间是全人类的共同财富，世界各国都享有自由探索、开发和利用外层空间及其天体的平等权利；世界各国开展外空活动，应有助于各国经济发展和社会进步，应有助于人类的安全、生存与发展，应有助于各国人民友好合作。国际空间合作应遵循联合国《关于开展探索和利用外层空间的国际合作，促进所有国家的福利和利益，并特别要考虑到发展中国家的需求的宣言》（《国际空间合作宣言》）中提出的基本原则。中国主张在平等互利、和平利用、共同发展的原则基础上，加强空间领域的国际交流与合作。围绕着这个基本立场，中国政府在开展国际空间交流与合作中，坚持独立自主的方针，支持联合国系统内开展和平利用外层空间的各项活动；支持政府间或非政府间空间组织为促进空间技术、空间应用和空间科学的发展所开展的各项活动。重视亚太地区的区域性空间合作，支持世界其他区域性空间合作。加强与发展中国家的空间合作，重视与发达国家的空间合作。鼓励和支持国内科研机构、工业企业、高等院校和社

---

① 刘洋：《"神七"撬动千亿航天产业》，《国际金融报》2008 年 9 月 25 日，第 5 版。

会团体，在国家有关政策和法规的指导下，开展多层次、多形式的国际空间交流与合作。① 在"十一五"期间，我们对外开展空间技术合作的重点任务就是：配合国家的外交政策，充分发挥国家航天局在国际空间领域交流与合作的政府管理职能。加强双边与多边国际空间交流与合作。推动亚太空间合作组织的建立。支持"走出去"和"引进来"的发展战略，扩大航天产品出口，加大引进与消化吸收先进技术的力度。充分利用政府间和民间交流与合作渠道，开展人员交流与培养。② 自 2000 年以来，中国先后与 13 个国家、空间机构和国际组织签署了 16 项国际空间合作协定或谅解备忘录；推动建立亚太空间合作组织，在亚太地区推动卫星等空间技术及其应用的普及；参与了全球范围的空间合作组织的活动，比如联合国及相关国际组织开展的有关活动；还力争开拓国际空间技术市场，承揽卫星出口和发射业务，支持国际空间技术的贸易。中国在双边、地区和国际层面上都积极推动空间技术的合作，取得了很好的效果。③

在双边合作层面。中国分别与阿根廷、巴西、加拿大、法国、马来西亚、巴基斯坦、俄罗斯、乌克兰等国家，以及欧洲空间局、欧盟委员会签署了和平利用外层空间合作协定、空间项目合作协议，其中与巴西、法国、俄罗斯、乌克兰等国家建立了航天合作分委会或联委会合作机制；与印度、英国等国家的空间机构签署了空间合作谅解备忘录；与阿尔及利亚、智利、德国、意大利、日本、秘鲁和美国等国家的空间机构进行了交流。中国与巴西开展的地球资源卫星合作是中国与发展中国家开展空间技术合作的典范。中巴在 2003 年 10 月成功合作发射了一颗地球资源卫星，随后两国政府又签署了继续联合研制地球资源卫星，以及进行数据应用系统合作的补充协议，继续保持两国在资源卫星数据方面的连续性，并扩大这些资源卫星在区域和全球范围的应用。2007 年 5月，中国在西昌卫星发射中心用"长征三号乙"运载火箭将尼日利亚通信卫星送上太空，这是中国首次以火箭、卫星及发射支持的整体方式，为国际用户提供商业卫星服务。2008 年 10 月 30 日，中国在西昌卫星发射中心成功地为委内瑞拉发射一颗通信卫星，这是委内瑞拉拥有的第一颗通信卫星，被命名为"西蒙·玻利瓦尔"卫星，也是我国首次向拉丁美洲用户提供整星出口和在轨交付服务。

与此同时，中国积极推动与发达国家的空间技术合作。比如，中国与法国在空间领域开展了广泛的交流与合作。在中法航天联委会合作机制下，双方在空间科学、地球科学、生命科学、卫星应用和卫星测控等领域的交流与合作取得重要进展。中国与欧洲空间局实施了中欧合作的"地球空间双星探测计划"。中国有关部门与欧洲空间局实施了对地观测领域"龙计划"合作，在农业、林业、水利、气象、海洋、灾害等领域开展了 16 个遥感应用项目合作。中国与俄罗斯在空间领域也开展了富有成效的合作。在两国总理定期会晤委员会航天合作分委会框架下，确定了长期合作计划。此外，开展了航

---

① 国务院新闻办公室白皮书：《2006 年中国的航天》，北京，2006 年 10 月，第五部分。
② 国防科工委：《航天发展"十一五"规划》，北京，2007 年 10 月。
③ 国务院新闻办公室：《2006 年中国的航天》，北京，2006 年 10 月，第五部分。

天员培训等载人航天方面的交流与合作。① 在这次"神七"飞天工程中，中国和俄罗斯也进行了卓有成效和互惠互利的合作、交流。比如，航天员的培训、载人飞船的研制等。2004 年 4 月，中国和俄罗斯签署了从俄罗斯新星科学生产股份公司引进"海鹰"舱外服的合作合同，俄方为中方研制生产了供飞行用的"海鹰"舱外服有三套，供低压训练用的舱外航天服有两套，供水槽训练用的舱外航天服四套，以及舱载的对接系统四套，当然，作为双方合作的项目，中国也做出自己的贡献，这些服装当中的供电和通讯等设备是由中方配套研制的。这次"神七"飞行任务中，两名中国航天员将分别穿着"飞天"舱外航天服和"海鹰"舱外航天服实施首次出舱活动，俄方专家提供了全过程的技术支持，这是中俄两国在载人航天领域合作的一个重要事件。当然，中方对俄罗斯给予我们的帮助表示了肯定和赞赏。中俄两国在航天领域进行合作，也是符合两个国家的根本利益的。"神七"的合作成功，为双方今后开展更深入的合作创造了有利的条件。

在区域多边合作层面。中国积极推动"亚太空间合作组织"的建立，目的是通过该组织推动成员国间开展空间科学、技术及其应用领域的多边合作，提高成员国空间能力，促进各国经济和社会的持续发展，带动亚太区域的共同繁荣。2005 年 10 月 28 日在北京举行了《亚太空间合作组织公约》签字仪式，截至今天，已经有中国、孟加拉国、印度尼西亚、伊朗、蒙古、巴基斯坦、秘鲁、泰国、土耳其等九个国家的政府代表在北京签署了《亚太空间合作组织公约》。中国全国人大常委会于 2006 年 6 月 29 日批准了《亚太空间合作组织公约》，作为东道国，该组织总部将设在中国北京。"神七"成功飞天后，中国加快了组建亚太空间合作组织的步伐。9 月 30 日，中国国家航天局局长孙来燕在英国格拉斯哥举行的第 59 届国际宇航联合会大会上透露，中国正在组建亚太空间合作组织，预计该组织在 2008 年年底正式成立。12 月 16 日，亚太空间合作组织成立仪式在北京举行，这标志着该组织的筹建工作已经圆满完成。亚太空间合作组织的建立必将大大推动亚太区域在航天技术方面的合作进程。

在全球多边合作层面。② 中国不仅积极参加联合国和平利用太空的组织及其活动，还加入一系列的空间国际法。比如，中国加入了联合国和平利用外层空间委员会（联合国外空委）及其下属的科技小组委员会和法律小组委员会各项活动；加入了《外空条约》、《营救协定》、《责任公约》和《登记公约》等。中国在利用太空防治、预报自然灾害方面发挥了积极的国际作用，我们积极推动由 40 个联合国外空委成员国和 15 个国际组织参加的"利用天基系统进行减灾和灾害管理行动组（第七行动组）"的工作；积极参与了联合国外空委"研究建立减灾和灾害管理协调机制可行性特设专家组"的工作；加入由多个国家空间机构组成的《在重大自然或技术灾害中协调利用空间设施的合作宪章》减灾机制等等。中国还积极承办一系列有关国际空间的国际会议，加强国际空间技术的学术交流与合作。

---

① 国务院新闻办公室白皮书：《2006 年中国的航天》，北京，2006 年 10 月，第五部分。
② 国务院新闻办公室白皮书：《2006 年中国的航天》，北京，2006 年 10 月，第五部分。

3. 清醒认识太空技术领域的国际竞争态势

需要指出的是，在航天科技发展领域国际上确实存在着激烈的竞争，这种竞争既是意识形态和大国战略关系的产物，也含有地缘政治条件下共同崛起国家的发展竞争效应。比如中美之间，中国与美国在航天领域本来还相差很大的距离，对美国构不成挑战和威胁，况且，中国航天的发展完全是国力和科技增强的自然体现，并不是去挑战美国的霸权，但美国从其霸权利益出发，对中国崛起一直处于战略防范状态，对中国发展载人航天等太空技术也抱有警惕，在这种情况下，中美之间在太空领域就难免处于一种微妙的互动状态，当中国启动探月工程的时候，美国随即宣布了"重返月球"的计划。尤其是美国要利用太空来谋求绝对安全，发展导弹防御，推动太空军事化，如果其他国家也发展太空技术，美国就会从国家安全和威胁的角度来考虑，对中国这样的崛起中大国，更是如此。在亚太地区也存在着竞争，由于日本、印度等都是大国，都有成为空间技术大国的雄心，也都制定了自己的航天发展规划，还有，它们也都处在转型或兴起中，出于地缘政治、国家发展战略、国家利益等考虑，它们往往将中国作为参照。所以，当中国在载人航天、深空探测等太空技术领域不断取得突破的时候，当日本和印度在月球探测等方面也取得不断发展的时候，这种相互比照的场面确实是一场竞赛。在制定自己的航天规划中，这些国家也总是将中国作为参照和竞争的对象。在 2008 年 10 月印度发射探月卫星的时候，其国内媒体和许多国际媒体都是将中国作为比照的对象，印度国内的媒体总是"拿中国说事儿"，强调印度探月卫星比中国的要先进，而且，印度的探月计划似乎也是将中国作为竞争对手和参照标准。因此在航天科技领域，国际上确实存在着竞争。虽然我们主张和平利用太空，积极参与和推动国际合作，不主张这种具有冷战思维的竞争，但我们也要勇于面对这种竞争，在综合国力和科技实力不断发展的基础上，按照既定计划不断推进自己的航天事业。

大事记 3－2　中国载人航天大事记

日　期	事　件
1992 年 9 月 21 日	中央正式批复载人航天工程可行性论证报告，中国载人航天工程正式立项，代号为"921工程"。
1997 年年底	经中央军委批准，由 14 名预备航天员组成的世界上第三支航天员大队成立。1998 年 1 月 5 日，14 人到齐，这一天成为中国人民解放军航天员大队的生日。
1999 年 11 月 20 日	"神舟一号"飞船在酒泉卫星发射基地顺利升空，经过 21 小时的飞行后顺利返回地面。
2001 年 1 月 10 日	"神舟二号"飞船发射成功，飞船在轨飞行近 7 天后返回地面。
2002 年 3 月 25 日	"神舟三号"飞船发射升空，于 4 月 1 日返回地面。
2002 年 12 月	"神舟四号"在经受了零下 29 摄氏度低温的考验后，于 30 日 0 时 30 分成功发射，突破了我国低温发射的历史纪录。2003 年 1 月 5 日，飞船安全返回并完成所有预定试验内容。
2003 年 10 月 15 日	我国第一艘载人飞船"神舟五号"成功发射，杨利伟成为浩瀚太空的第一位中国访客。
2005 年 10 月 12 日	我国第二艘载人飞船"神舟六号"成功发射，航天员费俊龙、聂海胜被顺利送上太空，在经过 115 小时 32 分钟的太空飞行后，飞船返回舱顺利着陆。
2008 年 9 月 25 日	我国第三艘载人飞船"神舟七号"成功发射，三名航天员翟志刚、刘伯明、景海鹏顺利升空。9 月 28 日傍晚时分，"神舟七号"在顺利完成空间出舱活动和一系列空间科学试验任务后，成功降落在内蒙古中部阿木古朗草原上。

第四章 宏观调控：
迎战全球衰退承担大国责任

2008 年注定是一个特殊的年份。这一年不仅记载了有史以来中国第一次举办奥林匹克运动会的荣耀和成就；同时也记载了增长强劲的中国经济遭遇了空前的困难和挑战。年初，尽管社会各界对于中国经济将要面临的艰难局面有所准备和预计，但是，全年宏观经济运行的实际情况还是超出了大多数人的预料。上半年，由于担心通货膨胀和经济过热，中国政府实行了稳健的财政政策和从紧的货币政策，特别是从紧的货币政策刺破了房价和股价的泡沫，为内需不振埋下了隐忧。下半年，受美国金融海啸的影响，中国经济增速开始放缓，此外，国际大宗商品价格的巨幅波动和热钱大规模流入与流出也增加了中国宏观经济调控的难度。正是在内忧外患的双重夹击下，2008 年中国的宏观调控政策也经历了一次过山车式的调整。面对 70 年不遇的全球性经济大衰退，"中国奇迹"是否能够延续下去？中国到底能够在多大程度上抵御这场危机？中国是否能够帮助世界渡过难关？这些问题构成了 2009 年中国经济宏观调控的热点。

一、宏观经济调控经历大起大落

2008 年，中国迎来了改革开放的第 30 个年头。这一年中国经济如同过山车一样，起伏于通货膨胀风险和通货紧缩风险的风口浪尖。宏观经济的大起大落决定了中国宏观经济政策必然会面临大幅度调整的压力。大事记 4 - 1 记录了 2008 年宏观经济的变动情况。从该大事记中，我们可以看到，按照时间排列，2008 年的宏观经济政策可以分为两个部分，2008 年上半年为第一部分，其特点是政府采取了稳健的财政政策和从紧的货币政策。这一政策反映了高通货膨胀风险的宏观经济背景。2008 年下半年为第二部分，其特点是政府宏观经济政策开始转向积极的财政政策和适度宽松的货币政策，这一变化反映了全球性金融危机对中国的深刻影响。下面我们从以上两个方面，回顾 2008 年中国经济面临的挑战和政府采取的主要对策。

大事记 4 - 1   2008 年的中国经济政策调整

日　　期	事　　件
2008 年上半年：稳健的财政政策和从紧的货币政策	
1 月	3 日，中国人民银行提出：认真执行从紧的货币政策，防止经济增长由偏快转为过热和物价由结构性上涨演变为明显的通货膨胀。 9 日，中国政府宣布保持油、汽、电价格的稳定，得到国际舆论的好评。 14 日，国务院出台四项措施，加强对能源、公共设施服务和生活必需品价格的管理和监督。 17 日，国家发改委启动临时性价格干预措施。
2 月	3 日，胡锦涛主席在政治局会议上下达抗冰救灾的三大任务：保交通、保供电、保民生。
3 月	5 日，十一届全国人大一次会议将防止物价上涨作为 2008 年的重大任务。提出 GDP 增长为 8%，CPI 为 4.8% 的目标。继续实行稳健的财政政策和从紧的货币政策。
4 月	16 日，国务院召开常务会议，进一步强调了控制物价的重要性。
5 月	28 日，国务院宣布从 6 月 1 日起，降低 26 个商品关税，主要包括救灾用品和农产品。
6 月	19 日，中国政府宣布从 6 月 20 日起提高成品油价格、7 月份起调高电价。
2008 年下半年：向积极的财政政策和适度宽松的货币政策的转化	
7 月	25 日，中共中央政治局召开会议，要求把保持经济平稳较快发展、控制物价过快上涨作为宏观调控的首要任务。一部分市场人士认为，保增长重新成为经济工作的重心。
8 月	1 日，政府重新提高纺织品等一部分产品的出口退税率。
9 月	16 日，人民银行下调贷款利率，这一变化标志着货币政策开始出现松动，保增长正式成为货币政策的主要目标。这也是 2004 年 10 月以来，第一次下调贷款利率。 19 日，政府出台以下三项措施，维持资本市场的稳定：第一，取消对购买股票征收印花税；第二，汇金公司增持一部分银行股票；第三，国资委支持央企增持或回购上市公司股份。
10 月	9 日，下调存贷款利率，下调存款准备金率，免征利息税。 13 日，中共十七届三中全会审议通过《中共中央关于推进农村改革发展若干重大问题的决定》，该决定允许农民以出租和转让等形式流转土地承包经营权。 23 日，国家出台十项改善和保障民生的举措，其中包括购房优惠措施。
11 月	1 日，政府上调 3486 项商品出口退税率。 9 日，政府出台十项措施，投资 4 万亿元人民币，以保持稳定的经济增长。另外，温家宝总理强调要实行积极的财政政策和适度宽松的货币政策。 29 日，胡锦涛在中共中央政治局第九次集体学习会议上指出：把保持经济平衡较快发展作为首要任务。
12 月	4 日，国务院出台九项金融举措，以促进经济发展。 10 日，中央经济工作会议提出 2009 年的首要任务是保增长，其根本途径是扩大内需，主攻方向是调整结构。 14 日，国务院宣布：2009 年广义货币供应争取增加 17% 左右。

1. 上半年迎战高通膨，调控政策适度从紧

2008 年中国经济在高通货膨胀中拉开序幕。如图 4 - 1 所示，2008 年上半年，物价延续了 2007 年下半年的高通货膨胀局面。具体而言，到 2008 年 4 月为止，消费者价格指数保持了高位推移的状态。5 月肉禽及其制品价格开始呈现下降征兆，其价格指数从 4 月的 48% 下降到 38%，6 月以后该价格形成急剧下降的趋势，12 月下降到 -1%。肉禽及其制品是食品的重要构成之一，而食品又是消费者价格指数商品的重要组成部分。基于以上联系，与肉禽及其制品价格的下降相对应，中国食品价格指数从 4 月的 22%

迅速下降到 12 月的 4.2%，消费者价格指数从 4 月的 8.5% 下降到 12 月的 1.2%。

图 4-1 显示，从 2007 年下半年延续到 2008 年上半年的高通货膨胀主要起因于肉禽及其制品价格和食品价格的大幅度上升。而后者又起因于国际农产品价格和原材料价格及燃料价格的大幅度攀升。另外，国内肉禽及其制品和相关食品供给和需求的失衡也是助长通货膨胀风险的重要诱因之一。从以上联系来看，2008 年下半年，以下几方面的因素对降低通货膨胀风险起到有利影响。

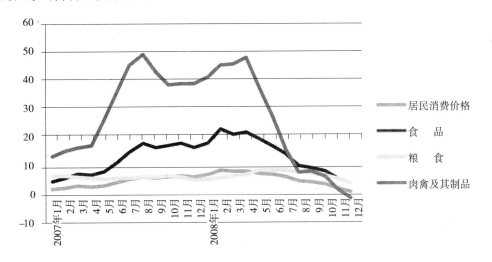

图 4-1　2008 年中国消费者价格指数的变化

资料来源：国家统计局数据库。

第一，政府强有力的反"通胀"措施削弱了通货膨胀压力。2008 年上半年，中国政府出台的一系列反通货膨胀的措施。这些措施可以被归纳为三种类型的对策：其一，通过抑制和降低需求，改善市场供求关系。这类措施包括采取稳健的财政政策和从紧的货币政策以及提高成品油价格和调高电价。其二，通过增加供给，改善市场供求关系。这类措施包括增加市场农产品供给，取消小麦、大米、玉米、大豆等原粮及其制粉的出口退税等政策。另外，提高部分紧缺商品的价格可以同时起到抑制需求和增加供给的作用。其三，取缔投机和强化价格管理，削弱高通货膨胀的市场预期。

第二，农业丰收增加了市场的农产品供给，从而对改善供求状况和降低农产品价格起到了有利影响。2008 年，中国夏粮总产达到 1204 亿公斤，比上年增加 30.5 亿公斤，增长幅度为 2.6%，实现了新中国成立以来首次连续五年的增产。这一状况不仅改善了市场的供求关系，而且也改善了市场的预期。以上成绩在一定程度上归功于政府扶植农业的政策，2007 年下半年，政府出台了一系列增加肉禽产品和农产品供给的措施，进入 2008 年后，这些措施的效果开始逐渐显露出来。

第三，发达国家的经济衰退通过外部需求的下降，起到了降低中国通货膨胀的作用。2008 年下半年，受发达国家经济衰退的影响，中国外部需求大幅度下降。外部需求的下降意味着一部分面向国际市场的供给不可避免地转向国内市场，从而引起国内市场供给的增长,其结果,供给超过需求的状况必然会加剧国内市场的降价竞争,这一状况通常会形成通货紧缩压力。

第四,2008年下半年,国际原材料、燃料和农产品价格的下降加速了中国物价的下降速度。这一变化与以上第三点存在密切的联系,这是因为发达国家经济衰退是引起国际原材料、燃料和农产品价格下降的重要诱因之一。从燃料和农产品价格的变动情况来看,2008年7月以后原油价格开始下调,2009年年初,每桶国际原油价格从7月147美元的历史最高纪录下跌到40美元以下,下跌幅度超过70%。国际农产品价格同一时期也出现了大幅度的调整。2008年6月,国际粮价在达到峰值后,进入下调通道,到10月为止,下跌幅度近50%。受到以上外部经济环境的影响,2008年下半年,中国国内的原材料、燃料和农产品价格也开始出现明显的下降趋势。

第五,工业品出厂价格的下降缓解了消费者价格的上升压力。以上第四点,即原材料、燃料和农产品价格的下降趋势通过成本途径降低了工业品出厂价格,后者起到了抑制消费者价格指数上升的作用。2008年年中,尽管消费者价格指数出现了可喜的变化。但是,工业品出厂价格指数的上升趋势给市场留下了不确定因素。一些市场人士认为,工业品出厂价格指数的上升趋势有可能重新诱发高通货膨胀风险。如图4-2所示,到2008年8月为止,工业品出厂价格指数一直持续了上升趋势。通常,在一般的情况下,工业品出厂价格的上升会通过成本的上升,助长消费者价格指数的上升。因此,至少到8月为止,通货膨胀上升的风险并没有完全消失。然而,2008年9月,工业品出厂价格指数的上升趋势终于出现拐点,该指数从8月的10.1%下降到9.1%。10月、11月和12月,继续下降到6.6%、2%和-1%。11月和12月,消费者价格指数的变动分别为

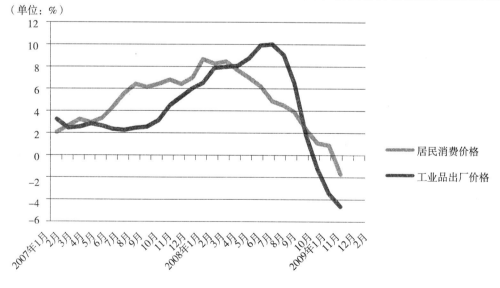

图4-2 居民消费品价格及工业品出厂价格变动的比较

资料来源:中国统计局数据库。

2.4% 和 1.2%，从 11 月份的数据可以看到，工业品出厂价格指数的增幅已经低于消费者价格指数，这是自 2008 年 4 月以来，二者之间首次出现逆转，这一变化明显改善了通货膨胀的市场预期。另外，从 2009 年年初的情况来看，1 月和 2 月，消费者价格指数的变动为 1% 和 -1.6%，而工业品出厂价格指数的变动为 -3.3% 和 -4.5%。这一变化趋势表明，中国经济面临的通货紧缩风险明显上升。

2. 下半年应对大衰退，出台强力刺激方案

2008 年下半年，在全球性金融风暴的影响下，中国经济增长开始出现下滑征兆。全球性经济衰退引起中国外部需求的减少，在此背景下，政府宏观经济政策开始转向积极的财政政策和适度宽松的货币政策。

中国近百分之五十的出口面向美国、欧洲和日本等发达国家，就贸易顺差而言，2007 年中国对欧盟和美国的顺差分别为 1342 亿美元和 1633 亿美元，二者合计为 2975 亿美元，对欧盟和美国贸易顺差超过了总的贸易收支顺差，前者对后者的比重为 114%。基于以上联系，受制于外需下降的影响，进入 2008 年下半年，中国出口增速明显下降。上半年贸易收支顺差下降幅度超过 11%。进入下半年，出口状况继续恶化，11 月和 12 月的出口甚至出现了负增长。

从国内经济变化来看，股市和房市泡沫的破灭引起了国内需求的萎缩。首先，就股市而言，2008 年年末，中国上证综合指数从前年同期的 5265 点下降到 1820 点，下降幅度高达 65%。股市的这一变化使大量投资者蒙受了巨额的损失，一些调查结果显示，2008 年一年，50% 的股票投资者的损失超过了 50%。其次，就房产价格来说，深圳、广州等城市的房价下跌幅度超过 10%，上海和北京的房价也出现了变相降价的现象。股市和房市泡沫的破灭引起国内名义资产的大幅度缩水，这一变化通过负财富效应，起到了抑制需求的作用。

在以上国际和国内两方面因素的影响下，2008 年下半年中国的经济增速明显下降，第三季度的经济增长从 2007 年的 11.5% 下降到 9%，下降幅度高达 2.5 个百分点。

鉴于以上变化，进入 2008 年下半年后，中国宏观经济政策出现了急转直下的调整。如大事记 4-1 所示，这一调整的信号最早出现在 2008 年 7 月。7 月 25 日，中共中央政治局召开会议，要求把保持经济平稳较快发展、控制物价过快上涨作为宏观调控的首要任务。从排列顺序来看，"保持经济平稳较快发展"排列在"控制物价过快上涨"之前。根据这一变化，一部分市场人士认为，"保增长"重新成为政府经济工作的重心。2008 年 8 月以后，一些"保增长"措施开始相继出台。这些措施主要包括以下几方面的内容：

第一，调整对外贸易政策，通过适度保护出口，阻止外需的大幅度下滑。由于威胁稳定经济增长的因素主要来自外部需求的下降，因此，"保增长"的措施首先出现在对外贸易政策方面。2008 年 8 月 1 日，政府重新提高纺织品等一部分产品的出口退税率。

与贸易相关的另一变化是汇率政策的调整。图4-3记录了2008年人民币对美元名义汇率的月度变动情况。该数据显示，2008年7月以后，人民币升值速度明显下降，从10月到12月，人民币甚至出现了轻度的贬值。从第一季度到第四季度的升贬值幅度分别为4.1%、2.3%、0.6%和-0.24%。汇率的这一变化表明，2008年下半年，政府的贸易政策已经从抑制出口转化为适度保护出口。

（单位：%）

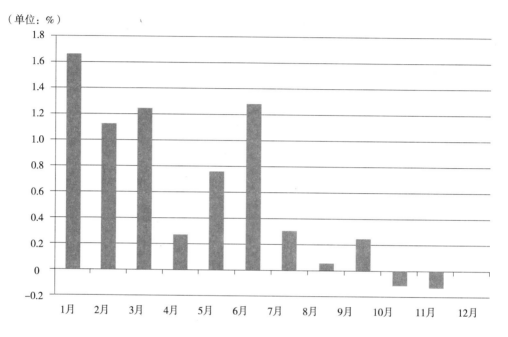

图4-3　2008年人民币对美元名义汇率的月度变化
资料来源：根据外汇管理局数据编制。

第二，通过实施适度宽松的货币政策，防止内需的大幅度萎缩。表4-1记录了中国货币政策调整的主要内容。如表4-1所示，为了降低通货膨胀风险，到2008年6月为止，人民银行连续多次上调存款类金融机构人民币存款准备金率，这一调整反映了从紧货币政策的内容。从7月到8月，货币政策进入调整前的观测期。这段时间，中国经济增长速度的下滑和通货膨胀风险的下降促成了适度宽松的货币政策的出台。经济增长速度的下滑提高了实施适度宽松货币的政策必要性，而通货膨胀风险的下降为这一调整提供了有利条件。鉴于以上两方面的情况，9月以后，人民银行大幅度放松了货币政策。这一调整包括两方面的内容：其一，降低存贷款利率；其二，下调金融机构人民币存款准备金率。

第三，通过扶植股市和房市，避免内需的大幅度下滑。正如在前文中所分析的那样，股市和房市价格的大幅度下跌是导致内需下降的重要原因之一。基于这一考虑，2008年9月19日，为了维持资本市场的稳定，政府出台以下三项措施：其一，取消对购买股票征收印花税；其二，汇金公司增持一部分银行股票；其三，国资委支持央企增持或回购上市公司股份。另外在房市方面，政府在10月23日出台的十项举措中，推出

表 4－1　2008 年中国货币政策的变动

上半年：从紧的货币政策	
1 月	1 月 25 日起，上调存款类金融机构人民币存款准备金率 0.5 个百分点，调至 15%。
3 月	3 月 25 日起，上调存款类金融机构人民币存款准备金率 0.5 个百分点，调至 15.5%。
4 月	4 月 25 日起，上调存款类金融机构人民币存款准备金率 0.5 个百分点，调至 16%。
5 月	5 月 20 日起，上调存款类金融机构人民币存款准备金率 0.5 个百分点，调至 16.5%。
6 月	6 月 15 日起，上调存款类金融机构人民币存款准备金率 0.5 个百分点，调至 17%。 6 月 17 日起，上调存款类金融机构人民币存款准备金率 0.5 个百分点，调至 17.5%。
下半年：适度宽松的货币政策	
9 月	从 2008 年 9 月 16 日起，下调一年期人民币贷款基准利率 0.27 个百分点，其他期限档次贷款基准利率按照"短期多调、长期少调"的原则作相应调整；存款基准利率保持不变。 从 2008 年 9 月 25 日起，除工商银行、农业银行、中国银行、建设银行、交通银行、邮政储蓄银行暂不下调外，其他存款类金融机构人民币存款准备金率下调 1 个百分点，汶川地震重灾区地方法人金融机构存款准备金率下调 2 个百分点。
10 月	从 2008 年 10 月 9 日起下调一年期人民币存贷款基准利率各 0.27 个百分点。 从 2008 年 10 月 15 日起下调存款类金融机构人民币存款准备金率 0.5 个百分点，调至 17%。 自 2008 年 10 月 9 日起对储蓄存款利息所得暂免征收个人所得税。
11 月	中国人民银行决定，从 2008 年 11 月 27 日起，下调金融机构一年期人民币存贷款基准利率各 1.08 个百分点，其他期限档次存贷款基准利率作相应调整。
12 月	从 2008 年 12 月 5 日起，下调工商银行、农业银行、中国银行、建设银行、交通银行、邮政储蓄银行等大型存款类金融机构人民币存款准备金率 1 个百分点，调至 16%。下调中小型存款类金融机构人民币存款准备金率 2 个百分点。 个人住房公积金贷款利率下调 0.54 个百分点。 从 2008 年 12 月 23 日起，下调一年期人民币存贷款基准利率各 0.27 个百分点，其他期限档次存贷款基准利率作相应调整。同时，下调中央银行再贷款、再贴现利率。从 2008 年 12 月 25 日起，下调金融机构人民币存款准备金率 0.5 个百分点，调至 15.5%。

了一系列购房优惠措施。这些措施包括财政优惠措施和金融优惠措施。财政优惠政策包括：首次购买 90 平方米以下普通住房，契税税率从 1.5% 降至 1%；对个人销售或购买住房暂免印花税；对个人销售住房暂免土地增值税。金融优惠政策包括：金融机构对居民首次购买普通自住房和改善型普通自住房提供贷款，其贷款利率的下限可扩大为贷款基准利率的 0.7 倍，最低首付调整为二成；下调个人住房公积金贷款利率，各档次公积金贷款利率分别下调 0.27 个百分点。

第四，出台大型经济刺激计划，通过增加财政支出，扩大国内需求和防止经济下滑。如前所述，2008 年 11 月 9 日政府出台十项措施，投资 4 万亿元人民币，以保持稳定的经济增长。另外，政府正式宣布，中国将实行积极的财政政策和适度宽松的货币政策。在前文中，我们已经具体分析了政府出台 4 万亿元经济刺激计划的背景和现实意义。与前三项措施相比，大型经济刺激计划是硬性支出，因此，其作用要明显大于前三项措施。前三项措施的共同之处是：通过降低成本促进个人消费和增加企业投资。但是，如果市场存在通货紧缩风险，即使成本有所下降，个人和企业仍有可能推迟当前的消费和投资，其结果，降低成本的措施有可能无法有效发挥增加内需的作用。与以上三项措施不同的是，通货紧缩风险无法抑制政府的投资规模，反而有可能促使政府增加投资规模。因此，在经济下滑和衰退时期，财政政策的作用通常要大于货币政策的作用。从当前的情况来看，"4万亿元"经济刺激计划能够发挥多大作用，最终取决于政府投资能够在多大程度上弥补由外需和内需下降所形成的缺口。

3. 展望2009年，中国仍将徘徊于通胀与通缩之间

激荡的2008年在通货膨胀风险中拉开序幕，在通货紧缩风险中落下帷幕。从当前的情况来看，物价会怎么变化仍然存在许多不确定因素。因此，2009年，物价问题仍旧是中国宏观经济的热点问题之一。就今后的展望来看，中国物价变动的短期前景和中长期前景会有所不同。从短期来看，物价存在通货紧缩风险，中长期则存在通货膨胀风险。

（1）短期预测

短期内，受国内外环境变化的影响，中国物价将继续维持下降的趋势。至少在2009年前半年，中国通货膨胀率多半会保持在较低的水平。这一判断基于以下几方面的理由：

第一，发达国家的经济衰退会继续通过外部需求的下降助长中国的通货紧缩倾向。国际货币基金组织（IMF）在2008年11月6日的最新预测指出，2009年几乎所有主要发达国家都会出现经济衰退。美国将出现0.7%的负增长，欧盟出现0.2%的负增长，其中，德国为 -0.8%、英国为 -1.3%、法国为 -0.5%、意大利为 -0.6%，另外，日本2009年的经济增长为 -0.2%。从总体上看，预计发达国家有可能出现0.3%的负增长。以上变化会进一步减少中国的外部需求和形成通货紧缩压力。

第二，全球性原材料、能源和农产品价格的下降趋势同样会对中国物价形成下降压力。最近石油、铁矿和农产品价格都相继出现大幅度下跌。2009年年初，石油价格从2007年每桶147美元的峰值下跌到接近40美元的水平。另外铁矿石价格的下跌诱发了钢铁价格的下降趋势。正是基于这一国际背景，中国工业品出厂价格在10月和11月出现了大幅度的下降。在今后一年里，这一状况有可能继续延续下去。而工业品出厂价格的大幅度下跌为消费者价格指数的进一步下降提供了空间。

第三，中国经济增长率的下降也会助长物价的下降趋势。经济增长速度的下降意味着国民收入增长速度的下降，以上变化会引起消费者减少开支，从而形成物价下降的压力。如前所述，不仅外需的减少会对中国经济产生不利影响，而且房市和股市的低迷也会导致宏观经济状况的恶化。IMF预测中国2008年全年的经济增长速度为9.7%。就2009年的经济增长速度而言，世界银行的预测为7.5%，IMF的预测为8.5%，中国社会科学院的预测为9.3%。以上三种预测值都低于2008年的经济增长速度，这意味着2009年中国消费的增加速度会进一步有所下降。这一状况同样会助长通货紧缩压力。

（2）中长期预测

这里的中长期预测是指期限超过1年的预测，从中长期预测来看，中国物价面临潜在的通货膨胀压力。这一压力来自以下几个因素：

第一，大规模的经济刺激计划有可能通过需求途径助长通货膨胀风险。正如我们在前面所提到的那样；2008 年 11 月以后，世界主要经济大国纷纷出台了一系列经济刺激计划。从中国的情况来看，中央政府和地方政府的投资规模多达 20 多万亿元人民币，其中大部分支出为基础设施投资，这些投资将会陆续在 2009 年下半年实施。届时，基础设施投资首先会引起钢铁和水泥等工业品出厂价格的上升，进而有可能诱发消费者价格指数的上涨。

第二，一旦国内经济状况有所好转，央行宽松的货币政策有可能诱发通货膨胀风险。如前所述，为了刺激消费和降低企业成本，2008 年下半年，中国央行出台了一系列宽松的货币政策，这些政策包括大幅度降低存款准备金率和存贷款利率。进入 2009 年后，政府的大规模投资有可能对民间投资产生挤出效应。政府增发国债会通过利率的上升挤出民间投资，这一挤出效应会削弱经济刺激政策的效果。为了防止出现这一局面，央行必须以较低的成本向市场注入大量的资金。这一状况会进一步助长潜在的流动性过剩风险。一旦市场的信心得到恢复，过剩流动性风险会形成巨大的通货膨胀压力。

第三，全球经济的恢复有可能重新引起原材料、燃料和农产品价格的大幅度上升。2008 年下半年，全球原材料、燃料和农产品价格的下降主要起因于需求的下降。基于以上事实，世界经济一旦回归增长的轨迹，需求的恢复有可能重新引起原材料、燃料和农产品价格的上涨趋势。以上变化无疑会增加中国的通货膨胀风险。现在市场普遍预测世界经济在 2010 年上半年出现恢复迹象，届时，原材料、燃料和农产品价格的上升有可能重新成为妨碍世界经济健康发展的不利因素之一。

二、内部需求疲软制约中国经济结构增长转型

尽管中国经济近十年来保持了高速增长，但是，内部需求相对疲软一直是中国经济运行中的突出问题，特别是居民消费不足始终阻碍着经济增长转型。进入 2008 年以来，中国内部需求疲软的局面不仅没有得到有效解决，相反，内部需求萎缩态势愈加明显。

1. 资本市场漫漫熊途，压抑国内消费有效提升

无论是受前期泡沫化破裂影响，抑或是全球金融危机引起的金融共振，2008 年中国股票市场延续了单边的下跌走势。上证指数从年初的 5265 点到年末的 1820 点，65% 的巨幅下跌将 2007 年的涨幅尽数回吐，这一下跌幅度就连本次全球金融危机源头的美国也概莫能比，道指仅从年初的 12650 下跌到年末的 8776，跌幅为 30%。同其他新兴市场国家下跌幅度相比，中国台湾下跌 46.7%、中国香港下跌 47.5%、印度下跌 57.6%、韩国下跌 29%、越南下跌 66.4%，中国股市的这一跌幅也位居前列。① 虽然

---

① 中国台湾为 TAIWAN TAIEX INDEX、中国香港为恒生指数、印度为 BOMBAY STOCK EX 500 IDX、韩国为 KOSPI INDEX、越南为 HO CHI MINH STOCK INDEX。

在美国金融危机引爆全球金融海啸的背景下，国内投资者关注度有所分散，痛苦有所化解，但是，股市深幅度下跌的负效应正逐渐显现。

股市下跌对宏观经济的负面效应，如果从历史数据看，二者之间的相关性并不紧密。2001 年年中到 2005 年年底，中国股市经历了四年半的漫漫熊市，上证指数从最高点 2200 点下跌到最低点 998 点，同期，中国经济年平均增长率为 9.5%，而且在熊市的后三年经济增长率都超过了 10%。这说明股票市场波动对中国经济的影响较弱，股票市场也并不是我们通常所说的经济晴雨表。股票市场同经济增长相关性弱的根本原因在于股票市场规模小、市场参与人少。2001 年，中国股票市值（深、沪合计）占 GDP 的比例为 39.7%，2005 年这一比例下降到 17.7%。但是，自从 2005 年股票市场发生制度性变革后，特别是经历了 2007 年的快速扩容和牛市繁荣后，股票市场规模亦非同日而语。即使经过此轮深幅下跌，中国股票市值（深、沪合计）占 GDP 的比例仍然在 70% 左右，而 2007 年这一比例曾经高达 120%，在如此高的占比下，股市下跌对宏观经济负面影响是不容忽视的。

股市下跌主要通过两种渠道对宏观经济产生影响。路径一：国内金融资产的快速蒸发与缩水，噩梦惊醒的投资者在财富负效应下缩减个人消费支出，进而影响到实体经济的增长。路径二：股市下跌会弱化股票市场融资功能，甚至导致融资功能丧失，这会影响到企业投资，从而传递到实体经济。

我们首先分析股市下跌的负财富效应。负财富效应一方面取决于中国居民在股市上的损失程度，另一方面取决于居民的边际消费倾向。中国居民持有的股票资产总额，按照摩根士丹利大中华区首席经济学家王庆的估计约为中国深沪市值总和的 1/3。截至 2008 年 12 月 23 日，沪深市场 A 股总市值从年初的 32.44 万亿人民币缩水到 12.63 万亿人民币，如果依此估计，中国居民股票资产将由 10.81 万亿人民币缩减到 4.21 万亿人民币，中国居民约损失约 6.6 万亿人民币，资产缩水 60%。中国居民的边际消费倾向是个相对比较难估计的参数，一般认为，中国居民的边际消费倾向要小于成熟市场经济国家，譬如说在美国，投资者在股市每损失 100 美元，消费将减少 4 美元，即边际消费倾向为 4%。如果以此估计中国股市股市下跌 60% 的负财富效应，中国居民大约减少消费 0.264 万亿元，按照全年社会消费品零售总额 10.665 万亿计（根据 1—11 月数据估计），将导致居民消费下降 2.47%，全年国内生产总值 26.884 万亿元（根据前三季度的 20.163 亿元数据的估计），将导致全年国内生产总值下降 0.98%，即经济增长率下降接近 1 个百分点，这对于任何国家来说都是难以承受的。

从一些调查数据上看，也支持股市下跌的负财富效应。上证报与证券之星的 2008 年股民生存现状大调查显示（截至 2008 年 12 月 28 日 10 时，全国 25110 位投资者参加了此次调查），参与调查的七成股民表示随着股市下跌，消费水平明显下降；两成股民表示买房、买车等改善生活水平的计划已经放缓；仅一成股民表示股市下跌对自己的消费影响不大。

股市下跌对企业融资、投资的影响也相当明显。2007 年上海和深圳拔全球 IPO 头筹。企业通过上海和深圳总共筹资达7722.99亿元人民币，其中IPO筹资达4590.2亿元人民币。然而，这种风光在2008年一扫而空。2008年，企业通过上海和深圳交易所总计筹资为2881.53亿元人民币，其中IPO筹资为1036.52亿元人民币（截至11月底），下半年总计筹资为692.39亿元人民币，其中IPO筹资为130.51亿元人民币。进入10月份后，IPO筹资功能已经丧失，不断下跌的股市导致中国证监会暂时停止了IPO的发行。尽管同银行信贷的间接融资相比，股票市场筹资占固定资产投资的比例低，2007年股票市场筹资占固定资产投资比重为5.6%，而2008年这一比例已经降为不到2%，这意味着股市下跌已经导致固定资产投资下降了3.6个百分点。

鉴于股市下跌对消费和投资的影响较大，期望政府救市的呼声不绝于耳，尽管这其中也掺杂着反对政府救市的舆论。可是，政府还是对股市积极地施以援手，以期改变股市不断下跌的趋势。从2008年4月20日证监会出台新规规范大小非解禁，政府开始踏上了救市的路途。9月18日，证券交易印花税单边征收，政府向市场传递了力挺股市的政策意图，同时推出的央企增持或回购上市公司股份，以及汇金宣布将购入工、中、建三大银行股，更加彰显了政府救市的迫切心情。9月份以后的连续四次降息，10月5日，证监会宣布启动融资融券试点，12月2日，提高险资社保基金年金入市比例，12月3日，金融"国九条"新鲜出炉，政府的利多股市政策一道接着一道。但是，政府救市并没有实现其预定政策目标。在利好的刺激下，股市的反弹大多都昙花一现，毕竟，积弱的股市和投资者信心涣散不是短期内可以扭转的。因此，2008年注定是股市和投资者的伤心年。不过，为保持经济平稳增长需要股市助燃，在对股市较大力度的扶持和救助下，2009年股市值得期待。

2. 房地产业持续低迷，抑制国民经济稳定增长

2008年终结了中国房地产市场的空前繁荣。尽管此前关于房地产市场拐点是否来临尚争论不休，但是，萧条的市场表明房地产市场寒冬已不可阻挡。国房景气指数揭示显示，中国国房景气指数连续11个月走低，11月份的指数为98.46，比2007年同期回落8.13个点，降至不景气区间。更直接的感觉则是一度需要排队抢购的房屋已经门前冷落鞍马稀，飞涨的房价已是强弩之末，疲态毕露，但是，开发商仍旧不愿轻言降价，其降价行为羞羞答答，导致打折后的房价仍然在高位徘徊。高房价扼杀了市场所言的刚性需求，一部分刚性需求面对透支了房价只能是望房兴叹，而另一部分有购买能力的刚性需求，面对摇摇欲坠的房价，其理性的选择也只能是持币观望。即使是投资性与投机性购房者，也变得相当谨慎，生怕自己被高位套牢而捂紧了钱袋，更多的是在高位不断地抛售房屋套现。

与此相伴的是，商品房成交量同比迅速下降，空置面积极速攀升，房地产开发投资、房屋新开工面积和土地购置面积增速均出现下滑。国家统计局近日公布的数据显示，2008年1—11月，全国商品房销售面积4.9亿平方米，同比下降18.3%。全国商品房空置面积1.36亿平方米，同比增长15.3%，增幅比2008年1—10月提高2.2个百分点。全国完成房地产开发投资 26546 亿元，同比增长 22.7%，增幅比 2008 年 1—10 月回落 1.9 个百分点。全国房地产开发企业房屋施工面积 25.5 亿平方米，同比增长 17.7%；房屋新开工面积 8.4 亿平方米，同比增长 5.4%。我们知道，房屋成交量和开工面积是衡量房地产市场繁荣与否的重要指标。这两个指标的同时回落也充分证明了房地产市场周期性调整已经不可避免。一线城市的房价走势和成交量更是表明房地产市场调整序幕已经拉开。在深圳、广州等城市房价率先大幅下跌后，坚挺的北京和上海房价无奈也在试探性地降价促销。北京、上海等城市全年住房成交量大幅萎缩，成交量与 2007 年同期相比悉数腰斩，上海成交量更是回到了 2001 年的水平。

虽然房地产市场盛极而衰过程是由狂热向理性的必然回归，这对购房者而言是个好事，但是，鉴于房地产业已经成为中国经济增长的中流砥柱，因此，房地产市场的调整或者说低迷直接影响到中国内需的启动，特别是在外部需求减弱，以及中国经济 2009 年"保八"的背景下，房地产市场的平稳发展更为重要。这是因为，近年中国房地产投资占整个投资中的比重高达 25% 左右，如果按照 2008 年的销售增长跟 2007 年相比下降 30 个百分点，那么房地产开发投资也降低相同的比例，将导致固定资产投资下降 7.5 个百分点。中国房地产市场对 GDP 的直接贡献率达到 1.1%，占 GDP 的 8% 左右，将导致国内生产总值下降 2.4 个百分点。当然，这仅仅考虑了房地产市场对宏观经济的直接影响。实际上，房地产对上下游行业的影响相当巨大。由于房地产牵涉产业链过长，房地产可以带动和影响到相关 50 多个重要行业。因此，一旦房地产市场步入低迷，上游的水泥、钢铁等建筑材料，下游的建筑施工、家装、家具和耐用消费品等行业受到的连带打击是相当惨重的。以钢材为例，2008 年年中以来，中国钢材市场持续低迷，现货市场的钢材价格持续大幅下跌，大多数品种跌幅都在 50% 左右，这与房地产市场低迷不无关系。此外，我们还需要考虑房地产对金融行业的影响，一旦房地产市场低迷溢出到金融业，虽然我们不会造成美国次贷危机引发了全球金融海啸那么大的冲击，但是，对于中国脆弱的金融体系其后果同样是难以估量的。

在既担心房地产市场不振拖累经济增长和内需启动，又寄希望于房地产市场来拉动经济增长的两难困境下，以及美国次贷危机所展示出的强烈破坏性警示下，中国政府在下半年对房地产的调控政策发生了逆转，从先前的抑制房价的过快上涨到出台密集的财政和货币政策来刺激房地产市场。先是连续三次降息，接着 2008 年 10 月 22 日，中国人民银行降低了购房者的首付门槛，以及贷款利率上给予优惠的货币政策；同日，财政部出台了暂免征收新购房印花税，并将契税下调至 1% 的税收优惠政策。11 月 5 日，国务院常务会议明确提出加快建设保障性安居工程建设的财政刺激政策。12 月 17 日，国务院又出台了针对二手房交易税收上的优惠政策。12 月 22 日，国务院出台了《关于促进房地产市场健康发展的若干意见》，在进一步鼓励普通商品住房消费的同时，又对房地产开发企业融资需求给予相应的政策支持。从政策出台的针对性上看，政府的用心可谓良苦，试图从供给和需求双向来提振房地产市场，对需求的刺激则更加偏重。但是，面对政府的"救市"，购房者并不买账，房地产市场并没有被有效激活，用中华全国工商联房地产商会会长聂梅生的话说，市场处于"开发商硬撑、百姓死磕"的状态。

为什么会出现上述状态呢？政府刺激政策难以奏效的原因在于，财政和货币政策并没有解决房地产市场的死结，即房地产市场居高不下的房价。尽管房价下跌的序幕已经拉开，但是，目前的房价相对于中国居民年收入和人均 GDP 而言仍旧高得离谱。以国际上通用"房价收入比"衡量，中国房价不仅在全球范围内贵得离谱，且远远超出了居民的实际购买能力。目前，北京、上海等一线城市的"房价收入比"都在 10 倍以上，深圳更是在 20 倍以上，而国际上认为合理的比例在 5—6 倍。高房价不仅完成了财富从购房者向其他利益集团的输送，同时，也逐渐地吞噬和透支了居民消费能力，特别是那些自诩为城市中产阶级的居民。在新的中产阶级没有形成和出现前，期待购房需求在高房价下的集中释放是不现实的。

既然房地产市场的焦点仍然是高房价，那么房价为什么仍旧能够高高在上呢？摇摇欲坠的房价之所以没有出现预期的快速下跌，主要源于政府针对房地产市场的救市行为。政府的初衷是救房地产市场，而不是救房价，但是，客观上讲，政府的救市还是对房价的下行起到了支撑作用，然而房地产价格居高不下就像一颗时刻会引爆的定时炸弹。如果中国高房价问题不能有效解决，而试图通过刺激需求来完成房地产的调整，即使房地产业短期内可能启动或者回暖，那也只能是回光返照，毕竟，房地产市场本身痼疾并没有治愈，而治标不治本的救治措施犹如饮鸩止渴，并不会有利于房地产业的长期发展。因此，解决房地产市场问题，只能是让天价房重回到同居民收入相应的合理水平，从而居民消费需求才能够被释放，房地产市场平稳发展才成为可能。

三、外部因素冲击考验中国经济长期增长根基

2008 年，伴随美国金融危机恶化，一度对中国经济增长有利的外部环境瞬间发生了改变。国际大宗商品上蹿下跳的行情给每个国家都制造了不小的麻烦，中国自然也深受其害。更为严重的是，由美国经济下滑导致的全球经济放缓减小了中国的外部需求，外部需求下滑沉重打击了中国长久依赖的出口导向经济增长模式。虽然为应对外部冲击，政府启动了迄今为止最大的 4 万亿经济刺激计划，但是，究竟内需在多大程度上能够替代外部需求变化，仍旧是个未知数，由此，中国经济增长变得更加不确定。

1. 国际大宗商品价格扑朔迷离加剧国内经济波动

2008 年，国际大宗商品价格从年初的狂飙到下半年的狂泻，上演了快速的"过山车"行情。以原油为例，原油期货价格在年初历史性地突破每桶 100 美元关口后，最高上涨到每桶 147 美元，此后，受美国金融危机导致的全球经济增长放缓的影响，原油期货价格走势出现了逆转，经过近四个月的快速下挫，到年底，已经跌至 50 美元，将一年多的涨幅吞噬殆尽。其他大宗商品也经历了类似的下跌，芝加哥期货交易所

（CBOT）的大豆期货下跌了 22%，小麦下跌了 40% 大幅收低；伦敦金属交易所（LME）商品期货价格出现了不同程度的下跌，其中，期铜下跌了 56%，期铝下跌了 38%。① 虽然全球大宗商品价格在短短的时间内轻易地完成了牛熊交替，但是，对于中国实体经济来说，如何应对全球大宗商品价格变化的冲击是对中国经济增长与稳定的严峻考验。

中国实体经济之所以容易受到国际大宗商品价格变化影响的原因在于对全球资源的过度依赖性。中国是全球原材料的主要进口国和消费国。从中国 2008 年进口的大宗商品数据上看，全年进口原油 1.7888 亿吨，相当于日进口原油 359 万桶，较 2007 年增长 9.6%，原油的进口依存度则已增加到了 55%。铁矿石是中国进口的另一重要商品。中国进口铁矿石位于全球第一位，2008 年 1—11 月累计进口 40913 万吨，同比增加 17.3%。正是因为中国是全球大宗商品的主要买家，曾有戏言说："中国买什么，什么涨价"。我们姑且不论中国因素是否对全球大宗商品价格上涨具有决定性影响，中国肯定是大宗商品价格上涨的受害者。因此，我们更需要关注的是全球大宗商品价格的剧烈变化对中国经济负面效应。大宗商品价格变化的负面效应首推其对一国通货膨胀的影响，即严重地干扰了国内价格水平的稳定。

2008 年的上半年，中国通货膨胀呈现加速上升的态势。这一轮的国内通货膨胀，一般认为，起自 2007 年期间的国内食品价格的上涨。但是，进入 2008 年后，通货膨胀的压力来源发生了转移，全球大宗商品价格上涨对国内通货膨胀影响逐渐显现出来。这体现在国内进口价格指数（由于没有数据，我们暂时使用原材料工业生产资料出厂价格指数代替）伴随大宗商品价格上升而出现了上涨，不过，进口价格指数是通过向工业品出厂价格指数传递，进而向居民消费价格指数传导来实现的。在原材料工业生产资料出厂价格指数首先上涨并超过居民消费价格指数后，工业品出厂价格指数也保持了亦步亦趋的走势，这说明原材料工业生产资料出厂价格指数对工业品出厂价格指数上涨的拉动相当显著。2008 年 5 月，工业品出厂价格指数涨幅超过了居民消费价格指数，这意味着二者之间的传导渠道被有效打通，从而完成了进口价格指数经由工业品出厂价格指数向居民消费价格指数的传递。正是因为有了大宗商品价格上涨导致的外部输入性通货膨胀，上半年紧缩性货币政策并没有有效抑制通货膨胀的上涨。可见，大宗商品价格上涨对国内通货膨胀控制起到了推波助澜的作用。

然而，比较幸运的是，这种情况持续的时间较短。随着原油等大宗商品价格在下半年的暴跌，中国控制通货膨胀上涨的压力有所减轻。这是因为，大宗商品价格下降不仅切断了国外输入性通货膨胀的渠道，同时还有助于工业品出厂价格指数的回落。尽管国内工业品出厂价格指数尚没有立即回落，且同居民消费价格指数出现了短暂的背离，但是，这主要是由于工业品出厂价格指数的滞后效应，一旦进口价格指数下降引起生产价格指数，通货膨胀将会进一步回落，这为中国宽松货币政策的实施提供了空间。从这个

---

① 下跌幅度为年末收盘价格同 1 月份价格相比所得。

意义上说，全球大宗商品价格上涨显著地推高了中国国内通货膨胀，而持续的通胀必然会危及中国经济的平稳增长；反之，则对抑制国内通胀起到积极作用。

大宗商品价格上涨的负面效应还表现在其对国内部分产业的冲击效应。虽然在大宗商品上涨的背景下，国内上游的资源类生产企业会直接获益，但是，下游的制造企业无疑是最大的受害者。我们知道，中国虽然是全球制造大国，但是，中国制造多处于产业链的低端，且处在制造产业由低端向高端升级的过程中，因此，制造产业缺乏垄断性的竞争优势。由于没有垄断性做支撑，中国制造业不能通过产品涨价来转嫁上游的大宗商品价格上涨，制造业只能够依靠内部挖潜和成本控制来抵消。在大宗产品价格的巨幅上涨面前，内部的成本管理和控制毕竟是杯水车薪，制造业利润下滑不可避免。耐用消费品出厂价格指数的变化就相当说明上述问题。在原材料工业生产资料出厂价格指数大幅上涨的情况下，耐用消费品出厂价格指数基本没有变化，这表明制造业并没有转移大宗商品价格上涨的能力。2008 年出现的中小企业大规模倒闭的现象，实际上同大宗商品价格上涨具有莫大的关系，由此必将损害中国的投资和出口，进而危及经济增长。

此次大宗商品价格上涨凸显了中国经济应对外部冲击的脆弱性，同时，也给我们以深刻的教训，即如何破解资源限制瓶颈以保持经济可持续发展问题。因此，在大宗商品价格回落之际，中国应抓住这个难得的时间窗口，一方面要努力实现经济增长方式转变，切实降低单位产出对资源的消耗，从而减少对资源的需求；另一方面要从国家经济安全的角度做好资源类产品的战略储备，这不仅仅指收购海外资源类企业，也包括加快国内资源的开发力度，以降低对外部资源的依赖性。

2. 外需下滑，出口增速放缓

2008 年出现了另一重大变化，中国持续的出口增长遭遇到了寒流袭击。截至 2008 年底，出口 14285.5 亿美元，同比增长 17.2%，可是，如果扣除物价上涨因素，出口增长还要再打个折扣。从 7 月开始，虽然出口总值仍然处于增加，截至 2008 年年底，其中出口 14285.5 亿美元，增长 17.2%，但是，出口增速始终处于下降的过程中，出口下滑的迹象已经显现出来，11 月的出口数据更是让人大跌眼镜。当月，中国外贸出口形势发生了逆转，月度出口总值自 2001 年 10 月份以来首次出现负增长，月度出口增速则为 1998 年 10 月来首次同时呈现下降走势（除春节影响的月份之外），增速由上个月增长 19.1% 逆转为下降 2.2%。12 月份延续了 11 月份的不利形势，当月进出口总值 1833.3 亿美元，下降 11.1%，其中出口 1111.6 亿美元，下降 2.8%。

为什么出口大好形势在 2008 年急转直下呢？当然，原因是多方面的。我们认为外部需求环境恶化是出口下降的首要因素。在美国经济率先进入了低迷的带动下，欧元区和日本也随即步入了衰退的边缘，主要贸易伙伴经济不振对中国的冲击效应相当巨大。这是因为中国对出口的依赖较强。从出口依存度上看，2007 年，中国出口依存度达到了 38%，这一比例要远远高于美国等发达国家，也高于印度和韩国等新兴市场国家。

外部依存度高，意味着外部需求变化对总需求的影响相对较高，因此，当面临外部需求的负向冲击时，中国经济受到的紧缩程度尤为严重。中国社会科学院姚枝仲提出了一个估计出口依存度的指标，以1%的外部收入变动对本国收入变动的百分比来衡量出口依存度的高低，如果高于1%，就可以认为出口依存度高了。按照他的测算，中国这一指标达到了3.1%。这也是为什么在受金融危机恶化以及全球经济增长放缓等因素影响下，中国的出口出现了快速下滑的原因。

汇率升值、大宗商品价格飞涨和贸易政策调整也或多或少地对出口下滑起到一定的推动作用。就人民币汇率来说，自2005年7月汇改以来已经对美元升值了17%左右。由于汇率升值对出口的滞后效应，这导致初期汇率升值对出口的抑制作用并不明显，但是，随着时间的累积，汇率升值对出口的紧缩效应逐渐显现。大宗商品价格上涨对出口影响也相当显著。尽管出口企业能够通过价格上涨来转嫁部分成本上升，但是，由于中国出口多为非垄断性产品，产品提价后所面对的必然结果是销量的下降。此外，前期国家曾多次下调出口退税，随着时间的推移，这些政策的效果也逐渐显现。以国家抑制的"两高一资"出口为例，2008年1—11月水泥累计出口比2007年同期下降22.2%，化肥出口比2007年同期下降18.1%。虽然"两高一资"产品的出口下降符合政府宏观调控的目标，但是，这对中国出口总量下降同样起到了加速作用。

我们知道，外贸出口一直是中国经济增长的重要引擎之一。外贸出口下降意味着这一引擎也面临"哑火"的危险。出口下降对中国经济负面效应有多大呢？即使出口对中国经济的影响仅仅限于贸易层面，我们已经难以承受，毕竟，通过启动内需来补充外需的下滑还存在困难。因此，考虑到外需下降的乘数效应，那么出口下降对经济的冲击就更加不可小视。我们可以将出口下滑对经济的负面影响分成三个阶段，第一阶段为出口降低对GDP的直接紧缩效应。这一紧缩效应的大小取决于净出口对经济增长的贡献率。2007年，外需对经济增长的贡献率为21.5%，拉动经济增长2.5个百分点。据此估计，20%—30%的出口下滑最高会导致经济增长下降0.5—0.75个百分点。第二阶段为出口引致的投资需求下降，进而对GDP产生间接的紧缩效应。这一紧缩效应的大小难以估计，因为投资同样还受到货币政策、行业利润率等多重因素的影响。第三阶段为出口和投资共同下降导致消费需求变化。出口和投资的下降同时也必然伴随居民收入的下降。根据中国居民特有的高储蓄习惯，在经济不景气的背景下，居民会过度紧缩消费，因此，这一紧缩效应也会对经济增长产生影响。综合以上分析，在外需下降的多轮紧缩打击下，外部需求变化对GDP的紧缩效应被有效放大。

正是由于外需对中国经济增长至关重要，2008年中国外贸政策调整相对较为频繁，且外贸政策发生了明显的转向。从年初的"保持出口平稳增长"，到年底中央经济工作会议上提出"坚持扩大内需为主和稳定外需相结合"，整体基调体现了确保外贸不出现快速下滑的调控意图。因此，自7月31日发布了《关于调整纺织品服装等部分商品出口退税率的通知》后，11月再次出台了《关于提高部分商品出口退税率的通知》，12月1日，中国进一步提高部分劳动密集型产品、机电产品和其他受影响较大产品的

3770 项商品出口退税率，仅仅不到一个月，财政部和国家税务总局 29 日又宣布，从 2009 年 1 月 1 日起，提高部分技术含量和附加值高的机电产品出口退税率。年内四次调高出口退税率，这体现了中央扶持出口企业的决心。

尽管针对出口企业的扶持力度逐渐加大，但是，2009 年出口放缓已成定局。从商务部定调出口同 GDP 同步增长目标看，2009 年出口形势相当严峻。即使乐观地估计，出口不拖累国内经济增长已是相当不错的局面，指望出口能够对增长有太多贡献更是一种奢求。不过，可以预计的是，为了保出口，以保增长，中央对出口企业扶持尚有牌可打。如果出口形势进一步恶化，相应的出口支持政策会陆续出台。

四、国际热钱进出流动影响国内金融市场稳定

2008 年 7 月 16 日，人民币对美元汇率以 6.8128 的中间价，随即调头向下，8 月 18 日一度跌回 1：6.8665，9 月 23 日人民币再度升到新的 6.8009 的高位，自此人民币再度小幅贬值，并围绕 6.8258 上下震荡，截至日前，人民币最新汇价为 1：6.8307。此外，"从人民币远期和 NDF 市场来看，升值预期自 2008 年二季度就出现大幅收敛，三季度后贬值压力高涨，1 年到 5 年 NDF 普遍位于 7.1—7.2 区间，3 年期 NDF 甚至一度逼近 7.4，为两年来所罕见。"[①] 尽管人民币汇率尚未达到外界学者所推测的理论水平，但是远期市场上人民币的贬值预期将对即期市场产生影响，在即期升值预期与远期贬值预期的博弈之下，人民币币值趋稳，这使得热钱进一步流入的动力削减，但同时应谨防另一问题，即热钱流出。

热钱流入的另一动力即股票市场在 2008 年 6 月后持续走低。进入 2008 年下半年后，股票市场开始走向低迷，投资者特别是中小投资者在翘首期盼政府大力救市而未果时，投资者信心开始动摇，尽管上证综指于近期再次拉高到 1900 点之上，但市场仍处在观望之中。因此，股票市场暴利已过去，从而也不再是热钱流入境内的理由。现在更重要的问题是，随着股票市场低迷，热钱伺机流出应值得关注。

1. 热钱进出干扰货币政策，冲击宏观经济

在目前我们所采用的人民币汇率制度体系之下，热钱流入必将引起中国人民银行资产负债表外汇占款增加，从而造成基础货币被动增加。虽然从中央银行货币供应量的统计数据来看，货币供应量一直维持在 15%—18% 的增长率，与 GDP 增长率保持相当，但是这主要是源于中央银行采取冲销措施所致。现在还应看到两个问题：一是外汇占款在基础货币中所占的比重越来越大，即继续采用冲销政策的空间有限；二是当中央银行所发行的中央银行票据及所持有的国库券到期之时，将会带来大量基础货币投放，届时

---

① 刘东亮：《应有效疏导人民币贬值压力》，《上海证券报》2008 年 10 月 30 日。

119

将会引起基础货币更大幅度的增加。

　　热钱流入的直接结果是基础货币供给被动增加，而后者的直接结果则是通货膨胀。如图4－4所示，2006年11月份全国居民消费指数为1.9%，之后一路上升，2008年2月份达到最大值8.7%。2007年的中央经济工作会议提出"要把防止经济增长由偏快转为过热、防止价格由结构性上涨演变为明显通货膨胀作为当前宏观调控的首要任务，按照控总量、稳物价、调结构、促平衡的基调做好宏观调控工作。2009年要实施稳健的财政政策和从紧的货币政策。"① 从2008年第二季度开始，CPI开始回落，2008年10月，CPI降至4%的水平。但依然远高于2006年年底的1.9%。

（单位:%）

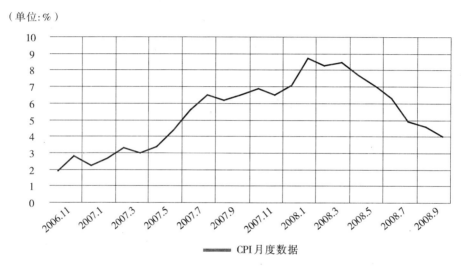

■■■ CPI月度数据

图4－4　2006年11月至2008年9月CPI变化趋势
数据来源: 国务院发展研究中心信息网数据平台:《2008年9月市场物价》。

　　热钱流入，造成外汇储备增加，加大升值预期。图4－5的数据显示，热钱进一步流入一方面使得基础货币增加，另一方面使得外汇储备也在迅速增长。在2004年年底，外界预期人民币升值，热钱开始成规模流入，2005年7月21日人民币汇率制度改革，人民币开始缓慢升值，国际热钱持续流入，特别是2006年下半年，随着中国A股市场进入牛市，热钱流入速度加快，这造成的结果就是外汇储备的迅速增加。外汇储备的增加又进一步引起人民币升值的预期，从而再次带动热钱进一步流入。

　　热钱流入，冲击人民币汇率制度。根据"三元悖论"假说，中国可以在严格控制资本流动的前提下实现汇率水平的稳定和自主的货币政策，当国际投机资金可以以其他形式进入境内时，则严格的资本流动管制就失去了其本质含义，此时稳定的汇率水平和自主的货币政策只能二选其一。为了遏制2007年的通货膨胀形式，2008年上半年中国

---

　　① 《中央经济工作会议在京召开　胡锦涛温家宝作重要讲话》，转自人民网，http：//finance.people.com.cn/GB/8215/8970/112295/6618308.html。

（单位:亿美元）

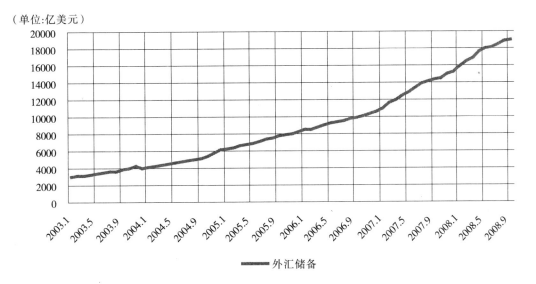

图 4 - 5　2003 年 1 月份至 2008 年 9 月份外汇储备的变动
数据来源：中国人民银行网站统计数据库。

人民银行实施了从紧的货币政策，这就导致了中美利率倒挂，同时，国际热钱因此而进一步流入，迫使外汇储备进一步增加，使得人民币不得不进一步升值，对保持当前汇率水平的稳定形成了强烈的冲击。

热钱流入，冲击 A 股市场。在股市行情看涨时，国际热钱的进入将使得股市进一步推高，而股市行情看跌时，国际游资可以间接做空 A 股。尽管 A 股市场尚未推出做空机制，但国际游资可以通过 A 股与 H 股的价格联动，利用 H 股市场的做空机制，来间接做空中国 A 股市场。一个简单的办法如："A 股市场上大量购入某两地上市蓝筹的股票，同时在香港 H 股市场上大量做空该蓝筹股。随后，热钱在 A 股市场上大量抛售该股票，这首先会引发该蓝筹 A 股股价下跌，其次很可能导致该蓝筹 H 股股价下跌（H 股下跌幅度一般低于 A 股）。这种炒作的结果是，热钱在 A 股市场赔钱，但在 H 股市场赚钱。"① 由于 H 股市场实施保证金制度，因此 H 股的赢利可以远高于 A 股亏损，从而牟取暴利。

2. 严控热钱，加强跨境短期资本流动监管

由于人民币尚未实现资本与金融项目项下的完全可自由兑换，因此，国际热钱主要通过两种途径流入境内：一是采取不合法的形式，如地下钱庄；二是采取某些合法形式为游资进入提供掩护，如贸易项下的虚假贸易等。针对地下钱庄洗钱行为，中国人民银行反洗钱局加大工作力度，力图使洗钱活动得到控制。一方面推动完善反洗钱法律和制度体系建设，另一方面进一步完善反洗钱监管体系，如坚持风险为本、现场检查与非现

---

① 张明：《热钱做空 A 股并非空想》，《中国企业家》2008 年第 10 期。

场监管相结合的反洗钱监管体系在逐步建立。"2007 年 9 月至今，各地人民银行、外汇管理部门协助公安机关破获地下钱庄案件 42 起，涉案金额折合人民币约 844 亿元。2008 年上半年，人民银行对 675 个重点可疑交易线索实施反洗钱调查 1693 次；经过调查，向侦查机关报案 313 起，涉及金额折合人民币 3551.7 亿元；侦查机关据此立案侦查 102 起，同时，人民银行还协助侦查机关调查涉嫌洗钱案件 528 起，协助调查 1411 次，协查案件涉及金额折合人民币 1497.2 亿元；协助侦查机关破获涉嫌洗钱案件 91 起，涉案金额折合人民币 518.8 亿元，协助破案数量超过 2007 年全年总数。"[1] 尽管我们无法考证其中具体有多少热钱，但流入境内的国外非合意资金确实是增加了。

除去地下钱庄之外，国际热钱进入境内的另一重要渠道就是采取国际收支平衡表的某些项目形式做掩护进入，比较常见的如：通过转移定价从而转移利润的方式流入，通过提前错后方式形成预收款，通过"假出口真融资"方式流入，通过非贸易渠道流入——利用转移支付方式，通过直接投资的方式流入，通过借贷资本的方式流入，通过外汇抵押本币贷款方式套取本币资金，通过货币互换方式流入等，不一而足。根据中国社科院世界经济研究所张明研究员的估计，仅采用贸易项目进入中国境内的热钱数量在 2005 年至 2008 年第一季度就分别达到了 601 亿、1215 亿、1835 亿和 130 亿美元之多。[2] 因此，对贸易项目及其他项目项下的外汇收付加强监管成为必然。近年来，国家外汇管理局针对这一情况也采取若干措施加强对跨境资本流动的监管：一是加强贸易外汇真实性审核。2006 年 11 月，对贸易收结汇实行分类管理，2008 年 7 月 14 日起对企业的出口收结汇实施联网核查，加强贸易项下资金流入的真实性和一致性审核。二是实施服务贸易跨境资金流动的非现场监管。2008 年 2 月，在全国推广服务贸易外汇业务非现场监管系统，加大了服务贸易外汇收支的分析、预警和监测力度。三是规范个人外汇流入管理。2006 年 12 月，颁布《个人外汇管理办法》，对个人结汇实行年度 5 万美元总额管理，对超限额的结汇严格真实性审核。四是进一步加强外债管理。2004 年 5 月，对中外资银行外债管理实行同等待遇，明确对外资银行外债实行总量控制；2005 年 10 月，将境内机构一定期限、金额以上延期付款纳入外债登记管理；2007 年分阶段调减金融机构短期外债余额指标；2008 年 7 月 14 日起开始运行贸易信贷登记管理系统，实施贸易信贷登记和管理制度，加强出口预收货款和进口延期付汇管理。[3] 而进入 2008 年下半年之后，中国人民银行和外汇管理局又进一步指定相关实施细则，明确责任，加强监管力度。

---

① 《加大反洗钱力度 严厉打击洗钱犯罪——人民银行反洗钱局局长唐旭接受中国政府网在线访谈》，转引自中国人民银行网站 http：//www. pbc. gov. cn/detail. asp？col = 100&ID = 2859。

② 张明、徐以升：《全口径测算中国当前的热钱规模》，中国社会科学院世界经济研究所国际金融研究中心工作论文 No. 0814。

③ 国家外汇管理局：《2008 年上半年中国国际收支报告》，转引自国家外汇管理局网站，http：//www. safe. gov. cn/model_safe/tjsj/tjsj_detail. jsp？ID = 110700000000000000. 7&id = 5。

大事记4-2　2008年国务院及外汇管理局颁布的重要文件

日　　期	事　　件
6月11日	国家外汇管理局下发《国家外汇管理局综合司关于非法网络炒汇行为有关问题认定的批复》。
7月2日	国家外汇管理局下发《国家外汇管理局关于实行企业货物贸易项下外债登记管理有关问题的通知》。国家外汇管理局下发《国家外汇管理局关于实施〈出口收结汇联网核查办法〉有关问题的通知》。
7月21日	国家外汇管理局下发《国家外汇管理局综合司关于过渡期部分企业预收货款结汇或划转有关问题的通知》。
7月22日	国家外汇管理局下发《国家外汇管理局综合司关于出口收结汇联网核查中金融机构标识码有关事项的通知》。
7月28日	国家外汇管理局下发《国家外汇管理局综合司关于在出口与收汇主体不一致情况下实施联网核查有关问题的通知》。
8月4日	国家外汇管理局下发《国家外汇管理局综合司关于出口收结汇联网核查系统正式运行的通知》。
8月5日	国务院下发新的《中华人民共和国外汇管理条例》。国家外汇管理局下发《国家外汇管理局综合司关于直接投资外汇业务信息系统与外汇账户系统操作有关问题的通知》。
8月29日	国家外汇管理局下发《国家外汇管理局综合司关于完善外商投资企业外汇资本金支付结汇管理有关业务操作问题的通知》。
9月12日	国家外汇管理局下发《国家外汇管理局关于下发〈出口收结汇联网核查操作规程〉的通知》。
9月24日	国家外汇管理局下发《国家外汇管理局关于做好企业延期付款登记管理工作有关问题的通知》。
9月26日	国家外汇管理局下发《国家外汇管理局综合司关于下发〈贸易信贷登记管理系统（延期付款部分）操作指引〉的通知》。
10月7日	国家外汇管理局下发《国家外汇管理局综合司关于境外个人购汇管理有关问题的通知》。
10月16日	国家外汇管理局下发《国家外汇管理局关于中资金融机构试行报送外汇资产负债统计报表的通知》。
10月21日	国家外汇管理局下发《国家外汇管理局关于进一步规范银行结售汇统计管理有关问题的通知》。
10月30日	国家外汇管理局下发《国家外汇管理局关于对企业货物贸易项下对外债权实行登记管理有关问题的通知》。
11月5日	国家外汇管理局下发《国家外汇管理局综合司关于印发〈贸易信贷登记管理系统（预付货款部分）操作指引〉的通知》。
11月7日	国家外汇管理局下发《国家外汇管理局关于通过外汇账户办理外汇业务有关问题的通知》。
11月15日	国家外汇管理局下发《国家外汇管理局综合司关于印发〈贸易信贷登记管理（延期收款部分）操作指引〉的通知》。

五、"4万亿"经济刺激措施应对全球经济衰退

2008年中国宏观经济政策的重要举措之一是：11月9日中国政府推出4万亿元人民币的经济刺激措施。这一措施的出台一方面反映了中国愿意履行大国责任的意愿，另外，也反映了中国经济面临的困境和中国政府维持高速增长的决心。

1. 重拳出击应对全球化金融危机

中国政府出台"4万亿"经济刺激措施，就其背景而言，该措施反映了全球化时代的一个重要变化，即经济一体化趋势明显提高了中国经济与世界经济之间的相互依存和联动关系，这一联系具体表现在两个方面：一方面，中国经济对世界经济的影响明显上升；另一方面，中国经济受制于世界经济影响的程度也明显上升。"4万亿"经济刺激措施的出台主要起因于世界经济的恶化，因此这一措施从一个侧面反映了世界经济对中国宏观经济的制约作用。

换一个视点来看，全球化的一个重要方面是需求与供给的全球化。其内容表现为：一方面，世界需求是中国需求的重要组成部分；另一方面，中国需求也是世界需求的重要组成部分。与此相对应，世界供给是中国供给的重要组成部分，而中国供给也是世界供给的重要组成部分。基于以上联系，一方面，中国需求和供给的变化会明显影响到世界经济的变化；另一方面，世界经济需求和供给的变化也会明显影响中国经济的变化。

这次全球性金融风暴非常直白地向世人展现了需求全球化和经济衰退全球化之间的密切联系。在需求全球化的背景下，个别经济大国的需求萎缩，必然引起全球需求的下降，其结果，个别经济大国的经济衰退必然会引发全球性经济衰退。2008年下半年的世界经济变化非常清晰地展现了以上联系。进入下半年后，次贷危机引起美国经济的恶化，而美国经济状况的恶化导致全球经济的下滑。从表4-2中可以看到，大部分全球主要经济大国从2008年第二季度起开始出现负增长，进入第三季度，除中国和法国以外，其他国家均为负增长。按照惯例，如果一国经济连续六个月或两个季度出现负增长，可以断定该国正式进入衰退。按照这一界定，德国、意大利和日本已经进入经济衰退，法国和英国处在临界点上。与以上国家不同的是，尽管按照以上标准进行衡量，美国还没有进入衰退，但是美国权威机构认定美国从2007年年底就已经进入衰退状况。

表4-2　2008年主要经济大国的经济增长率（前三季度）　（单位:%）

国　别	第一季度	第二季度	第三季度	第四季度
中国	10.6	11.1	9	6.8
美国	0.2	0.5	-0.3	-1.5
欧盟	0.7	0	-0.2	-1.5
德国	1.5	-0.4	-0.5	-2.1
法国	0.5	-0.3	0.1	-1.2
英国	0.4	0	-0.6	-1.5
意大利	0.5	-0.3	-0.5	-1.8
日本	0.8	-0.6	-0.5	-3.3

注：中国为同比数据，其他国家为环比数据。以上数据有可能调整。
资料来源：各国政府网站。

另外，2008年下半年，中国经济的变化从一个侧面展示了在全球化时代，发达国家的经济衰退会如何迅速、如何深刻地影响中国的经济发展。这一影响具体表现为：以上发达国家的经济衰退，几乎在同一时期，通过外部需求的下降，严重恶化了中国的经济状况。进入 2008 年上半年，中国出口增速明显下降。上半年贸易收支顺差下降 11.8%。进入下半年，出口状况继续恶化，11 月和 12 月的出口分别出现了 2.1% 和 2.8% 的负增长。受出口下降的拖累，下半年中国的经济增速明显下降，如图 4－6 所示，第三季度的经济增长从头一年的 11.5% 下降到 9%，下降幅度高达 2.5 个百分点，第四季度又进一步下降到 6.8%。

（单位：%）

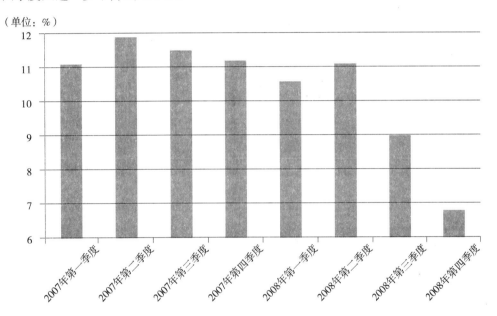

图 4－6　2007—2008 年中国季度 GDP 的变动
资料来源：国家统计局数据库。

　　面对以上变化，为了保持稳定经济增长，中国必须用内需填补外需下降的缺口，这是政府出台"4 万亿"经济刺激措施的重要原因之一。如前所述，与以往相比，世界经济变化影响中国经济的速度和程度都明显上升，这是中国融入全球化经济的必然结果。在过去的十多年里，中国是全球化的主要受益者，因此我们主要强调全球化的好处。现在，如何应对全球化风险是中国宏观经济面临的重要挑战之一。

　　在这次全球性金融风暴中，一个值得关注的现象是：中国外需的下降导致了内需的萎缩，后者又导致对外需求的下降。这一状况意味着世界经济对中国的不利影响，通过中国内需的减少，又反馈到世界经济，并加速了世界经济的恶化进程。从图 4－7 中，我们可以看到，从变化的时间顺序来看，2008 年上半年，出口的下降幅度大于进口，受此影响，贸易收支顺差有所下降；然而，9 月以后，进口的下降幅度开始超过出口，11 月和 12 月，进口分别下降了 18% 和 21.3%，而出口分别下降了 2.2% 和 2.8%，前者下降的幅度远远超过后者。通常，国内需求变化是影响进口的主要因素，因此这一变化表明，9月以后，中国内需的下降速度开始超过外需。出现以上情况是因为：首先，中国对外贸易中，很大一部分是加工贸易，这部分出口的下降必然引起进口的下降；其次，中国国内投资的相当部分是与出口相关的投资，其设备主要从国外进口，出口的下降自然会减少这部分进口；再次，出口相关行业就业状况的恶化会抑制个人消费的增长。除以上因素外，原材料、能源和农产品价格的下降也是引起进口下降的原因之一。

（单位：%）

图 4 - 7　2008 年中国进出口增长比较

资料来源：商务部数据库。

以上事实表明，在全球化时代，中国采取何种经济政策不仅需要考虑国内经济状况，而且还需要考虑外部经济对中国的影响。

2. 快重准实，积极承担大国责任充当世界表率

中国扩大内需的措施不仅能够惠及中国经济而且还能够惠及世界经济，从对世界经济的影响来看，"4 万亿"经济刺激措施的出台，一方面反映了中国履行大国责任的积极态度，另一方面也反映了中国作为世界经济大国，在财力和制度方面所具有的优势。

如前所述，全球化的重要内容之一是需求和供给的全球化。其好处是需求和供给可以在全球范围内进行有效的配置和调剂。在一国国内供给大于需求的情况下，过剩的供给可以满足国外市场的需求。在这一意义上，全球化可以最大限度地实现资源的有效利用。

然而，全球化给世界经济带来的重要挑战之一是：提高了世界各国进行全球性宏观经济管理协调的必要性。全球化明显削弱了一国政府管理国内宏观经济的能力，这是因为政府无法有效控制来自国外需求和供给的变化，克服这一问题的唯一有效方法是各国政府在宏观经济政策方面进行必要的合作。换句话说，需求和供给的全球化，在一定程度上，要求各国政府对宏观经济进行全球化管理。在这次全球性金融危机发生后，全球主要经济大国联合降息、联合增加市场流动性供给、联合救助资不抵债的金融机构和联合出台经济刺激措施。许多类似的措施经常出现在同一时期，这一现象绝非属于偶然现象，它反映了经济发展的趋势，即需求和供给的全球化提高了进行全球化宏观经济管理的必要性。

与全球化宏观经济管理必要性相关的一个具体问题是宏观层面的道德风险问题。这一道德风险具体表现为：在需求和供给全球化的背景下，如果一部分国家的经济刺激政策可以通过需求外溢改善另外一部分国家的经济状况，那么后者有可能出现"搭便车"的行为。这一道德风险有可能削弱各国政府主动出台经济刺激政策的积极性。这一点在欧洲表现得极为明显，在德国、法国和英国等一部分经济大国出台经济刺激措施后，其他一些经济实力较弱的国家明显缺乏采取扩张性财政政策的积极性，这一状况迫使欧盟不得不采取统一的对策。

鉴于道德风险的存在，从全球范围来看，经济大国有必要引领全球性经济合作和积极承担维护世界经济稳定的责任。这是因为只有经济大国能够通过其经济规模影响全球需求和供给，进而影响世界经济发展的前景。从经济大国的实力比较来看，尽管中国的经济规模明显小于第一大经济大国美国和第二大经济大国日本，但是中国对世界经济增长的贡献度已经超过美国和日本。这一状况意味着中国对世界经济增长的影响力已经超过其他国家。正是基于这一事实，在这次全球性经济衰退发生后，国际社会将支撑世界经济增长的厚望寄托于中国。

在以上大背景下，中国政府出台了4万亿元人民币的经济刺激措施，因此，在这一意义上，这一经济举措不仅属于刺激中国经济的措施，而且也属于刺激世界经济的措施。就这一点而言，正如中国政府反复强调的那样，中国保持稳定的经济增长就是对世界的最大贡献。从具体的数字来看，如果4万亿元人民币的经济刺激措施能够保证中国维持8%以上的经济增长速度，那么2009年中国经济对世界经济增长的贡献度有可能上升到40%以上。这正是世界为什么关注中国经济的真正原因所在。

在中国4万亿元经济刺激计划出台后，国内外舆论就该计划涉及的投资规模和构成进行了广泛的报道和评论。国际货币基金组织总裁多米尼克·斯特劳斯-卡恩指出中国的这一措施将对世界经济产生积极的影响作用。针对这一消息，世界银行行长佐利克强调了中国在世界经济中的重要地位和作用。另外，美国财政部副部长麦科马克表示美国欢迎中国政府为扩大内需而采取的大规模政府支出计划，认为这一措施有助于中国克服全球性金融危机带来的困难。澳大利亚总理陆克文认为中国的大规模投资计划对澳大利亚和亚洲经济以及对世界经济来说都是好消息。此外，英国《金融时报》、美国《华尔街日报》和《日本经济新闻》等全球主要报纸都纷纷对"4万亿"经济刺激措施进行了详细的报道。

就规模而言，国内外舆论普遍认为，该经济刺激计划规模庞大，反映了中国政府维持稳定经济增长的决心。但也有一种看法认为，中国出台如此巨大的经济刺激计划从一个侧面反映了中国经济下滑的严重程度。IMF 在一份报告中指出，为了对付这场金融危机，政府财政刺激计划的相对规模不应该小于 GDP 的 2%。到 2008 年 12 月为止，只有中国和日本达到了这一要求。从表 4-3 的数据中我们可以看到，中国新增财政支出的相对规模超过 GDP 的 15%，远远超过了其他经济大国的支出。另外，中国经济刺激计划出台的时间也早于其他经济大国。

表 4-3　2008 年全球主要经济大国的经济刺激计划及相关数据

国别	金额	占 GDP 的比重（%）	出台时间	财政收支占 GDP 之比（%）	政府净债务占 GDP 之比（%）	政府总债务占 GDP 之比（%）	2008 年经济增长估计（%）	2009 年经济增长预期（%）
中国	4 万亿元人民币	15	11 月 9 日	-0.6	—	19.5	9.7	8.5
欧盟	2000 亿欧元	1.5	11 月 26 日	-1.5	56.4	69.9	1.5	-0.2
德国	320 亿欧元	1.25		-0.3	56.1	76.4	1.7	-0.8
英国	200 亿英镑	1		-3.5	37.6	43.4	0.8	-1.3
法国	260 亿欧元	1.3		-3.3	55.5	65.2	0.8	-0.5
意大利	50 亿欧元	0.33		-2.6	101	104.3	-0.2	-0.6
日本	12 万亿日元	3	12 月 24 日	-3.4	94.3	198.6	0.5	-0.2
美国（预计）	5000 亿—10000 亿美元	4—8	2009 年	-4.1	46.3	61.5	1.4	-0.7

注：各国刺激经济计划的金额不包括 2009 年的追加额。财政收支、政府净债务、政府总债务的相对规模以及 2008 年和 2009 年的经济增长为 IMF 预测值。

从其他国家的情况来看，首先，日本最早在 2008 年 10 月 30 日出台了 26.9 万亿日元的一揽子经济振兴计划，这一计划主要包括金融机构融资等金融救助计划，其中，新增加的财政支出为 5 万亿日元。2008 年第二季度日本经济出现萎缩，这一变化促使日本政府较早出台了以上措施。考虑到经济状况恶化的严重程度，12 月 24 日，日本政府又推出 12 万亿日元的大型经济刺激计划，其规模大约为 GDP 的 3%。其次，就欧洲的情况来说，欧盟各国经济刺激计划的相对规模被约定为 GDP 的 1.2%，经过协调后的实际支出计划为 2000 亿欧元，其中 300 亿欧元来自欧盟委员会预算及欧洲投资银行，因此欧洲作为一个整体，其新增财政支出规模为 GDP 的 1.5%。在欧盟各国的方案中，意大利宣布的经济刺激计划方案金额高达 800 亿欧元，但其中新增加的财政支出只有 50 亿欧元。另外，就美国的情况来看，与其他经济大国相比，由于受新旧政府更替的影响，美国出台大规模财政刺激计划的时期被推迟到 2009 年年初。据推测，其相对规模大约在 GDP 的 4%—8%。

以上经济刺激计划有一些类似之处。第一，就时间跨度而言，基本上都跨越 2009 年和 2010 年，这是落实大规模财政追加支出所需的最低时间。德国经济刺激计划的时间跨度长达 5 年。第二，一部分国家的经济刺激计划包括了金融机构救援资金。这部分资金未包含在表4－3的数据中。第三，一些经济刺激计划所涉及的资金包括了早期已经出台的追加预算。

在这次全球性经济刺激计划相继出台后，如何使用政府资金是人们普遍关心的另一重要问题。在中国"4万亿"资金的支出构成问题上，国内外舆论界也存在一定的争议。通过增加内需弥补外需下降的缺口是经济刺激计划所要实现的重要目的之一，而内需通常包括消费和投资两大部分内容。中国经济刺激计划中的大部分资金（约3万亿元）主要投资于道路（1.6万亿元）和铁路（1.2万亿元）等基础设施建设，因此该计划明显具有向投资倾斜的特点。针对这一特点，有一种观点认为，中国的基础设施建设已经非常完善，而且，由于中国个人消费占总需求的比重较低，因此，从改善需求结构的视点来看，政府的刺激计划应该向个人消费倾斜。

以上观点有值得商榷之处。这是因为，首先，与发达国家相比，中国基础设计建设仍然存在明显的差距。具体而言，2007年美国每万人拥有铁路5公里，日本近2公里，中国只有0.6公里。因此，进一步加强基础设施建设是提高中国经济发展水平和保持高速经济增长的必要条件之一。其次，就投资和消费的关系而言，在经济面临通货紧缩风险的状况下，鉴于物价的下降趋势，消费者更倾向于推迟当前的消费。在这一背景下，政府为消费者提供的额外补助有可能转化为储蓄，因而这一措施无法有效起到扩大消费的作用。与消费不同的是，政府投资可以全额转化为需求。基于这一差异，在当前经济发展阶段，政府采用以增加公共投资为主的经济刺激方案是非常明智的选择。

129

第五章　金融海啸：
积极应对危机力促国际改革

2008 年国际金融形势风云突变，美国金融风暴仿佛一夜之间席卷了全球，并且愈演愈烈，世界经济正逐渐陷入自大萧条以来最为严重的全球性衰退。中国外向型经济增长虽然也面临着严峻的考验，但中国政府积极应对全球金融危机采取了一系列重大举措，以确保经济平稳较快增长。在全球经济疲软、国内外经济环境日趋复杂严峻的情况下，中国经济 2008 年仍然保持了较快的增长，继续成为拉动世界经济增长的主要动力，为维护世界经济的稳定做出了重要的贡献。同时，中国还以负责任的态度积极参与国际社会合作，推动国际金融体系改革，谋求与经济实力相称的经济话语权，不断提升在国际金融格局中的地位和影响力。

一、世界经济遭遇"百年一遇"的全球危机

源于"美国次贷危机"的这场金融危机所引发的"蝴蝶效应"，已经远远超出了绝大多数人的预期。从最初的次级住房抵押贷款市场风波到整个房地产市场萎靡，信贷市场出现流动性危机，证券市场资产价格剧烈动荡，以及商品市场的消费需求减弱和劳动力市场失业率上升等。这说明次贷毒素不仅已经渗透至银行业、证券业、保险业在内的美国金融业的各个领域，正在侵蚀被视为全球最具免疫力的华尔街金融体系，而且已开始蔓延至消费、投资及就业等实体经济领域，并将世界经济拖入衰退的泥潭，其深至今不可见底。前美联储主席格林斯潘把这场危机称为"百年一遇"的金融危机。

1. 美国次贷危机升级引发全球经济灾难

这次爆发的美国次贷危机是经济全球化进程中出现的新型金融危机，它不同于 20 世纪 90 年代的亚洲金融危机，表现出现代金融风险所具有的新特征。1997 年的亚洲金融危机是国际短期投机资本兴风作浪的结果，表现为资本收支危机和银行挤兑危机。虽然，此次危机也出现了银行遭受挤兑风潮、金融机构申请破产等类似的银行危机，但它反映出由金融创新所暴露的金融机构（包括次级抵押贷款公司、商业银行、信用评级公司、投资银行等）在审慎性经营、信用评级、产品定价、信息披露以及金融监管等

多方面存在的严重缺陷。不仅如此，由于金融衍生产品构成的全球资金链发生断裂，此次危机引发的国际金融市场的动荡不仅在广度而且在深度方面相比当年的亚洲金融风暴毫不逊色，甚至更为严重。

美国次贷危机自爆发以来，金融市场的震荡迅速扩散，震级不断加强，并向全球蔓延，形成了一轮又一轮的冲击波，与之而来的政府救市力度也一浪高过一浪（见大事记5－1）。第一波开始于2007年7月，不少与次贷相关的金融机构纷纷破产，美国抵押贷款风险浮出水面；美联储累计向金融系统注资1472.5亿美元，并于2008年9月18日决定降息0.5个百分点，从此进入了"降息周期"。第二波，从2007年年末至2008年年初，花旗、美林、瑞银等主要金融机构因次级贷款出现巨额亏损，美国政府和六大房贷商提出了给予无法按时支付贷款的住房持有者30天的缓冲期的"救生索计划"，并注资2000亿美元。第三波，在2008年3月美国第五大投资银行贝尔斯登濒临破产，美联储为J.P.摩根银行接管提供融资，并大幅降息75个基点。第四波，从2008年7月至9月初，房利美和房地美两大房贷公司因严重亏损陷入困境，迫使美联储和财政部斥资3000亿美元救助"两房"。现在正处于第五波，即从2008年9月中下旬起，随着雷曼兄弟宣布破产、美林证券被收购、摩根斯坦利及高盛被迫向商业银行转型、全球保险巨子AIG被政府接管，最大的存款商业银行华盛顿互惠银行倒闭，美国华尔街巨擘轰然倒地，世界银行体系如多米诺骨牌一溃千里，最初的次贷风波已演变成一场全球性的金融危机。美国国会于2008年10月初通过了7000亿美元的政府金融救援方案，开始了继20世纪30年代大萧条以来规模最大的金融市场干预行动。

此次危机虽然源于美国，但迅速向海外蔓延，且来势汹涌，不断升级，金融海啸已开始席卷全球，继美英、欧盟、日本等主要发达国家遭劫之后，巴基斯坦、韩国、印度、乌克兰、印尼、菲律宾、俄罗斯、巴西、阿根廷和南非等全球新兴经济体国家在这场声势浩大的危机中也几乎无一幸免。针对美国金融危机排山倒海似的"多米诺骨牌"效应，各国政府已开始意识到单凭本国之力，已回天乏力，难以抗击风暴，需要全球政策协调，联手采取行动，方能产生强大的威慑力，缓解全球危机。从联合注资到联手降息，联合救市举措不断升温。从2008年10月8日全球主要央行掀起的第一次减息潮到10月30日由中美率先拉开的第二次减息潮，前后还不到一个月，这种联合救市的力度在历史上是没有的，充分显示金融风暴对全球实体经济的冲击已进入了白热化阶段。尽管全球已达成了加强联合救市行动的共识，但是，各国还都只顾及本国自身的利益，谁都不愿意替他国承担高额的救市成本，为美国金融危机埋单。早在10月初，法国总统萨科齐曾提出各国应联手成立一个数千亿欧元的"泛欧基金"，但遭德国的强烈反对，因为这样做的结果很可能是，用自己国家纳税人的钱为其他国家的救助计划埋单。因此，至今还无法达成建立统一救市基金等实质性救市方案，联合救市也只是停留在各国在自救的基础上采取步调一致的金融救援计划，共同应对危机的阶段。

大事记 5-1　2008 年美国次贷危机的演变

日　　　期	事　　　件
2 月 12 日	美国政府和六大房贷商提出"救生索计划",以帮助那些因还不起房贷而即将失去房屋的房主。
2 月 17 日	英国诺森罗克银行被国有化。
3 月 16 日	美国第五大投资银行贝尔斯登公司为摩根大通公司收购。
4 月 29 日	德意志银行宣布五年来首次出现净亏损。
5 月 6 日	欧洲资产最大银行瑞士银行第一季度出现巨亏。
7 月 11 日	美国独立国家房贷公司 IndyMac 遭挤兑破产。
7 月 14 日	美国两大住房抵押贷款融资机构房利美和房地美股价过去一周被"腰斩",纽约股市三大指数即道琼斯指数、标准普尔指数及纳斯达克指数全面跌入"熊市"。
7 月 26 日	美国参议院批准总额 3000 亿美元的住房援助议案,授权财政部无限度提高"两房"贷款信用额度,必要时可不定量收购"两房"股票。
8 月 10 日	9 至 10 日,欧、美、加、澳、日等国央行先后在全球经济体中注入了 3023 亿美元。
8 月 14 日	美国、欧洲和日本三大央行再度注入超过 720 亿美元救市。亚太央行也再向银行系统注资。
9 月 7 日	美国联邦政府宣布投入 3000 亿美元接管房利美和房地美。
9 月 14 日	美国第三大投资银行美林集团被美国第一大零售银行美国银行以 500 亿美元收购。
9 月 15 日	美国第四大投资银行雷曼兄弟控股公司宣布申请破产。
9 月 16 日	美国最大的保险公司美国国际集团(AIG)被政府以注资 850 亿美元收购其 79.9% 股份形式国有化。
9 月 17 日	俄罗斯股市创 10 年来最大跌幅,导致国内两家主要证交所被迫暂停股市交易。
9 月 18 日	美、英、欧、日、加及瑞士等六家央行发表联合救市声明,宣布将共同向金融体系注资高达 1800 亿美元。
9 月 21 日	美联储宣布,已经批准了美国两大投资银行高盛和摩根斯坦利提出的转为银行控股公司的请求。
9 月 25 日	美国最大的储蓄银行华盛顿互惠银行被美国联邦存款保险公司(FDIC)接管,成为美国历史上倒闭的最大规模的储蓄银行。
10 月 4 日	美国国会最终批准 7000 亿美元的新版金融救援方案。
10 月 8 日	美、英、欧、日、加及瑞士等全球主要央行掀起第一次减息潮。
10 月 30 日	中美率先拉开第二次全球减息潮。
11 月 15 日	G20 峰会在美国首都华盛顿召开,20 国集团成员国共同探讨全球金融危机的应对之策。
11 月 23 日	美国政府同意向花旗集团提供包括注资 200 亿美元的一揽子救助方案。
11 月 24 日	英国公布了一项总额为 200 亿英镑的"一揽子经济刺激计划"。
12 月 4 日	英国央行宣布将基准利率从 3% 下调至 2%,降至了半个多世纪以来的最低水平。
12 月 12 日	澳大利亚公布了 47 亿澳元的基础设施投资项目;日本宣布了一项总额约 23 万亿日元的经济刺激计划;欧盟领导人就 2000 亿欧元经济刺激计划达成一致。
12 月 16 日	美联储将联邦基金利率降至历史最低点 0—0.25%;高盛集团宣布第四季度亏损 21.2 亿美元,这也是高盛自 1999 年上市以来首次出现亏损。

2. 国际金融市场遭受剧烈震荡

美国金融危机的元凶是"流动性过剩"。危机前美国政府为了刺激经济增长,长期实行低利率政策导致"流动性过剩",从而引发美国房地产市场资产价格的持续攀升。再加上宽松的监管体制导致了金融创新工具被滥用,金融资产泡沫不断膨胀,完全脱离了实体经济，使美国"透支消费"的经济模式不可持续。虽然，次级抵押贷款的金融衍生品最初的功能是作为规避风险的工具，但是过度的金融创新却使系统性风险在金融杠杆效应的作用下被无限放大。因此，当房地产市场资产泡沫的破灭所引发的金融机构资金链的断裂及金融衍生品带来的全球连锁反应，使包括股票市场、外汇市场、信贷市场及货币市场在内的整个金融市场面临流动性的骤然丧失。

美国金融危机不仅导致美国股票市场大幅度下滑，而且对全球股票市场产生了严重冲击。2008 年，不管是发达市场还是新兴市场，都遭遇了有史以来最惨烈的跌势，跌幅均在 30% 以上，市值都接近甚至远超过"腰斩"。截至 12 月 29 日，美国标普 500 指数跌了 41%，创下 1931 年"大萧条"时期以来最大跌幅。美国股市市值"蒸发"达创纪录的 7.3 万亿美元。日经 225 平均指数全年的跌幅高达 42%，创历来跌幅之最。英、法、德三大股市 2008 年的跌幅也在三至四成左右。但与发达经济体的股市相比，全球新兴市场的股市跌幅更为惨烈，其中，受到油价下跌和金融危机双重打击的俄罗斯股市全年跌幅超过 70%，高居全球之首。"金砖四国"中的另外三国——中国、印度和巴西，2008 年股市跌幅都超过 40% 甚至高达 60% 以上。尤其是上证指数从 2007 年 10 月创下的 6124 点的历史高点一路下滑，最低曾下探至 1664 点，单边下跌速度之快、幅度之大都是前所未有的。上证综指 2008 年全年大跌 65.39%，创出中国股市史上最大年跌幅。在经济全球化的环境下，中国 A 股市场与全球市场的关联性正越发紧密，而调整幅度远高于全球市场的平均水平则凸显了我国证券市场的制度建设和投资者结构需要亟待完善。

美国金融危机同样引发全球汇市的剧烈震荡（见表 5 - 1）。从美元对全球主要货币来看，美元对欧元、英镑、澳元和日元的走势跌宕起伏。从 2008 年的年初至 7 月中旬，全球主要货币对美元均呈现不同程度的升值。其中，欧元、澳元对美元的升值幅度分别达到 9.12% 和 11.70%，日元的升值幅度为 6.24%。但是，截至 2008 年 12 月 10 日，除日元以外，欧元、澳元和英镑对美元却都转变为大幅度贬值，尤其是澳元贬值幅度高达 32.91%。为此，澳大利亚不惜动用大量外汇储备两度进入汇市干预以支持澳元。不仅如此，亚洲新兴市场货币也出现大幅度贬值，其中韩元对美元贬值超过 31%。受金融危机冲击，巴西、墨西哥、智利和阿根廷等拉美国家的货币汇率也跌至多年低位。最为严重的是，北欧冰岛自 2008 年 9 月以来，其克朗对美元、欧元的跌幅均超过 70%，货币贬值及外汇流动管制严重影响了该国经济和国家声誉，使冰岛濒临"国家破产"的边缘，不得不向 IMF 求援，最终获得 21 亿美元的紧急贷款。然而美元却在金融危机开始蔓延至全球的 7 月持续走强，彰显出乱世"资金避风港"的地位。美元的逆势走强并不是美元的强劲，而是欧元和其他货币的疲软。首先，金融危机已波及实体经济，特别是下半年来欧洲各国经济数据持续恶化，导致欧元和英镑持续走弱，汇率走势成为"谁更差"的比较。其次，国际大宗商品及新兴市场资产价值下跌，促使风险厌恶情绪下的去杠杆化操作成为 2008 年下半年的市场主流，资金纷纷撤出高风险市场回流向美元计价的资产，导致了资源货币如澳元及亚洲货币的大幅贬值。尽管如此，美元短期走强并不改变其长期贬值的趋势。因为巨额美元负债、庞大财政赤字和依靠印钞或发国债来筹集救市资金都无法摆脱通货膨胀和美元走软。

表 5-1 2008 年全球主要发达经济体货币对美元汇率的波动

汇率	2008 年年初	2008 年 7 月 15 日	涨幅（%）	2008 年 12 月 10 日	涨幅（%）	全年涨幅（%）
美元指数	75.972	71.872	-5.40	85.46	18.91	12.49
美元/欧元	1.4587	1.5918	9.12	1.301	-18.27	-10.81
美元/英镑	1.9863	2.0056	0.97	1.478	-26.31	-25.59
日元/美元	111.59	104.63	-6.24	92.61	-11.49	-17.01
美元/澳元	0.8762	0.9787	11.70	0.6566	-32.91	-25.06

资料来源：中国建设银行网站外汇数据。

美国金融危机给各国金融市场所带来的直接损失还并不可怕，可怕的是这场危机对市场信心的打击，市场恐慌的损失根本无法用数字来衡量。此次危机的巨大杀伤力在于它是信贷危机、信用危机、信心危机以及信任危机的综合。自美国次贷危机爆发以来，贷款利率持续上升，放贷规模不断萎缩，导致信贷市场流动性渐入枯竭。尤其是随着2008 年 9 月雷曼兄弟的破产，次贷危机完全演变成一场全球性的金融危机。各国商业银行如惊弓之鸟，囤储惜贷，唯恐步雷曼兄弟后尘。由此引致的银行间借贷的急剧收缩，如海啸般瞬间席卷全球。为此，10 月至 11 月间，美联储、欧洲央行、英格兰银行、日本银行、瑞士国家银行以及加拿大银行已经向金融系统注资 1800 亿美元，其他国家也纷纷采取了相应的救市措施。但是，即使作为"最终借款人"的各大央行都已使出浑身解数，通过新增融资工具、与其他央行之间的货币互换等各种方式，为银行系统注入数以百亿计的美元、欧元或英镑，但仍难以满足所有银行的流动性要求，信贷活动仍未完全解冻。信贷活动的萎靡、货币乘数的巨幅下降也意味着，央行向市场投放的货币实际产生的效果要远远小于其本应有的水平，因而，金融危机不可避免地波及实体经济。

信贷紧缩还笼罩短期资金市场，以往银行进行短期融资的主要渠道——货币市场，也自美国政府让雷曼兄弟破产后陷入不安。美国历史最悠久的货币市场基金净值跌破 1 美元，这在货币基金的历史上仅有一次先例。投资者信心受到重大打击，对风险变得极其厌恶的投资者开始放弃共同基金和商业票据等货币市场主要交易品种，转向零风险的国债"安全港"，货币市场交易停滞。总值 3.4 万亿美元的货币市场基金部门的崩溃，引发了整个美国面临流动性干涸的灾难。与美国相比，欧洲银行的贷款—存款比率普遍较高，许多银行此比率都大大超过 1，亦即这些银行储蓄账户中的资金不能满足放贷的需要，它们更需要货币市场融资渠道的畅通来维持自己的正常运营状态。如果货币市场持续运转不灵，对银行主导的欧洲金融业将会产生重大的负面影响。另外，银行间的相互拆借同样是银行系统中资金周转的重要方式。但信心危机导致借款的代价陡然升高。衡量银行间相互借款利息的重要指标——伦敦银行同业拆借利率（Libor），已经脱离了正常情况下与官方基准利率贴近的路线，2008 年 9 月以来骤升。同时，大量避险需求使美国国债价格连续上涨，2 年、10 年、30 年期国债收益率齐创纪录新低，3 个月期国债收益率甚至首次跌破零。尽管联邦基金利率不断下调，但是 Libor 不受美联储政策利率的影响，反而不断拉高，这样造成美国大量可调利率按揭贷款产品在重置期面临更高的利率，从而导致更多的抵押品赎回权丧失或违约率提高，加重了金融危机（3 个月 Libor 与 3 个月美国国债的利差见图 5 - 1）。

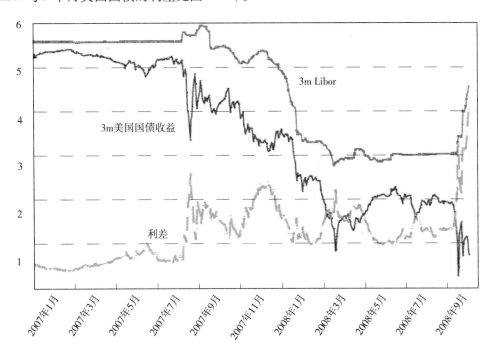

图 5 - 1　3 个月 Libor 与 3 个月美国国债的利差
资料来源：Bloomberg，彭博资讯金融数据库。

　　除了国际金融市场遭受严重打击，全球大型国际金融机构也因卷入结构性衍生产品交易，陷入经营困难甚至濒于破产（见表 5 - 2）。美国华尔街五大独立投资银行全军覆没，前十大商业银行发生巨变，"巨无霸"花旗集团也因财务问题引发严重信心危机，迫使美国政府紧急为花旗集团包括住房抵押贷款、商业房地产贷款在内的总计 3060 亿美元债务提供担保。同时，美国政府还从 7000 亿美元的金融救援方案中拨出 200 亿美元用于购买花旗的股份。欧洲银行业同样未能幸免，比利时最大的金融服务公司富通集团（Fortis）、英国最大的房贷银行布拉福德-宾利（Bradford-Bingley）、德国第二大房地产贷款银行 Hypo Real Estate（HRE）、比法合资的德克夏银行（Dexia）等欧洲金融界显贵，要么因为资产质量遭质疑而股价狂跌，资不抵债，要么因为货币市场冰封而融资无门，纷纷告急。一时间全球金融业哀鸿遍地，一片恐慌。为此，英国政府不惜出资 870 亿英镑对包括苏格兰皇家银行在内的英国前十大银行进行注资或国有化援救；冰岛前三大银行也被政府国有化；而比利时政府为避免富通集团免遭银行破产而决定对其业务进行拆分，并将部分资产出售给法国巴黎银行而由此引发了有关"富通集团的拆分是否违法"即所谓"富通门"事件，最终导致比利时政府成为首个受金融海啸拖累下台的政府。金融危机引发政治风波。

表5-2　美国金融危机爆发以来全球主要金融机构公布的损失情况（单位：亿美元）

机构名称	资本减计或信贷损失	资本金筹措
花旗银行	551	491
美林公司	522	299
瑞银集团	442	284
汇丰控股	274	51
美联银行	227	110
美国银行	212	207
摩根斯坦利	157	56
苏格兰皇家	145	238
摩根大通	143	97
雷曼兄弟	138	139
德意志银行	106	62
瑞士信贷	105	30
巴克莱银行	79	183
小计	3101	2247

资料来源：新浪网，2008年9月26日。

　　美国金融危机不仅使上述发达经济体国内融资变得异常困难，而且更使长期依赖外部融资的新兴市场所面临的国际流动性风险陡增，有"断饮"之虞。这包括经常账户有赤字、本国外汇储备又不足、需要外部融资补充的国家，如曾是欧盟经济增速最快的"波罗的海三小虎"——拉脱维亚、爱沙尼亚及立陶宛；负有大量外债特别是需要偿还的短期外债的国家，如亚洲新兴市场经济体；外资银行占本国银行系统重要份额且在本国开展大量外币业务的国家，如东欧的匈牙利、乌克兰等国。过去10年里，一些重要的资本流入，包括外国直接投资和银行的贸易信贷，在新兴市场成为了惯常现象。现在外资银行和海外投资者却因本土出了问题，而减少对外投资，从新兴市场撤资，大量资本回归来源国，导致新兴市场瞬间资金匮乏。考察国际流动性风险的大小，可以用国内可流动外资占外汇储备的比例来衡量，这一指标反映了一旦资本流向逆转可能带来的风险。显然，比例越高，风险越大。比较表5-3中亚洲新兴市场国际流动性风险可以发现，亚洲风险最大的经济体为韩国、越南和印尼，其次为印度和菲律宾。而中国是亚洲区内稳健性最高的国家之一。另外，外资迅速从亚洲抽逃，也是造成亚洲股市与汇率大幅波动的重要原因。这意味着新兴市场国家亟须找到一个资金渠道来弥补这些外资撤出产生的亏空。总之，此次危机不仅影响的范围广，其严重程度也大大超过去几十年的历次金融危机。据统计，全球金融资产损失总计已超过1.4万亿美元，几乎是前三次重要金融危机即20世纪80年代末的美国储蓄和贷款危机、90年代的日本金融萧条以及

1997 年的亚洲金融风暴损失的总和。

表 5 – 3　亚洲新兴市场国际流动性风险的比较　　（单位：10 亿美元;%）

国家/地区	外汇储备	外部融资需求	融资需求/ 外汇储备（%）	国内流动 性的外资	流动性外资/ 外汇储备（%）
韩国	242	230	95	504	208
越南	24	15	64	8	34
印度	307	64	21	182	59
印尼	57	7	13	135	237
菲律宾	37	5	12	36	97
泰国	117	– 0.5	0	63	54
中国台湾	282	– 16	– 6	249	88
新加坡	252	– 23	– 9		
中国香港	158	– 24	– 15		
中国	1809	– 343	– 19	290	16
马来西亚	137	– 33	– 24	97	71

注：表中数据除已经注明以外，其余单位均为 10 亿美元。所有数据均为 2008 年年中数值。

资料来源：花旗集团花旗银行研究报告。

3. 世界经济陷入空前增长危机

美国金融危机的未来走势还不明朗，何时接近尾声尚无定论。但是，美国次贷危机已演变升级成为自 20 世纪 30 年代大萧条以来全球最大的一场全球性金融危机，并已经"入侵"全球的实体经济，引起全球性的消费下降、投资放缓、出口跌落和失业上升。美国全国经济研究局 12 月 1 日发布报告称美国经济早于 2007 年 12 月就已经陷入衰退，为长期以来关于美国是否进入衰退的争论画上了句号。现在的问题已经不是美国和全球经济是否陷入衰退或急速下滑，而是这种状态将持续多久、影响多深。

世界大型企业联合会总裁，连续四年获得全美最佳宏观经济预测的经济学家盖尔认为，过去支撑美国消费的信贷扩张现在转为了信贷紧缩，这对美国经济的影响可能是危险的。当前经济的风险在于企业家信心的缺失，如果信心能够恢复，经济也能恢复。她预计危机将会持续 3—4 个季度，但整个下跌幅度不会特别深。作为美国新当选总统奥巴马的经济顾问之一、克林顿政府经济顾问委员会主席劳拉认为，2009 年世界经济肯定不好，而且持续危机的时间会更长一些，预计为 2—3 年，并强调美国金融危机的处理要同经济结构的纠正相结合，财政政策将替代货币政策将美国拉出泥淖。著名经济学家、2008 年诺贝尔经济学奖得主克鲁格曼则担忧美国可能会重蹈日本"失去的十年"的覆辙，由消费疲软导致库存积压、价格下跌、投资减少和失业增加，最终步入通货紧缩。

从本次金融危机向实体经济的传导渠道来看，金融动荡首先源于房地产市场的快速下跌，随后引发信贷收缩，使企业融资成本快速攀升，甚至导致新增投资来源枯竭，同时，证券市场价格的暴跌带来巨大的逆向财富效应，抑制了居民消费。最终，金融危机从投资和消费两个方面导致实体经济下滑，而且，实体经济的恶化反过来又加剧了金融市场的震荡，两者互相强化。鉴于美国金融危机是从最初的房地产市场危机触发次贷危机，并由此演变升级而形成的，所以金融危机最终能否结束，将取决于美国经济的表现尤其是美国房地产市场的恢复状况。

近期公布的美国各项重要经济指标都在不断创出新低，表明美国经济衰退程度已远远超出预期。标准普尔公司发布的全美房价指数显示，2008 年第四季度美国房价跌幅创历史新高，较 2007 年同期下跌 18%，由于第三、第二及第一季度的跌幅分别为 16.6%、15.1% 和 14%，美国房价呈现加速下跌态势。另据美国商务部公布，2008 年 12 月新屋销售大降 14.7%，全年销量为 1982 年以来的最低水平。此外，自次贷危机发生以来，由于房价持续下跌，很多次级房贷购房者开始无力或不愿偿还贷款，房屋止赎率也因此不断升高，2008 年为 1:71，远高于 1929 年的 1:142。美国商务部数据还显示，2008 年 12 月份个人消费开支较 11 月下降 1.0%，为连续第六个月下降；全年个人支出较 2007 年上升 0.3%，创下了 1991 年上升 0.2% 以来的最小升幅。更为糟糕的是，美国劳工部发布的报告显示，2008 年 12 月的失业人数为 52.4 万人，失业率从 11 月的 6.7% 升到 12 月的 7.2%，为 15 年来最高，远高于经济大萧条时期 1929 年 3.2% 的平均失业率；全年美国失业人数总计 260 万人，为 1945 年第二次世界大战结束以来的最高水平，这其中有将近 200 万人是在 2008 年最后四个月中失去工作的。而且，美国的裁员风潮已从制造业扩散到服务业。12 月服务业就业人数大幅减少 27.3 万人，已超过了当月生产类行业就业人数的减少幅度。鉴于服务业提供美国约 80% 的就业岗位，服务业失业率的攀升预示着美国经济的进一步衰退。美国经济 2008 年第四季度按年率计算下降了 6.2%，降幅远大于第三季度的 0.5%，为 25 年来美国经济跌幅最大。上述的所有指标表明美国金融危机日益加剧，美国经济的衰退程度已成为第二次世界大战以来最为严重的，且本次衰退预计将会是一个漫长、深度的过程，甚至可能陷入空前的经济大萧条。

金融危机虽然发端于美国，但欧元区主要经济体和英国却先于美国步入经济衰退，从 2008 年的第二季度起，就已连续两个季度经济出现负增长。由于欧洲经济的发展模式与美国不同，欧洲金融业在经济体系中的地位更为重要。因而，金融危机对欧洲金融业的打击更为致命。在美国金融危机中，欧洲金融机构既遭受到全球金融市场流动性枯竭之痛，更因投资与次级债相关的衍生产品而发生巨大损失。据 IMF 统计，欧洲几乎承担了 40% 的次贷相关产品损失。而且较之美国，欧洲经济对银行系统的融资依赖程度更高，这意味着金融危机引发的信贷紧缩更易从金融业蔓延至其他行业，并对实体经济构成冲击。本次金融危机也拖累了整个欧洲房价。其中，英国房价下跌较为惨烈。英国全国建筑协会公布的数据显示，英国 2008 年 12 月房价年率下降 15.9%，为 1991 年以来最大的年率降幅；2008 年第四季度房价年率下降 14.7%，为该数据自 1974 年开始以来的最大季度年率降幅。法国生态部公布的数据表明 2008 年第四季度，法国新房的销量只有 1.5 万套左右，同比大幅减少了 47.6%。整个 2008 年，法国新房销量还不到

8 万套，比 2007 年锐减了 37.6%。另外，欧洲消费需求疲软，对美国出口依赖度高，美国是欧洲商品最大的出口市场，美国经济衰退会减少美国对欧洲商品的需求。特别是德国由于经济对贸易依存度较高，有可能将经历一次严重的衰退。德国经济部公布的数据显示，2008 年 12 月制造业订单年率下降 25.1%。仅 11 月和 12 月两个月期间，制造业订单较 9 月和 10 月两个月期间下降了 11.6%，较 2007 年同期下降 25.9%。其中，国外订单年率下降 29.6%，国内订单年率下降 21.9%。2008 年第四季度订单的季率下降为 15.7%，为此，德国政府经济顾问委员会担忧 2009 年德国将出现 16 年以来最严重的下滑。

与德国相似，日本与美国的贸易往来也很密切。虽然中国是日本最大的贸易伙伴，但是，日本对中国的很大一部分出口是加工贸易，加工后的商品要再出口给美国。日元套利平仓导致日元升值，与欧美经济衰退叠加，对日本出口打击巨大。国内需求疲软又是日本经济的最大弱点。作为日本制造业象征的汽车业也不得不关闭部分工厂，裁减员工。12 家汽车制造商共裁减了 1.1 万人。事实上，日本经济 2008 年第二季度环比已下降了 0.6%，同比下降了 2.4%。这是日本经济自 2007 年第二季度以来再次出现负增长，被认为是继 2001 年缓慢复苏后重新陷入衰退。2008 年第四季度日本国内生产总值比上一季度下降 3.3%，这一降幅远高于日本经济学家们此前的预期，折合成年率相当于 12.7%，是自 1974 年以来最大的季度降幅。日本经济财政政策大臣与谢野馨表示："这是二战后日本最大的一次经济危机。"同样，受到金融风暴的影响，亚洲新兴经济体已经明显放缓。已公布的各国经济增长速度和贸易顺差数据显示，从 2007 年下半年或 2008 年年初以来，大部分国家经济增长和出口都已进入下行周期，各大机构也纷纷调低了对亚洲新兴经济体增长的预期。随着金融危机的进一步深化，部分亚洲国家已经出现危险的信号，韩国、印度、印度尼西亚、巴基斯坦等国都被列为高危国家，尤其是韩国，更被认为最有可能成为下一个冰岛。

可见，作为全球经济发展的火车头，美国经济的衰退将不可避免地拖累全球经济的增长。据 IMF 11 月 6 日公布的最新预测，2009 年全球经济增长率为 2.2%，发达经济体经济 2009 年下降 0.3%，新兴经济体 2009 年的增长速度虽将有所下降，但增幅仍能有望达到 5.1%。其中，美国经济将负增长 0.7%，而欧元区的两个主要经济体德国和法国 2009 年将分别负增长 0.8% 和 0.5%。日本经济也有可能再次陷入长期衰退的境地。目前，全球经济衰退正成为各国政府的新难题。各国政府加大救助甚至不惜成本对金融市场注资及对实体经济实施刺激的做法都是为了避免实体经济出现深度危机。

二、中国积极参与国际合作，承担大国责任

虽然此次金融危机的起点是 2007 年下半年爆发的美国次贷危机，但直到 2008 年 9 月的雷曼兄弟破产时，全世界似乎才意识到这场金融危机有多么严重，仿佛一夜之间，金融风暴就蔓延到了全球，并由此可能引发世界经济危机。在全球经济遍地哀鸿的景况

下，中国经济受金融危机的影响有多深，未来能否保持"一枝独秀"，令人关注。目前，影响中国经济的既有内部因素，也有外部因素，而且中国经济与世界经济的关联程度在不断提高，因此，金融危机之痛不可避免地会波及中国。不过，金融危机同样给中国带来难得的机遇，中国有条件争取独善其身。

1. 金融风暴日益侵蚀中国实体经济

从现在的情况看，中国经济受经济转型与周期性调整双重因素影响已经进入了一个调整期。美国金融危机对中国金融业的直接影响较小，但对实体经济的间接影响则相对较大。具体表现在以下几个方面：

第一，从金融体系的角度来看，近几年虽然对外开放的程度在逐步加大，但中国投资者直接投资与海外金融机构和产品的程度还有限，遭受的直接投资损失尚在可控的范围之内。因此，由美国金融机构的破产、证券价格的暴跌使中资金融机构蒙受相应的所持有海外资产价值的缩水以及相关投资与交易产生的风险敞口增加等造成的直接损失非常有限。迄今为止，建行、工行、中行、交行、招行、中信、兴业等七家上市银行已被披露持有雷曼债券及风险敞口的数量总计为 7.21 亿美元，占各自总资产的比例微乎其微，且所持有的多为优质债券（见表 5 - 4）。不过，随着金融危机不断向纵深发展，"多米诺骨牌"效应可能还会使更多的美国金融机构在金融风暴中倒下，受其牵连的中资金融机构因而将有可能继续浮出水面。

表 5 - 4　中国上市银行所持雷曼相关资产

中资银行名称	持有雷曼兄弟资产（美元）	风险敞口类型
建设银行	1.91 亿	1.41 亿美元优先债券和 5000 万美元次级债券
工商银行	1.52 亿	1.39 亿美元优先债券和 1281 万美元普通债券
中国银行	1.29 亿	7562 万美元债券和 5320 万美元贷款
中信银行	7600 万	均为优先债券
交通银行	7002 万	公司债
招商银行	7000 万	6000 万美元优先债券和 1000 万美元次级债券
兴业银行	3360 万	公司债

资料来源：《证券日报》，2008 年 9 月 22 日。

第二，就中国虚拟经济本身，资产泡沫已经膨胀了好几年，泡沫主要来自于股市和房地产。再加上美联储大量发行美元，大量热钱涌入中国股市和房地产，加速了泡沫的形成。随着次贷危机不断深化，海外机构投资者唯求自保，纷纷甩卖所持有的在华金融资产、套现以应对危机，以免成为下一个"雷曼"。因此，由美国次贷危机所导致的国际短期投机资本的大进大出对我国股市与房地产市场产生了不小的冲击。虽然，我国股市近期在政府积极的财税政策刺激下，出现了止跌回稳的迹象，但是，依然不能摆脱外围因素对投资者信心所造成的一定打击。股市的疲软使居民财富缩水，同时也会影响房地产行业的景气。另外，目前房地产价格下降受到了外部环境及前期国内宏观调控的影响。由于全球经济开始陷入衰退，外部的环境恶化了投资者预期，而且前期局部地区的房地产价格又积累了过大的涨幅，在内外因素的夹击下，房地产市场陷入调整。值得注意的是，房地产投资在中国国民经济中地位显著：房地产作为抵押物的贷款所占商业银行总贷款的约 60%，房地产投资占城镇固定资产投资的 25% 以上；房地产业是拉动建材、钢铁、水泥、装潢等行业的核心产业。因此，房地产市场的低迷会直接影响到我国的银行体系和实体经济。

第三，随着全球金融危机向实体经济的蔓延，国外需求尤其是作为中国的主要贸易伙伴美国、欧盟及日本等发达经济体的经济增长的明显减速所导致的需求的萎缩已经对中国出口产生较大的负面影响。从 2008 年 10 月以来中国经济出现较大幅度的下滑表明，对外需的过度依赖已经放大了外需放慢对中国经济的冲击。海关总署的报告显示，2008 年 11 月份，我国外贸进出口形势急转直下，月度进出口总值自 2001 年 10 月份以来首次出现负增长，月度进、出口增速则为 1998 年 10 月份以来首次同时呈现下降走势。12 月单月的进出口依然延续了 11 月以来的负增长，贸易顺差增幅收窄。12 月份我国进出口总值 1833.3 亿美元，下降 11.1%；其中出口 1111.6 亿美元，下降 2.8%；进口 721.8 亿美元，下降 21.3%。美国国内消费低迷是影响中国出口增速放缓的最重要原因。据美国商务部的统计，2008 年第四季度美国消费者开支下降了 4.3%，跌幅超过第三季度的 3.7%。美国消费市场的低迷严重制约了中国出口在美国市场的扩张。此外，欧元贬值也在一定程度上影响中国出口。另外，国外订单的大幅减少、企业投资动力减弱和国内经济增长的回落又是导致中国进口需求急速下滑的主要因素。

第四，金融危机对中国实体经济的影响不仅体现在宏观层面对进出口的影响上，而且还反映在微观层面对制造业内的各个行业不同程度的影响，并从制造业再影响到其他产业。制造业是此次金融危机受损最大的行业，尤其以环渤海地区、长三角、闽东南、珠三角等沿海地区受其影响最为严重。据统计，中国制造业上市公司 2008 年净利润约 530 亿元，同比下降 42.68%。其中钢铁、汽车等行业业绩下滑幅度显著。导致中国制造业整体急速下滑的主要原因不仅来自过去几年企业把经济泡沫当做常态，造成产能大幅过剩，而且美国经济萧条需求下降更是使以往盲目扩大的产能过剩问题显现并逐渐变得日益严重。包括汽车、钢铁、纺织、造船等在内的主要行业的投资加出口已经占到中国 GDP 的四成以上，如果这些行业受到严重影响，可想而知，对中国实体经济的影响是非常大的。另外，在全球经济放缓的阴影下，外向型企业受到严重冲击。一方面，原材料和人力成本在 2008 年上半年大幅上涨；另一方面，全球经济疲软，加上人民币升值、劳动合同法的实施，以及流动性收缩导致资金链的断裂，以出口贸易为主的中小企业受其影响颇深。一些粗放型生产、劳动力密集型、技术含量低的中小企业倒闭现象时有发生。据国家发改委中小企业司的初步统计，仅 2008 年上半年中国就有 6.7 万家规模以上的中小企业倒闭。企业的大规模倒闭不仅会引发大量失业的社会稳定问题，同时还会影响社会的消费支出，因此，金融危机对中国外向型企业尤其是中小企业的影响不可小视。

2. 中国多管齐下积极迎战全球金融危机

自美国次贷危机爆发以来，中国政府一直密切关注着危机的发展态势和国内经济形势的变化，特别是从 2008 年 9 月以来，次贷危机迅速演变为全球性金融危机以后，中国政府针对金融危机带来的最新变化，实施灵活审慎的宏观经济政策，已密集出台了一系列政策措施。这些措施既是对中国面临的国际和国内经济挑战所做出的回应，同时也是加强国际合作，与世界各国携手应对危机，确保世界经济增长的具体行动。

此次危机不仅将主要工业化国家拖入了经济衰退的深渊，而且直接考验新兴市场经济应对危机的能力。对中国而言，这场考验才刚刚开始，2009 年将成为判断中国经济能否承受住外部巨大冲击的关键时期。中国经济在自身的周期性调整和受金融危机的影响下，经济增长速度放缓已不可避免。这本身并不一定是件坏事，关键是看中国经济能否实现"软着陆"，换句话说，中国需要避免经济出现过大或过长的调整。

中国应对金融危机的对策与美国不同。由于美国的问题起源于金融体系，"救市"直接针对根源，如果能够稳定金融市场，就能够减少金融危机向实体经济的传导。因而，美国需要"救市"以救经济，而中国要"救市"，先要救经济。为此，中国政府在"保增长、扩内需、调结构"的政策取向下，从货币政策、财政政策、税收政策、产业政策及汇率政策等方面采取积极应对举措，通过发挥政策"组合拳"的威力，提高宏观调控政策的预见性、主动性、针对性、系统性、灵活性和有效性，来确保中国经济健康稳定发展。

第一，货币政策虽然对实体经济的刺激作用较为显著，但是效果显现也较缓慢。就利率调整而言，单次降息的作用有限，但连续降息所带来的累积正面效应却不可低估。目前，中国已经进入降息通道（见表 5-5），虽然它不会很快消除市场信用紧张，但有助于缓解这种局面，而且还会鼓励大中型企业增加投资。

表 5-5　进入降息周期以来央行历次降息

调整时间	一年期存、贷款利率调整内容
2008 年 12 月 23 日	一年期存贷款基准利率下调 0.27 个百分点
2008 年 11 月 26 日	一年期存贷款基准利率下调 1.08 个百分点
2008 年 10 月 30 日	一年期存贷款基准利率下调 0.27 个百分点
2008 年 10 月 9 日	一年期贷款基准利率下调 0.27 个百分点
2008 年 9 月 16 日	一年期贷款基准利率下调 0.27 个百分点

资料来源：中国人民银行网站。

第二，减少全球经济衰退对中国实体经济影响的根本举措在于加快产业结构调整及产品升级优化，大力发展先进制造业和现代服务业，推动经济增长模式由出口导向型向内需拉动型的转变，减少对外经济的依存度。为此，中国政府 2008 年 11 月 9 日出台了一项总额为 4 万亿人民币（约合 5860 亿美元）旨在扩大内需的经济刺激方案。该方案涵盖了 10 项关系民生的项目建设，包括低收入人群的保障性安居工程、农村基础设施建设、交通运输网络、生态环境建设、技术创新和灾后重建等。此次经济刺激计划最大的亮点在于通过社会支出刺激消费，而住房、社保、医疗、教育等问题则是中国目前的最大民生问题。不过，4 万亿财政支出需要科学审慎，确保决策科学与避免腐败浪费、重复建设、能源浪费和环境污染。

第三，为了减轻金融危机对广大出口导向型中小企业生存和普通居民收入的影响，中国政府不仅多次上调了受外需锐减冲击较大的劳动密集型商品以及高技术和高附加值商品的出口退税率，而且还将个人所得税的起征点由原先的 1600 元提高至 2000 元，并可能还将继续上调至 3000 元。同时，政府还在全国所有地区、所有行业全面实施增值税转型改革，鼓励企业技术改造，减轻企业负担。这些举措也充分反映出中国政府运用配套的税收政策通过降低税负，让企业利润和居民收入增长来拉动出口、投资及消费"三驾马车"，以实现经济的持续稳定及科学发展。

第四，在产业政策上除了近期已经出台或正在抓紧制定中的包括钢铁、汽车、船舶、石化、纺织、轻工、有色金属、装备制造、电子信息等九个产业的振兴规划以外，影响最为深远的政策变化集中在房地产行业。从中央到地方政府都已出台了包括二套房在内的多项楼市新政，如放松住房抵押贷款要求、降低住房抵押贷款利率及个人公积金贷款利率、增加住房公积金贷款规模、下调住房交易税和购房的首付比例等，来增加房地产市场的交易量；同时，进一步增加财政支出以扩大经济适用房的供应量，力求提高中低收入家庭的住房购买力。这些积极政策，加上房地产价格的逐渐理性回归，可以刺激住房消费、提振消费信心、支持扩大内需以及保障居民的生活水平。

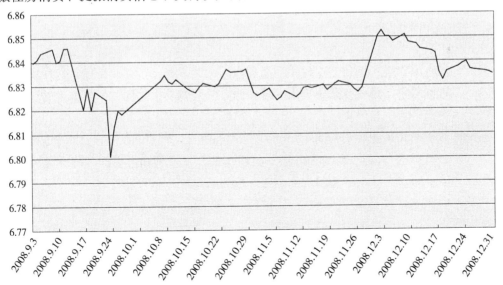

图 5-2　2008 年第四季度人民币对美元汇率走势

资料来源：国家外汇管理局网站。

第五，扩大了人民币汇率的波动幅度。随着美国次贷危机不断扩散，并最终演变成全球金融危机以后，美元汇率发生逆转，自 2008 年 9 月美元对主要货币呈现出快速升值的态势。人民币也掉头向下，由单边升值改为双向波动（见图 5-2）。人民币的小幅贬值不仅有利于缓解金融危机对国内企业出口的影响，而且可以在一定程度上消除人民币升值一边倒的预期，减轻对人民币的投机行为，从而能够缓解热钱的大进大出对国内金融市场的冲击。

3. 积极参与国际合作体现大国责任

此次金融危机并非是突发的偶然事件，而是由现行的国际金融与货币体系中一些痼疾酿成。全球救市措施只能对国际金融市场起到暂时的稳定作用，但无法从根本上解决全球金融与货币体系存在的问题。因此，在拯救这次危机的同时，全球金融与货币体系必然面临新一轮的革新。

改革现行的国际金融与货币体系，并不是要将旧体制推倒重来，而是要使其能够反映已发生重大变化的世界经济格局，能够适应未来国际经济和金融不断发展的需要。长期以来，国际金融与货币体系是建立在国际经济格局相对稳定、美国经济优势不可挑战的基础上，但是，随着欧元区和以"金砖四国"为首的新兴经济体的崛起，全球经济格局发生了重大变化，美国虽然仍旧是全球最强大的经济体，但相对地位日益下降。新的全球经济格局要求国际货币体系和国际金融体系随之相应调整，一个重要的要求就是改变美元主导国际货币体系的格局。

现存的国际货币体系的命运完全依赖于对霸主货币的约束，在美元没有外部约束的情况下，就只好依赖于美国的"自律"，依赖于其货币当局是从全球利益来制定政策，还是仅仅考虑美国利益。不幸的是，美国货币当局考虑的仅仅是美国的利益，而且不是其长远的根本利益。此次危机充分反映出以美元为中心的不均衡的国际货币体系已成为最大的宏观风险因素之一。改变这种不均衡的体系，尤其要在国际货币体系运作机制的改进上，在规则制定、机构改革中增加发展中国家的发言权，是促进国际金融的稳定和世界经济重新获得新生的关键。

在此背景下，此次危机呼唤整个世界采取共同的行动，构建新的国际金融秩序。2008 年 11 月 15 日在华盛顿召开的 20 国集团领导人金融市场和世界经济峰会无疑是一个里程碑式的事件，它制定了遏制当前金融危机的紧急措施和行动计划，对提升新兴经济体和发展中国家地位达成了普遍共识。会后还发表了"华盛顿共识"，承诺加强合作，努力恢复全球增长，实现世界金融体系的必要改革，防止类似危机的再次发生，并强调要推进 IMF 和世界银行等国际金融机构的改革，使其更充分地反映世界经济格局的变化，增强其合法性和有效性，同时应让新兴经济体和发展中国家享有更大的发言权和代表性。为此，此次峰会被认为是拉开了国际金融与货币体系改革的序幕。

虽然，从宣言中可以看到与会各方对采取有力行动、尽快恢复市场信心、遏制金融危机扩散和蔓延、努力建立起一个能够适应未来国际经济和金融发展需要的国际金融体系达成了共识，但在危机起因、如何加强监管、怎样构建未来金融体系等诸多问题上仍存有争议。

美国前总统小布什认为国际金融体系必须改革，但改革不能导致政府对市场的过度干预。欧盟领导人则强调任何金融机构、金融市场和金融领域都必须受到适当而充分的监管或监控；新的国际金融体系必须建立在可问责和透明的基础上，主张通过一个更加全面的信息系统来确保金融交易透明，彻底改变助长冒险行为的安排等。

20国集团轮值主席国巴西总统卢拉则强调现行的多边金融机构和国际规则已经遭到历史的摒弃，IMF和世界银行应当扩大发展中国家的参与，增加发展中国家的代表性和投票权。欧洲中央银行行长特里谢指出，新兴经济体对世界经济增长的贡献度逐年增大，现行的国际金融体系必须反映这种现实。IMF总裁卡恩也表示，如果考察2009年经济增长预期，就会发现全球经济的增长动能全部来自新兴市场。因此支持这些国家扩大话语权是公平的。

中国国家主席胡锦涛发表了题为《通力合作，共度时艰》的讲话，提出了四项具体改革措施：一是加强国际金融监管合作，完善国际监管体系；二是推动国际金融组织改革，提高发展中国家在国际金融组织中的代表性和发言权；三是鼓励区域金融合作，充分发挥地区资金救助机制作用；四是改善国际货币体系，稳步推进国际货币体系多元化。胡锦涛在讲话中还强调改革应该坚持建立公正、公平、包容、有序的国际金融新秩序的方向，坚持全面性、均衡性、渐进性、实效性的原则，只有这样才能使全球经济运行走上健康的轨道，避免危机重演。中国政府积极参与和维护国际金融稳定、促进世界经济发展的国际合作，不仅赢得了国际社会的高度评价，而且还使中国在世界经济领域的影响力变得更加举足轻重。

上述不同的声音代表了与会各方在国际货币与金融体系改革问题上的价值观和利益关注点的差别。实际上，国际货币与金融体系的设计体现了国际经济与政治力量对比的变化。从20世纪大萧条开始到布雷顿森林体系建立用了15年的时间，由此可见，重建国际金融与货币体系不能指望一蹴而就，可能要用的时间更长，成本更高，将会是一个漫长而艰巨的历程。但是，随着国际合作不断加强，至少能够对美国产生一种积极的制约力量，让美国在享有国际金融主导权的同时，也承担起与其相适应的义务，为维持国际金融市场的稳定承担应有的责任，并最终建立一个顾及全球各国经济利益，特别要顾及发展中国家利益的，包容有序、有效约束国际货币发行，有效监管金融风险，促进世界经济平衡健康增长的，更加有效的、稳定的国际货币体系。在这个过程中，中国可以担当新秩序的促进者和积极参与者，谋求与经济实力相称的经济话语权，积极主导国际金融与货币体系改革，不断提升在未来国际金融与货币体系中的权益和地位。

国际社会对中国在建立合理的国际经济秩序方面充满期待，美国政府更是期待中国在危机中承担更多的国际责任。中国政府不仅在以往的国际事务中参加了应对全球变暖等生态、环境问题有关的多边进程、国际公约、条约和议定书，自觉履行一个大国的责任，而且在此次金融危机中，通过利用巨额的外汇储备购买美国国债，维护美元币值的稳定，帮助美国经济尽快恢复，充分显示了中国作为国际社会负责任的一员。但是，中国毕竟是一个拥有13亿人口的发展中国家，中国的人均国民收入排世界第110位，仅相当于美国人均收入的4%、日本的5%、韩国的10%，因此，中国不能够承担超出它自身能力所能承受的国际责任，中国需要在国家利益与全球视角的平衡中，对需要承担的国际责任做出一个合适的定位。中国承担国际责任的重心，应该是保持国民经济持续快速稳定发展、社会政治稳定。与此同时，继续在国际事务中发挥积极作用，维护地区的稳定和平，并推动公平合理的国际政治、经济新秩序的形成，为国内经济持续发展赢得更好的国际环境。这才能体现中国为人民负责、为世界负责、为未来负责的精神。正如温家宝总理所说，中国最重要的是把自己的事情办好，这就是对世界的最大贡献。

三、全球金融危机凸现中国的国际地位提升

中国是此次金融危机中唯一没有出现信贷危机或信任危机的大国。中国经济的平稳较快增长、对外投资的增加以及内需和进口的扩大，都对稳定世界经济有着举足轻重的意义。信心、勇气和希望，这是中国向世界传递的信息。同时，国际金融危机不仅为中国实施金融稳步开放战略创造了有利的外部环境，而且也为中国加快人民币国际化进程、提升人民币的国际地位提供了难得的机遇。

1. 重振世界经济需要中国信心支撑

2008年，全球经济形势非常严峻，金融危机对包括发展中国家在内的世界各国的经济冲击将日益显现。危机面前，最需要的是坚定信心。正如温家宝总理在2007年9月下旬出席联合国大会期间与美国经济金融界人士座谈时表示，"面对危机，关键是要鼓起勇气和信心，这比黄金更重要"。而"中国信心"为世界经济摆脱危机增添新的勇气、力量和决心。

"中国信心"并非空穴来风，而是来自中国经济基本面未变，来自中国经济的优势仍在，来自经济发展的趋势依然向好。中国财政、金融体系稳健，外汇储备充裕，工业化和城镇化道路远未走完。温家宝总理就"中国信心"做出了科学、务实乃至文化的立体诠释。归纳起来大致有以下五个方面：

第一，金融危机源自美国，中国并非金融危机的直接受害国，金融机构的海外投资损失有限、风险可控。目前，中国金融机构在资本充足率、治理结构、风险控制能力等方面都有很大程度的提高，金融创新业务与国际上高风险的金融衍生产品的关联度较弱。此外，中国人自身的消费文化观念与美国有很大不同，以量入为出为主流，储蓄率比较高。因而，有利于抵御金融风暴的冲击。

第二，尽管中国经济增长在2008年下半年有所放缓，但与世界其他国家相比，仍然处于高位，全年经济增长率达到9%。与此同时，国内通胀压力减弱，国际能源及大

宗商品的价格显著下降，这些都使国内经济政策的宏观调控余地加大。

第三，近年来，国家的外汇储备和财政收入较为充盈，调控能力较强。

第四，就中国的发展阶段而论，在出口市场萎缩的情况下，扩展国内消费市场的空间较大。从目前的现状看，中国经济结构的失衡问题较为突出：一是经济的对外依存度偏高，二是在国际产业价值链中的位置偏低。金融危机的爆发也有助于推动中国加快经济结构调整和产业升级的步伐。

第五，"中国信心"也源自中华民族所具有的文化脊梁。从 2008 年中国经历的大灾大难中可以看出，中国人在灾难面前，能挺住能坚持，更能万众一心、众志成城，这是中国人克服时艰的一种文化精神优势。多难兴邦，这已为近代中国历史所多次证明。

由此可见，世界对"中国信心"绝非盲目乐观，而是基于对中国过去 30 年改革开放和发展所造就的巨大物质基础和综合实力的科学认识，也反映出中国在与世界互动共赢的发展过程中所形成的特有的影响力与软实力，使得世界对于中国的发展前景更加信任，更加充满信心。

温家宝总理年初的欧洲之行，被海内外媒体誉为"信心之旅"。在接受英国《金融时报》主编巴伯的专访时，温总理指出："我带来了中国应对金融危机的信心，也带来了同欧洲加强合作，推进全面战略伙伴关系的信心，带来了世界携手共进、共度时艰的信心。"访问期间中国与瑞士、德国、西班牙、英国等欧洲四国在贸易、投资、环境、能源等领域签署了多项经济与技术合作协议，充分显示了中国与欧洲携手共同应对危机的决心。

欧洲舆论对此给予了高度评价，指出通过温总理的访问，国际社会增强了携手合作、共克时艰的信心，中欧增强了加强全面战略伙伴关系共面挑战的信心，欧洲、世界对中国的改革开放和应对危机也更有信心。这次访问是名副其实的"信心之旅"。

针对美国国内贸易保护主义势力的抬头，温家宝总理强调中国政府绝不追求贸易顺差，绝不搞贸易保护主义。对此，欧盟积极回应，表示将进一步推进贸易和投资便利化与自由化，并在对华开放市场方面采取积极行动。英国首相布朗强调，世界只有在相互贸易中才能走出衰退向前进。

作为温家宝总理访欧"信心之旅"的一次重要后续行动，由商务部部长陈德铭率领的"中国贸易投资促进团"于 2 月下旬对上述欧洲四国进行了访问，签订了总额高达 100 多亿美元的采购或合作协议。在当前世界经济环境趋紧的背景下，此次中国政府的赴欧采购，不仅以实际行动表明了中国坚持开放市场，愿与世界各国进一步密切经贸合作、共克时艰、推动世界经济早日复苏的决心和良好愿望，而且也用实际行动为抵制贸易保护主义做出了表率，为欧洲和全世界创造一个更加可靠可信的贸易环境，产生了积极的深远影响。欧洲各界人士对中国在危机时刻仍秉持开放理念、合作意愿和负责任态度表示了高度赞赏。

总之，"中国信心"不仅为世界竖起了一面旗帜，而且也为世界经济提供了新的支撑。中国经济的平稳较快增长，将有利于推动国际社会携手合作、共克时艰，有利于增强国际社会应对金融危机的信心。

2. 中国成为世界经济稳定增长的重要力量

经过 30 年的改革开放，中国经济实力大增，在当前世界经济中的地位变得越发重要。中国已经成为全球第三大经济体，仅次于美国和日本。中国经济总量占世界经济的份额已从改革初期的 1.8% 提高到现在的 6%。中国经济从 2003 年至 2007 年已连续五年保持了两位数的高速增长。2008 年，在全球经济受金融危机的影响出现普遍显著下滑的情况下，中国经济总体仍呈现增长较快的态势。

2008 年，全年国内生产总值逾 30 万亿元人民币，同比增长 9%。根据国际货币基金组织最近公布的数据，2008 年世界经济增速为 3.4%。其中发达经济体增长 1.0%，新兴和发展中经济体增长 6.3%。而在不景气的世界经济氛围中，2008 年中国经济对世界经济增长的贡献率超过 20%，贡献度位居世界第一。不仅如此，中国的对外贸易在世界贸易中的比重也在不断提高，尤其是进口额增长速度大大超过美国和其他发达国家。目前包括拉美国家在内的许多国家出现对美国出口增速放缓迹象，但向中国的出口仍保持着高速增长。目前，中国是美国和欧盟的第二大贸易合作伙伴，是日本的第一大贸易合作伙伴，是世界第三大贸易国。中国作为全球供给和需求来源的作用正日益扩大，中国经济已成为世界经济增长的重要驱动力之一。

中国的重要地位和日益提升的综合国力决定了它的影响力。在金融危机波及全球的时刻，世界期盼中国仍能保持旺盛的需求和增长，这将在一定程度上减轻世界经济因美国衰退受到的冲击。为此，面对国际金融经济形势急剧恶化，中国政府为保持经济平稳较快增长势头，果断采取的扩大内需的各项举措，就是对解决全球金融危机做出的最佳贡献。国际社会也对此给予了高度评价。

美国财政部负责国际事务的副部长麦考密克表示，在此次全球金融动荡期间，中美两国一直保持了积极的沟通，中国政府在解决当前这场危机的过程中始终表现为一个负责任的参与者和合作者。中国是全球主要的投资者，是全球经济增长的发动机，在这次危机中，中国避免了全球金融市场所面临的很多问题，中国经济的持续发展对全球经济至关重要。

阿根廷战略研究所所长、著名中国问题专家卡斯特罗博士认为，中国在应对和遏制危机方面将起到关键作用，中国经济的稳定增长对世界经济更加具有重要意义。中国政府目前采取扩大内需的经济政策，不仅提振了全球市场的信心，也给包括阿根廷在内的发展中国家树立了良好的榜样。中国政府采取积极的财政政策，所产生的示范效应有目共睹。

瑞典斯德哥尔摩大学经济学教授林德霍尔姆在接受《人民日报》记者采访时说，如果没有中国近年来持续高速的发展，国际金融风暴或许会提前到来，所以中国不但不是金融风暴的罪魁祸首，反而是维护世界经济最可靠的"稳定器"。在这场反危机斗争中，中国政府适时调整经济发展战略，其推动内需的举措不仅是稳定国内经济的有效措施，而且也是对提振世界经济发展做出的巨大贡献。

虽然，金融危机通过出口和投资等渠道对中国实体经济的间接影响较大，但与发达经济体相比，中国内需扩张的潜力、宏观经济政策调整的余地要大得多，因而，国内外许多学者专家及政府官员均认为随着中国政府及时出台系列重大应对措施，中国经济有望走出与发达经济体深度衰退不同的短期调整轨迹，在世界主要经济体中率先回升，并在下一轮经济周期中优化结构、平衡发展，增长质量将会取得更大突破。

全国政协经济委员会副主任、经济学家厉以宁认为尽管世界经济形势的变量很多，但中国经济有望在全球实现率先复苏。因为我们的问题不像外国那么复杂，出口虽然有一定的对外依赖度，但中国现在把主要精力放在扩大内需上，这实际上会培育以后的增长力。

国务院发展研究中心主任张玉台表示完全有理由相信，中国经济有条件在世界主要经济体中率先回升。因为支撑中国经济中长期持续快速增长的基本面并未动摇。与包括美国在内的发达国家相比，中国内需扩张的潜力、宏观经济政策调整的余地要大得多；与广大发展中国家相比，中国具备相对完善的市场经济体系、政府有效动员资源的能力、充足的外汇储备等独特优势。

美国沃顿商学院教授弗兰克林·艾伦也表示，中国拥有绝对优势，中国经济有望率先步入春天。尤其是与许多发达国家不同，政府在经济管理当中发挥着非常大的作用。中国有大量的国有企业，而且政府拥有大量股权，可以推动经济向前发展。

尽管中国经济的发展对全球经济的复苏将会产生积极作用，但是，作为一个发展中国家，中国不可能单独引领世界走出危机。即便如此，中国对全球经济的巨大贡献是毋庸置疑的。它主要体现在两个方面：一方面，中国经济平稳较快增长，特别是 4 万亿元人民币经济刺激计划的推出，给中国的贸易和投资伙伴创造了更多的市场机会和更大的发展空间；另一方面，中国充足的外汇储备，给流动性严重不足的国际银行业和企业界带来新的希望。另外，人民币汇率的基本稳定，也有助于国际金融和货币市场避免动荡。因此，从这种意义上讲，中国握有世界经济复苏的"钥匙"。

3. 金融危机造就人民币国际化机遇

此次金融危机充分暴露了美国经济增长与金融体系存在的严重问题，美国经济的深度衰退也使全球投资者对美元的信心持续下降，以美元为主导的现行国际货币体系难以维系。在以欧盟为首，包括中国在内的全球主要经济体呼吁改革现行国际金融体系的压力下，美元、欧元和人民币在国际货币体系中的格局正在发生新的变化。从目前的形势看，美元正在遭受严重信任危机，欧元也不断走向衰弱，而人民币的国家信用正在逐步加强，因此，推进人民币国际化适逢其时。

人民币国际化将给中国带来巨大的收益。第一，人民币国际化不仅有助于改变中国长期以来的"贸易大国、货币小国"的失衡状况，而且还将减少国际货币体制对中国的不利影响，增强中国对全球经济活动的影响力和发言权，提升中国的国际地位。第二，在全球金融体系的演变中，人民币国际化意味着中国在世界经济舞台上可以通过制定国际金融规则来体现国家长远利益和经济目标，并从中获得相应的制度性收益，如国际铸币税收益和其他间接收益。第三，人民币国际化可减少中国对美元等其他国际储备货币的需求，有助于降低中国外汇储备的规模，从而缓解高额外汇储备的压力。第四，人民币国际化有助于减少企业的汇价风险，促进中国国际贸易和投资的发展。

由此可见，人民币国际化的深远意义不只是在于一个货币的走向，关键在于它是一个国家、一个民族是否强大的一个重要标志。目前，中国已经是仅次于美国、日本的第三大经济大国，经济规模是美国经济的 1/5、日本经济的 1/2。按照人民币的实际购买力计算，中国已经成为世界第二大经济体。但是，经济大国的货币和金融市场如果不能够相应地国际化，成长为在区域甚至全球有影响的货币和市场，经济大国就不能够成长为经济强国。因此，随着中国经济实力的不断增强、对外开放的不断深入和国际政治地位的不断提高，作为中国法定货币的人民币，在国际货币体系中谋求与本国综合国力相匹配的地位是必然选择，符合中国发展的战略利益需要。

人民币国际化将是一个漫长的历程，其实现要受到诸多方面条件的综合影响和制约，因而需要多层面、分阶段推进。在国家层面，中国可以尝试与其他国家进行外汇互换、货币互换、境外发行人民币债券，这样既满足了国际流动性需求，又能够保证中国储备资产的有效经营，扩大人民币境外使用范围。在外向型企业层面，可以选择人民币作为计价货币或者结算货币、境外投资货币。中国货币当局可以总结香港人民币业务的经验，推进人民币业务在境外的发展。在区域层面上，中国要继续发挥在亚洲贸易和金融合作的作用，积极成为贸易合作和金融合作的促进者，与日本和韩国进行更多的沟通交流与合作，促进东北亚市场整合和金融整合，为人民币区域化打造区域市场交易网络。

从具体的实现路径上说，人民币国际化应遵循从人民币的周边化到区域化，最终实现国际化的"三步走"战略。其中，人民币的周边化和国际化是人民币国际化路径中最基础和最关键的阶段，因为人民币周边化是人民币区域化的基础，而人民币区域化的实现将有助于未来形成人民币、美元和欧元三足鼎立的国际货币体系的新格局。为此，应着重从以下几个方面来积极稳妥地推进人民币国际化进程。

第一，在中国与周边国家及地区的贸易和投资中，积极倡导用人民币进行计价和结算。目前，中国已经与包括俄罗斯、蒙古、越南、缅甸等在内的周边 8 国，签订了自主选择双边货币结算协议。自 2007 年 12 月起中国又先后与韩国、中国香港和马来西亚等周边国家及地区签署了货币互换协议。随着人民币国际贸易试点政策的进一步推进，人民币将会成为中国与东盟国家贸易中重要的结算货币，人民币在区域内的接受程度将进一步提高，这也为人民币下一步走向国际化铺平道路。

第二，人民币境内外流通的稳定不能离开金融中介的作用。由于中国国内金融市场发展还不完善，资本管制的全面放松不会在短期内实现，因而，应利用香港金融市场的制度优势，设立人民币离岸中心，使之成为人民币通向亚洲各国的流通枢纽和集散中心，以此扩大人民币的区域影响力，从而使人民币率先成为区域内的关键货币。人民币只有首先成为区域化的货币，让亚洲国家有更多意愿去持有人民币，人民币将来才有可能实现国际化。

第三，推进人民币区域化的另一条有效途径是建立区域货币合作。中国应积极主导创建亚洲货币基金、亚洲货币单位和亚洲汇率机制，逐步提高人民币的影响力并使之成为区域内的主导货币，并逐渐提高人民币在亚洲货币单位中的权重，待条件成熟时，使人民币分步骤地完全替代货币区内其他国家或地区的货币，真正实现人民币区域化。

第四，构建人民币回流机制，增强境外居民和非居民持有人民币的信心。加快推进人民币国际化，在技术层面上，要考虑到解决境外人民币回流的问题。如果人民币没有畅通渠道回流到中国，周边国家和地区包括世界各国将难以把人民币作为区域储备货币。我们除了扩大在边境贸易中使用人民币结算以外，还可以考虑允许周边国家和世界各国用人民币购买中国政府债券或对中国进行直接投资。

第五，建立健全人民币跨境流通监测机制，防范和化解金融风险。在人民币国际化进程中，国际金融市场上将流通一定数量的人民币，其在国际间的流动可能会削弱中央银行对国内人民币的控制能力，影响国内宏观调控政策实施的效果。为了防范和化解因人民币国际化所带来的金融风险，必须建立健全人民币跨境流通监测机制，对人民币跨境流通进行实时监控。

总之，当前的国际金融危机为人民币的国际化提供了一个难得的历史机遇。中国要崛起，并最终在国际经济和金融秩序中拥有话语权和规则制定权，人民币走出国门，对成为与美元、欧元一样的世界货币至关重要。

151

四、国际金融危机的理论反思及其全球影响

与 20 世纪 30 年代大萧条十分相似的是，这次全球性危机同样发端于处于全球经济金融中心的美国，所以其影响力也是巨大的；而且尤为重要的是，它又是经济全球化加速推进以来发生的程度最深、范围最广的一次全球性危机，因而又是空前的，其结果也更加难以预料。自 2008 年 9 月雷曼兄弟公司破产导致金融危机全面爆发以来，"美国次贷危机→美、欧等主要国家和经济体发生系统性金融危机→主要国家经济衰退→进一步的金融危机和经济衰退"这种金融与经济相互作用所产生的连锁反应，在不到半年的时间内迅速显现和恶化。虽然各国采取了堪称有史以来规模最大的救市行动和经济刺激方案，但至 2009 年 2 月份，全球经济衰退的车轮不但仍无刹车的迹象，而且还面临新一轮更为严重的金融危机冲击的危险。① 据估计，新一轮冲击一旦形成，遭受重创的金

---

① 至 2009 年 2 月初，随着金融行业的巨额亏损不断曝光，美国金融业面临新一轮冲击的危险。这主要是实体经济衰退反作用于金融业的结果，其中的一个重要方面是，随着经济形势快速恶化，美国银行业的商业抵押贷款以及企业和消费贷款的坏账率激增。例如，花旗银行此时也处于危机之中，除了其出售的所罗门美邦公司尚有盈余外，其他业务部门全部处于亏损状态。据预测，花旗很可能成为继美国国际集团之后又一个被政府接管的企业。另就日本的情况看，与欧美相比，全球金融危机的第一波对日本的冲击相对较小，但第二波冲击可能通过外国投资者从日本撤资、与次级房贷相关的金融商品价格下跌、日本的出口急剧下降等几种渠道发生作用，这将导致金融机构自有资本受损，企业资金周转恶化，从而对其实体经济产生影响。

融机构将从上一轮的投资银行转向与实体经济更加密切相关的商业银行。由于这涉及更加广泛的金融和经济系统性风险，美国等发达国家政府肯定不会让任何对经济和金融业构成系统性威胁和冲击的金融机构破产，预计将会出现更多大型的金融机构被政府接管，大量地区性银行和对冲基金破产。因此，本次金融危机发展到当前阶段，总不免使人想起 20 世纪大萧条开始后的 1930 年，同样是大规模危机爆发后的第二年，似乎真正的经济衰退才刚刚开始。[①] 当然，在当前爆发的危机中，各国史无前例的救市力度、财政刺激方案、货币放松程度以及在应对危机跨国蔓延时所表现出的国际合作与协调程度，都是 20 世纪大萧条时期所难以比拟的。正是从这一意义上，人们对克服当前这次重大危机才表现出较高的信心。

1. 金融风暴引发全球范围内的体制反思

自 2007 年第三季度金融风暴大规模爆发以来，关于危机产生的原因及其可能带来的影响等方面的问题，就在全球范围内不断引起广泛的讨论和争论，产生了不同角度、不同层次的反思和分析。这些反思和分析，不仅涉及经济运行的宏观和微观层面，而且还进而涉及经济制度和意识形态层面。

一是从经济全球化背景下的世界分工格局以及由此导致的全球经济非均衡发展的角度加以反思。全球经济的非均衡发展与经济全球化格局下世界各国的生产、消费方式以及由此导致的商品、服务贸易和资本在全球的流动规律密切有关，而美国的经济发展方式、经济政策取向及其金融市场运行模式，则与危机形成和爆发的深层原因直接相关。上述两个方面，构成本次全球性危机形成和爆发的实体经济原因和虚拟经济原因。就金融危机的爆发地美国来说，其经济和金融运行模式，主要是指其以美元的国际货币地位为基础，以其发达的金融市场和不断创新的金融产品为保证，支撑着过度负债消费的经济发展和经济运行模式。在美联储长期实施低利率政策以及经济自由主义中那种无所不在的"欺诈、贪婪和无知"[②] 的共同推动下，缺乏约束和监管的金融创新导致虚拟经济脱离实体经济过度发展，并最终导致虚拟经济与实体经济在相互影响和传染的"多米诺骨牌"效应中顷刻间坍塌。显然，这次金融危机的爆发必然对美国持续多年的经济运行模式造成重创，因为它不仅动摇了一贯支撑美国这种经济运行模式的金融体系，更

---

① 在 20 世纪大萧条中，从 1929 年 8 月的经济顶峰到 1933 年的经济低谷，在这漫长的 4 年时间内，至少经历了 1930 年、1931 年以及 1933 年的多次银行业危机和银行业恐慌。在对危机原因的解释中，多数经济学家认可的一种观点认为，这次大萧条是历史的、政治的、哲学的和经济的等多种复杂原因作用的结果。其中，在经济因素中，设计糟糕的制度和短视的政府决策（如相关国家固守金本位制、货币当局决策不当等都导致了货币紧缩）是未能阻止危机深度蔓延的重要原因。参见本·S. 伯南克（2007）以及米尔顿·弗里德曼和安娜·雅各布森·施瓦茨（2008）的相关章节。

② 在美国具有 14 年次级抵押贷款从业经验的理查德·比特纳，以《贪婪、欺诈和无知：美国次贷危机真相》为书名，以第一手的详尽资料和参与次贷业务的亲身体会，向世人揭示了美国次贷市场的行业内幕，这也从微观角度揭示了美国基础性的初级次贷抵押市场之所以产生系统性风险并最终导致美国和全球金融"大厦"倾覆的一些基本原因。

重要的是，从长远看，这次危机还将会打击美元及其在国际货币和金融体系中的地位，并在实质上弱化其软实力。

而从全球经济运行方式这一角度来考察，这次全球性危机则与经济全球化和世界分工的发展有着密切的关系。从全球生产和消费格局看，中国、俄罗斯、印度、巴西等新兴市场国家在低劳动成本下制造的大量质优价廉产品，出口到欧美发达国家，这维持了以美国为代表的发达国家的低物价，并显著提高了其国民的福利和收益。然而，发达国家的金融当局却依然根据原有的货币政策框架，把这种低物价习惯性地归结为其自身劳动生产力的提高和高明的宏观经济政策；而新兴市场国家由于金融制度落后，缺乏具有深度和效率的金融市场以有效沟通其储蓄、投资和消费，使得由巨额贸易顺差积累的大量外汇储备只有通过购买美国国债和政府机构债券等方式回流到发达国家金融市场。显然，由于美国不是依靠向世界供给劳动产品以维护其贸易平衡，而是依靠其美元的国际货币地位，在发达的金融体系和不断创新的金融工具支持下，以高负债方式消费新兴市场国家的产品，并持续实施宽松的货币政策，从而导致全球流动性大规模泛滥。因此，从宏观上看，一方面，美国持续宽松的宏观经济政策提供了危机发生的货币因素根源；另一方面，从实物经济这一更具根本性的层面上来看，由于美国缺乏如信息革命那样的新一轮技术创新，难以向世界提供支撑其实体经济发展的新技术产品，使得其在根本上难以改变国际收支双逆差的整体不平衡格局。而从世界经济范围看，美联储作为全球货币的提供者，其货币供给的超额增长又难以被实体经济所吸收。因此，金融危机的爆发是全球经济和金融重新寻求平衡的过程。在关于金融危机发生原因的争论中，美国前财长鲍尔森所谓的中国储蓄率过高，为美国提供过剩资本从而导致美国的低利率和资产泡沫的说法，显然是推卸责任的一种不公允的托词。显而易见的是，因果关系的方向是：中国作为"世界工厂"向发达国家提供产品，是中国在经济全球化过程中参与世界分工的结果，是美国等发达国家对中国质优价廉的产品存在着大量需求，而非中国的对外出口导致了全球化。在2009年1月底召开的达沃斯全球经济论坛中，温家宝总理严厉地指出了导致这次经济危机的根源所在，认为主要是美国金融机构盲目追求利润的过度扩张，政府对金融行业监管失败以及美国长期低储蓄与高消费为特征的不可持续的发展模式等因素促成了危机的形成和爆发。

另外，从动态角度看，由于世界不可能重回到全球化之前的时代，也不可能回到各国自求贸易平衡或封闭锁国的时代，因此，危机过后全球经济如何达到新的均衡点，以及如何促进和维持世界经济在长期内稳定和谐增长，是世界各国共同面临的一个重大课题。

二是对美国金融市场和金融体系模式的反思。次贷危机爆发前，美国以资本市场为主导的市场主导型的金融体系不仅日渐受到传统上以银行间接金融为主导的发达国家的青睐，而且也经常成为经济转轨国家和新兴市场国家改革与发展国内金融市场的参照系和典范；而德国和日本式的以银行间接金融为主导的金融体系模式则颇受微词。出现这种现象的基本理由在于：在金融全球化和现代信息技术条件下，对于美国市场主导型的金融体系来说，其金融制度、金融结构和金融工具的创新以及金融工具数量和种类的增长等基本因素的协同作用，使得金融市场便于向最大程度地节约交易成本和向市场交易者提供尽可能高的流动性的方向发展；同时，与银行信贷融资中普遍存在着信息不完全和不对称的情况相比，市场主导型的金融体系在金融运行规则和标准方面更易于明确和统一，因此，这种类型的金融市场更善于发现新的赢利机会，更易于实施跨国界投融资，金融市场更具深度和广度，也更有利于扶持中小企业的发展。而以银行融资为主导的金融体系更加看重抵押品价值，是一个严重偏向大型企业的融资体系，中小企业的发展机会也相对有限。次贷危机爆发后，上述评价一时间好像颠倒了过来，美国模式被认为倾向于过度追求风险，监管当局倾向于放松管制，最终导致衍生产品市场过度发展，背离了实体经济，最终导致危机。而银行主导型的融资体系风险更加可控，政府管制更加严格，因此爆发危机的可能性反而较小。

三是对金融业经营和监管模式的反思。美国从 20 世纪大萧条之后开始分业经营，到 1999 年《金融服务现代化法案》通过之后则又重返混业经营模式。次贷危机的爆发，使得"混业经营本身是不是导致了更大的金融风险"这一问题引起了人们的重新反思。另外，在美国 2002 年至 2006 年次级抵押贷款市场爆炸式大规模发展过程中，虽然采取了混业经营模式，但分业监管的模式并未改变。例如，次级抵押贷款本身由美联储监管，但对次贷衍生品的监管（MBS 和 CDO）理论上既属于美联储监管，也属于美国证券交易委员会监管，由此造成了更多的政策漏洞。次贷危机爆发后，美国财政部已经提出了金融监管改革方案，主旨就是改变多头分业监管的格局（收缩为混业综合监管的格局），授予美联储综合监管金融机构的权力。

上述这些反思，总起来看仍主要局限在经济层面。与此相比，更加重要的一种反思，是对以美国为代表的经济自由主义的反思。第二次世界大战后，全球经济制度划分为两个主要模式：苏联的计划经济模式和美、欧、日的民主分权、市场经济模式（以美国的自由市场经济模式为代表，即通常所称的美国自由主义经济模式）。私有产权、竞争和自由放任原理是经济自由主义的基石。随着次贷危机迅速向全球金融和经济危机转化，以及美国政府史无前例地不断加大对危机的救助力度，人们对经济自由主义的反思也逐渐深入。当前全球金融危机已演变为经济危机和就业危机。2009 年 2 月 4 日，澳大利亚总理陆克文撰文认为："这一后果的始作俑者就是过去 30 多年以来自由市场意识形态所主导的经济政策。这一政策被称为'新自由主义、经济自由主义、经济原教旨主义、撒切尔主义或华盛顿共识'，其主要哲学包括：反对征税、反对监管、反对政府、反对投资公共产品，推崇不受管制的金融市场、劳动力市场和自由修复的市场。""事实证明，新自由主义及其所伴生的自由市场至上主义，不过是披着经济哲学外衣的个人贪欲。"普林斯顿大学历史和国际事务学教授哈罗德·詹姆斯在 2009 年 1—2 月美国《外交》杂志上撰文认为："10 年前，在亚洲金融危机后，华盛顿和其他各种金融机构都奉美国体系为亚洲政府的榜样。而今天却似乎是亚洲，特别是中国，有资格来给美国上课。""应对 1997—1998 年亚洲金融危机的方法是美国模式的金融资本主义（即所谓的华盛顿共识）得到加强。应对 2007—2008 年由美国次贷危机所造成传染病的方法将是中国模式的详尽演绎。"2009 年 1 月，英国《卫报》刊登《2009 年，资本主义的未来面临艰难选择》的文章指出："自 1989 年以来，自由市场资本主义（有时也叫做'新自由主义'）的理念似乎一直长盛不衰，其盛行 20 周年之际，如果不对其重新审视一番，将带来很大问题。首先是政府和市场、公有和私有、有形和无形之手之间的平衡问题。"显然，金融危机的爆发促使人们在全球范围内对自由市场资本主义进行了堪称自 20 世纪大萧条以来最为广泛而深入的反思。随着危机的发展，这种反思仍将继续。在这些反思中，一种值得注意的看法认为，危机过后，美国将向更具欧洲特色的方向变动。2009 年 2 月 16 日，美国《新闻周刊》发表署名乔恩·米查姆和埃文·托马斯的文章《我们都是社会主义者》认为，"美国正在朝着现代欧洲国家的模式迈进"。[①] 上述《卫报》同篇文章甚至认为，"可能会出现全球都向欧洲式社会市场经济的某种模式汇合的情况，其中美国和中国分别是从不同方向出发的。"

　　但显而易见的是，尽管美国政府在危机发展过程中对金融系统实施了有史以来最大规模的救助行动，出现了令人瞩目的对金融机构国有化的现象，并通过减税和增加政府支出极力刺激经济，但这一系列行动显然只应被理解为应急性和暂时性的措施：从长期的角度看，至少私有产权和竞争这两大自由主义的基石肯定不会改变，也就是说，竞争的资本主义这一基本方向肯定是难以改变的。正像美国前总统小布什在危机爆发后所宣称的："政府干预并不是包治百病的灵丹妙药"，"实现持续经济增长的最稳定方式就是自由市场和自由公民。"新任总统奥巴马在其就职演说中也强调指出："我们面临的问题并非市场力量是善是恶。它创造财富和推广自由的能力无与伦比，但此次危机提醒我们，如果缺乏有效监管，市场就有可能失控；如果只照顾富足者的利益，一个国家的富足就不可能持久。"并且他认为，尽管遭受到了如此严重的金融危机，美国仍然是地球上最繁荣强盛的国家，与危机爆发时相比，美国工人的生产力并未下降，美国的创造力并未下降。布什这样为这次危机定调："这场危机并不是自由市场体制的失败，我们的答案是不彻底改变自由市场体系。"很显然，这一定调的题中之义是：对自由市场体系还是要做些改变，但更多地可能只是针对某些具体问题进行局部的改变（特别是其金融系统），或者说只是对自由放任的程度进行某种程度的改变。这似乎又回到了西方经济学流派的一贯争论和不同主张上去了。例如，是自由主义的还是干预主义的，是凯恩斯主义的还是货币主义的，或者其他经济学派的，等等。那么，这次所谓百年一遇的全球金融风暴将会产生什么样的长期影响呢？类似问题显然还会不断地引起人们的反思。目前在西方国家对这类问题的反思中，澳大利亚总理陆克文的下述观点具有某种代表性：危机过后所应重塑的体制应该是"既维护合理管制的竞争性市场的生产能力，

---

　　①　在这篇文章里，乔恩·米查姆和埃文·托马斯列举了如下数字来说明其论点：10 年前，美国政府开支占到国内生产总值的 34.3%，而在欧元区，这一比例为 48.2%，大约相差 14 个百分点。2010 年，预计美国政府的开支将占到国内生产总值的 39.9%，欧元区则为 47.1%，差距不足 8 个百分点。随着今后 10 年美国政府津贴开支的增加，美国甚至会更接近于法国。

又确保政府作为规则制定者、资金提供者和公共产品供应者，缓解市场所导致的不平衡，维护社会公平"。"既要挽救自由资本主义，使其免于自我毁灭，也要通过对市场的监管重塑信心，避免极左或极右的思潮得势。"

2. 金融危机加速国际秩序战略调整

自 2008 年 9 月美国次贷危机全面爆发并迅速转化为全球金融风暴以来，这场百年不遇的大危机可能对全球未来发展格局造成何种影响，也逐渐成为全球各界关注的焦点，引起了人们的广泛兴趣。2009 年 1 月 12 日，美国前国务卿基辛格在《国际先驱论坛报》上撰文认为，从某种程度上说，金融崩溃给美国的地位带来了一次重大打击。当前国际金融体系的最低谷恰逢全球各地同时爆发政治危机。在这种形势下，每个国家都不得不重新定位自己的国家工作重点。因此，当前世界面临着建立新秩序的空前机遇。如果能形成一个兼容各国工作重点的体系，就会出现一套新的国际秩序。美国在这项事业中的作用仍将是决定性的，而中国在世界新秩序中的作用也将是至关重要的。他认为，要应对金融危机的影响，太平洋两岸中美双方的任何一方都需要另一方的合作；而未来将出现一个什么样的全球经济秩序，在很大程度上则取决于中国和美国在未来几年如何与对方打交道。美国耶鲁大学国际安全研究所所长、《大国的兴衰》一书作者保罗·肯尼迪认为，美国正面临 1933 年或 1945 年以来最严峻的形势，它已无法恢复昔日的荣光。与其他大国相比，美国尽管在人口、人均土地面积、原材料、高校和科研机构、劳动力流动性等方面都存在巨大优势，但近十年来，华盛顿在政治上的不负责任、华尔街内外的贪婪成性以及海外军事过度扩张，都使得这些优势黯然失色。他预测，当这一令人担忧也许旷日持久的全球经济危机尘埃落定时，各国占全球生产总值的份额就不会维持在 2005 年的水平了，美国也许会下降一两个等级，全球结构体系的重心逐渐从西方向亚洲倾斜的趋势似乎已难以逆转。芝加哥大学政治学教授罗伯特·佩普在美国《国家利益》杂志 2009 年 1—2 月号上发表文章认为，美国目前处于前所未有的衰退之中。他认为，实力在国际政治中的具体定义非常简单，它是一个国家为实现其目标可以支配的总体资源；但是，重要的不仅仅是一个国家拥有多大的实力，而是它相对于其他国家拥有多大的实力。他认为，虽然到目前为止美国的相对衰退期还很短暂，但随着时间的推移，美国实力的衰退会急转直下。根据他的分析，自 21 世纪初布什政府开始执政至今的 8 年时间里，美国开始稳步衰退，经济增长率比克林顿时期的增长率几乎下降了 50%。随着金融危机愈演愈烈，美国的经济增长率曲线几乎肯定会进一步下行。他认为，技术和知识在当今世界传播速度的迅速加快是造成其他国家与美国的实力差距缩小的深层次原因。技术和知识在全球的迅速传播意味着一项重大技术发现已经不足以使一个已经强大的国家再凭借这一优势在几十年内独霸世界。2008 年 12 月 31 日，德国《时代》周报刊登华盛顿新美国基金会成员、印度学者帕拉格·康纳的文章认为，全球危机加速了全球战略转移，2009 年是危机管理年，美国将不再是决定全球议事日程的国家，新的世界秩序将由诸多角色决定。2009 年 2 月 5 日，法国前总理多米尼克·德维尔潘在接受日本媒体《朝日新闻》报社记者采访时认为，这场危机预示着世界文明将进入转换期。根据其观点，这场史无前例的大危机本质上是一场长期的"结构性危机"，它将对世界能源、环境、粮食等基本格局产生深远的影响。他认为，超级大国的时代和单边主义的时代已经结束，世界正在从单极时代向合作时代过渡。由于中国和印度等新兴国家的崛起，统治了世界长达五个世纪的欧美的权力秩序正在发生根本性变化，此次危机或许会唤醒人们世界一体的感觉和全球共同体的意识。

由于危机仍在继续发展中，因此，目前判断全球格局变动可能达到的均衡点肯定为时尚早。2009 年 2 月 6 日，美国战略形势预测专家约瑟夫·斯特鲁普在《香港亚洲时报在线》撰文认为，以美国为首的全球金融与经济秩序的崩溃还在继续，而且正在加速。在此过程中，将有十大因素促使东西方冲突愈演愈烈，其中，东西方的竞争将在两个方面加剧：对全球战略资源的控制和对全球资本财富的控制。这两个方面构成了工业化国家的经济命脉，这两个方面的竞争将明显限制东西方相互妥协的幅度和程度。在对危机后全球格局的预测中，对中国可能占有何种地位的预测尤为引人注目。西班牙《中国政策观察》2009 年 1 月 12 日发表文章认为，"中国的崛起正以最快的速度改变整个世界"。为探究亚太地区未来的走势，日本朝日新闻社和美国战略与国际问题研究中心在日本、美国、中国、印度、韩国、澳大利亚、泰国等九个国家对相关专家进行了问卷调查，对有关"十年后的亚洲综合国力最强的国家是哪个国家"的提问，有 65.5% 的专家回答"是中国"，大大超过回答"是美国"的专家比例（31.3%）。另外值得关注的是，由于金融危机爆发后，美国的经济和财政都面临着危机，美国要求与中国加强合作的呼声日渐高涨。美国前总统国家安全事物助理布热津斯基建议将中美对话机制命名为"G2"。为了形容两国间的一体化及其重要性，美国方面甚至出现了"中美国"（CHIMERICA）的提法。尽管这一提法被认为是美国为在金融危机和国际事务中得到中国的合作而采取的一种实用主义的做法，或被指为是无视中国政治和社会多元性的一种机会主义行为，尽管两国关系在人民币汇率、双边贸易、就业、自然资源、台湾问题等一系列问题上仍面临着挑战，但随着危机程度的加深，两国关系对全球未来发展的重要性已凸显出来。美国前驻联合国代表霍尔布鲁克 2008 年 2 月 15 日在《华盛顿邮报》撰文认为，"中美关系是当今世界最重要的双边关系"。

第六章　折冲初现：
外部需求下降倒逼结构升级

改革开放 30 年来，中国对外贸易取得了卓然的成绩，跃居世界贸易大国之列。2008 年经受美国次贷危机引致的全球金融和经济危机的影响，中国外贸遭受严峻考验，贸易增长的结构性瓶颈初现端倪，发展势头有所折冲。世界经济金融形势急剧变化，全球贸易保护主义有所抬头，对中国外贸持续增长带来新的压力，如何保持中国外贸平稳较快发展、增强抵御风险的能力、促进贸易结构的转型升级，是新时期中国对外贸易的主要命题。

一、2008 年中国对外贸易遭遇增长拐点

2008 年，源自美国的金融海啸已经演变成全球性的金融危机，美欧日三大经济体已经陷入衰退的边缘，其投资和消费需求出现大幅度下滑，世界经济增长继续放缓，中国对外贸易出现令人深思的复杂局面。

1. 全年贸易发展前增后缓，整体态势平稳

2008 年中国的进出口总值为 25616.4 亿美元，较上一年同比增长 17.8%，其中出口 14285.5 亿美元，增长 17.2%；进口 11330.9 亿美元，增长 18.5%。从总量上分析，2008 年中国外贸仍然保持平稳较快发展。但是全年增速并不均匀，从后两个季度开始国际上金融危机的影响逐渐凸显出来，外贸进出口增速明显放缓，出现增速前高后低的趋势（见图 6-1）。

特别是 2008 年第四季度中国进出口规模明显萎缩，其进出口总值为 5942.8 亿美元，比较 2008 年第三季度下降 18.8%。其中 11 月份进出口总值增长速度为 2001 年 10 月份（除去春节不可比月份）以来首次出现负增长，12 月份进出口跌幅则进一步加深。12 月份当月中国进出口总值 1833.3 亿美元，下降 11.1%，跌幅比 11 月份加深 2.1 个百分点；其中当月出口 1111.6 亿美元，下降 2.8%，跌幅加深 0.6 个百分点；进口 721.8 亿美元，下降 21.3%，跌幅加深 3.4 个百分点。

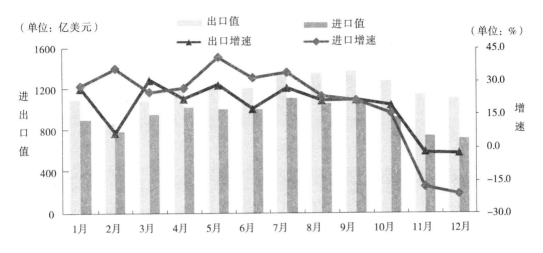

图 6 - 1　2008 年中国月度进出口值及增速走势图
资料来源：中国海关统计分析。

2. 主要产品进出口增速普遍放缓

中国传统的主要出口产品，包括机电产品、玩具、衣服、石油、钢材、农产品等，在 2008 年都出现了显著的增速同比下降的现象。例如，2008 年，中国机电产品出口 8229.3 亿美元，增长 17.3%，比上年回落 10.3 个百分点，占当年中国出口总值的 57.6%，与上年持平。服装及衣着附件出口 1197.9 亿美元，增长 4.1%，比上年回落 16.8 个百分点。原油出口 416 万吨，下降 28.4%；成品油 1703 万吨，增长 9.8%；煤炭 4543 万吨，下降 14.6%；钢材 5923 万吨，下降 5.5%；钢坯 129 万吨，下降 80%。

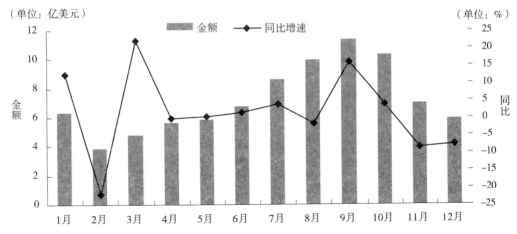

图 6 - 2　2008 年中国玩具产品单月出口额及同比增长速度
资料来源：中国海关统计分析。

2008 年，中国玩具出口增速大幅回落。玩具产品全年共出口 86.3 亿美元，同比增长 1.8%，增速回落 18.5 个百分点。年内 5 个月份出现负增长，特别是 10 月份以后中国玩具单月出口额连续走低，11 月份和 12 月份分别出口 7 亿美元和 6 亿美元，连续 2 个月出现下降，降幅分别为 8.6% 和 7.6%（见图 6-2）。

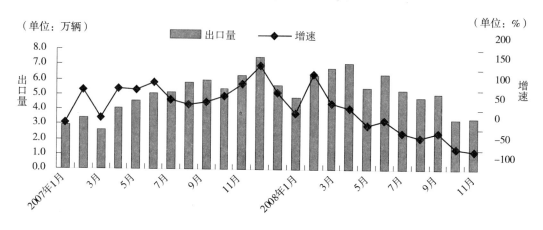

图 6-3　2007—2008 年中国汽车产品单月出口量及同比增长速度走势图

资料来源：中国海关统计分析。

中国汽车出口增速也出现大幅回落。2008 年 8 月份起，中国汽车月度出口量连续 5 个月出现同比下降，其中 11 月单月出口仅 3.3 万辆，创近 20 个月以来单月量新低。之后的 12 月出口 3.5 万辆，尽管出口量相比 11 月份有所回升，但是同比增速大幅下降 53.9%，为 2000 年以来的最大单月出口跌幅（见图 6-3）。

2008 年中国高新技术产品进出口增速出现放缓态势。5 月份起中国高新技术产品进出口月度同比增速大幅回落，11 月出现加入 WTO 后的首次负增长。如图 6-4 所示，5

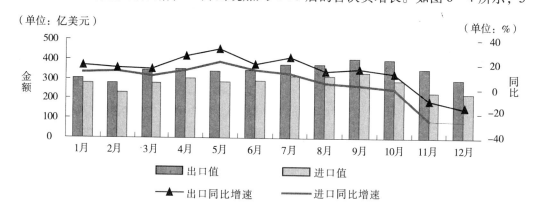

图 6-4　2008 年中国高新技术产品进出口额及增长速度走势图

资料来源：中国海关统计分析。

月份，中国高新技术产品进、出口同比增速均达到年内峰值，随后逐月收窄，至 11 月份出现加入 WTO 后的首次单月下降后，12 月份降幅进一步扩大。12 月份当月高新技术产品进口 226.9 亿美元，下降 27.1%，跌幅比 11 月加深 1.6 个百分点；出口 299.5 亿美元，下降 15.8%，比 11 月加深 6.2 个百分点。

3. 主要贸易伙伴基本格局不变

在国别贸易上，2008 年度欧盟继续保持中国第一大贸易伙伴和第一大出口市场的地位，中欧双边贸易总值为 4255.8 亿美元，增长 19.5%，分别高于同期中美、中日双边贸易增速 9 个和 6.5 个百分点。其中，中国对欧出口 2928.8 亿美元，增长 19.5%，占当年中国出口总值的 20.5%；中国自欧进口 1327 亿美元，增长 19.6%；对欧盟贸易顺差 1601.8 亿美元，比上年增长 19.4%。

但对第二大贸易伙伴美国的贸易增速明显下降。对美国的双边贸易增速降至加入 WTO 7 年以来的最低点。据海关统计，2008 年全年中美双边贸易总额达 3337.4 亿美元，比 2007 年（下同）增长 10.5%。其中，中国对美出口 2523 亿美元，增长 8.4%，7 年来首次降至个位数；自美进口 814.4 亿美元，增长 17.4%，增速提高 0.2 个百分点；对美贸易实现顺差 1708.6 亿美元，增长 4.6%。

与整体贸易一致，对美贸易的趋势也表现为增速前高后低，加工贸易出口增速显著回落。2008 年 9 月，中国对美进出口创下 317.9 亿美元的单月历史新高，但 10 月起中国对美贸易规模步入逐月下滑通道。继 11 月对美进出口出现下降后，12 月对美进出口达 259.1 亿美元，连续第 2 个月下降，降幅为 1.5%，当月贸易顺差 124.1 亿美元，下降 9.1%。加工贸易对美进出口 1695.8 亿美元，增长 3.7%，增速回落 8.7 个百分点，占当年中美双边贸易总额的 50.8%。

对美贸易除了受到金融危机影响外，还受到人民币升值的直接影响。汇改 3 年多来，人民币处于持续稳步升值通道，尽管 2008 年 12 月 1—8 日人民币对美元出现连续贬值，但截至 12 月 31 日，相对于汇改当日人民币累计升值幅度仍高达 18.7%。人民币大幅升值的累计效应直接削弱了中国产品的价格竞争优势，多数不具备议价能力的传统劳动密集型产品首当其冲，对美市场出口普遍受阻。

而与最大进口来源地日本的双边贸易格局不变，但逆差加大。据海关统计，2008 年，中日双边贸易总额达 2667.9 亿美元，比 2007 年（下同）增长 13%，占同期中国外贸总值的 10.4%。其中，中国对日出口 1161.4 亿美元，增长 13.8%，增速提高 2.4 个百分点；自日进口 1506.5 亿美元，增长 12.5%，增速回落 3.3 个百分点；累计对日贸易逆差 345.1 亿美元，增长 8.3%。

与印度的双边贸易增速大幅回落。印度在中国十大贸易伙伴中位列第十位，2008 年，中印双边贸易总值为 517.8 亿美元，增长 34%，比上年大幅回落 21.5 个百分点（见表 6－1）。

表 6-1　2008 年中国对主要贸易伙伴进出口总值表

国家（地区）	金额（亿美元）			比上年增减（%）		
	进出口	出口	进口	进出口	出口	进口
欧盟	4255.8	2928.8	1327.0	19.5	19.5	19.6
美国	3337.4	2523.0	814.4	10.5	8.4	17.4
日本	2667.8	1161.3	1506.5	13.0	13.8	12.5
东盟	2311.1	1141.4	1169.7	13.9	20.7	7.9
中国香港	2036.6	1907.4	129.2	3.3	3.4	0.9
韩国	1861.1	739.5	1121.6	16.2	31.0	8.1
中国台湾省	1292.2	258.8	1033.4	3.8	10.3	2.3
澳大利亚	596.6	222.4	374.2	36.1	23.6	44.8
俄罗斯联邦	568.4	330.1	238.3	18.0	15.9	21.0
印度	517.8	315.0	202.8	34.0	31.2	38.7

4. 贸易增长总体趋缓下有新亮点

2008 年中国的对外贸易发展在呈现出整体趋缓的背景下，也出现了一些新的亮点，具体来说表现在以下四个方面。

一是一般贸易比重有所提高。2008 年，中国一般贸易进出口 12352.6 亿美元，增长 27.6%，占同期中国进出口总值的 48.2%，所占比重比上年提高 3.7 个百分点。以一般贸易方式对美进出口 1406.6 亿美元，增长 21.1%，占当年中美双边贸易总额的 42.1%，一般贸易增速远远超过加工贸易。对日以一般贸易方式进出口 1124.8 亿美元，增长 21.9%，增速提高 6 个百分点，在当年中日双边贸易总额中的比重由 2007 年的 39.1% 提高至 42.2%。2008 年 6 月至 12 月份，中国一般贸易月度出口价格同比涨幅基本稳定在 16%—19% 之间，12 月份仍为 16.3%，使一般贸易出口保持 6% 的逆势增长，增幅比 11 月份加快 1.4 个百分点，避免了总体出口过快下滑。

二是外商投资企业的进出口增长步伐放缓，国有企业进出口增速有所提高。2008 年，外商投资企业进出口 14105.8 亿美元，增长 12.4%，比上年回落 6 个百分点，占当年中国进出口总值的 55.1%。同期，国有企业进出口 6110.4 亿美元，增长 23.5%，比上年加快 3.7 个百分点，占当年中国进出口总值的 23.9%。

三是中国产品在主要出口市场所占份额开始回升。全球贸易信息系统显示，2008 年 6 月至 10 月份，中国产品在美国市场上的占有率由 14.8% 逐月回升到 18.2%，在欧盟市场上的占有率由 14.1% 回升到 18.4%；而中国在日本市场的占有率由 6 月份的 17.3% 逐月回升到 11 月份的 21.2%，这对中国经济在欧美日等经济企稳后率先走出低谷具有重要支撑作用。

四是出口鼓励政策效果开始显现。中国于 2008 年 8 月 1 日、11 月 1 日和 12 月 1 日多次提高了出口退税率，政策效果已经开始显现。12 月份政策调整涉及的商品整体出口合计 544.5 亿美元，同比增长 4.8%，占中国出口总值的比重由前 11 个月的 45.8% 上升至 12 月份的 49.0%。其中服装、塑料制品、箱包和灯具出口均表现为加速增长。

二、全球危机引爆中国贸易的深层次问题

改革开放以来，中国的对外贸易一直保持着强劲增长，但是在全球性危机背景下，中国外贸领域积累的一些压力和问题也开始集中爆发，贸易结构上的危机已经初现端倪。

1. 过高外贸依存度影响国内产业发展

中国外贸依存度虽低于一些小国经济，但与美国 26.2%（2001 年）、日本 20.26%（2001 年）等大国经济的外贸依存度相比，中国的外贸依存度显然是偏高的。从 20 世纪 80 年代开始，随着中国外贸的迅速发展，以进出口总值占 GDP 比重计算的外贸依存度显著提高，1980 年其仅为 12.6%，2007 年已高达 70%（见图 6-5）。

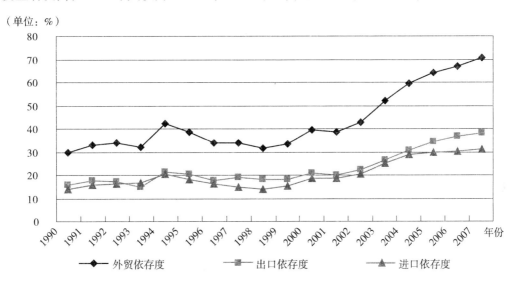

（单位：%）

图 6-5 中国外贸、进出口依存度的变动趋势
资料来源：据历年中国统计年鉴数据制作。

中国外贸依存度的大幅提升，表明中国经济对国际市场的依赖程度在不断加深。特别是中国的主要出口产品，如纺织品、服装、鞋、玩具、电视机、电冰箱、洗衣机及小家电、小五金等对国际市场的依存度已达到很高程度。在经济全球化日趋加速的背景下，过高的外贸依存度隐含经济风险，在出口总额达到一定规模之后，出口扩张的难度也随之增加，不仅容易引发国际贸易纠纷，而且可能因外部经济的波动和危机的国际传

递对中国经济带来重大的不利影响。

进入 21 世纪以来，中国对美贸易的依存程度不断提高，进出口占比一直处于高位。由于统计方法有所不同，中美双方对进出口数据存有差异。据美国商务部统计，2007年中国对美国出口为 3215.1 亿美元，占美货物进口总额的比例由 2006 年的 15.5% 增至16.4%，提高 0.9 个百分点，超过自加拿大进口的 3131.1 亿美元，中国成为美国第一大进口来源地。由此可见，在美中贸易中，中国扮演着出口国的角色，对美国市场的依赖度较高，美国经济的波动对中国出口贸易的影响较大。据测算，美国经济增长率每降1%，中国对美出口就会降 5%—6%。

2. 加工贸易比重过大缺乏市场主导性

长期以来，以"两头在外、大进大出"为特征的加工贸易在中国对外贸易中占据着重要的地位，中国已形成以加工贸易为主的外商投资格局，它对中国近年来出口产业的形成及中国的国际产业分工地位起到了不可忽视的重要作用。目前，就中国的加工贸易现状分析，产业层次比以前虽有所提升，从出口产品构成分析，笔记本电脑、微电子及机电等高新技术产品已占较大比重，但因缺乏核心技术，本质上仍处于典型的简单加工和组装型发展阶段，缺乏市场的主导性。

据海关统计，2008 年，中国高新技术产品以加工贸易方式进口 1918 亿美元，略增1.5%，增幅回落 14.4 个百分点，占当年中国高新技术产品进口总值的 56.5%；出口3426 亿美元，增长 8.9%，增幅回落 13.4 个百分点，占当年中国高新技术产品出口总值的 82.4%。

计算机与通信技术出口在中国高新技术产品出口中占 70% 以上，据中国海关统计，它的出口回落幅度最大。2008 年，中国出口计算机与通信技术产品 3084 亿美元，增长10.3%，占当年中国高新技术产品出口总值的 74.2%；计算机集成制造技术产品出口63.7 亿美元，增长 28.9%，增速大幅回落 44.8 个百分点。从具体商品看，自动数据处理设备及其部件、手机出口因长期同质低价竞争而缺乏增长动力；集成电路和液晶显示板等核心部件制造能力也尚显不足，出口增幅分别回落 7.2 个和 37.7 个百分点。

金融危机对加工贸易的影响总是最快最明显的。其中也体现为一些小的专门接受加工订单的私营企业从 2008 年下半年开始陷入困境甚至倒闭。

3. 国际分工地位较低，企业缺乏核心竞争力

2008 年中国的出口增速在年底出现大幅回落，其直接原因是一些传统优势的低附加值的加工产品出口增速放缓。近期，中国外贸出口面临的原材料价格上涨、政策性"压顺差"、人民币升值与金融危机等四层压力集中爆发。在 2008 年 8 月份以前，由于全球初级产品连续几年持续涨价，中国出口企业的原材料、能源价格不断攀升，挤压了出口企业的利润空间。此外，人民币自 2005 年 7 月 21 日重新恢复有管理的浮动汇率机制，人民币升值逐渐加速，2008 年上半年人民币兑美元升值约 6%。人民币单边升值不仅提高了出口成本，而且许多企业因无法规避汇率风险，不敢签订时间较长的订单。

自 2007 年下半年以来，为了实现"压顺差"的目标，政府调整了多项出口政策，包括降低出口退税率、提高加工贸易准入门槛、加工贸易保证金从"空转"变成"实转"、增加加工贸易限制类产品目录等。这些政策调整原本是在缓解国外贸易争端的同时，促进国内产业结构的升级，特别是抑制高耗能产业的发展。受下调出口退税、开征出口关税等调控政策影响，自 2007 年 8 月份以来，中国高耗能产品月度出口基本呈现下降走势，2008 年，中国高耗能产品（包括钢材、铁合金、钢坯、生铁、铝、铜、水泥、肥料等 8 种主要品种）累计出口 1.03 亿吨，同比下降 16.2%。

因为上述政策效应显现之际，恰逢全球金融危机日益严重之时，政策引致的出口成本上升与外需缩减造成的出口下降共振，影响了出口企业的竞争力，尤其是中国沿海地区部分传统劳动密集型行业中的众多中小型企业深感外忧内困之苦。尽管 2008 年下半年开始连续出台一些鼓励出口政策，但短期之内无法挽回订单。

4. 贸易保护形式更加公开和多样化

中国遭遇贸易摩擦仍然不断，涉案金额将近 15 亿美元，给中国出口带来很大压力。根据商务部公平贸易局发布的年终报告，美国和加拿大仍是对中国发起贸易救济调查的主要国家。美国对中国的不锈钢压力管、管线管、柠檬酸、后拖式草地维护设备、厨房器具置物架和挂物架等产品发起 5 起反倾销反补贴合并调查，略少于 2007 年的 7 起，涉案金额 5.1 亿美元。

加拿大 2007 年则先后对中国碳钢焊管、半导体冷热箱和铝挤压材发起 3 起反倾销反补贴合并调查，涉案金额 1.61 亿美元。商务部公平贸易局认为，加拿大 2008 年对华反倾销反补贴调查呈现以下几个特点：第一，案件数量和涉案金额大幅增加；第二，调查要求明显趋严；第三，接连裁定高额反倾销和反补贴税；第四，对加拿大钢铁产业的保护明显加强。

另外，欧盟方面，2008 年先后对中国冷轧不锈钢板、蜡烛、钢绞线、盘条、无缝钢管、铝箔发起 6 起反倾销调查。5 个独联体国家（俄罗斯、乌兹别克斯坦、乌克兰、白俄罗斯和哈萨克斯坦）对中国发起的贸易救济调查案件 9 起。而拉美国家 2007 年也对中国产品共发起贸易救济调查 17 起。

贸易摩擦对出口的影响往往是扩散性的。遭遇贸易摩擦后，除了当事行业企业出口受阻，其他行业也会因此产生心理阴影。本来受到打击的行业范围可能不大，但由于外部贸易环境的不确定性增加，其他行业或企业可能因此束缚手脚，丧失更多的贸易机会。

三、未来中国贸易增长机遇与压力并存

源自美国的金融海啸已经演变成全球性金融危机，美欧日三大经济体已经陷入衰退的边缘，其投资和消费需求出现大幅度下滑，世界经济增长继续放缓。在这样的背景下，中国外贸仍然保持了较高的增速，说明竞争力仍然较为强劲。但是，美国金融危机已经影响到实体经济，也直接影响到全球贸易。未来中国的外贸发展面临着巨大的调整压力。

1. 全球衰退助长贸易保护主义

世界银行最新出台的报告显示，全球经济将陷入衰退，世界贸易正在经历 80 多年来最急剧的下跌，让中国的对外贸易后续增长呈现乏力的势头。除了市场需求萎缩外，更令人关注的是新贸易保护主义的抬头。仅仅是 2008 年 12 月份以来，G20 中的 17 个国家连同其他一些国家和地区先后发布了共 47 条贸易限制条例。其中有 1/3 的条例与提高关税有关，包括俄罗斯提高二手车进口税以及厄瓜多尔向超过 600 种的商品增加税收等。四处呼吁全球合作共同应对危机的美国，也仍然在经济刺激计划中纳入了"优先购买美国货"的贸易保护条款。

这种竞赛式的贸易保护倾向，将加剧以邻为壑的经济摩擦，导致全球经济进入需求进一步萎缩的恶性循环，合作的前景更加黯淡，共同努力挽救危机将成为空谈。世界银行行长佐利克（Robert Zoellick）称，各国领导必须时刻警惕贸易保护主义之风盛行。过去的经验已经证实任何经济孤立主义都将导致恶劣的后果。

20 世纪 30 年代危机爆发时，美国国会通过了《斯姆特·霍利关税法》，大幅提高进口关税，引发各国之间的贸易战争，加剧了世界经济大萧条。绝大多数经济学家都认为，《斯姆特·霍利关税法》是欧美贸易从 1929 年最高点跌至 1932 年最低点的催化剂，也是大萧条加剧的催化剂。实际上，由于竞相实施报复性保护措施，全球贸易总额从 1929 年的 360 亿美元缩小到 1932 年的 120 亿美元，而美国自己的出口总额也从 1929 年的 52 亿美元左右缩减到 1932 年的 12 亿美元。《斯姆特·霍利关税法》将进口关税提高 50%，虽然挡住了 2/3 的进口，却也使美国减少 2/3 的出口。如果说，世界可以从大萧条中学到什么教训的话，那么贸易保护主义救不了经济危机应该是其中最深刻的教训之一。

在全球经济进一步融合的今天，大量的生产制造业被转移到人工费用或其他原材料成本较低的国家，每一件产品需要支付的工人的工资下降了，而资本家的利润却提高了。这就意味着消费需求下降了，因为没有工资的支撑，而投资需求增加了，当扩大的产能逐渐将需求用尽后，经济迅速从繁荣走向衰退。所以自由化似乎是近代金融危机的元凶之一，它将全球竞争带向更激烈的高峰，将各国经济进一步拴在一起，也使经济危机更具破坏力。

但是，实际情况是，自由贸易本身有助于资源的全球配置，很多产业的转移都是市场规律的作用。全球化从某种意义上说是一种趋势，而自由化是顺应之举。重新关闭国门，阻止自由化和全球球化，真的能阻止得了吗？限制贸易，会扭曲全球资源分配，转移经济风险和租金，并且只有利于特定国家的利益（以牺牲其他国家为代价，而且仅是短期内的）。这样逆行时势的干预大都只能在其他国家尚未采用对应性的报复措施时才是得利的，这些报复措施的消极后果超过了从促进进口部门的竞争力和出口部门方面所得的利益。

面对日益兴起的贸易保护主义倾向，中国始终本着全球合作和共同发展的基本态度，坚决反对利己的贸易保护做法，呼吁自由贸易的重要性，并且认为在全球竞行歧视性政策的情况下，发展中国家将首先受到损害。在 G20 伦敦峰会财长和央行行长会议期间，巴西、俄罗斯、印度和中国等"金砖四国"联合发表公报，反对贸易保护主义。

中国政府呼吁，各国应以更加理性的思维和更富全局性的眼光，共同保障市场的开放性，努力维护开放、公平、公正的全球经济贸易体系，才能推动世界经济早日走出危机的阴影。尽管当前中国经济也遭遇严峻的挑战，但中国政府秉持开放的理念，在危机中采取积极负责的态度。中国积极扩大国内需求，有助于增加进口和鼓励双向投资，给其他国家提供更多的发展机遇。

毋庸讳言，中国产品所面对的贸易环境从 2008 年下半年开始明显恶化。可以预计，2009 年美国和欧洲对新兴经济体，特别是对中国的出口产品的反补贴、反倾销的力度将会加大。美国国会甚至还可能通过一些法案限制中国产品进口。但是，在这样困难的形势下，中国仍然表示出乐于合作、共抗危机的立场。

中国总理温家宝的欧洲之行也传递了反保护主义信息，被誉为"一次对抗悲观主义与贸易保护主义之行"。访欧期间，温总理表示，应对当前的金融危机要坚决反对贸易保护主义，否则世界经济就不是流动的活水，而是一潭死水，这是极为危险的。他还郑重声明，中国绝不追求贸易顺差，绝不搞贸易保护主义。在中国的"4 万亿"经济刺激计划中，并没有美国版的"购买国货"的条款。

多哈回合陷入僵局，一些大国的近期做法也开始无视 WTO 规则。WTO 这个曾给全世界贸易和经济带来巨大推动的国际相互承诺框架，正在受到挑战。一百多个国家经历数十年的经济周期变化而共同建立和遵守的这一游戏规则，不能自坏纲纪。WTO 各成员都应当清醒地认识到，他们今天所做的短期决策，将对未来全球性经济复苏造成影响。在全球化的今天，没有哪个国家能独善其身，相互对抗的贸易保护主义必然推迟复苏和重振。

过去的历史证明，在经济危机的时候，保护主义的压力和背离各种贸易规则的诱因将特别强大。WTO 的创立和乌拉圭回合是对 20 世纪 70 年代和 80 年代初重新抬头的"管理贸易"和新保护主义的一个直接反应，人们在经历了固定汇率制的瓦解和林立的非关税壁垒后，决定还是选择贸易合作。对发达国家和发展中国家都是如此，正在日益提高的贸易开放度和依赖度说明了我们拥有的是一个比 20 世纪更加互相依存的世界。

2. 中国贸易面临新的发展机遇

2008 年，外贸出口为 GDP 增长的 9% 贡献了 2 个百分点。在每次经济危机打击后，发达国家在恢复阶段都会出现储蓄上升、消费减少的局面，勒紧腰带过日子。这也意味

167

着，即使危机结束，中国出口的恢复仍需相对漫长的等待。但是危机使得中国外贸结构的缺陷凸显出来，也使得结构调整更加紧迫。随着一些小加工企业的倒闭，国际贸易环境进一步趋紧，大浪淘沙的结果是一些优质的有竞争力的企业能够存活，而大多数企业都面临着如何寻求进一步增长的契机和未来发展的新战略。

可以说，全球性的危机使得中国全面调整外贸结构的时机被动提前了。对于中国政府来说，未来的政策方向应当包括：

（1）及时调整出口退税政策，力争保持出口的稳定

我们要辩证看待出口增速的回落，一方面，出口增速回落和中国从 2006 年下半年以来的宏观调控方向一致，受下调出口退税、开征出口关税等调控政策影响。自 2007 年 8 月份以来，中国高耗能产品月度出口基本呈现下降走势，2008 年，中国高耗能产品（包括钢材、铁合金、钢坯、生铁、铝、铜、水泥、肥料等 8 种主要品种）累计出口 1.03 亿吨，同比下降 16.2%（见表 6-2）。

表 6-2　2008 年中国高耗能产品出口情况表

产品名称	2008 年全年	
	出口量（万吨）	同比（%）
钢材	5923.3	-5.5
水泥	2603.8	-21.1
肥料	945.4	-30.1
其中：尿素	436.0	-16.9
铁合金	302.6	-5.7
未锻造的铝及铝材	273.8	13.9
钢坯	128.6	-80.0
未锻造的铜及铜材	62.0	-0.8
生铁	25.1	-63.8

另一方面，出口增速回落的速度快了一点，这是对此次全球金融和经济危机的快速传递和严重性的估计有所不足。因此为抵御国际经济环境恶化对中国出口的不利影响，重新审视以前为"压顺差"而制定的一系列调整政策，如降低出口退税率对劳动密集型产业所产生的副作用，国家有必要调整前期的出口退税政策并依据实际情况进行及时的修正。

2008 年下半年连续大规模地调整商品出口退税率凸显了中国政府"保增长"的宏观调控意图。目前多次提高出口退税率政策效果已经开始显现。12 月份政策调整涉及的商品整体出口合计 544.5 亿美元，同比增长 4.8%，占中国出口总值的比重由前 11 个月的 45.8% 上升至 12 月份的 49.0%。其中服装、塑料制品、箱包和灯具出口均表现为加速增长。

但是值得注意是千万不能一味保出口而让"两高一资"产品重新回头，针对日益严峻的形势，进一步完善出口退税政策，坚持有保有压的原则，提高劳动密集型产品的

出口退税率，将有助于增强企业抵御市场风险的能力，支持中小企业克服经营困难，从而促进城乡劳动力就业。此外，通过提高高技术含量、高附加值商品的出口退税率，将有利于引导企业优化出口产品结构、加快产业升级的步伐。同时对"两高一资"产品和行业仍要进行限制，促其节能减排，充分体现财政政策在调整经济结构方面的重要作用。

（2）内外需结合，提高中国外贸的抗风险能力

此次源于美国波及全球的金融和经济危机，使中国对以往过度依赖外需的外贸发展战略的脆弱度有了新的认识。面对外部需求萎缩，从过度依靠外需和依靠低成本增长为特征的传统发展模式转变为内外需结合，以技术、品牌和需求管理推动的新发展模式是当务之急。

其一是要优化产品出口的国际市场结构，优化产品的市场结构。应大力开拓新兴市场。目前，对美欧日三大经济体直接和间接出口占中国出口总额的近60%。要利用中美、中欧、中日战略经济对话机制，加强经济政策协调，共同维护双边经贸关系稳定发展。作为中国最大的出口市场，美欧日三大经济体特别是美国的经济表现和经济政策调整对中国也有不可忽视的影响。

在巩固美欧日等传统市场的同时，出口企业需要加快实施市场多元化战略，主动提高应对外部风险的能力，把外部的压力转换成出口产品升级的动力，在西方发达国家市场不景气的情况下，中国应该加快调整出口市场结构，积极开拓美国以外的出口新渠道，特别是南亚、中东、中亚、南美、东欧等新兴经济体和发展中国家出口市场，到新兴市场参展办展，进行商标注册、质量认证，提升海外目标市场的多元化程度。

其二是加强自由贸易区（FTA）的经济合作。目前，中国正在同亚洲、大洋洲、拉丁美洲、欧洲、非洲的29个国家和地区建设12个自由贸易区，它们涵盖了中国外贸总额的1/4。因此利用好现有的区域次区域合作机制，加强自由贸易区内的经济合作，推进区域内的贸易便利化，有助于中国规避金融危机和各种贸易保护主义的冲击，打开新的国际市场空间。

其三，扩大内需也属于优化市场结构的重要方面。亚洲金融危机时，由于外需下降导致中国经济从1999年开始陷入了连续三年的通货紧缩；目前中国外贸对外部需求的依赖度远超过亚洲金融危机时期，出口多元化并非马上就能解决中国面临的外需下降状况，因此加快内部经济结构的调整，积极启动内需作为抵御外部经济波动的防火墙，充分发挥出口企业产品设计新、质量好的优势，加强与国内渠道商、品牌商的合作，抓住国家"促内需"的机遇，开拓国内市场，尤其是向农村市场和中西部市场拓展，形成兼顾两个市场的新格局，拓展回旋空间。

（3）推进加工贸易转型升级，强化企业自主创新

以税收政策促使以往的盲目"招商引资"向"选商择资"转变，支持中西部加工贸易重点承接地的发展，促进加工贸易梯度转移。对加工贸易所使用的国产料件给予足额退税，使国产料件与进口料件处于平等竞争的地位，减少进口料件使用，以扩展国内

配套的产业链，增加加工贸易的增值率。加强知识产权保护，鼓励跨国公司将高技术含量的研发、生产等环节向中国转移，增加加工贸易企业的创新活动和发展加工贸易配套产业，加快从贴牌加工（OEM）到委托设计生产（ODM）到自有品牌营销（OBM），提升中国在全球生产价值链上的分工地位。

在这次国际金融危机中，国家不仅要"扶贫"，更要助强，通过制定合理的出口政策来推动中国出口产品转型升级。总体来说，中国产品在国际市场上的档次还不高，竞争力过分依赖成本优势。因此中国要提升产业竞争力，改变中国产业在国际分工中的地位，就要重视技术进步，强化自主创新，掌握核心技术，为提高出口产品的长远竞争力打下坚实基础。为此有关部门应加大对自主创新的扶植力度。加强共用技术平台、共用信息平台的建设，加强人力资源的培训。

（4）从战略高度应对去全球化思潮，抵制贸易保护主义的蔓延

自爆发全球金融和经济危机以来，为保护本国经济，国际上涌现了"去全球化"的思潮，集中表现为全球贸易保护主义抬头。中国应从战略的高度应对这种去全球化思潮。贸易保护主义的高涨将直接威胁到中国的根本利益，中国应坚持全球化战略，提倡互利共赢。

首先中国要依托多边。多边贸易体制虽然存在着缺陷，但 WTO 原则与规则防范了贸易保护主义，提供了基本的秩序、公平及可预见性。在当前形势下，加强 WTO 的规则和纪律，进行更加公平与开放的贸易，是应对金融危机、抵制贸易保护主义的一项重要保障措施。WTO 总干事拉米最近也表示，WTO 将加强对贸易保护主义政策的监督和审议。因此如果有成员实施贸易保护措施，中国就应该通过 WTO 的规则来约束和进行必要的制裁。

其次是加强协调。目前欧美等国对自由贸易持怀疑态度的人渐多，就中美、中欧等双边贸易关系的敏感问题如汇率政策、知识产权、国内救济等抱强硬态度的人也不少。因此如何通过双边协同行动抵制保护主义的蔓延，倡导通过加强合作和磋商解决国际贸易中的问题，是中国外贸发展中必须面对的严峻现实。

此次全球性金融和经济危机对中国外贸的机遇和挑战始终并存。既要充分估计国际经济环境的复杂性和严峻性，深刻认识保持中国外贸平稳较快发展的重要性和艰巨性，增强忧患意识；又要正确认识到有利条件和积极因素，不断完善政策，加快结构调整和技术创新步伐，坚定信心，有效应对，加强抵御外部风险能力，努力化解和应对外部冲击。

大事记 6 - 1　2008 年中国外贸政策大事记

日　　期	政策内容
4 月 5 日	商务部、海关总署公告 2008 年第 22 号《2008 年加工贸易禁止类商品目录》。
7 月 30 日	财政部、国家税务总局关于调整纺织品服装等部分商品出口退税率的通知，提高部分纺织品、服装等商品的出口退税率。
9 月 18 日	中华人民共和国商务部办公厅关于加强企业出口收汇风险防范工作的通知。

续表

日　　期	政策内容
10 月 21 日	财政部、国家税务总局关于提高部分商品出口退税率的通知，再次提高部分纺织品、服装、玩具等商品的出口退税率。
11 月 13 日	国务院关税税则委员会关于调整出口关税的通知，自 2008 年 12 月 1 日起，取消和降低部分产品的关税，同时提高和新增一些矿产出口关税。
11 月 14 日	中华人民共和国商务部公告 2008 年第 91 号全部取消蚕茧和部分蚕丝产品（海关编码 5001—5003）的出口配额许可证管理，企业报关出口不再需要申领出口许可证。
11 月 17 日	财政部、国家税务总局《关于提高劳动密集型产品等商品增值税出口退税率的通知》。
11 月 21 日	中华人民共和国商务部、海关总署公告 2008 年第 97 号，为保持外贸稳定增长，调整加工贸易限制类政策。
11 月 25 日	中华人民共和国商务部、海关总署公告 2008 年第 90 号，根据《中华人民共和国政府与新西兰政府自由贸易协定》，发布 2009 年自新西兰进口羊毛、毛条国别关税配额量。
12 月 15 日	WTO 驳回了中国就一项有利于美国、欧盟和加拿大的汽车零部件争端裁决提出的上诉。
12 月 23 日	根据《国务院办公厅关于当前金融促进经济发展的若干意见》，普遍下调企业出口贷款预收汇比例。
12 月 30 日	财政部、国家税务总局发布了《财政部国家税务总局关于提高部分机电产品出口退税率的通知》，从 2009 年 1 月 1 日起提高部分技术含量和附加值高的机电产品的出口退税率。

第七章　总体平稳：
外资环境变化引发战略调整

改革开放 30 年来，随着外商在华投资规模的不断扩大，中国引进外资的战略和跨国公司在华投资的战略都发生了调整。2008 年，国家先后出台了一系列新的投资贸易政策，使部分中小型外资企业承受了一定的成本压力。同时，2008 年国际金融危机的爆发，也引发了跨国公司在全球包括中国的战略调整。在国际国内投资环境发生重大变化的情况下，2008 年中国吸收外资出现了新情况，即部分地区出现了外资的非正常撤离，引起了社会各界的广泛关注。此外，随着中国市场逐渐成为外资的战略要地，跨国公司在中国的并购活动也日益频繁。特别是近年来，以跨国公司为主体的外资凭借其强大的资本优势，加紧在中国实施并购，而且目标多集中于中国各行业的龙头企业，对中国的国家经济安全造成了一定影响。2008 年反垄断法的实施在一定程度上将对外资并购中国企业起到了规制作用，但仍然存在需要进一步完善的地方。

一、中国引进外商直接投资继续保持快速增长

随着经济全球化的不断深入，全球跨国投资不仅在规模上急剧扩大，而且在各个投资领域也以更迅猛的态势向发展中国家渗透，并逐渐出现了从开拓市场向控制市场转变的趋势。全球 FDI 的这一变化趋势对中国也产生了一定影响，中国引进外资的战略和跨国公司在华投资的战略都发生了相应的调整。

1. 中国利用外商投资逆势增长，规模持续扩大

2008 年中国吸收外资继续保持平稳较快发展，引资结构进一步改善，质量继续提高。根据商务部对 2008 年全国吸收外国直接投资的统计，"2008 年 1—12 月，全国新批设立外商投资企业 27514 家，同比下降 27.35%；实际使用外资金额 923.95 亿美元，同比增长 23.58%。12 月份当月，全国新批设立外商投资企业 2562 家，同比下降 25.78%；实际使用外资金额 59.78 亿美元，同比下降 5.73%。同期，美国对华投资新设立企业数同比下降 32.55%，实际投入外资金额同比增长 12.54%；原欧盟十五国对华投资新设立企业数同比下降 22.65%，实际投入外资金额同比增长 30.12%。2008 年

1—12 月，对华投资前十位国家/地区（以实际投入外资金额计）依次为：中国香港（410.36 亿美元）、英属维尔京群岛（159.54 亿美元）、新加坡（44.35 亿美元）、日本（36.52 亿美元）、开曼群岛（31.45 亿美元）、韩国（31.35 亿美元）、美国（29.44 亿美元）、萨摩亚（25.5 亿美元）、中国台湾省（18.99 亿美元）和毛里求斯（14.94 亿美元），前十位国家/地区实际投入外资金额占全国实际使用外资金额的 86.85%"①。

与上半年相比，"2008 年 1—6 月，全国新批设立外商投资企业 14544 家，同比下降 22.15%；实际使用外资金额 523.88 亿美元，同比增长 45.55%。6 月份当月，全国新批设立外商投资企业 2629 家，同比下降 27.19%；实际使用外资金额 96.10 亿美元，同比增长 14.58%。同期，美国对华投资新设立企业数同比下降 28.16%，实际投入外资金额同比增长 12.61%；原欧盟十五国对华投资新设立企业数同比下降 23.88%，实际投入外资金额同比增长 24.43%。2008 年 1—6 月，对华投资前十位国家/地区（以实际投入外资金额计）依次为：中国香港（233.94 亿美元）、英属维尔京群岛（94.24 亿美元）、新加坡（25.22 亿美元）、日本（21.72 亿美元）、韩国（18.31 亿美元）、美国（16.38 亿美元）、开曼群岛（15.96 亿美元）、萨摩亚（14.75 亿美元）、中国台湾省（9.96 亿美元）和毛里求斯（8.99 亿美元），前十位国家/地区实际投入外资金额占全国实际使用外资金额的 87.71%"②。

从以上分析可以看出，2008 年 1—12 月中国吸收外资的总量超过了 2007 年；同时，全年全国新批设立外商投资企业数出现了下降，说明单个项目引资的规模在提高。其中，与上年同期相比，美国对华投资新设立企业数在下半年比上半年出现了较大幅度的下降，原欧盟十五国实际投入外资金额在下半年的增长幅度则超过了上半年。这一数据从另一个侧面反映了美国次贷危机对外商直接投资的影响。随着美国次贷危机演变为全球金融危机，更多的国家将受到危机的影响，因此，2009 年中国吸收外资的外部环境有可能趋紧。这一趋势从下半年中国吸收外资的集中度比上半年略有下降也可以得到印证。

2. 外商在华投资环境发生局部变化

2007 年，中国相继出台了一系列新的投资贸易政策，如《中华人民共和国企业所得税法》、《中华人民共和国个人所得税法》、《中华人民共和国劳动合同法》等。这些政策有些在 2007 年就已实施，如 2007 年 3 月 1 日开始执行的《电子信息产品污染控制管理办法》等；有些则从 2008 年开始实施，如 2008 年 1 月 1 日开始执行的新《劳动合同法》等。同时，2007 年修订的新《外商投资企业指导目录》，也对中国引进外资的战略进行了调整。

由于新《企业所得税法》规定对外商在华投资实行"国民待遇"，即"两税合一"，除国家需要重点扶持的高新技术企业减按 15% 的税率征收企业所得税以外，中外资企业所得税的税率为 25%。同时，《电子信息产品污染控制管理办法》、新《劳动合

---

① 商务部：《2008 年 1—12 月全国吸收外商直接投资快讯》，2009 年 1 月 22 日。国家商务部网站。
② 商务部：《2008 年 1—6 月全国吸收外商直接投资快讯》，2008 年 7 月 16 日。国家商务部网站。

同法》以及新《外商投资企业指导目录》的实施，从环境保护、劳动用工以及产业导向等几个方面对外商投资企业的产业结构提出了要求，迫使一些污染严重的外商投资企业和劳动力密集型企业逐步向高新技术产业转移。

此外，在 2007 年 7 月，国家还相继推出了两项重要的贸易政策：一是下调出口商品退税率；二是公布了新一批《加工贸易限制类商品目录》，将包括纺织纱线、布匹等在内的商品列为加工贸易限制类商品。从 2007 年 8 月起，进一步实行银行保证金"台账实转"管理，以抑制低附加值、低技术含量产品出口增长过快的问题。因此，部分以加工贸易为主的外商投资企业面临了较大的成本压力。特别是一些中小型外资企业，不仅要承担汇率风险，还要承担劳动力成本上升的压力，本身的资金实力又有限，无法像大型跨国公司那样通过跨国采购等方式来消化压力，因此，一些企业出现了关、停、并、转的现象。除一部分企业向中西部仍然能够享受税收优惠的地区转移以外，一部分企业开始向越南、印度、印度尼西亚等地转移，还有一部分企业则出现了倒闭。这一趋势在美国金融危机爆发后明显加剧。为积极应对金融危机影响，保持外贸稳定增长，从 2008 年下半年开始，国家投资贸易政策再次做出相应调整，加工贸易类外资企业的压力有望在 2009 年得到缓解（见表 7 - 1）。

174

表 7 - 1　国家投资贸易政策调整的主要内容

名称	颁布时间	执行时间	与外资战略调整有关的主要内容
中华人民共和国企业所得税法	2007 年 3 月 16 日	2008 年 1 月 1 日	1. 企业所得税的税率为 25%。 2. 国家需要重点扶持的高新技术企业，减按 15% 的税率征收企业所得税。 3. 开发新技术、新产品、新工艺发生的研究开发费用可以在计算应纳税所得额时加计扣除。 4. 创业投资企业从事国家需要重点扶持和鼓励的创业投资，可以按投资额的一定比例抵扣应纳税所得额。 5. 已经批准设立的企业，享受低税率优惠的，有五年过渡期；享受定期减免税优惠的，可继续享受到期满为止。 6. 特定地区内新设立的国家需要重点扶持的高新技术企业，可以享受过渡性税收优惠。
中华人民共和国个人所得税法	2007 年 12 月 29 日	2008 年 3 月 1 日	1. 工资、薪金所得，适用超额累进税率，税率为 5% 至 45%。 2. 在中国境内有住所，或者无住所而在境内居住满一年的个人，从中国境内和境外取得的所得，依照本法规定缴纳个人所得税。在中国境内无住所又不居住或者无住所而在境内居住不满一年的个人，从中国境内取得的所得，依照本法规定缴纳个人所得税。
中华人民共和国劳动合同法	2007 年 6 月 29 日	2008 年 1 月 1 日	1. 自用工之日起一个月内订立书面劳动合同。 2. 自用工之日起满一年不与劳动者订立书面劳动合同的，视为用人单位与劳动者已订立无固定期限劳动合同。 3. 劳动合同期限三个月以上不满一年的，试用期不得超过一个月；劳动合同期限一年以上不满三年的，试用期不得超过两个月；三年以上固定期限和无固定期限的劳动合同，试用期不得超过六个月。同一用人单位与同一劳动者只能约定一次试用期。劳动合同仅约定试用期的，试用期不成立，该期限为劳动合同期限。 4. 安排加班必须支付加班费。

续表

名称	颁布时间	执行时间	与外资战略调整有关的主要内容
电子信息产品污染控制管理办法	2006 年 2 月 28 日	2007 年 3 月 1 日	1. 产品应当符合电子信息产品有毒、有害物质或元素控制国家标准或行业标准，在满足工艺要求的前提下，采用无毒、无害或低毒、低害、易于降解、便于回收利用的方案。 2. 电子信息产品生产者或进口者应当在其生产或进口的电子信息产品上标注环保使用期限，由于产品体积或功能的限制不能在产品上标注的，应当在产品说明书中注明。 3. 国家认证认可监督管理委员会依法对纳入电子信息产品污染控制重点管理目录的电子信息产品实施强制性产品认证管理。
外商投资企业指导目录（2007 年修订）	2007 年 10 月 31 日	2007 年 12 月 1 日	1. 制造业领域，进一步鼓励外商投资中国高新技术产业、装备制造业、新材料制造等产业。服务业领域，积极稳妥扩大开放，增加"承接服务外包"、"现代物流"等鼓励类内容，并减少原限制类和禁止类条目。 2. 对稀缺或不可再生的重要矿产资源不再鼓励外商投资。一些不可再生的重要矿产资源不再允许外商投资勘查开采，限制或禁止高物耗、高能耗、高污染外资项目准入。 3. 针对中国贸易顺差过大、外汇储备快速增加等新形势，不再继续实施单纯鼓励出口的导向政策。 4. 凡属于需鼓励外商投资的中西部地区和东北老工业基地的优势产业和特色产业，在修订《中西部地区外商投资优势产业指导目录》时统筹考虑列入。
加工贸易限制类商品目录	2007 年 7 月 23 日	2007 年 8 月 23 日	1. 对开展限制类商品加工贸易业务实行银行保证金台账"实转"管理。 2. 经营企业及其加工企业同时属中西部地区的，开展限制类商品加工贸易业务，A 类和 B 类企业实行银行保证金台账"空转"管理，C 类企业实行台账 100% 实转管理。 3. 对 2007 年 7 月 23 日前未获得外贸权的东部地区企业，不予受理其开展限制类商品加工贸易业务申请。 4. 不适用于出口加工区、保税区等海关特殊监管区域，以及海关特殊监管区域外以深加工结转方式在国内转入限制进口类商品和转出限制出口类商品的加工贸易业务。
财政部国家税务总局关于调低部分商品出口退税率的通知	2007 年 6 月 18 日	2007 年 7 月 1 日	1. 2007 年 6 月 18 日，发布《财政部、国家税务总局关于调低部分商品出口退税率的通知》，规定自 2007 年 7 月 1 日起，调整部分商品的出口退税政策。取消了 553 项"高耗能、高污染、资源性"产品的出口退税，降低了 2268 项容易引起贸易摩擦的商品的出口退税率。 2. 2008 年 7 月 31 日，中国部分纺织品服装出口退税率由 11% 提高到 13%；将部分竹制品的出口退税率提高到 11%。 3. 2008 年 10 月 21 日，中国部分纺织品服装出口退税率再次提高到 14%。 4. 2008 年 11 月 1 日，适当调高部分劳动密集型和高技术含量、高附加值商品的出口退税率。 5. 2008 年 12 月 1 日，进一步提高部分劳动密集型产品、机电产品和其他受国际经济影响较大产品的出口退税率。 6. 2009 年 2 月 4 日，国务院常务会议审议通过纺织工业调整振兴规划，将纺织品服装出口退税率由 14% 再次提高到 15%。

名称	颁布时间	执行时间	与外资战略调整有关的主要内容
商务部、海关总署 2008 年第 120 号和 121 号联合公告	2008 年 12 月 31 日	2009 年起	2008 年 12 月 31 日，商务部会同海关总署联合发布公告，调整加工贸易限制类和禁止类目录。从限制类目录中剔除 1730 个十位商品编码，具体涉及纺织品、塑料制品、木制品、五金制品等，占加工贸易限制类产品总数的 77%，涉及加工贸易出口额约 300 亿美元；从禁止类目录中剔除 27 个十位商品编码，主要涉及铜、镍、铝材等产品，涉及加工贸易出口额约 15 亿美元，占禁止类总金额的 30%。①

资料来源：根据国家有关法律、法规整理。

3. 受危机影响少数领域出现国际资本回流现象

2008 年是国际投资环境发生重大变化的一年。继 3 月美国第五大投资银行贝尔斯登因濒临破产而被摩根大通收购之后，9 月美国第三大投资银行美林证券被美国银行以约 440 亿美元收购，美国第四大投资银行雷曼兄弟也申请破产；同时，美三大汽车巨头通用汽车、福特汽车和克莱斯勒也面临破产困境。受到美国金融危机的影响，2008 年 10 月，冰岛最大的三家银行宣布破产，股市狂跌；日本股市创 26 年来的新低；德国和英国的经济也陷入衰退；一场全球性的金融海啸正在上演。特别是，由于金融危机从虚拟经济逐渐蔓延到实体经济，在全球需求疲软的情况下，贸易和投资也开始出现问题。由于跨国公司母国的投资环境发生巨大变化，为抽调资金应急，一些新兴发展中国家出现了资金回流现象。其中，作为全球最大投资地之一的中国也未能幸免。

在中国，首先受到冲击的是房地产业。由于受到国际金融危机的影响，一些外资纷纷离场，特别是一些海外基金，开始撤资套现，产生了一定的社会影响，加剧了国内房地产业的疲软。"根据五合国际的统计，外资只占房地产投资总额的 3%，但外资的集体离场，对市场的心理影响，远高于实际作用。……在这样的情况下，中国楼市自然也不会为海外基金所看好。金融风暴之下，各家银行收缩贷款，并造成全球性的银根收紧，海外基金也面临套现的压力。"②

其次，以加工贸易为主的外资企业面临订单减少、出口困难等外部压力。2008 年 12 月 31 日，广东省社科院发布一年一度的《广东区域综合竞争力评估分析报告》。报告指出，伴随金融危机而来的全球经济萧条会导致广东大量加工贸易企业订单显著减少。最近出现的企业倒闭并非都是订单减少所致，更多是金融危机带来的重要战略资源，如石油、矿产、有色金属价格跳水导致的企业投资失误所致。报告分析，广东可能

---

① 商务部、海关总署：2008 年第 120 号和第 121 号联合公告，国家商务部网站。

② 杨羚强：《外资撤退 私募基金接盘房地产?》，《每日经济新闻》2008 年 9 月 23 日，http://www.p5w.net/news/cjxw/200809/t1913237.htm。

成为金融危机转嫁的重灾区。长期发展后劲下降已难以避免。①

最后，国际裁员风潮愈演愈烈，开始波及中国。据报道，"随着全球金融危机带来的经济大萧条和消费能力的大幅降低，其负面影响已经开始扩散到各个领域。虽然 IT 行业的一些中小企业早已开始大幅裁员，但一些大型的国际 IT 企业也相继开始裁员，表明整个 IT 业的'寒冬'已经到来，包括谷歌、飞利浦和尼康在内的大企业，为了保证利润率和完成业绩指标，也不得不加入到裁员的行列"②。飞利浦公司的发言人也表示，由于在中国区拥有较多业务，因此，这次裁员可能会涉及中国地区。

二、少数外资企业非正常撤离引发社会广泛关注

2008 年，中国实际利用外资继续保持了平稳较快发展。但在部分地区，由于各种原因，出现了一些外商投资企业撤资的情况。据报道，"前 10 月全国合同外资减资额、终止企业合同外资撤资额同比分别上升近 7% 和 33.5%，这在东部沿海地区较集中"③。

1. 部分外商投资企业非正常撤离中国

2008 年，中国东部沿海地区的一些外资企业出现非正常的撤离现象，并引起了人们的广泛注意。

青岛是韩资撤离的重灾区。"据商务部统计，目前国内约有 46000 家韩资企业，1/3 在山东，青岛就有 4000 多家。韩国一直位居青岛第一大外资来源地。青岛市外经贸局的最新数据显示，目前'第一'的地位已被香港取代。如今韩资企业'半夜逃逸'，在青岛已经是屡见不鲜。"④

从 2000 年到 2007 年，有 206 家韩资企业非法撤离青岛。"2003 年，首次出现 21 家韩资企业撤离，此后逐年增加，2006 年有 43 家，2007 年一下子上升到 87 家。韩资撤离，涉及企业员工 2.6 万人，拖欠工资 1.6 亿元，拖欠银行贷款近 7 亿元。"⑤ 造成了一定的社会影响。

从企业性质来看，撤资的多为劳动密集型企业。这是因为，1992 年中韩建交以后，

①　广东省社会科学院：《2008 广东区域综合竞争力评估分析报告》，转引自李乾韬：《广东经济总量有望突破 3.5 万亿超江苏、山东 5 千亿》，《南方都市报》2009 年 1 月 1 日。http://epaper.nddaily.com/A/html/2009 - 01/01/content_675040.htm。

②　日月：《裁员风潮愈演愈烈　国际 IT 巨头"跟风"裁员》，《新民晚报》2008 年 11 月 28 日，第 B24 版。

③　龚雯：《经济大势：外资还是看好中国》，《人民日报》2008 年 12 月 1 日，第 13 版。

④　杨曼：《韩流遭遇寒流　韩资悄然撤资》，新华网 2008 年 11 月 24 日。http://news.xinhuanet.com/fortune/2008 - 11/24/content_10404079.htm。

⑤　刘伟伟：《在华韩资撤离背后是升级》，新浪网 2008 年 7 月 25 日。http://news.sina.com.cn/c/2008 - 07 - 25/114615998842.shtml。

大量韩国企业到中国投资，许多韩资是在准备不充分的情况下进入，以小规模和劳动密集型为特征。特别是青岛，投资的韩企大部分为劳动密集型企业，对投资政策和投资环境的敏感度较高，因此在 2007 年以来的国际国内投资环境变化中出现了大批量撤离的现象。

"珠三角"一直是港台资本的聚集地。据统计，"2007 年广东省有 244 家外商投资企业撤离。'珠三角'8 万家港资、台资企业中，有 37.3% 计划搬离。"① 据人行福州中心支行统计，2008 年 "前三季度，福建省外商因撤资所得资金汇出 1.09 亿美元，同比增长 45.8%，占同期外资流入额 2.31%。全省外汇局共有 45 家外商投资企业办理撤资购付汇，其中外方转股企业 28 家，撤资汇出 5897 万美元；清算企业 15 家，撤资汇出 2760 万美元；减资企业 2 家，撤资汇出 2252 万美元"②。

据媒体报道，2007 年 6 月，东莞凤岗镇一家全球鼠标键盘行业第二大制造商、名为晔盛的台资科技生产工厂倒闭，拖欠 100 多家供应商货款，估计达到四五个亿，台湾老板跑回台湾。2008 年 6 月底，台资企业鑫曜科技有限公司老板突然撤资走人，令所有员工措手不及。在"珠三角"，诸如此类的现象已经不足为奇。可见，"珠三角"港台企业撤资情况已经颇为严重。

从原因来看，有关人士指出，港台资本撤离主要包括以下几种情况："一是产业布局发展需要，通过增加投资项目实现上下游产业就近配套；二是一些低附加值、低利润、低技术含量的企业或生产环节通过转移投资维持发展；三是随着东莞产业升级的推进，一部分污染型、小规模行业进行梯度转移。"③

总的来说，上海、江苏等地受撤资潮影响不大，因为"长三角"地区早在"十五"期间就已经提高了引进外资的门槛，将污染重、规模小、技术含量低的外资拒之门外。例如江苏昆山，在此期间制定了"三不政策"，将劳动力需求量超过 8000 人的劳动密集型产业、出口退税额过高的产业以及高污染产业，一概拒绝。④ 但是，目前上海也出现了中小日资企业撤退的征兆。

与韩资企业不同，日资企业的撤退手法一般比较温和，计划比较严密。日资企业歇业或撤退的主要做法有三种：一是"安乐死"型，即公司总部已经决定撤退，但秘而不宣，让企业自然消亡；二是让渡型，即经营期满后把股份无偿让渡给中方；三是迁移缩小型，即逐步迁至其他地区或其他国家，逐步缩小经营规模。

---

① 刘伟伟：《在华韩资撤离背后是升级》，新浪网 2008 年 7 月 25 日。http：//news. sina. com. cn/c/ 2008 - 07 - 25/114615998842. shtml。

② 胡善安：《前三季福建外商撤资汇出资金增长 45.8%》，新华网 2008 年 11 月 5 日，http：// haixi. cnfol. com/081105/417，1940，5003767，00. shtml。

③ 林洁、吴里扬：《珠三角产业转型引港台企撤资 新劳动法并非祸首》，中国经济网 2008 年 2 月 18 日。http：//finance. ce. cn/macro/main/sys/gz/qy/200802/18/t20080218_12833854. shtml。

④ 刘伟伟：《在华韩资撤离背后是升级》，新浪网 2008 年 7 月 25 日。http：//news. sina. com. cn/c/ 2008 - 07 - 25/114615998842. shtml。

据日本驻沪总领事馆或日本贸易振兴会上海代表处统计，仅 2008 年上半年内已经有 14 家企业提出撤退。2008 年 6 月 6 日，由日本贸易振兴会上海代表处出面在上海召集上海及周边地区的日资中小企业，举办企业歇业清算研讨会，日本中小企业组织全国商工联合会专门从东京派员来沪指导。

2. 各方积极应对重视消除外资撤离的消极影响

撤资潮的出现引起了社会各界的反响，包括撤资企业的母国也对这一情况十分重视。例如，韩国政府相关部门和企业支援机构在 2008 年 1 月 28 日至 2 月 1 日期间对在华韩国企业的经营情况进行了调查。根据调查结果，韩国政府制定了一系列对策。主要包括："外交通商部将在韩国驻华使馆新设由法律界人士等专家共同组成的'困难企业咨询支援中心'，为当地韩资企业提供帮助；在非法撤离情况比较突出的山东省，韩国驻青岛总领事馆将新设由领事馆、大韩贸易投资振兴公社和中小企业支援中心负责人组成的企业清算协助小组"，"韩国国税厅也开始向有意撤资的在华韩资企业提供相关的咨询服务，在国税厅网站上介绍企业如何在中国进行清算的正常程序，并公开了国税厅负责国际合作业务人员和韩国驻华使馆税务官的联系方式，以方便企业人士咨询"[①]。在国内，各界人士也纷纷对此进行探讨。

针对外资企业撤离中国的现象，《国际金融报》援引韩国分析人士的评论指出，"韩国企业撤离中国的现象频繁出现，是由于在中国经济从轻工业转为重化学工业的产业结构调整过程中，外资企业的经营条件正在逐渐恶化。进军中国的韩国中小企业大部分从事轻工业，看准中国的廉价劳动力，而中国政府为了将产业结构转换为附加值高的重化学工业，正在减少对外资企业的税制优惠，加强环境规制"[②]。

另一些媒体则认为，外企撤退的本质是中国引资质量的提高。如国务院发展研究中心主办的《中国经济时报》指出，"部分外企的撤离只是中国外资版图上的一种局部或者暂时的异动，所折射出的是中国引资质量的不断提高和国外资本在中国可能加速优化的预期。不过也有市场人士担心转型如果失败，由此引发的失业潮和产业空心化将严重打击中国的产业经济。"[③]

为此，《人民日报》在 2008 年 12 月 1 日以大幅标题刊登了《经济大势：外资还是看好中国》一文，提出"就减资撤资而言，前 10 月全国减资的外企有 4218 家，比上年同期减少了 10.8%；终止的外企有 3774 家，同比减少了 6.6%。减资撤资的多属制

① 吴菲菲：《山东韩企撤资背后……中西部或称韩资锁定目标》，2008 年 3 月 4 日，http://www.chinatradenews.com.cn/Article.asp? NewsID=10765。

② 《国际金融报》：《半数亏损 韩资企业大"撤退"？》，2007 年 12 月 28 日，第 7 版，转引自人民网 2007 年 12 月 28 日。http://finance.people.com.cn/GB/71364/6712355.html。

③ 星岛环球网：《官方媒体评价外企撤退：中国引资质量在提高》，http://www.stnn.cc：82/chinafin/200803/t20080303_740800.html。

造业相关行业的小企业，大跨国公司非但未撤出，反而在加大投入"①。文章指出，"对跨国公司来说，在其全球经营业绩滑落之时，中国成为他们的避风港，在华销售收入的增长和赢利成为一些跨国公司全球业务亮点，中国欧盟商会近期对会员进行了商业信心调查，多数在华欧盟企业坦承他们比 2007 年实现了更高的利润率。许多跨国公司在全球其他国家关厂裁员、削减新投资，对中国却增加了新项目"②。《人民日报》的分析客观地评价了外资撤离中国的现象，并对中国吸收外资的前景进行了展望，认为金融危机的爆发，将使中国成为外国直接投资的避风港，因此，相对中小型外资企业而言，大型跨国公司反而有可能增加在华的投资。

针对外商撤资的原因，中国社会科学院韩国问题专家表示，"在中国投资的韩国企业中，技术含量低、劳动密集型、高污染、高能耗的中小企业，大多属于在韩国难以生存的'夕阳产业'，这些企业在中国也难以生存"③。此外，中国的撤资制度也需要改善。"长期以来，中国在吸引外资方面做得很好，措施优惠，制度完善，而且程序便捷。但在外企撤资方面却做得不够，各种手续、程序都非常复杂。……据相关人士透露，在韩资企业申请清算的过程中，中方企业会出现拖延给韩资企业结清欠款的现象，这都令清算企业动摇清算正式提出申请的打算。"④

国务院发展研究中心专家也指出，"国务院发展研究中心曾经统计研究过撤资企业类型和国别，撤资企业主要集中在韩国、日本、中国港台等地的劳动密集型企业及中小企业。其中大部分是家电、服装、化工等加工制造企业，以来料加工型企业为最多，占 59%，其中高耗能、高污染类型企业占 35.6%"⑤。

进一步的研究表明，上述分析是有一定依据的。根据青岛大学调研团队发布的《青岛韩资企业发展状况的实地调研》报告，"在青岛的韩国企业的销售额一般在 2500 万元以上（这类企业占到 69.9%），员工人数大部分为几百人不等，即大部分为中小型的、低附加值的加工型企业，员工人数相对较多，多属于劳动密集型行业。这些类型的企业生产成本小，而且大部分是租赁厂房设备，所以逃跑的成本相对于企业资产清算的成本非常小，当他们面临成本上升等种种压力的时候会选择非法撤离"⑥。可见，外企撤资的根本原因是利润空间下降。

早在 2008 年 3 月，商务部有关领导就指出，"韩企等外资撤资只是局部地区现

---

① 龚雯：《经济大势：外资还是看好中国》，《人民日报》2008 年 12 月 1 日，第 13 版。

② 龚雯：《经济大势：外资还是看好中国》，《人民日报》2008 年 12 月 1 日，第 13 版。

③ 吴菲菲：《山东韩企撤资背后……中西部或称韩资锁定目标》，2008 年 3 月 4 日，http：//www. chinatradenews. com. cn/Article. asp？NewsID＝10765。

④ 吴菲菲：《山东韩企撤资背后……中西部或称韩资锁定目标》，2008 年 3 月 4 日，http：//www. chinatradenews. com. cn/Article. asp？NewsID＝10765。

⑤ 陈宝国：《外企撤资不是坏事》，新浪网 2008 年 4 月 22 日。http：//finance. sina. com. cn/economist/jingjiguancha/20080422/10004782652. shtml。

⑥ 杨曼：《韩流遭遇寒流　韩资悄然撤资》，新华网 2008 年 11 月 24 日。http：//news. xinhuanet. com/fortune/2008－11/24/content_10404079. htm。

象，不代表全局。在市场经济条件下，企业设立、关闭是正常的，是优胜劣汰的过程。其中的关键问题是要依法进行，破产需要按破产法，中止则要有清算。特别是要按照法律规定依法妥善处理工人工资问题，不能拖欠工人工资、银行贷款和经营中产生关系的第三方资金。'非正常逃逸是不行的，要引起高度关注，依法追究责任'"[1]。

针对部分地区出现的外商投资企业非正常撤离现象，国家有关部门也纷纷加以表态。最高人民法院新闻发言人表示，"目前该现象在山东、浙江、广东等东部沿海省份均有抬头，其主要方式为外商在前期就已经偷偷将资产全面转移，然后选择'一夜消失'，遗留下大量问题，主要表现为劳资纠纷、建设工程以及买卖合同纠纷。针对这一现象，最高人民法院要求建立应对内资企业和外商投资企业非法撤资讨债的应急审理机制，以做好人员控制、财产和证据保全的工作预案"[2]。

为了妥善解决外资非正常撤离后的相关问题，消除各种消极影响，商务部、外交部、公安部、司法部在 2008 年 11 月 19 日联合印发《外资非正常撤离中国相关利益方跨国追究与诉讼工作指引》（以下简称《指引》），强调四部委将加强协调，做好跨国追究与诉讼相关工作，追究逃逸者的法律责任。《指引》提出，第一，中国已与许多国家缔结了《民商事司法协助条约》、《刑事司法协助条约》和《引渡条约》，为处理外资非正常撤离导致的经济纠纷提供了必要的法律依据。第二，外资非正常撤离事件发生后，中方当事人要及时向有关司法主管部门（法院或侦查机关）申请民商事或刑事案件立案。第三，不履行正常清算义务给债权人造成损失的，相关外国企业或个人仍应承担相应民事责任，对公司债务承担连带清偿责任。……[3]《指引》对外资的非正常撤离敲响了警钟，为最大限度挽回当事人的经济损失提供了法律保障。

三、外资并购中国国内企业不断向纵深推进

改革开放 30 年来，中国经济持续高速增长，中国市场逐渐成为外资的战略要地，外资在中国的并购活动日渐兴起。特别是近年来，以跨国公司为主体的外资凭借其强大的资本优势，加紧在中国实施并购，并购规模快速增长，并购范围不断扩大，而且并购目标多集中于中国各行业的龙头企业。迄今为止，外资除了在日用化工、啤酒饮料、食

---

[1] 赵彤刚：《商务部副部长马秀红：韩企撤资只是局部现象》，《中国证券报》2008 年 3 月 7 日，转引自 http：//www. china. com. cn/2008lianghui/2008 – 03/07/content_11913509. htm。

[2] 杨玉国：《最高院称国内开始出现外商撤资外逃现象》，《新京报》2008 年 12 月 5 日，http：//gb. cri. cn/18824/2008/12/05/3245s2349846. htm。

[3] 商务部、外交部、公安部、司法部：《外资非正常撤离中方相关利益方跨国追究与诉讼工作指引》，2008 年 11 月 19 日，国家商务部网站。

品、医药、物流等领域已形成明显垄断或强势地位外，正积极向钢铁、水泥等资源类行业、房地产等资产类行业、机械制造业以及其他金融服务业步步紧逼，涉及中国多个战略性行业和重点企业，大有向纵深推进之势。

1. 外资在华的并购金额创纪录增长

根据中国对外资并购的政策导向，在经历了 1978—1991 年的政策空白阶段和 1992—2001 年的逐步开放阶段后，中国在加入 WTO 以后对外资并购进入由认可转为依据 WTO 规则积极推动阶段①，在此背景下，外资在中国的并购规模快速增长，成为中国利用外资的重要方式。如表 7 - 2 所示，仅 2008 年前三个季度，外资并购额高达 176 亿美元，超过以前历年的外资并购额。尽管受到美国金融危机的冲击，外资跨国并购依然有不少大手笔（见大事记 7—1）。

表 7 - 2　1991—2008 年外资并购占中国实际利用 FDI 的比重

（金额单位：亿美元）

年度	实际利用 FDI 金额	外资 并购额	外资并购 所占比重（％）
1991	43.66	1.25	2.86
1992	110.08	2.21	2.01
1993	275.15	5.61	2.04
1994	337.67	7.15	2.12
1995	375.21	4.03	1.07
1996	417.25	19.06	4.57
1997	452.57	18.56	4.10
1998	454.63	7.98	1.76
1999	403.19	23.95	5.94
2000	407.20	22.47	5.52
2001	468.78	23.25	4.96
2002	527.40	20.72	3.93
2003	535.05	38.20	7.14
2004	606.30	67.68	11.16
2005	603.25	115.90	19.21
2006	694.68	121.28	17.46
2007	826.58	155.37	18.80
2008（1—9 月）	743.74	176.00	23.66

资料来源：实际利用 FDI 数据来自商务部，外资并购额来自历年 UNCTAD《世界投资报告》，其

---

① 李珮璘：《跨国公司并购与中国战略产业的发展》，《世界经济研究》2008 年第 7 期。

中 2008 年外资并购数据来自《上海证券报》2008 年 9 月 4 号的报道。

大事记 7 - 1　2008 年外资并购重要案例

日　　期	事　　件
2 月	美国卡特彼勒完成了对山东山工机械有限公司（山工）剩余 60% 股份的收购，加上 2005 年已收购的 40% 股份，至此卡特彼勒已将这家大型国有企业变成外商独资企业。必和必拓对力拓正式发出收购要约，并于 7 月 4 日向中国政府提交了反垄断审查申请，但必和必拓在 11 月 25 日宣布和力拓的合并计划失败。
7 月	澳洲麦格理银行和澳大利亚最大的招聘网站 seek.com 联合并购智联招聘，控制了智联 70% 的股份。美国强生宣布已完成收购北京大宝化妆品有限公司的交易，至此强生通过并购全资控股大宝。
8 月	西安自来水公司在与法国威立雅近两年的谈判后，制定了《西安市水业资产重组框架方案》，推倒了原来引进外资改制的设计，改为依靠西安市自来水总公司本身，走集团化改造和供水、污水处理一体化的路径，进行国有水务的自我改制。目前该方案已上报西安市政府。
9 月	可口可乐宣布将出资 179 亿港元收购汇源果汁，目前商务部已开始审核该并购案。美国黑石出资 6 亿美元收购以化工新材料和特种化学品为主业的蓝星（集团）总公司 20% 的股权。
10 月	美国最大猎头公司 Monster 公司宣布收购中华英才网 55% 的股权，加上 2 年前 Monster 公司斥资 5000 万美元收购的 45% 的股权，至此 Monster 公司已经全资收购中华英才网，获得其近 2000 万的人才数据库。盈石将作为美国黑石在中国的首家专业资产管理机构成功地以 5.367 亿元人民币获得上海长寿商业广场 95% 的股权。
11 月	英博集团公司收购 AB 公司反垄断申报获得商务部附加限制性条件的批准。

资料来源：根据有关资料整理。

　　值得关注的是，进入 2008 年，受世界经济增长放缓和金融市场动荡的影响，许多发达国家的金融市场出现清偿危机，公司并购活动明显减少，上半年跨国并购交易额较 2007 年下半年下降 29%。[①] 在此背景下，作为外资并购主体的跨国公司必然会相应调整经营战略，其在中国市场的并购战线也会相应收缩，这在一定程度上抑制了外资并购规模的扩张。但总体来看，由于中国市场的巨大吸引力和外资并购政策的逐步规范，随着世界经济走出衰退，预计外资并购会重拾升势。

2. 外商并购目标锁定中国传统战略领域

　　根据 UNCTAD《世界投资报告（2008）》提供的资料，最近三年以来，按产业部门分类的全球并购情况如表 7 - 3 所示。从表 7 - 3 中可以看出，目前全球跨国并购领域主要为服务业，依次是第二产业和第一产业。事实上，由于信息技术进步、管制放松和资本市场发展，跨国公司全球并购的范围已经涉及能源、电信、航空、金融、大众传媒等几乎所有重要的产业，并呈现出由传统制造业向高科技产业和服务业转移的倾向。

---

　　① 商务部综合司：《中国对外贸易形势报告（2008 年秋季）》。

表 7 - 3   按产业部门分类的全球并购情况　　　　　（单位：亿美元）

产业部门	平均占比	2005 年	2006 年	2007 年	2008（1—6 月）
全部产业	—	9293.62	11180.68	16371.07	6212.82
第一产业	10.79%	1558.40	1087.69	1097.74	617.83
第二产业	30.91%	2550.04	3047.77	5673.97	2130.28
服务业	58.30%	5185.17	7045.22	9599.36	3464.57

资料来源：全球并购额来自 UNCTAD《世界投资报告（2008）》，平均占比为本书计算所得。

外资并购中国企业主要受以下因素影响：《外商投资产业指导目录》的制约、地方政府的引导、中国进口商品的关税和非关税壁垒、中国市场竞争格局以及中国资产存量的行业分布等。[①] 在 20 世纪 90 年代中后期，外商在中国的投资并购主要集中在日用消费品、轻工业品等低技术和低附加值产业，而高端服务业和高新技术产业发生的外资并购所占比重较小。[②] 进入 21 世纪后外资并购范围不断扩大。从中国政策环境及已有的并购案例看，目前外资公司并购主要集中在国家政策重点鼓励的产业、市场前景广阔的基础工业或垄断性较强的行业，涉及了中国战略性产业，如装备制造、钢铁、矿产开采、城市基础设施、石化、电信、汽车、信息技术、金融等行业。尤其是加入 WTO 5 年过渡期后，中国在引资政策、市场准入、国民待遇等方面迈出更为开放的步伐，跨国公司几乎是按照中国加入 WTO 的承诺时间表抢占中国银行、电讯、高技术等战略产业。[③] 战略产业是实现经济持续增长的领航产业，是对国民经济发展和产业结构转换起促进、导向作用并具有广阔的市场前景和科技进步能力的产业，是关系国家经济命脉和国家安全的产业。[④] 而当前各经济体的竞争逐步从政治、军事和泛产业领域集中到战略产业领域。外资在中国战略产业领域的并购所产生的影响不容忽视。

3. 并购对象指向国内行业龙头企业

跨国公司研究的最新进展证明，跨国公司已改变传统的只注重利用和转移母公司已有垄断优势的战略，开始重视子公司在海外获取和整合新优势[⑤]，因而东道国那些具有领先市场地位或者核心竞争优势的龙头企业自然成为外资并购的首选对象。外资并购中国企业通常选择行业龙头企业作为并购目标。这些龙头企业大多拥有较为先进的技术、良好品牌、销售网络等核心资源。将龙头企业并购后，外资无疑占据了在这些产业领域的高端位置，典型案例如德国 FAG 并购西北轴承、英国伯顿收购大连第二电机厂、西

---

① 胡峰：《跨国公司在华并购问题研究》，华东师范大学 2003 年度博士学位论文。

② 桑百川、李玉梅：《反垄断法规制外资并购的效应分析》，《国际贸易》2008 年第 5 期。

③ 宋军著：《跨国并购与经济发展》，中国财政经济出版社 2004 年 8 月第 1 版。

④ "中国战略技术与产业发展研究"课题组：《从战略视角把握中国的战略产业》，《经济日报》2002 年 12 月 2 日。

⑤ 薛求知：《当代跨国公司新理论》，复旦大学出版社 2007 年 10 月第 1 版。

门子控股锦西化机、印度米塔尔收购华菱管线、韩国 SKN 增资控股北方铜业以及跨国公司对中国零售企业的并购等。2008 年强生通过并购全资控股大宝、黑石收购以化工新材料和特种化学品为主业的蓝星（集团）总公司 20% 股权以及 2008 年 9 月可口可乐宣布将出资 179 亿港元收购汇源果汁等并购案例的出现，再次证明了外资对中国国内行业龙头企业可谓"情有独钟"。值得注意的是，最近几年，外资在并购行业龙头企业时，出现了金融资本与私募股权基金（private equity fund）参与并购的现象，如 2006 年摩根士丹利并购海螺水泥、2007 年凯雷收购诚德钢管、新桥在国内金融领域的并购、黑石并购蓝星等。金融资本和私募股权基金的参与使得并购方资本实力更强，中国相关产业及企业面临的压力更大，值得关注。

4. 外商在华并购战略意图日趋明朗

外资在中国的并购已经呈现出从分散出击到有选择地进行战略整合阶段。这是外资进入中国 30 年以来，随着中国经济发展和投资环境变化，并根据其全球经营战略的调整而在中国进行战略调整的必然结果。外资并购战略的调整集中表现在它们提出必须绝对控股、必须是龙头企业、预期收益必须超过 15% 的并购目标上。[①] 从分散出击到战略整合的调整意味着：从并购目的来看，其并购行为不仅是为了单纯追求短期的财务投资回报，而是进行战略性投资（Strategic Investment），追求长期高额回报，因此谋求控股的并购会增多，而并购中的独资化倾向会更加突出；从并购对象来看，拥有丰厚优质资产的行业龙头企业将成为外资首要选择；从并购模式与手段来看，为推进战略整合，直接并购、纵向并购会较多地被外资采用，而金融资本的参与则显著提升了外资作为并购主体的实力。

从行业层面看，柯达并购中国感光材料行业可谓开创了外资全行业并购整合的先河。各行业的跨国巨头通过并购在中国市场"运筹帷幄"，大有控制相关产业之势。在作为城市基础设施的水务行业，法国威立雅对国内企业的并购包括 2002 年收购上海市自来水浦东有限公司 50% 国有股权、2003 年 11 月受让深圳水务集团 45% 的股权、2007 年 1 月获得兰州市供水集团 45% 的股权、2007 年 3 月获得海口市水务集团 50% 的股权、2007 年 9 月获得天津自来水集团下属市北水业有限公司 49% 股权等，威立雅一路攻城略地，直到 2008 年在西安遭遇挫折。在装备制造业，据悉，美国卡特彼勒（全球最大的工程机械制造商）制定了"鲸吞"中国整个工程机械行业的计划，有条不紊地"整合"中国工程机械行业。它利用中国国企产权改革，以及中国机械工业在跨国公司竞争压力下陷入萧条的机会，在已完成对多家行业龙头或骨干企业的并购后，2008 年 2 月，卡特彼勒公司如愿以偿地完成了对中国领先的轮式装载机制造商——山东山工机械有限公司（山工）剩余 60% 股份的收购，从而将这家大型国有企业变成外商独资企业。在互联网行业，前程无忧早于 2006 年 4 月向日本最大的招聘公司 Recruit 出售了 15% 的

185

---

① 宣烨、王新华：《跨国公司在华并购：一个资源观的视角》，《世界经济研究》2007 年第 6 期。

股份，根据双方协议，Recruit 最多还可购入前程无忧网总计 40% 的股权。2008 年 7 月智联招聘被澳洲麦格理银行和澳大利亚最大的招聘网站 seek. com 联合并购，控制了智联 70% 的股份。2008 年 10 月 8 日，美国最大猎头公司 Monster 公司宣布收购中华英才网 55% 股权，加上 2 年前 Monster 公司所收购的 45% 的股权，该公司获得了中华英才网及其近 2000 万的人才数据库。至此，中国招聘类网站的前三强全部外嫁于美国、日本和澳大利亚。① 从以上案例可以看出，无论是居于行业领先地位的某家跨国公司对在该行业的"鲸吞"，还是具有强大实力的若干跨国公司对某个行业的"蚕食"，外资并购由早先进入中国时的分散出击发展到有选择的全行业战略整合已是不争的事实。

从企业层面看，外资为获取新的竞争优势，确立在中国市场上的领先地位，对被并购的中国企业所拥有的品牌、销售渠道、技术等高级要素的整合志在必得。对构成竞争威胁的中国本土品牌，外资并购后往往采取直接"雪藏"、减少对中方品牌的投资来逐渐降低其品牌价值、控制本土品牌的销售和市场推广，以及利用中方品牌推出自己的国际品牌形象而最终以自己的品牌取而代之等方法，消灭被并购的国内企业的品牌。如在具有国家战略意义的粮食产业，随着国际"ABCD"四大粮商〔ADM、邦吉（Bunge）、嘉吉（Cargill）、路易·达孚（Louis Dreyfus）〕的长驱直入，国产大豆品牌消亡殆尽。② 特别是出于对垄断技术优势的考虑，并购后外资往往利用其控股地位，基本取消了被并购企业的技术开发机构或将原企业的技术资源进行整合，导致国内企业出于引进先进技术、获得外资技术溢出效应的良好初衷被无情打破。如在油嘴油泵行业，德国博世公司收购中国油嘴油泵行业的龙头企业——江苏无锡威孚有限公司后，就把原有的技术中心撤销，这类并购对中国企业自主创新产生了一定的"挤出"效应。在此背景下，我们有必要反思这样一个问题：国内某些行业龙头企业陷入发展的困境是不争的事实，但"一卖了之"是否是最有效的解决方法？

5. 外资并购影响中国国家经济安全

外资并购对被并购企业、相关产业乃至整个中国经济的发展来说，在促进企业技术进步与管理水平的提高、优化产业资本配置、促进产业规模的扩大以及为中国经济发展注入资本、技术、先进管理等高端要素的同时，由于以跨国公司为主体的外资拥有的垄断优势和内在的扩张本质，也不可避免地对中国相关产业，特别是与跨国公司相比明显处于竞争劣势地位的战略产业的发展产生了负面影响，而且在地方政府仍旧注重外资数量的引资政策驱动下，外资并购的弊端日渐凸显。部分行业龙头企业被外资并购情况增加，个别领域出现外资垄断或垄断迅速扩大的苗头，可能对国家经济安全特别是产业安全形成威胁。③

---

① 参见中国并购交易网：http：//www. mergers – china. com/news。
② 参见新浪财经网：http：//finance. sina. com. cn/money/future/20080905/03355274590. shtml。
③ 国家发展和改革委员会：《利用外资"十一五"规划》，2006 年 11 月 10 日。

　　从企业层面看，外资并购促进高级生产要素向中国聚集，但由于稀缺的高级生产要素通常为外资所有，因此并购后主要的要素收益必为外资所占有，抑制了中国企业的生存和发展。对企业来说，生产要素不仅包括资本、技术、土地和劳动力等，广义地还涉及品牌、专利、信息和管理等，经济全球化的本质特征是生产要素的国际流动，在经济全球化条件下生产要素要从广义上解释。[①] 作为外商直接投资的重要方式，外资并购活动必然伴随着向中国相关企业的资本、技术、管理等各种高级生产要素的综合转移，促进了各类生产要素向中国聚集。但是，必须澄清的是，要素聚集可以实现增长，也可能为发展创造基础和条件，但却不直接等于发展。[②] 并购是跨国公司获得中国国内企业核心要素快速而有效的重要途径，它将导致国内企业丧失对部分要素特别是高级要素的控制权。生产要素有低级与高级之分，不同类型的生产要素获得的收益大小是不同的。在全球化经济中，要素的稀缺性与要素收益规律揭示，由于稀缺的高级要素如资本、技术知识、国际销售渠道、国际经营管理、全球企业网络为跨国公司所拥有[③]，因此外资并购后，主要要素收益必然为外资所占有，这就是外资并购时要求控股权和控制权的原因所在，也能解释外资为什么急于整合被并购的中国国内企业的技术、品牌、销售渠道等，为己所用。而外资这样做的结果，将直接导致中国企业丧失核心资源，抑制中国企业的自主创新，不利于中国企业培育和控制高级生产要素，阻碍中国企业的生存和发展。

　　从产业层面看，外资并购促进中国相关产业结构升级，有利于产业技术进步。但外资并购形成的产业垄断态势也是不容忽视的问题，特别是战略产业领域的外资并购对中国产业安全乃至国家经济安全构成了潜在的威胁。跨国并购对于中国产业结构升级的作用主要体现在两个方面：一是增量投入，既包括跨国并购初始投资，也包括并购后的后续投资或关联投资；二是存量调整，也就是对已配置资源的优化。有效利用外资并购、重组竞争性领域的中小型国有企业，对于国家集中有限的资本发展战略性产业领域的中央企业，实现国有企业战略性改组具有积极作用。外资并购的技术外溢效应在中国汽车、电讯、信息设备等资本、技术密集型产业表现突出。以中国重点保护和扶持的幼稚产业汽车产业为例，除合资方式外，福特、大众、丰田等跨国公司在投资中国汽车产业时，还采用了认购中国汽车业上市公司 B 股、股权转让等多种形式的并购投资，向中国转让相关技术，大大提高中国汽车产业的技术水平，并促使国内逐渐形成了具备一定规模和竞争力的汽车配套零部件产业体系。但不容忽视的是，外资并购已在若干产业形成垄断态势。由中国并购研究中心出版的《中国产业地图》一书指出，中国每个已经开放产业的前 5 名都由外资公司控制，在中国 28 个主要产业中，外资在 21 个产业中拥有多数资产控制权。2004 年国家工商总局的《在华跨国公司限制竞争行为表现及对策》

---

① 张幼文：《双轮驱动下要素集聚的升级》，《文汇报》2008 年 4 月 14 日。
② 张幼文等著：《探索开放战略的升级》，上海社会科学院出版社 2008 年 7 月第 1 版，第 6 页。
③ 张幼文等著：《世界经济学——原理与方法》，上海财经大学出版社 2006 年 6 月第 1 版，第 179 页。

报告显示，一些进入中国市场的跨国公司逐渐显示垄断态势，采取的垄断行为有低价倾销、利用拒绝交易和独家交易手段限制市场竞争等①，而外资在并购领域进行权力寻租的报道也见诸新闻媒体②，需要引起警惕。

战略产业事关国家经济安全，外资在战略产业领域的并购应引起重视。国家经济安全指国家对来自外部的冲击和由此带来的国民经济重点利益损失的防范，是一国维护本国经济免受各种非军事、政治因素严重损害的战略部署。③ 产业安全是国家经济安全的重要内容。所谓产业安全是指本国资本对影响国计民生的国内重要经济部门掌握控制权。④ 在加入 WTO 后的 5 年中，中国大部分战略性产业处于过渡期内，外资被禁止进入，因此外资并购造成的垄断问题并不突出，而过渡期后，中国一些以前由国有企业垄断的关键产业和战略性产业，如电信、铁路、电力、资源开采等也开始对外资开放。在外资并购立法和监管滞后的背景下，地方政府主导下的过度引资竞争为外资"攻城略地"大开方便之门，不可避免地导致国有资产的流失，给中国某些战略产业的长期发展埋下隐患。当前讨论战略产业安全问题并不是杞人忧天，澳大利亚、加拿大等外资矿业公司控股圈占贵州、云南、辽宁等多个储量过百吨的特大型金矿山⑤、外资在关系中国多个城市供排水安全的水务市场的"大手笔"以及在金融领域的并购等，无不透出某种隐忧，需要指出的是，哪怕在号称市场自由度很高的美国，银行、供水、关键技术、基础设施等产业也是外资并购难以进入的领域，因为会被视为威胁美国的国家安全。⑥ 外资市场目标和中国宏观发展目标的部分冲突是外资并购导致中国战略产业安全问题的根源。由于跨国公司在中国市场仍然服从其全球经营战略，其并购的产业决策都是以全球利润最大化为目标，它很少甚至完全不会考虑中国宏观经济及社会利益，产业安全问题由此而生，不以国内各主体良好的引资愿望为转移。

值得注意的是，随着政府监管部门以及国内企业对外资日趋理性，跨国并购在中国遭遇了反弹。从 2006 年开始，外资并购特别是带有"斩首并购"嫌疑的外资并购已经不那么顺畅了，从三一重工狙击凯雷并购徐工、爱仕达等力阻 SEB 并购苏泊尔，到 2007 年国航反对新加坡航空和淡马锡收购东航、达能—娃哈哈控制权之争，到 2008 年可口可乐宣布并购汇源引起的巨大市场反响等，中资狙击外资并购的案例在各大行业都开始初现端倪。也由此引发了人们对"国有资本贱卖"、"民族产业安全"、"民族品牌保护"深层次的反思。如果能对这些问题进行理性的思考，这将是依据科学发展观对

---

① 张幼文等著：《新开放观——对外开放理论与战略再探索》，人民出版社 2007 年 1 月第 1 版，第 285 页。

② 参见凤凰网：http://finance.ifeng.com/news/hgjj/200809/0907_2201_769147.shtml。

③ 张幼文著：《体制竞争——全球化经济机制与开放战略》，上海财经大学出版社 2004 年 4 月第 1 版，第 414 页。

④ 王允贵：《产业安全问题与政策建议》，《开放导报》1997 年第 1 期。

⑤ 参加新浪财经：http://finance.sina.com.cn/blank/cjsdjk34.shtml。

⑥ 邢厚媛：《外资并购与国家安全》，《中国外资》2007 年第 9 期。

中国外资并购政策进行系统梳理的契机。

6. 反垄断法规范外商并购行为维护公平竞争

根据国家工商总局提供的资料，目前外资在软件、感光材料、计算机、手机、照相机、轮胎、软包装、零售、软饮料等多个行业已形成垄断态势[①]，如何对外资垄断问题进行监管迫在眉睫。迄今中国对外资并购进行规制的法律法规及文件主要有 2006 年出台的《关于外国投资者并购境内企业的规定》与《利用外资"十一五"规划》、2007年出台的《外商投资产业指导目录（2007 年修订)》、2008 年 8 月 1 号起实施的《反垄断法》和 8 月 4 日出台的与《反垄断法》相配套的法规《关于经营者集中申报标准的规定》等其他涉及企业并购的有关法律法规及部门规章，2008 年也出台了一些涉及外资并购的法律法规及部门规章（见表 7－4），其中《反垄断法》是外资并购监管体系的核心。该法明确将外资并购中的垄断行为纳入了规制范围。

表 7－4　2008 年涉及外资并购的法律法规及部门规章

日　　期	法律法规
6 月 18 日	商务部发布《关于做好外商投资房地产业备案工作的通知》。
7 月 18 日	商务部、国土资源部公布《外商投资矿产勘查企业管理办法》。
7 月 30 日	商务部发布《关于外商投资股份有限公司非上市外资股转 B 股流通有关问题的通知》。
8 月 1 日	《反垄断法》出台。
8 月 4 日	《关于经营者集中申报标准的规定》出台。
8 月 20 日	国家工商行政管理总局、商务部公布《外商投资广告企业管理规定》。
8 月 26 日	商务部发布《关于进一步简化和规范外商投资行政许可的通知》。
9 月 10 日	《国务院关于修改〈外商投资电信企业管理规定〉的决定》。
9 月 12 日	商务部关于下放外商投资商业企业审批事项的通知。

资料来源：商务部网站。

反垄断一般是指国家调整企业垄断活动或其他限制竞争行为的有关实体法和程序法，反垄断法被誉为"经济宪法"，已成为各国维护公平竞争和市场经济秩序的重要基石。从世界范围来看，发达国家如美国、英国、德国、法国、加拿大、日本等已经制定了较为完善的以反垄断法为核心的规范外资并购活动的法律法规，不少发展中国家如韩国等也制定了反垄断法或类似的法律法规。与其他有关外资并购的法规和部门规章相比，我国反垄断法为外资并购规制提供了法律依据，约束力更强。《反垄断法》第四章第三十一条规定："对外资并购境内企业或者以其他方式参与经营者集中，涉及国家安全的，除依照本法规定进行经营者集中审查外，还应当按照国家有关规定进行国家安全审查。"依据这一规定，反垄断法对涉及国家安全的外资并购采用的是经营者集中审查

[①] 张幼文等著：《新开放观——对外开放理论与战略再探索》，人民出版社 2007 年 1 月第 1 版，第446—447 页。

和国家安全审查的"双审查"制度。而根据《反垄断法》有关经营者集中的有关法律规定，外资进行合并、通过取得股权或者资产的方式或者合同方式取得对国内企业经营者的控制权或者能够对国内其他经营者施加决定性影响时，若达到国务院规定的经营者集中的申报标准的，外资应当事先向国务院反垄断执法机构申报，未申报的不得实施集中。这种事先强制申报制度，可有效地在事前规制并购中外资垄断地位的形成，特别是反垄断法明确规定了国家安全审查，以后面临外资针对行业龙头企业的斩首式并购，以及针对战略性行业的并购时，反垄断法无疑是维护国家安全的利剑。

根据《反垄断法》第一章第三条规定，反垄断法规制的外资并购的垄断行为除具有或者可能具有排除、限制竞争效果的经营者集中外，还包括垄断协议和滥用市场支配地位这两类。反垄断法禁止外资并购时达成各类限制竞争的垄断协议，如操纵商品价格、限制商品的生产数量或者销售数量、限制购买新技术、新设备或者限制开发新技术、新产品等，也禁止外资并购后滥用市场支配地位，如无正当理由的低价倾销、搭售等，这类规定直指一些外资企业的软肋。以大型超市为例，早在 2005 年，外资在中国的控制面高达 80% 以上①，一些外资大型超市滥用市场优势地位向供应商收取名目繁多的各种费用，同时还以种种借口拖延供应商的结账时间等。反垄断法的出台有助于规制外资并购后损害市场公平竞争的各种垄断行为，为国内企业赢得发展空间。

总体来看，反垄断法对外资垄断行为的规制包括通过事前审查阻止涉嫌垄断地位形成的外资集中、禁止外资达成垄断协议破坏市场竞争以及禁止外资滥用市场支配地位等方面的内容，为有效规制外资并购提供了法律依据。需要指出的是，《反垄断法》通过法律的形式规范竞争，一方面是对外资并购行为的规范，另一方面也是对外资并购的保护，它的出台不会对正常的外资并购和利用外资产生影响，相反会促进更为成熟的市场的形成，创造出更加完善的投资环境。

---

① 李炳炎、唐思航：《外资过度并购中国企业的风险与对策》，《国家行政学院学报》2008 年第 1 期。

第八章　峰回路转：
两岸和平发展开创时代主题

两岸关系转向和平统一轨道的时间，与中国大陆的改革开放几乎同步。中共中央十一届三中全会后不久，1979年元旦全国人民代表大会常务委员会发表了《告台湾同胞书》，标志着大陆对台政策从解放台湾调整为和平统一。《告台湾同胞书》提出了中止军事对峙，实现通邮、通航、通商等若干促进两岸交流实现两岸和平的主张，也提出了寄希望于台湾人民并寄希望于台湾当局的实现和平统一的途径。从那时起到2008年，两岸关系已经走过了30年的曲折历程。青山遮不住，毕竟东流去。2008年的两岸关系在经历了紧张对立状态之后出现了新的转折，一个和平发展的两岸关系呈现在世界面前。这一局面是对30年前的《告台湾同胞书》的一个历史呼应，是对两岸民众长久期待的一个回报。

2008年台湾岛内政局发生了积极变化，台独势力受到重大挫折。两岸关系出现了新局面，两岸重新在"九二共识"的基础上恢复谈判协商机制，通过协商两岸同胞盼望多年的"大三通"终于得以实现。国共两党对话机制在新的形势下不断深化。2008年为了共同应对不断恶化的世界金融危机，两岸金融和经贸关系正在形成新的合作框架。

一、岛内政局发生变化，台独势力受到重大挫折

民进党在台湾执政8年，将"台独"意识形态凌驾于台湾人民利益之上，在文化上进行去中国化教育，在政治上挑起族群斗争，在两岸关系上不断冲击两岸和平的底线。民进党当局甚至不顾国际社会的反对，冲撞国际社会普遍承认的一个中国的格局，对地区和平与繁荣构成了威胁。陈水扁集团的8年执政也形成了一个贪污腐败的团队。到陈水扁执政后期，涉及陈水扁本人、家人以及亲信在内的一系列贪腐案件接连曝光。在台湾经济停滞不前和人民生活水平每况愈下的情况下，陈水扁家族贪婪至极，不断将社会财富据为己有。台湾民众对陈水扁和民进党的执政已经感到厌倦。民进党为了保住执政地位，在2008年的台湾地区领导人选举中推举谢长廷为候选人，并推出了以台湾名义加入联合国的"入联公投"与领导人选举捆绑进行。

2008年3月22日台湾领导人选举如期举行，国民党候选人马英九与萧万长赢得765万9014票，得票率为58.45%。民进党候选人谢长廷与苏贞昌获得544万4919票，

得票率为41.55%。国民党候选人赢得选举。这标志着在失去政权8年之后，国民党重新获得执政权。另外同天举行的"入联公投"和"返联公投"投票率分别为35.82%和35.74%，因为投票人未过半数均遭否决。

此前在1月12日举行的台湾地区第七届"立法委员"选举中，国民党在113席的总席次中赢得81席成为"立法院"第一大党，政党得票率为51.23%，在"立法院"国民党已经获得了绝对的优势。加上与泛蓝关系接近的无党席次，国民党可影响席次总计86席，超过3/4，掌握弹劾、罢免"总统"，甚至"修宪"等重大议题的完全主导权。民进党在"立法院"席次只剩27席，政党得票率为36.91%，主导政治议题和施加政治影响的能力大大下降。

在2008年年初的两场重大选举中，国民党从行政和"立法"两个方面重新赢得政权。台湾岛内这样一种政局的变化不仅有助于台湾社会的拨乱反正，也有利于促进两岸关系从紧张对峙迈向和解共生，进一步跨越到和平发展阶段。这也使得国共两党领导人在2005年达成的五项共识和愿景，通过国民党的执政权力逐步得到落实。

值得一提的是，在2008年的重大选举中，国民党选举团队表现得患得患失，为了避免让民进党提出的"入联公投"造成国民党在动员上的被动局面，遂提出了重返联合国的"返联公投"案，这在泛蓝政党和支持者中引起部分反弹。举办"返联公投"不见得能帮助国民党赢回选举，但"返联公投"一旦通过一定会给两岸关系造成重大冲击。针对是否支持"返联公投"在国民党内和泛蓝内部意见不统一。由部分国民党"立委"和无党派"立委"为核心的泛蓝人士发起了拒领公投票的运动。3月5日无党团结联盟"立委"林炳坤、高金素梅，与民主行动联盟黄光国、谢大宁、张亚中、林深靖及公投审议委员会委员杨泰顺等学者，召开"322大选拒领公投票"记者会，呼吁拒领包括"返联公投"在内的所有公投票。国民党籍的台中市市长胡志强以"个人身份"表明拒领公投票，指出公投已沦为选举操弄工具，被玩滥了，不要再用假议题糊弄民众。洪秀柱、廖婉汝、郭素春、杨琼璎、李庆安五位国民党女"立委"组成"政治安定联盟"，呼吁"不领公投"。国民党中常会也最终做出了"拒领入联票"、"支持领返联票"、"理解并充分尊重全面拒领"的立场表态。这对于泛蓝的团结以及选后稳定两岸关系起到了正面作用。

2008年民进党和陈水扁在推动"入联公投"和大选两大战役中接连失败，使"台独"分裂势力遭到20世纪90年代以来最大的挫败。马英九和国民党的全面执政，推行积极温和的两岸政策，以两岸非两国的基本论述对李登辉的"两国论"和陈水扁的"一边一国论"进行拨乱反正。① 民进党失去了政权，也失去了在"立法院"制衡的能

---

① 马英九2008年8月26日在接受墨西哥《太阳报》专访时称，两岸关系不是"两个中国"、"国与国"的关系，而是一种特别的关系。双边的"宪法"都不允许在规定的领土上还有另一个国家存在，也不可能取得任何一个外国的双重承认。一定是保持和平与繁荣的关系，同时让双方在国际社会都有尊严。这是我们的目标。

力，无论是在文化上进行去中国化，还是在法律上搞"制宪"、"建国"都失去了作用点。陈水扁家族及其亲信的舞弊案进入司法程序之后，陈水扁家族和集团贪腐的真相逐渐大白于天下。台湾民众认识到陈水扁集团在"台独"的旗帜下疯狂贪腐的实质后使得"台独"在岛内政治中的道德基础进一步瓦解。

民进党败选后，党内反省和清算的声音也一度高涨。败选后民进党的世代交替大大提前，属于新生代的蔡英文成为新一任的党主席。蔡英文的接任避免了民进党的雪崩，暂时稳住了民进党的阵脚。蔡英文曾经是李登辉"两国论"和陈水扁"一边一国论"的策师，在意识形态上可以为"台独"基本教义派接受。因为她属于新生代人物，没有派系背景，所以也被党内希望改革的人所期待。但蔡英文上台后竭力推动的不是放弃"台独"，走务实的两岸路线，而是把着力点放在让民进党摆脱陈水扁的影响力上，与陈水扁的腐败做切割，让民进党树立"清新"的形象，真正进入到蔡英文时代。也就是说蔡英文企图带领民进党在维持"台独"意识形态的前提下与陈水扁的贪腐划一个界限。

在 2008 年 11 月 11 日陈水扁被台北地方法院羁押之后①，民进党内又陷入了"挺扁"和"去扁"的困境之中。蔡英文愿意站出来声援所谓的司法人权，要台湾"司法部门"考虑陈水扁的待遇，却明确表示不对陈水扁案情背书。蔡英文一直就是"台独"的主张者，她本来就无意采取务实的两岸政策。她坚持的"一边一国"的主张，使她无法忽视深绿群众的存在。蔡英文长期的幕僚角色对基层动员并不擅长，也缺乏管道。因此，她不得不向有基层动员能力的深绿组织妥协，而这些组织与陈水扁家族有着千丝万缕的联系。蔡英文领导的民进党中央既要考虑到绿营内部的情感因素又要顾及社会大众对民进党的观感，一再迁就陈水扁，被情绪化的"挺扁"运动牵着鼻子走。民进党在蔡英文掌舵初起路线转型无所成就。

"台独"与贪污有着本质的联系。台湾大学石之瑜教授分析道："以分赃为内涵的政治没有绕过台独，甚至与台独相互强化。在至今的纪录中，主张台独的政客一旦当权，还没有不滥权的，而其中滥权最主要的形式就是贪污。故台独会贪污不全是道德问题，更是心理问题。首先，贪污贪的是'中华民国的国库'，台独痛恨'中华民国'，所以贪污时在心理上没有道德负担。贪污是超越法律的行为，弥补了台独势力因推动法理台独受限而生的沮丧。参加在'中华民国'体制内的分赃与掏空，就是当代台独的主要表现形式。"②

民进党没有利用世代交替的时机，认真反省那些给台湾带来损害，也给民进党带来巨大危机的"台独"立场和极端政策。这大大延缓了民进党重生的周期。因为无法在

---

① 2008 年 11 月 11 日下午，陈水扁被台湾特侦组送交台北地方法院声请羁押。特侦组检察官认为，陈水扁涉嫌触犯贪污治罪条例中的侵占公有财物、利用职务机会诈取财物、利用职务收受贿赂，以及触犯"洗钱防制法"。11 月 12 日台北地方法院合议庭宣示对于陈水扁羁押禁见的裁定结果。

② 石之瑜：《你现在才知道台独包庇贪污吗？》，见中国评论网 http://www.chinareviewnews.com/doc/1007/2/7/0/100727042.html? coluid＝33&kindid＝2411&docid＝100727042&mdate＝0820092242。

两岸关系改善中获得正面政治资产，民进党于是又扮演起所谓"台湾主权"的维护者的角色和社会抗议者的角色。2008 年失去政权的民进党更利用全球经济危机给台湾带来的影响，利用马英九团队执政中的缺陷，发动一系列街头的抗争。在马英九执政 100 天以及海协会代表团到访期间民进党都举行了大规模的示威游行。人们又看到了一个走群众斗争路线的民进党。"台独"势力在经历了一场重大挫败之后进入了一个盘整期。

二、两岸政党交流频仍，良性互动局面初步形成

国民党重新执政后，两岸关系能否立即回暖成为世界关注的焦点。2005 年以来，国共两党举办各种论坛，开展基层党务交流，增进了互信与共识，为国民党执政后两岸关系和平发展奠定了一个稳定的基础。但是马英九时代的国民党不同于连战时代的国民党，执政的国民党也不同于在野时期的国民党。外界对于国民党重新执政后两岸关系能否迈出新的步伐充满期待，但也存有疑虑。美国《华尔街日报》称：国民党籍的领导人上台可能反映出，台湾民众期望当局能对大陆奉行低挑衅性和低危险性的政策，但这并未降低台湾在未来更多获得"主权国家"待遇的渴求。因此两岸关系还是存有危险。[①] 新加坡媒体则认为对马英九的期待不要过高，马英九缺乏在大陆的成长和直接感受的经历，反共立场、亲美背景和强硬的"中华民国情结"，将使大陆面对一个更多拥抱台湾本土的政治人物。两岸关系潜在的危机没有因为民进党的挫败而告一段落，而会因为马英九站到台前而呈现出比陈水扁还要多的不确定因素。[②]

中共中央审时度势，确认在国共两党和两岸同胞共同努力下，台湾局势已经发生了积极变化，两岸关系发展面临着难得的历史机遇。2008 年 4 月 12 日，也就是马英九和萧万长当选后一个月不到的时间，中共中央总书记胡锦涛在海南博鳌会见了萧万长先生率领的台湾两岸共同市场基金会代表团一行。[③] 胡锦涛与萧万长共同表达了继续推动两岸各领域交流合作的愿望，希望继续推动两岸周末包机和大陆居民赴台旅游的磋商，继续关心台湾同胞福祉并切实维护台湾同胞的正当权益，继续促进恢复两岸协商谈判。胡锦涛强调，实现两岸关系和平发展，是两岸同胞的共同愿望所系、共同利益所在。当前两岸关系正朝着和平稳定的方向发展，两岸同胞加强两岸交流合作的愿望进一步增强。这是人心所向、大势所趋。两岸同胞是一家人，是血脉相连的命运共同体，两岸关系的前途应该掌握在两岸同胞自己手中。我们推动两岸关系和平发展的信念不会动摇。希望两岸同胞携手努力，共同开创两岸关系和平发展新局面。当前，两岸经济交流合作面临着重要的历史性机遇，需要双方共同努力，大力推进。会见结束时，胡锦涛请萧万长先

---

① 特德·盖伦·卡彭特：《台湾海峡的危险处境》，美国《华尔街日报》2008 年 3 月 18 日。
② 陈子帛：《对马英九的期待不可过高》，新加坡《联合早报》2008 年 3 月 29 日。
③ 廖政军、吴成良、马应珊：《胡锦涛会见萧万长一行》，《人民日报》2008 年 4 月 13 日，第 2 版。

生代为转达对马英九、吴伯雄、连战等人的问候。这样一种问候被外界解读为对马英九当选的认可和善意的表示。

萧万长在会谈时表示说，实现两岸直航和经贸关系正常化是必走的路，而且代表着海峡两岸人民近 60 年来首次实现全面开放性交流，具有长远的意义。希望能正视现实、开创未来、搁置争议、追求双赢，为两岸关系开创互信、互谅、互助、互利的新时代。

2008 年 5 月 28 日，中共中央总书记胡锦涛在北京会见了中国国民党主席吴伯雄及其率领的中国国民党大陆访问团一行。这是国民党重新执政后，国共两党领袖的首次见面，也是两岸执政党之间的直接沟通，因此具有特别意义。在会谈中胡锦涛强调，两岸关系发展面临着难得的历史机遇。这一局面来之不易，值得倍加珍惜。希望国共两党和两岸双方共同努力，建立互信、搁置争议、求同存异、共创双赢，继续依循并切实落实国共两党所确立的"两岸和平发展共同愿景"，以富有成效的努力，扎扎实实地推动两岸关系不断取得实际进展，增强广大台湾同胞对两岸关系和平发展的信心。[①]

比较台湾方面的"正视现实、开创未来、搁置争议、追求双赢"的主张和大陆方面"建立互信、搁置争议、求同存异、共创双赢"的主张，双方在搁置争议、共创双赢这个基本愿望上具有较高的一致性。也不难看出，双方对历史遗留问题以及两岸现状的定义方面也存在着认知上的分歧。两岸关系发展中还存在一些历史遗留问题，两岸在政治、军事以及涉外事务领域仍然存在一些固有的矛盾和问题，为此建立互信也变得十分重要。大陆方面强调，反对"台独"、坚持"九二共识"，是两岸建立互信的根本基础。一些具体的问题和结构性的矛盾双方应以实事求是的态度，务实面对，妥善处理。搁置争议需要政治智慧。如果双方都能从两岸关系和平发展大局出发，建立互信、搁置争议，双方就能不断累积共识、共创双赢。

国共平台最初建立于民进党执政时期，并成为两岸最重要的交流平台。当时的国共交流平台对于冲破民进党当局对大陆对台政策的曲解，对于直接讨论并解决两岸人民所关心的涉及切身利益的问题都起到了积极作用。国民党在成为执政党后，国共平台如何在新的历史时期发挥积极的作用也为世人所关注。胡锦涛在北京与吴伯雄的见面使得国共对话机制在新的形势下得以深化。台湾主要媒体对国共两党领导人的会面给予了高度期待。《联合报》社论指出："吴胡会面之时，内心不再有谁吃掉谁的意念，而应有共生共荣的思维，回顾冥冥之中历史意志的显示，造化竟能将曾经斗争得你死我活的国共两党，安排到今日隔海分治，进而出现了可能互勉互惠的竞争与合作的契机。吴胡二人皆应体验此一历史恩典，不要辜负了此一历史机遇。"[②] 胡锦涛在与吴伯雄会谈时指出，真诚希望国共两党以两岸同胞福祉和中华民族根本利益为重，面向未来、积极努力、坚定不移地推动两岸关系和平发展，共同实现中华民族伟大复兴。

195

---

① 王尧、吴亚明：《中共中央总书记胡锦涛同中国国民党主席吴伯雄举行会谈》，《人民日报》2008 年 5 月 29 日，第 1 版。

② 社论：《两岸执政党党魁首会的历史意义》，台湾《联合报》2008 年 5 月 26 日。

两岸关系是否回归正常，一个很重要的标志就是大陆的海峡两岸关系协会（简称海协会）与台湾的海峡两岸交流基金会（简称海基会）能否恢复谈判与往来。20 世纪 90 年代初海峡两岸相继成立了海协会和海基会。海协会和海基会曾经就两岸交流等具体事项进行多次协商。1993 年在新加坡和 1998 年在上海举行的两会领导人汪道涵和辜振甫的会见曾经是两岸关系缓和、开展协商的重要标志。因为李登辉抛出了"两国论"①，阻止了原定 1999 年汪道涵先生对台湾的访问。2000 年民进党执政，否认"九二共识"，推行"台独"路线，造成两会谈判中断了 9 年之久。国共平台的建立，加上承认"九二共识"的国民党的重新执政，使两会恢复谈判的机会来临。

2008 年 5 月 26 日，台湾海基会在台北举行临时董监事会，对组织机构进行改组。董事会正式选任国民党副主席江丙坤为董事长，高孔廉为副董事长兼秘书长，前亲民党"立委"庞建国出任副秘书长。海基会临时董事会的召开，说明马英九当局意欲迅速启动两岸谈判，以实现他在竞选中关于实现两岸三通的承诺。5 月 29 日，海峡两岸关系协会致函海峡交流基金会，邀请海基会董事长江丙坤、副董事长兼秘书长高孔廉于 6 月 11 日至 14 日率团访问北京，就两岸周末包机、大陆居民赴台旅游事宜进行商谈，"并期取得成果，以满足两岸同胞期待"②。江丙坤 5 月 29 日上午在接函之后立即表示，将接受海峡两岸关系协会的邀请，率团赴北京进行两会协商。

为了准备即将登场的两会的协商与谈判，2008 年 6 月 3 日海峡两岸关系协会第二届理事会第一次会议在北京召开。全国政协主席贾庆林到会致辞，并要求海协会在"九二共识"基础上与海基会进行商谈，秉持"建立互信、搁置争议、求同存异、共创双赢"的精神，先易后难，先经济后政治，循序渐进，务实解决两岸同胞关心的问题，推动两岸协商。在这一次会议上国务院台办前主任陈云林当选为海协会会长。自汪道涵先生 2005 年 12 月去世以来，海协会会长一职一直空缺。外交部副部长王毅担任国台办主任、陈云林当选海协会会长被认为是大陆方面回应马英九当局恢复两岸谈判呼吁的一个积极步骤。台湾学者认为，这表明大陆对于 6 月召开的两会复谈有着"非成不可"的决心。③

在人事变动完成之后，两会的协商加速进行。两岸周末包机是一个紧要的协商议题。过去十多年来，台商在大陆几乎创造与台湾差不多的经济规模，完成了企业转型，也让台湾贸易有了巨幅成长。台湾在民进党执政期间，推动"台独"运动，阻碍两岸关系发展，人为地为在大陆投资的台商往来大陆与台湾之间制造障碍，增加其商务成本。结果不仅给台湾民众带来经济上的损失，而且也妨碍了台湾经济的进一步发展。到

---

① 1999 年 7 月 9 日，李登辉接受"德国之声"专访。在专访中称在 1991 年台湾进行"修宪"以后，台湾和中国大陆的关系就已经是"国家与国家"，或至少是"特殊的国（state）与国（state）的关系"，而非一合法政府、一叛乱政府，或一中央政府、一地方政府的"一个中国"的内部关系。

② 新华社消息：《海基会接受海协会邀请，6 月组团访京举行商谈》，《解放日报》2008 年 5 月 30 日，第 4 版。

③ 王铭义：《海协扩编促谈，台湾准备好了吗?》，台湾《中国时报》2008 年 6 月 4 日。

2008 年开放两岸直航已经到了无法避免的程度。这也是马英九执政之后两岸迅速恢复两会谈判的一个社会动力。马英九 6 月 10 日指出："两岸两会中断多年后，第一次恢复制度性协商管道，显示历史发展回到原先设定的管道。"针对有人质疑，两岸协商是不是走得太快，马英九认为不能从 5 月 20 日他就职时算起，因为台湾民众已经等了 8 年之久。

　　2008 年 6 月 13 日上午，海峡两岸关系协会会长陈云林与海峡交流基金会董事长江丙坤在北京签署了《海峡两岸包机会谈纪要》与《海峡两岸关于大陆居民赴台湾旅游协议》。两份文件自签署之日起 7 日后生效。这是在 1993 年"汪辜会谈"签署 4 项协议后两会签署的又一批重要协议，是"汪辜会谈"后两岸协商谈判取得的重要成果。依据《海峡两岸包机会谈纪要》与《海峡两岸关于大陆居民赴台湾旅游协议》，两岸周末包机将从 7 月 4 日起正式实施，大陆居民赴台旅游将自 7 月 18 日起正式实施，7 月 4 日启动首发团。

　　2008 年 6 月 13 日协议签署完成后的当天下午中共中央总书记胡锦涛会见了海基会董事长江丙坤和海基会代表团成员。胡锦涛指出，这次海基会代表团来到北京，同海协会进行会谈，是两会商谈中断 9 年之后举行的首次会谈，是两岸关系发展进程中的一件大事。两会经过协商，就两岸周末包机、大陆居民赴台旅游签署了两项协议。这两项协议的实施，有利于增进两岸同胞往来和交流，有利于推动两岸直接"三通"，有利于扩大两岸互利合作。①

　　海协会和海基会在北京进行协商会谈并签署有关协议对两岸关系有着重大意义。第一，两岸在"九二共识"和为中华民族共同努力的共同政治基础上恢复官方商谈并取得实际成果，标志着新形势下两岸关系改善和发展有了一个良好开端，制度化协商朝前大步推进；第二，两会讨论的议题指向和签署的协议表明两岸关系进入大交流、大合作、大发展的新时期，民进党时期所设立的防止两岸交流发展的人为阻碍从根本上得到清除，两岸间的敌意大大下降；第三，尽管两岸存在结构性的分歧，双方社会内部，特别是台湾社会内部对一些重大问题分歧严重，但是两会精心设定协商议题及过程，在表现解决问题诚意的同时，也形成了两会互动协商的模式，为今后进一步协商建立了一个良好的开端。这样一个模式就是珍惜和维护两会交往商谈的政治基础，积极务实地解决存在问题。两会的协商会谈在解决双方关心的问题的同时也积累了会谈的经验。在商谈中双方都能够平等相待，不把自己的意志强加于对方。充分考虑对方的实际情况，多从善意的角度理解对方的想法，消除不必要的疑虑。不断地积累共识、缩小分歧，实事求是地寻求双方都能接受的解决办法。这些经验的积累对于两会的良性互动和长期发展意义重大。

　　两岸会谈的恢复并达成协议，消除了台海地区的战争威胁，展现了两岸和平发展的

---

① 吴亚明、王尧：《胡锦涛总书记会见台湾海基会董事长江丙坤》，《人民日报》2008 年 6 月 14 日第 1 版。

未来，为本地区和世界消除了一个影响和平与繁荣的不确定因素，因而也赢得了国际社会的普遍肯定。美国国务院发言人加列戈斯 2008 年 6 月 12 日表示，美方对海峡两岸关系协会与海峡交流基金会协商谈判正式恢复表示欢迎，认为两岸对话等进展有助于双方和平化解争议，美国期盼双方继续这样的对话。另外，美国国务院东亚事务官员表示，美方一直呼吁两岸通过建设性的对话来降低紧张，目前的发展符合美国期待。① 日本媒体称，两岸会谈是在"台独"色彩浓厚、执政长达 8 年的陈水扁下台后重开的。两岸欲以构建制度性框架为起点重建稳定的两岸关系。希望两岸关系稳定的美国的意向也起了作用。会谈中陈云林答应了海基会的邀请，确认将首次出访台湾，也使长期冰冻的两岸关系向着改善的方向大步迈进。② 国际社会对两岸关系发展的务实精神表示肯定，同时也认为两岸关系的前景是复杂曲折的。也有国际媒体认为，近期两岸关系的改善将很快导致中国的正式统一。俄罗斯一些分析家认为，由于两岸关系的密切，中国的正式统一指日可待，中国大陆与台湾距离建立大中国已为期不远。如果说这条道路上存在着政治障碍——美国不想"让出"台湾，那么经济上的"大中国"其实已经存在。③ 这一态度也反映出一些国家对可能的两岸统一对地区平衡造成的影响有潜在的担忧。

2008 年 11 月 3 日，应台湾海基会董事长江炳坤的邀请，海峡两岸关系协会会长陈云林率代表团，乘包机从北京直飞台湾桃园机场，展开为期 5 天的宝岛之旅，并与海峡交流基金会进行会谈。这是 1949 年以来大陆赴台的最高层级谈判协商代表。他此行也是海协会自 1992 年成立以来第一次由会长率团进行的访问。从另外一个意义上讲，陈云林是完成了已故海协会会长汪道涵在 1999 年未能完成的访台遗愿。在陈云林会长访问之前，曾发生了海协会副会长、厦门大学新闻传播学院院长张铭清在台南访问时被民进党及其支持群众殴打事件。该事件甚至引发两岸人士对陈云林能否如期赴台感到忧虑。台湾淡江大学大陆研究所所长张五岳撰文谴责暴力行为，同时写道，"希望外界不要将此一事件过度渲染夸大，而影响到两岸人民正常的交流与两会制度化的协商"。④ 但是台湾民进党的暴力行为没有阻拦陈云林一行的赴台访问和协商。暴力事件发生之后陈云林明确表示，尽管这次是不幸的事情，但两会以及两岸和平发展的方向不受影响。在海协会代表团到达台湾桃园机场时，陈云林发表讲话，提出"以协商化解分歧、以合作取代对抗，两会互动，两岸双赢"。这证明了大陆方面推进两岸和平发展、造福两岸人民的诚意。

2008 年 11 月 4 日陈云林率领的海协会代表团和江丙坤率领的海基会成员进行第二

---

① 《美国国务院发言人：希望双方继续这样的对话》，新华社 6 月 12 日华盛顿电。

② 参见浦松丈二：《两岸重开会谈注重务实》，日本《每日新闻》2008 年 6 月 13 日；及野嶋刚：《中国海协会长将首次访台》，日本《朝日新闻》2008 年 6 月 13 日。

③ 亚历山大·丘多杰耶夫：《大中国：中国和台湾已真正接近大中国的建立》，俄罗斯《总结》周刊 2008 年 9 月 2 日。

④ 张五岳：《莫让这一脚踹断两岸路》，台湾《联合报》2008 年 10 月 22 日。

次"陈江会谈"，并签署两岸空运、海运、邮政及食品安全等四项协议，为两岸"大三通"打开了大门。陈云林在台北期间，还会晤了马英九、连战、吴伯雄、赖幸媛等政要。陈云林在 11 月 7 日返回北京后表示，他此行开启了两会制度化协商的新里程，标志着两岸关系发展走出了重要的一步。台湾官方发言人史亚平认为，四项协议将使两岸人民同享两岸关系深化带来的便捷与利益，两岸直航将提升台湾的经济竞争力。而且两岸制度性的对话使得台海发生冲突的可能性降低，因而能获得国际社会的认可。两岸唯有以谈判取代对抗，交流化解敌意，双边关系才可能逐渐正常化。从宏观的历史角度来看，二次陈江会是两岸协商过程中的一小步，却是两岸创造和平共荣重要的一大步。[1]中国香港媒体认为两会领导人在台北举行的会谈，比对 1993 年的汪辜会谈，最大的突破是建立两岸共识之余还建立互信。一方面大陆相信马英九主政下的台湾对"九二共识"确有诚意；另一方面，马英九对大陆也有一定信任，深信两岸问题要和平解决，只有通过双方谈判。[2]

　　两会的会谈以及会谈所达成的成果，受到台湾社会主流民意以及相关方面的欢迎。台湾"陆委会"2008 年 11 月 9 日发布"民众对第二次江陈会谈结果之看法"民意调查。结果显示，七成以上民众支持透过两岸制度化协商处理两岸交流衍生问题，也有六成民众认为这次签署的协议有助于台湾经济发展。[3] 10 月 30 日驻台湾的美国商会、欧洲商会及日本工商会三大外国商会破天荒地联合发表声明，欢迎海协与海基两会在台北的会谈，期待两岸能在交通运输、扩大通邮及其他形式合作的协商达成实质具体进展，促进两岸人员、货物和资金的流动。台湾各个主要媒体都显示出对陈云林访台具有很高的民意支持度。《远见》杂志于 10 月 22 日公布民意调查，是否同意让海协会会长陈云林访台？50.3% 同意、31.2% 反对、18.4% 未表态。这说明台湾的主流民意是支持和接受陈云林对台湾的访问。反对的比例也比较高，这说明经过民进党 8 年的执政，民众中对两岸关系发展充满疑虑的成分还是比较高。民进党对于陈云林的到访竭尽阻挠之势。民进党号召街头围堵，破坏两会协商的氛围，阻挠陈云林的访问行程，甚至诬蔑马英九的大陆政策。民进党的这些过火做法，遭到绿营内部的质疑。前民进党"立委"郭正亮撰文道："这些抗议充其量只能凸显统独立场，无助于解决台湾经济或两岸困境。面对崛起的经济中国，台湾不可能只有政治抗议，却对两岸各种不正常的困局提不出方案来。如果民进党在两岸议题上只能政治抗议，却不能解决具体问题，不但将坐实国民党执政才能开展两岸会谈的刻板印象，也将使民进党沦落到只能扮演两岸黑脸的次要政党地位。"[4]

---

①　史亚平：《二次江陈会的历史性意义》，新加坡《联合早报》2008 年 11 月 10 日。
②　郑赤琰：《陈江会谈时两岸信任指标》，香港《信报》2008 年 11 月 4 日。
③　《民调：七成台民众支持制度化协商两岸交流问题》，中评社 2008 年 11 月 9 日台北电。
④　郭正亮：《呛声外，拿出两岸策略!》，台湾《联合报》2008 年 11 月 4 日。

三、"大三通"顺利启动，两岸民间交流开创新纪元

2008 年中国发生了许多重大事件，悲喜交加。5 月 12 日发生在四川汶川的特大地震，造成灾区人民生命和财产的巨大损失。数十万房屋倒塌，包括众多中小学生在内的数万人顷刻间失去了性命。

在全国人民和海外侨胞全力支援的同时，台湾各界也纷纷表达关切。日本媒体驻台北的记者记录了台湾各界对地震受灾地区的关切，"在四川地震灾害扩大的形势下，台湾各地开始提供援助的活动十分活跃。5 月 15 日台湾第一架以救灾为目的的货运包机飞抵四川省。进军中国大陆的台资企业也纷纷提供巨额捐款。台湾媒体 24 小时报道与地震有关的最新消息。同胞意识也发挥了作用，台湾对四川大地震非常关心，可以说是情理之中的事"①。一场无情的天灾，拉近了两岸距离。台湾各界捐献赈灾款，派遣救护队赶赴灾区一线。台湾各大中小企业和一般民众，也都踊跃捐款，充分体现了"血浓于水"的民族情感。国民党主席吴伯雄回顾说，这次台湾民众所表现出来的那种关怀和爱心，是自动自发、出自内心的。在这个困难的时候，大家把同为中华民族骨肉相连的感情更自然地表达了出来。

胡锦涛在接见吴伯雄率中国国民党大陆访问团时表示，令我们十分感动的是，地震发生后的当天下午，中国国民党中央委员会立即发来慰问电。台湾社会各界以各种方式表达对地震灾区同胞的关心和慰问，给予慷慨援助和支持。广大台湾同胞的爱心和善举感人至深。这次汶川大地震给我们带来了巨大的伤痛，但是也使我们全民族更加紧密地团结在一起，包括台湾同胞在内的全体中华儿女在患难的时候所表现出来的"同胞之爱，手足之情"尤为珍贵，这不仅是中华民族团结互助、共克时艰的精神力量，也将成为两岸同胞相互扶持、携手合作、共同开创两岸关系美好未来的强大动力。

新加坡媒体评论说："近现代史上，很少有一个分裂国家，在政治领域之外的其他领域，有如此密切和纵深的配合和交流。它使得导致两岸政治分裂的症结和各自对一个中国的诠释和解读，在这场山河变色，地动山摇的灾害面前显得苍白无力……或许两岸关系新的一页就从'汶川时间'开始。"②

2008 年第 29 届奥林匹克运动会在北京举行。这是奥运会第一次走进中国，圆了中华民族的百年梦想。这是海内外中国人的共同荣耀。台湾地区的体育健儿将参加一些优势项目，台湾各界人士也将来北京出席开、闭幕式和观看比赛。这是台湾同胞热爱奥林匹克运动的体现，也是两岸同胞共襄奥运盛举的体现。作为一个国际体育组织的活动，奥运会组委会和北京方面如何处理好台湾代表团出席和参赛既需要热情也需要智慧。早

---

① 长谷川周人：《台湾向四川大地震提供援助》，日本《产经新闻》2008 年 5 月 16 日。

② 陈子帛：《两岸政权互动的汶川时间》，新加坡《联合早报》2008 年 5 月 17 日。

在 4 月份，台湾杂志就有文章称："两岸关系的第一道试金石是北京奥运会。"① 奥运会是一个国际性的体育组织，来自台湾地区的"中华台北"代表团是第一次参加在大陆举办的国际体育盛会，主办城市北京和国际奥委会将如何处理台湾代表团的"待遇"问题，是一个比较敏感的问题。主办城市和大陆同胞热烈欢迎台湾体育健儿到北京参赛。北京奥运会的工作人员为台湾选手提供舒适的住宿、可口的饮食、便捷的交通及良好的训练场地，并且期待着两岸体育健儿共创佳绩，为中华民族争光。

2008 年 8 月 8 日第 29 届奥林匹克运动会在北京盛大开幕。中国国民党荣誉主席连战夫妇、中国国民党主席吴伯雄夫妇、亲民党主席宋楚瑜夫妇等贵宾，应邀观礼奥运会开幕式，并观看部分比赛项目。民进党籍的高雄市副市长邱太三也参加了北京奥运会的部分活动。由台湾"立法委员"著名演员高金素梅率领的 102 位台湾原住民表演了涵括台湾泰雅族、布农族、达悟族、噶玛兰族等台湾 14 个原住民的传统舞蹈，从一个方面体现了中华民族共同主办奥运会的喜庆场面。开幕式上当来自台湾的"中华台北队"进场的时候，获得了主场般的欢迎。

本届奥运会也是两岸体育合作与交流的一个展示台。从两岸选手的比赛成绩上也能看出两岸之间合作与交流的成果。"中华台北队"举重选手陈苇绫在大陆教练张嘉民的指导下一举摘得铜牌，为"中华台北队"立得头功。而中国代表团棒球队也在近年来与台湾方面的交流取经中水平得到很大提升。来自台北的国际奥委会委员吴经国说：北京奥运给了中华民族一个团结的机会，两岸体育交流在奥运会后将更加密切。"就像我们这次看到大陆同胞在'中华台北队'选手出赛的时候，给予很多鼓励，'中华台北队'的选手都能够深深感受到，这都是非常良性的，应该从运动当中真正体会到大家怎么样走向和谐，团结，和平。奥运会提供了中华民族一个团结的机会，也给了两岸携手走向和平未来的机会。"②

两岸通过协商比较好地处理了"中华台北队"的名称、出场顺序等台湾方面在意的问题。香港媒体评论说，两岸过去一段时间围绕奥运展开密集互动，虽然有过争吵，但吵得彬彬有礼，双方最终达成协议。此次奥运互动，虽然两岸无法携手出席奥运，成为中华民族一憾。但今次奥运互动的模式，将为两岸随后的政治与和平谈判，特别是关于台湾国际空间的谈判，奠定良好的基础。③

2005 年当国民党主席连战来大陆进行"和平之旅"时，大陆方面曾宣布赠送给台湾方面两只大熊猫，表达对台湾人民的善意和和平的愿望，大陆民众还给两只熊猫起了"团团"和"圆圆"的名字。民进党当局以各种理由加以拒绝。经过 3 年等待，又经历了国民党的胜选，两岸两会恢复协商，以及"大三通"的启动，4 岁多的大熊猫"团

---

①　李孟洲：《中共将如何对待马英九？北京奥运是第一道试金石》，台湾《财讯》月刊 2008 年第 4 期。

②　中国台湾网记者李徽、钟宝华 8 月 21 日北京独家专访国际奥委会委员、国际拳击总会主席吴经国。http：//www.chinataiwan.org/shp/vft/200808/t20080822_730352.htm。

③　社论：《两岸奥运互动有进展无突破》，香港《太阳报》2008 年 8 月 1 日。

团"和"圆圆"终于在 2008 年 12 月 23 日抵达台湾，住进台北市立木栅动物园。两只大熊猫此刻能够前往台湾，也代表着两岸关系雨过天晴、和平发展时期的到来。"团团"和"圆圆"在 2009 年农历春节正式亮相，台湾民众不分男女老少，不分蓝绿，也不分南北，排队争相一睹"团团"和"圆圆"的可爱又憨厚的姿态。台北市立动物园预计 2009 年一年将吸引 600 万人次游客。台湾媒体指出："这对猫熊来台，更大的意义应该在于它们所象征的和平精神。这个和平的梦想，也许不是两岸现有执政者所能达成的，但透过两岸猫熊、梅花鹿等交换动物的长期教育和启发，也许可以在下一代人身上看到成果，进而使两岸能永远免于战争。"①

2008 年 12 月 15 日，海协会和海基会签署的有关协议开始执行。海峡两岸海运直航、空运直航、直接通邮正式实施，标志着两岸"大三通"正式启动。12 月 15 日上午 8 时，随着两岸 9 个城市往返 16 个航班、8 个港口 20 艘海运船舶以及直接通邮的第一批邮件的启动，中断了近六十年的两岸直接往来得到恢复。两岸许多民众为了见证"大三通"首日的历史性时刻，争相购买首航机票。随着两岸海空运直航和每日包机的启动，"两岸一日生活圈"概念化为现实，直航从台北到北京只需 120 分钟，到上海只要 82 分钟，到厦门仅为 60 分钟。直航给两岸同胞往来带来的便利，能进一步促进两岸经济、文化领域的交流合作。相互间的旅游观光也更为省时省钱。两岸企业也将因此节省了巨额的运输成本。

台湾当天的主要媒体都大篇幅地报道了这一历史时刻。《联合报》称，两岸相隔六十年，今起迈入"大三通"时代，包括海、空运截弯取直、平日包机、通邮全部到位，马英九选前"一年内协商完成三通"的承诺提前兑现，两岸人民一日生活圈正式展开，台商可因此发展出新的营运模式。海运业更直言，五年带动产业界千亿元商机。台湾《中国时报》刊发题为《迎接大三通所改写的两岸新局》的社论，称"封阻了近五十年，讨论了近二十多年的两岸大三通，正式从今天开始，迈出了全新的一步。"② 该报称，台商对"大三通"迫不及待，单从海运方面看，在高雄港的长荣海运就表示，首航的"立敏轮"几乎满载，台湾起航的船班载运货种为塑化原料、纺织、化学纤维等，大陆港口返航航班的货种则为食物原料、玉米、淀粉、谷物、高粱及青岛啤酒使用的小麦等。台湾《工商时报》发表社论称，就在今天，海峡两岸全面直航将"揭开中华民族的另一个新纪元"③。社论指出，不管从政治、经济、社会与人文角度观察，在这都是历史性的大突破与大发展，值得两岸乃至全球深入观察与注意其内涵意义与可能贡献。社论还说，我们期待，经由两岸各方的共同努力，能够促使两岸直航的经济效益充分发挥，同步嘉惠双方。

"大三通"实现之后，台商的商务成本大大下降。未来台湾船舶驶往大陆各个港

---

① 社论：《团团圆圆：两岸给下一代的和平承诺》，台湾《联合报》2008 年 12 月 23 日。
② 社论：《迎接大三通所改写的两岸新局》，台湾《中国时报》2008 年 12 月 15 日。
③ 社论：《期待两岸直航新世纪》，台湾《工商时报》2008 年 12 月 15 日。

口，因无须再周折停靠日本石垣岛，平均每航次将可节省约 16 至 27 个小时，节省运输成本 15% 至 30%。过去台湾船舶湾靠石垣岛，每航次的签证费约新台币 30 万元。若以每年 4000 航次计算，一年仅湾靠第三地的签证费一项，就可节省约 12 亿元新台币。另外，空中直航因两岸新建北方新航线，转为平日包机，每周两岸将各飞 54 班，最热门的台北至上海天天有包机直航，北京、上海、南京、杭州等航点也改为截弯取直的新航路，费用也比周末包机便宜一到两成。总之，两岸已经迈入海空运"大三通"时代，这将为台湾每年至少省下新台币数百亿元运输成本，"大三通"航道为台湾企业晋身全球性跨国企业再添助力，也为台湾扮演区域营运中心目标奠定了基础。

四、全球经济危机催生两岸经贸和金融合作框架

2008 年两岸关系的快速发展遭遇了一个罕见的全球经济危机环境。美国次贷风暴引发的全球经济危机使大陆和台湾都受到不同程度的冲击。台湾的经济成长引擎——出口急剧下降，其内需也因 2008 年通货膨胀使得消费意愿大幅降低。马英九上台后，台湾经济并没有"马上好"，而且随着全球经济危机的加深，经济状况朝着恶化的方向发展。英国《经济学人》2009 年 2 月公布的数据显示，台湾经济受到金融海啸的打击严重。2008 年全年台湾贸易出口总额下跌了 32%，仅第四季度大跌了 62%。台湾是全球最依赖出口的经济体之一，每年生产大量的高科技产品销售到西方发达国家的消费者手中。2008 年因全球需求减退而大受打击。截至 2009 年 1 月的 12 个月以来，出口跌幅达到破纪录的 44%。出口的大幅下跌亦导致了台湾消费的不振，失业率在 2008 年 12 月攀至 5%，为了挽救经济，台湾"央行"自 2008 年 9 月以来已经减息六次，息率低至 1.5%。[1]

台湾是一个贸易出口依赖度很强的经济体，经济的外向型特征明显。世界经济不景气和地区经济环境对台湾的影响很大。此次金融危机规模大、情况复杂，对全球贸易产生影响，并可能导致一些国家贸易保护主义抬头。国际间的主要贸易国家为了挽救国内经济之困境，有意采取以稳定国内经济为主的经贸政策。主要贸易国家之间纷纷开始进行区域经济战略性会谈。这对 WTO 所主张的贸易自由化带来相当大的冲击。在此大环境下，近年主要依靠出口扩张支撑的台湾经济，正承受极大的衰退风险，并因台湾内需市场规模小，外贸比重相对高，所受冲击更甚于其他亚洲经济体。美国经济成长的衰退，美国国内对于电子类产品的需求必定会减缓。对于台湾这样的高科技电子产品的主要出口地区将产生较大影响。开拓新的市场对于台湾十分重要。对于台湾来说可以预见新的市场就是大陆市场。

---

① "Taiwan's Economy: Mirror, Mirror on the Wall, The Ugliest Economy of them all?", The Economist Print Edition, Feb. 14th, 2009, p. 34.

欧美金融危机的扩大，也激励亚洲国家经济合作及区域整合，危机还可能导致东亚区域合作的重心倾向中、日、韩三国。目前东亚区域合作的特征表现有两个方面：第一个特征是合作的重点是应付金融危机；第二个特征是中日韩等东北亚大国作用增加。中国台湾参加 WTO 主要仰仗多边谈判，全球经济危机更显示出台湾缺少双边和区域间的贸易战略合作的渠道。因此台湾未来如何在配合两岸关系改善的同时，经由与大陆之间的经济合作框架拓展其他的经济战略合作是一个值得考虑的问题。

长期以来台湾一直以"代工"① 为主占据了国际分工体系中一个关键的环节。这种代工的发展一方面确立了台商在全球生产的角色，另一方面也造成了台湾经济转型的困难。代工者的任务除了提供大量的产能，就是要不断降低成本，帮助品牌商在产品进入到成长周期时扩大量产，攫取最大的市场占有率。此后不断寻求成本的下降。新的国际分工形态已经超越传统的雁行理论所隐含的模式，技术发达国家和企业不再以亚洲"四小龙"为中转，而直接转向发展中的大国如印度和中国。台湾这样的中转角色很可能被"跨越掉"。台湾刚开始是最终产品生产地，后来交出了最终产品生产地，变成了重要零组件的生产地，但它永远不可能变成绝对关键零组件的生产地。IT 产业目前的两岸分工是"台湾试产，大陆量产"的分工。随着大陆研发能力和生产能力的提高，再加上大陆巨大而统一的市场，未来在技术产业"台湾主，大陆从"的模式也将改变。如何确定台湾在国际分工和创新中的定位成为台湾"经济规划部门"必须思考的问题。在产业方面台湾与大陆要进行合作，在制造端以品牌生产取代代工生产，在研发端以价值创造取代程序改良，在行销端以市场导向取代制造导向。

严峻的经济状况促使两岸学界和产业界以及经济主管部门间加强合作与沟通。2008年12月20日至21日第四届两岸经贸文化论坛在上海举行。本届论坛以扩大和深化两岸经济交流与合作为主题，数百名两岸精英汇聚一堂，围绕建立两岸金融及服务业合作、实现两岸双向投资、构建两岸经济交流合作机制三项议题进行了广泛而深入的研讨。三个议题与 2008 年全球经济形势和两岸经济状况相联系，两岸双方都将注意力放在如何应对"全球金融危机"上。大陆充分了解台湾在此次危机中所遭受的冲击，并主动伸出援助之手，表达愿意协助摆脱经济困境的善意。国民党方面也愿意在危机中商议两岸经济合作新的框架。全国政协主席贾庆林在开幕式上郑重宣布："如果世界经济形势持续恶化，台湾方面提出缓解经济困难的要求，大陆方面愿意尽最大努力，提供协助。"② 而国民党主席吴伯雄也提出，双方共同合作应对金融海啸的冲击，探寻可行的模式，在金融经济方面相互支持合作。在全球经济格局中，两岸产官学界已经认识到，台湾经济与大陆经济休戚相关，只有双方携手合作，共同进退，方能增强抵抗危机风险

---

① 代工，即代为生产，有两种方式：一种是 OEM 方式，即由初始设备制造商（Original Equipment Manufacturer）来生产，而再贴上其他公司的品牌来销售；另一种方式为 ODM 方式，即原始设计制造商（Original Design Manufacturer）方式，是一家厂商根据另一家厂商的规格和要求，设计和生产产品，受委托方拥有设计能力和技术水平，基于授权合同生产产品。

② 包塞：《第四届两岸经贸文化论坛在上海隆重开幕》，《人民日报》2008 年 12 月 21 日，第 4 版。

的能力，创造互利互荣的双赢局面。

这次会议及时地召开还说明国际金融危机不断扩散所导致的危机意识将两岸的共同利益更加紧密地捆绑在一起。两岸在携手应对国际金融危机的同时，必将形成新的经贸和金融合作框架。当金融危机结束时，这样一种合作框架能帮助两岸的经济能力和创新能力提升到一个新的起点上。

与会各界人士经过两天的研讨，提出了包括积极合作应对国际金融危机的冲击、促进两岸金融合作、相互参与扩大内需及基础建设、深化两岸产业合作、加强两岸服务业合作、完善两岸海空直航、加强投资权益保障、实现两岸经济关系正常化，推动建立两岸经济合作机制等九项共同建议。[①] 共同建议强调，要加强两岸互惠互利的经济合作，共同探讨应对国际金融危机的方法和途径；要采取适当方式，在金融、经济方面加强相互支持，以促进两岸经济金融稳定发展；要加强两岸金融监管机构之间的资讯交流与监管合作，维护两岸金融机构稳定健康运行，增强防范金融风险的能力；要推动两岸在高科技、基础科学等方面的深入合作，加强两岸共同制定电子信息等产业技术标准的合作，加快科技研发成果产业化进程；要加快推动两岸资金、资讯、技术正常流动，实现双向投资。为解决两岸经济交流中的问题，扩大两岸经济互利合作，按照先易后难、逐步推进的步骤，推动建立两岸经济合作机制。这些框架性的建议和安排具有在经济上战略合作的意义。而且这次经贸论坛与以往三次论坛有一个很大的不同，那就是两岸双边各相关经济主管部门的负责人都以特邀嘉宾的身份参加了论坛，使这个论坛所达成的共同建议与官方的政策距离更近。

五、新时期合作、摩擦并存，两岸关系任重道远

2008 年，台湾民众用手中的选票终结了民进党的执政。由 2005 年国共协商启动的两岸和平发展成为两岸关系的主流主张，共同协商决定开始成为解决两岸问题的主流路径选择。两岸协商解决相互关系问题以及台湾同胞所关心的问题的基础是对"九二共识"的承认和对中华民族的认同。马英九在就职演说中承认"九二共识"，并说明"中华民国"的历史是将孙中山思想从大陆过渡到台湾，并以中华民族连接两岸，强调了台湾与大陆的历史联系和血脉关系。胡锦涛在多个场合强调两岸同胞的"共同性"。胡锦涛指出，两岸同胞是血脉相连的命运共同体。包括大陆和台湾在内的中国是两岸同胞的共同家园，两岸同胞有责任把她维护好、建设好。实现中华民族伟大复兴要靠两岸同胞共同奋斗，两岸关系和平发展新局面要靠两岸同胞共同开创，两岸关系和平发展成果由两岸同胞共同享有。在谈到两岸协商与谈判时，胡锦涛还指出，平等协商，就是在商谈中双方要平等相待，不把自己的意志强加于对方。国共两党分别提出了"掌握契机、

[①] 《第四届两岸经贸文化论坛共同建议》，《人民日报》2008 年 12 月 22 日，第 10 版。

正视历史、面对现实、展望未来"和"建立互信、搁置争议、求同存异、共创双赢"的思路来处理两岸关系。这些反映出两岸关系的发展以及台湾的前途必须经由两岸协商共同决定。这种共同的含义是包括了共同协商调解双方利益,解决双方分歧以及对民族最高利益的共同责任。

2008 年,民进党的"单独决定论"已走入绝境。在两岸关系问题上,民进党是"单独决定论"的一个代表。1999 年民进党通过的《台湾前途决议文》指出:"台湾是一主权独立国家,其主权领域仅及于台、澎、金、马与其附属岛屿,以及符合国际法规定之领海与邻接水域。台湾,固然依目前宪法称为中华民国,但与中华人民共和国互不隶属,任何有关独立现状的更动,都必须经由台湾全体住民以公民投票的方式决定。"民进党在岛内大兴族群政治,曾经一度压制住国民党反击的势头。但是民进党的"单独决定论"解决不了台湾所面临的国际和地区问题,而且它也不能利用地区优势来提高台湾的国际竞争力。台湾独立之路将台湾带入困境,也让民进党陷入执政危机。民进党失去政权表示"单独决定论"遭到台湾主流民意的唾弃。

共同维护、共同决定的主张顺应潮流,在未来几年必将得到发扬。另外,因为岛内政治格局还没有发生根本性的变化,也因为两岸既有的结构性的矛盾存在,还因为复杂多变的国际因素,两岸关系也会面临一些重大的考验,也有可能出现曲折和反复。在这一时期,两岸关系是合作与摩擦并存。

共同决定论将面对来自台湾主体意识的挑战以及台独势力的牵制。两岸的和平发展需要破解台湾主体意识这个局。李登辉和陈水扁前后执政长达 20 年,还是有许多"化之于民"的东西沉淀下来。2008 年台湾大选民进党推出的候选人谢长廷就说过,"台湾主体意识,已经获得社会共识,只是民进党已经不能独占而已"。也就是说,民进党的反省不会从本土路线上以及大陆政策的偏差上找原因,而是会继续强化民进党的台湾主体意识标签。而国民党当局也将选战的胜利部分地归功于成功地接受并吸收了台湾主体意识,马英九当选后的人事安排以及处理两岸问题的一些表现就反映了他本人这样一种迷信。而民进党因为无法从两岸关系的和解中获取政治资源,所以要通过不遗余力地抵制和阻挠两岸和平发展来彰显自己的存在。民进党主席蔡英文公开表示,反对"九二共识",反对与大陆方面签署的任何协议。当海协会代表团访问台湾时,民进党组织群众进行大规模的围堵,以街头抗争来破坏两岸和平发展。

目前,另一个考验来自两岸关系中的一些结构性矛盾。一是协商双方对最终目标认识不一。大陆引导两岸关系走向统一的目的十分明确。而马英九当局则回避统一,将两岸关系定位在"不独、不统、不武"上。马英九甚至明确表示在任内不可能谈统一的问题,而且在其有生之年甚至看不到统一的目标。二是双方在相互定位、国际空间问题甚至在利益谈判中都存在冲突和矛盾的一面。因此双方对谈判的阶段、节奏、目的、过程、起点定位、交往和谈判的代价的认识存有很大的差异。在共同决定场景中,涉及两岸关系定位、利益分配问题上也不是国民党当局一方能够决定的。通过谈判协商解决两岸问题曾经受到挑战,今后在台湾政坛上还会受到挑战,特别是当谈判出现重大分歧和利益冲突时。

　　国际势力还是会继续在两岸关系上施加影响力。未来不能排除国际势力在两岸关系上制造障碍。出于国际权力斗争的需要，一些国家不希望看到两岸统一最终导致中华民族的强盛。美国在此次两岸和解过程中总体上是扮演了正面的角色，而且因为中美在全球的共同利益以及面对的共同问题的增加，台湾问题的重要性有所下降。但是美国一些传统势力仍然积极活动防止两岸关系和平稳定地向前推进。美国一些团体积极筹备纪念《与台湾关系法》通过30周年，试图增加美国对台湾的影响力和控制力。曾在美国中情局任职的乔治敦大学教授沙特公开称，"如果中国在两岸影响力上快速推进，美国就必须更新其亚洲政策，例如美方要不要比台湾更关心台湾的安全？美国还能坚守对中国吓阻政策且同时对台湾现况束手无策？如果美国与台湾防卫不再联结一致，华府恐怕必须跳过台北，单独直接与北京做交易"。① 这种讲话表明美国一部分势力对目前两岸关系和解十分不安。美国国内还是有这么一批所谓的战略家，常常拿中国的军备作为他们拓展在亚洲军事存在的理由，拿两岸关系的冲突面来制衡中国的发展。即使是一些鼓励两岸和平谈判的人士，也都再三强调大陆给马英九的让步太少了，给台湾的国际空间太小了。美国战略与国际问题研究中心（CSIS）的学者认为，"北京应当满足台湾方面更多参与国际社会活动的要求，并以世界卫生组织为起点。台湾应坚持与大陆接触和联系，在争取国际组织的态度上采取灵活立场。保持强大的防务能力，并就维护不断发展的两岸关系征求美国的意见"②。其目的就是让台湾增加国际舞台上的曝光率，通过国际承认给两岸最终统一制造障碍。

　　两岸关系从国民党的包袱变成国民党的优势，走过了一个特别曲折的路程。要继续维持这样一种优势，国民党需要一个有利的外部环境，特别是两岸关系以及与美国之间的关系。当国民党无法再靠民进党无能的执政来帮助证明自己时，台湾民众对两岸关系的利弊重新评估特别重要。这些都考验着国民党高层的勇气和判断力。

　　马英九执政当局当前紧要的任务是恢复经济、改善福利、提高社会和谐。这些任务的完成不是靠挑战大陆底线可以解决的。维持国民党更长一段时间的执政地位比不断在两岸关系上进行"突破"更重要。如果在没有深思熟虑和沟通良好的情况下，匆忙进行涉及主权问题的谈判，马英九的关于两岸和解的整个论述将随时倾斜，进退失据，民意的支持会倒向单独决定论，这势必给穷途末路的民进党提供一个翻身的机会。这些因素会促使马英九当局在两岸谈判议题上持比较谨慎的态度。但是从目前的情况看，马英九当局对所谓台湾利益的维护超过了对整个中华民族利益的维护，对扩展台湾国际空间的要求超越了对中国主权完整性的考虑。在岛内国民党已经不太敢以中华民族最高利益来动员台湾民众，也难以提出一个旗帜鲜明的政策和战略。大陆方面则有可能面对国民

---

① 中央社2008年6月26日，华盛顿专电。

② Brad Glosserman and Bonnie Glaser: "Another Step Toward Better Cross-Strait Ties", Pacific Forum, CSIS, November 3, 2008. http://www.csis.org/media/csis/pubs/pac0858.pdf.

党方面提出的有损于中国主权完整性的要求。如何在台北的"一个中国，互不否认"与北京的"一个中国，主权完整"两个谈判拒绝点之间找到一个互动区域和谈判的区域，考验着两岸中国人的智慧。

2009年1月1日是全国人大发表《告台湾同胞书》30周年。2008年12月31日胡锦涛总书记在人民大会堂发表了《携手推动两岸关系和平发展，同心实现中华民族伟大复兴》的讲话。讲话在全面总结30年对台工作成就基础上，强调要坚持和贯彻已被实践证明是正确的中央对台大政方针，重申和平统一的奋斗目标。讲话提出首先要确保两岸关系和平发展。这一重要讲话是指导新形势下对台工作的纲领性文件。胡锦涛指出，解决台湾问题的核心是实现祖国统一，目的是维护和确保国家主权和领土完整，追求包括台湾同胞在内的全体中华儿女的幸福，实现中华民族伟大复兴。以和平方式实现祖国统一最符合包括台湾同胞在内的中华民族根本利益，也符合求和平、谋发展、促合作的时代潮流。我们一定要以最大诚意、尽最大努力争取祖国和平统一。首先要确保两岸关系和平发展，这有利于两岸同胞加强交流合作、融洽感情，有利于两岸积累互信、解决争议，有利于两岸经济共同发展、共同繁荣，有利于维护国家主权和领土完整、实现中华民族伟大复兴。为此，我们要牢牢把握两岸关系和平发展的主题，积极推动两岸关系和平发展，实现全民族的团结、和谐、昌盛。我们应该把坚持大陆和台湾同属一个中国作为推动两岸关系和平发展的政治基础，把深化交流合作、推进协商谈判作为推动两岸关系和平发展的重要途径，把促进两岸同胞团结奋斗作为推动两岸关系和平发展的强大动力，携手共进，戮力同心，努力开创两岸关系和平发展新局面。[1]

在讲话中胡锦涛提出了六点意见，其中包括：一、恪守一个中国，增进政治互信；二、推进经济合作，促进共同发展；三、弘扬中华文化，加强精神纽带；四、加强人员往来，扩大各界交流；五、维护国家主权，协商涉外事务；六、结束敌对状态，达成和平协议。胡锦涛的讲话的核心内容，涵盖了两岸关系所有领域，不回避矛盾，回答了两岸同胞共同关心的问题，也阐明了政策目标。显示了大陆方面的决心、信心和耐心，也体现了善意和诚意，更展示了两岸关系不断推进的美好前景。

大事记8-1　2008年两岸关系平稳发展

日　　期	事　　件
1月12日	台湾地区举行第七届"立法委员"选举。国民党赢得113总席次中的81席，成为"立法院"第一大党，在"立法院"国民党已经获得了绝对的优势。民进党只剩27席，主导政治议题和施加政治影响的能力大大下降。
3月22日	国民党候选人马英九、萧万长在台湾大选中高票获胜，实现二次政党轮替。民进党候选人谢长廷和苏贞昌落选。"入联公投案"因为未过法定半数而遭否决。马英九在记者会上重申承认"九二共识"，承诺不支持"法理台独"，希望排除政治纷扰，让海基、海协两会继续运作。马英九当选及执政，使两岸关系出现重大转机。

① 胡锦涛：《携手推动两岸关系和平发展，同心实现中华民族伟大复兴》，《人民日报》2009年1月1日，第2版。

续表

日　期	事　件
4 月 12 日	胡锦涛与参加博鳌论坛的台湾两岸共同市场基金会董事长萧万长会面。萧万长提出两岸双方要"正视现实、开创未来、搁置争议、追求双赢"并尽快恢复两岸协商。胡锦涛也强调了大陆推动两岸发展的决心和努力。
5 月 12 日	四川汶川发生特大地震。国台办立即行动全力救助受伤受困台湾同胞，使 2890 多名台湾同胞得到救助、平安返回台湾。同时，台湾各界以各种方式表达对地震灾区同胞的关心和慰问，迅速派出专业救援队，并给予近 40 亿新台币的捐款。同胞的爱心拉近了两岸人民的距离。
5 月 20 日	马英九发表就职演讲。强调两岸人民同属中华民族，要在"九二共识"的基础上，尽早恢复协商。
5 月 28 日	中共中央总书记胡锦涛和国民党主席吴伯雄举行会谈。胡锦涛强调，国共两党和两岸双方应该共同努力，建立互信、搁置争议、求同存异、共创双赢，继续依循并切实落实两岸和平发展共同愿景，努力推动两岸关系和平发展。吴伯雄期盼两岸的执政党，秉持"回应民意、实事求是、求同存异、开创未来"的原则，和两岸人民携手"共创和平、共促稳定、共谋发展、共享繁荣"。
6 月 12 日	中断近十年的海协、海基两会商谈在北京恢复。海基会董事长江丙坤率代表团与海协会新任会长陈云林等举行商谈，并取得丰硕成果。签署了《海峡两岸包机会谈纪要》和《海峡两岸关于大陆居民赴台湾旅游协议》，达成强化两会制度化联系机制等共识。
7 月 4 日	周末包机与开放大陆居民赴台湾旅游观光正式启动，两岸 11 家航空公司搭载 6300 多名旅客共同见证历史。
8 月 8 日	第 29 届夏季奥林匹克运动会在北京盛大开幕。台湾 102 位原住民组成的"高金素梅文化团队"参加了奥运会开幕式的文艺演出。开幕式上，中华台北队入场时获得主场般的欢迎。台湾政党领袖连战、吴伯雄、宋楚瑜出席开幕式，共享奥运盛会的荣耀。
11 月 3 日	大陆海协会会长陈云林应海基会董事长江丙坤邀请访问台湾，并举行第二次陈江会谈。这是自 1949 年以来，大陆方面最高层级代表首度访台。双方成功地签署了两岸空运直航、海运直航、邮政合作、食品安全四项协议。
12 月 15 日	两岸海空直航及直接通邮全面启动，北京、上海和天津及台湾的高雄、基隆等地分别举办海运直航、空运直航、直接通邮仪式。两岸正式迈入"大三通"新时代。
12 月 20 日	由国共两党共同主办的第四届两岸经贸文化论坛在上海举行。两岸企业代表、工商团体代表、专家学者共 400 多人出席论坛；两岸经济、金融主管单位人士也首次以特邀嘉宾的身份出席。论坛围绕拓展两岸金融及服务业合作、促进两岸双向投资、构建两岸经济交流合作机制三项议题进行研讨，并达成应对国际金融危机、深化两岸产业合作等 9 项共同建议；国务院台办主任王毅则受权宣布了大陆的 10 项惠台政策措施。
12 月 23 日	大陆方面赠送给台湾方面的两只大熊猫"团团"和"圆圆"抵达台湾，住进台北市立木栅动物园，受到台湾民众的热烈欢迎。
12 月 31 日	胡锦涛在纪念《告台湾同胞书》发表 30 周年座谈会上发表重要讲话，提出推动两岸关系和平发展的六点意见。

209

第九章　舆论交锋：
回应不实报道维护国家形象

2008 是中国奥运年，也是改革开放 30 周年。在这一年里，中国人民既经历了奥运会成功举办的欢乐，也承受了汶川地震浩劫带来的国殇。与此同时，国际舆论也把关注的焦点一直集中在中国。美国《时代》周刊所选全球十大新闻中，中国就占了其中的两条（汶川大地震和毒奶粉事件）。正如外交部部长杨洁篪所说，2008 年是中国受到国际社会前所未有的高度关注的一年。成功举办北京奥运会是中国和平发展历史进程中的重大标志性事件，中国与外部世界的相互认知进一步深化。①

一、奥运会举办在即，西方媒体展开对华攻势

1. 2008 中国形象年的不同寻常

作为一个不平凡和不寻常的关键年份，中国在这一年里展现给世界一个什么样的形象，世界如何描摹改革开放而立之年的中国？可以说，中国的国家形象伴随着跌宕起伏的各种重大事件，经受了国际舆论的全方位审视。通过对国际舆论（主要包括国际媒体、政要、学界精英以及民意调查等）中的中国形象的考察，可以得出这么一个结论，即与中国在过去一年里经历的波澜壮阔的一切相应的是，国际舆论对于中国形象的描述也经历了一个此起彼伏的过程。先是对拉萨"3·14 骚乱事件"和奥运圣火传递做出的负面歪曲报道，接着是对中国政府在汶川特大地震后的迅速有效的救灾行动的赞誉，这种对中国的正面看法随着北京奥运会的成功举办而达到高潮，而"神舟七号飞船"成功发射和宇航员首次实现太空行走，再次让国际社会见证中国作为正在崛起的大国所拥有的雄厚实力。但随后曝光的"三鹿毒奶粉事件"又给中国的国家形象带来不小的负面伤害。但是综观 2008 年的国际舆论，可以发现，虽然面临着一些西方媒体的批评甚至负面诋毁，但在中国政府、公众和海外华人的共同努力下，最终向国际社会展现了一

---

① 杨洁篪：《深入学习实践科学发展观　做好新形势下外交工作》，中国外交部网站，2008 年 12 月 26 日。http：//www. fmprc. gov. cn/chn/wjb/wjbz/zyhd/t474104. htm。

个积极的中国形象。世界已经基本接受一个正在崛起的和平、繁荣的中国。中国的形象正在越来越赢得世界的正面肯定。

2008 年作为中国历史上不平凡和不寻常的一年，不仅体现在中国取得的辉煌成就上，也体现在中国国家形象所遭受的一些国际舆论特别是西方媒体的歪曲上。经过改革开放 30 年的发展，中国向世界展现了综合国力和国际地位日益提高的大国形象。无论是发达国家还是发展中家的国际媒体，都纷纷称赞中国改革开放 30 年取得的成就。外媒纷纷表示，中国改革开放带来了巨大的经济增长。美联社报道称，中国经济已经成长为仅次于美国、日本和德国的世界第四大经济体。如今的中国比任何时候都更加繁荣和稳定。中国现在是国际贸易的关键角色，是世界外交的强大参与者。韩国《朝鲜日报》在题为《30 年带来经济繁荣，影响全球》的报道中称，中国的改革开放 30 年是改天换地的历程。邓小平的改革开放让 13 亿中国人摆脱了饥饿。这个数字相当于美洲大陆和整个欧洲的人口。新加坡《联合早报》指出，30 年改革给中国带来的变化，用"翻天覆地"来形容实在毫不为过。中国的变化已经成为一个令世人惊叹的"中国奇迹"①。《日本时报》也发表社论指出，30 年来中国实践了人类历史上最为伟大的经济腾飞，使国家从贫穷和混乱中摆脱出来并摇身成为世界先进经济体之一。因为令人吃惊的发展速度而被称做"经济奇迹"② 正是由于对中国经济改革成果的乐观评估，卡内基国际和平基金会研究员盖保德（Albert Keidel）认为，伴随着这次金融危机，中国经济可能会在 2030 年之前赶上美国。③

与这些称赞相对应的是，另一种国际舆论特别是一些西方媒体对于中国改革开放 30 年的发展并不完全是抱着欣赏的态度，出于意识形态的偏见以及面对中国快速崛起而带来的中国——西方实力对比的变化，它们也想利用 2008 年作为对中国进行攻击的一个重要机会。英国路透社在其 2008 年 7 月 25 日的社论中一语道出了西方一些人对中国实力上升所带来的不安与敌意的增加。"欧洲人恶意目光的不断增强，是与对中国经济发展的担忧密不可分的。……先进的奥运场馆和城市中拥挤的车流，让很多西方人感到中国已经是一个羽翼丰满的发达国家，肯定在未来会统治世界。"④

面对一个实力急速上升而又与意识形态存在差异的国家，一些国际非政府组织和西方媒体妄图利用中国举办 2008 年北京奥运会的机会，诋毁中国形象。围绕奥运会的舆论战实际上从 20 世纪 90 年代初期中国第一次申奥起就一直没有停息过，到了 2008 年达到高潮。西方舆论主要攻击集中在达尔富尔问题、人权、西藏骚乱以及环保问题上，其共同点都是出于意识形态的偏见，将奥运会政治化，把奥运与这些毫不相干的事情联系在一起。

---

① 《历史大坐标下的改革开放》，新加坡《联合早报》2008 年 12 月 19 日。
② "China Miracle at Middle Age", *The Japan Times*, December 28, 2008.
③ Albert Keidel, "China's Economic Rise——Fact and Fiction", *Carnegie Policy Brief*, No. 61 July 2008.
④ "China's Relations with Europe wilt ahead of Games", *Reuters*, July 25, 2008.

2. 西方舆论炒作达尔富尔问题和中国"人权问题"

达尔富尔问题本来是苏丹的内政。由于中国公司在该地区有不少能源项目投资，而且中国政府不赞成干预苏丹内部事务，西方不少媒体硬是将苏丹达尔富尔地区的人道主义灾难与中国"挂钩"。

西方政治势力支持下的国际非政府组织是 2008 年诋毁中国国家形象攻势中不容忽视的一股力量，而且在很多时候充当了急先锋的角色。"拯救达尔富尔联盟"主席杰里·法劳尔（Jerry Fowler）宣称，"对北京来说，2008 年必然不好过"，因为"离奥运会越近，国际社会对中国在达尔富尔问题上的麻烦制造者形象就越反感"[①]。这些非政府组织，除"拯救达尔富尔联盟"外，还包括大赦国际、人权观察以及一些临时拼凑起来的如"达尔富尔奥运梦"等。其中又以好莱坞影星米亚·法罗为首的美国民间组织"达尔富尔奥运梦"组织，表现最为抢眼。这一组织阻挠北京奥运、诋毁中国形象的具体做法包括如下几个方面：一是向国际社会散布虚假信息，谎称中国为了获取苏丹达尔富尔地区的资源，支持独裁政府压制当地人民。米亚·法罗以前曾在《华尔街日报》上发表社论《种族灭绝的奥运会》，就达尔富尔问题指责中国，并号召通过抵制北京奥运会向中国施加压力。她特别谴责了斯皮尔伯格，认为如果他担任北京奥运会开闭幕式的艺术顾问，那就是帮助中国借奥运会美化自身形象。[②] 二是向支持北京奥运会的跨国公司施压，要求他们抵制北京奥运会。早在 2007 年 11 月 26 日，这个所谓的"达尔富尔奥运梦"的美国民间组织公开发表报告，根据自己制定的标准，给 19 家与奥运相关的赞助商或供应商在苏丹达尔富尔问题上的态度"打分"。

除非政府组织外，西方一些主流媒体也对中国在达尔富尔问题上的立场竭尽刁难之能事。英国广播公司（BBC）7 月 13 日，在其网站上发布一条"重头报道"，指责"中国给达尔富尔战争火上浇油"。声称 BBC 首次找到证据证明中国正在达尔富尔地区对苏丹政府给予军事资助。而他们的证据就是几张卡车及牌号的照片。而 BBC 在 7 月 14 日播出的另一个节目中也诬称中国违反联合国武器禁运规定，向苏丹政府提供军事装备，并对驾驶中国喷气式飞机的飞行员进行培训。[③]

西方主流媒体以中国没有"达到其在申办奥运时做出的改善人权的承诺"为借口，对中国"人权问题"展开一波新的攻势。臭名昭著的"人权观察"组织媒体主管沃登 7 月 14 日在英国《泰晤士报》发表题为"中国正在输掉人权竞赛"的文章，声称中国赢得 2008 年奥运会主办权在很大程度上要归因于其所做出的人权承诺。然而在过去的一年中，中国人权状况持续恶化。这与国际奥委会最初的期望相距甚远。他认为，出席奥运会的世界领导人包括布朗首相和布什总统在内，应当强烈要求中国政府履行所做的

① "China and Darfur", *The New York Times*, March 20, 2008.

② "The 'Genocide Olympics' ", *The Wall Street Journal*, March 28, 2007.

③ 法新社北京 2008 年 7 月 15 日电。

承诺；国际奥委会应当对中国违反奥运宪章精神的做法进行公开批评，因为中国没有履行给予媒体完全自由的承诺。①

美国《华盛顿邮报》2008年4月10日发表社论，攻击中国是"警察国家"。美联社更是诬称，中国长久以来常见的专制统治正实施在普通的中国人身上。其所依据的"事实"是，中国政府为了减轻城市的粉尘污染，关闭了建筑工地和小饭馆，因此许多在北京打工的民工将在这段时间无法挣到工钱。另外，西方媒体也拿任何一个举办奥运会的国家都会采取的严密安保措施说事，无端地把它与人权问题联系起来。路透社报道说，中国采取的大规模奥运安全措施正削弱其此前承诺的新闻自由，而且有可能毁坏凸显中国文化和经济成就的机会。② 美联社同样没有放过对中国的安保措施加以歪曲解释的机会。它报道说，北京出台许多限制性措施。中国官员称这些都是防止恐怖活动的必要举措，要把"敌对势力"的人——从下岗工人到外国激进分子，包括各种对中国人权政策不满的团体——挡在国外。它还认为中国严格的签证要求使许多外国人无法进入中国，同时警察开始反复检查外国人居住的地方，并且要求那些具备合法签证的外国人在当地派出所登记。美联社就此揣测，这一全面的控制措施已经使人们进一步感受到，政府打算阻止示威活动。③

苏丹达尔富尔问题和中国"人权问题"是西方舆论攻势的前两波，目的是在奥运会开幕前把国际舆论的视线引向中国的"黑暗面"，抵消国际社会对于中国举办奥运和改革开放30周年的浓厚兴趣。但是，他们更大的阴谋是在西藏问题上展开一波内外结合的政治舆论攻势。

3. 西方舆论与达赖集团勾结发难的"双簧表演"

以达赖为首的西藏分裂流亡集团，视2008年北京奥运会为其制造事端、迫使国际社会向中国施压进而扩大其国际影响的不可多得的机会。达赖集团唆使西藏的一些分裂分子制造了震惊世界的拉萨"3·14骚乱事件"。拉萨"3·14骚乱事件"之后，西方主流媒体以前所未有的热情进行大篇幅的新闻报道。④

这些平素以"客观报道、保护人权"为口号的西方媒体，不仅在他们的报道中全然看不到无辜群众被暴徒杀害和打伤的事实真相，反而是一边倒地支持所谓"西藏和平抗议运动"，谴责中国政府"剥夺藏人宗教自由"、"灭绝西藏文化"。骚乱发生后不久，《华盛顿邮报》就以"奥林匹克的耻辱"为题发表社论，指责中国压迫少数民族，剥夺公民自由权利，有损奥林匹克的荣光。这篇社论幸灾乐祸地说，中国领导人希望把2008年的奥运会看做是中国开始成为全球大国的一个标志。但"恰恰相反的是，奥运

---

① "China is Losing the Human Rights Race", *Times*, July 14, 2008.

② 路透社北京2008年7月14日电。

③ 美联社北京2008年7月14日电。

④ "Olympic Shame: China Risks Turning the Games into a Showcase of Repression", *The Washington Post*, March 26, 2008.

会开始看起来正在成为这个政权暴力镇压、审查和政治不稳定的展现"。

更为令人惊讶的是，为达到混淆国际社会视听的目的，这些西方媒体出现了大量的张冠李戴或移花接木式的虚假报道，捏造中国政府对藏民的"镇压"。例如，2008 年 3 月 17 日，CNN 网站上使用了一张拉萨"3·14 骚乱事件"的图片，图中两辆军车正向两名平民驶来。CNN 网站的图片故意剪裁了暴徒向军车投掷石块的图像。BBC 也在 3 月 17 日的网站上刊登题为"藏人描述持续骚乱"的报道，所配照片的说明是："拉萨目前有大量军队。"而事实上，配图是西藏当地公安武警协助医护人员将骚乱受伤人员送进救护车的场景，图中救护车上"急救"二字颇为醒目。当北京奥运圣火 4 月 9 日在旧金山传递时，CNN 主持人卡弗蒂公然在节目中辱骂华人是"呆子和暴徒"，称"在过去 50 年里中国人基本上一直是一帮暴民和匪徒"。德国 RTL 电视台曾在报道中将早先尼泊尔警察抓捕藏人抗议者的照片，说成是"发生在西藏的新事件"。《德国画报》多次将尼泊尔警察在加德满都驱散游行示威者的图片进行裁剪、拼接，然后配在谈论北京奥运的文章中，标题竟用"西藏事件升级，应该抵制奥运会吗?"①

除了上述几个方面外，奥运会举办之前国际舆论还对中国的环保问题、政治制度问题等也持十分负面的看法。这些负面现象随着中国政府在汶川大地震中的杰出表现而逐渐转弱，到了奥运会成功举办之后则为对中国的积极评价所取代。

二、国际舆论转向，中国国家形象得以提升

在经历了奥运前国际舆论对中国的发难之后，以汶川地震为导因，国际舆论对中国的评价开始转变，到奥运会圆满举办和"神舟七号"飞船成功发射，国际舆论对中国的评价达到高峰，而随后中国在金融危机中的表现和派遣军舰赴索马里海岸打击海盗，则进一步在国际社会树立起负责任大国形象。

1. 中国战胜特大地震灾害，国际舆论初步改变对华负面印象

2008 年 5 月 12 日，中国四川省汶川县发生里氏 8.0 级大地震，造成 8 万多人死亡和失踪，伤残者不计其数，国际社会无比震惊。地震发生后，中国政府在第一时间展开了大力救援，全国人民同心协力共度时艰，国际舆论给予了高度评价。中国的国家形象一度摆脱了前段时间因拉萨"3·14 骚乱事件"而带来的负面影响。美国《华盛顿邮报》网站 5 月 27 日一篇文章认为，因西藏问题和奥运火炬接力受阻引起的紧张气氛在一定程度上给"中国融入世界"这个主题带来了阴影———但现在这个阴影在逐渐退去。美联社 5 月 18 日电指出，中国 30 年来伤亡最惨重的地震震撼了原本正欢欣鼓舞期

---

① 《歪曲报道西藏事件，〈德国画报〉竟比 CNN 更卑劣》，人民网 2008 年 4 月 4 日电。http：//politics. people. com. cn/GB/1026/7083349. html。

待北京奥运的居民，同时也在以不那么引人注目的方式改变中国和世界对彼此的认知，减少了围绕奥运会而起的争议。这场灾难使有关北京奥运的负面新闻从报道中消失。① 英国《金融时报》5 月 19 日发表《中国成功修复形象》一文指出，四川地震也给中国创造了一个修复近来受损国际形象的机会。②

外媒对于中国政府在地震中的表现的称赞主要集中在如下几个方面：一是反应迅速，救援有力。红十字会与红新月会国际联合会驻北京的工作人员弗朗西斯·马库斯说："我们感觉到面对这次大规模的地震，中国政府以有效和坚决的方式做出了令人难以置信的迅速反应。"荷兰女王贝娅特丽克丝于 5 月 21 日对中国政府在四川汶川大地震后采取的救援行动给予高度评价，对中国政府在震后采取救援行动方面的出色表现表示赞赏。③ 英国《金融时报》5 月 14 日刊登的一篇题为《中国迅速救灾令人钦佩》的社评文章中指出，中国政府对四川地震的迅速反应令人钦佩，政府没有试图掩盖灾难的规模。美国《纽约时报》的报道说，地震信息铺天盖地，高级官员和救援人员也迅速做出了反应。英国《泰晤士报》报网站 14 日刊登的一篇专栏作家文章盛赞中国领导人以示范性的关注度，迅速动员了庞大的国家力量，努力营救幸存者，防止疾病爆发。埃菲社也指出："在这次悲剧灾难中温家宝的言行体现了中国政府的形象，一个贴近群众、顺应国际社会的政府。"④

二是信息公开透明。中国政府不仅没有隐瞒灾情，而且允许新闻媒体全方位地报道整个救灾过程。外国媒体大量采用了来自中国新华社等新闻机构的现场报道。《国际先驱论坛报》认为，中国对地震的回应异常公开，"尽管世界很多地区有大量这样的灾难场景，但对于一个有着隐瞒自然灾害、对自然灾害应对不当历史的国家而言，电视上不断播放的救灾工作是了不起的。""与以往严密控制信息的做法相反，四川地震的报道不受限制。数十名中国记者在地震区提供现场报道，而且至少到目前为止，外国记者的进入不受限制。"⑤ 英国《金融时报》中文网载文指出，"种种迹象表明，中国政府在应对自然灾害方面，正试图改变既往隐瞒或公布迟缓的做法，以期掌握舆论的主动"⑥。国际舆论甚至从中国应对地震等突如其来的自然灾害的反应中发掘出中国软实力上升的标志。美国《侨报》在汶川大地震发生一个月后发表社论指出，中国政府在汶川大地震后所展现的快速应对、信息透明，以及中国人民在灾难面前所表现出的团结一致的"民气"，是中国国家软实力的集中爆发。"有这种民气，中国才展现出来了不可轻视的'软实力'，中国才是真正具备了成为一个大国的要素。"⑦ 包括联合国在内的一些国际

---

① 美联社 2008 年 5 月 18 日电。
② 《中国成功修复形象》，英国《金融时报》2008 年 5 月 19 日。
③ 新华网布鲁塞尔 2008 年 5 月 21 日电。
④ 埃菲社 2008 年 5 月 14 日电。
⑤ "China's Response to Quake is Unusually Open", *International Herald Tribune*, May 13, 2008.
⑥ 《汶川地震：中国形象的嬗变信号》，英国《金融时报》中文网 2008 年 5 月 13 日。
⑦ 《中美博弈：北京可以接招，更可以出招》，美国《侨报》2008 年 6 月 12 日。

组织和各国领导人也对中国政府的救援行动表示赞赏。世界卫生组织驻华总代表韩卓升在接受新华社记者专访时，高度赞扬中国政府在四川汶川地震后采取的应急救援行动与疫病防治措施，称中国政府采取的行动及时、全面，且富有成效。安理会当月轮值主席、英国常驻联合国大使索沃斯在 12 日安理会会议后向媒体发表谈话时表示，"对中国政府和紧急救援机构对这一悲剧所做出的迅速的反应给予赞扬。"5 月 13 日，联合国网站新闻中心发表文章称，安理会对中国地震救灾反应迅速给予肯定。联合国秘书长潘基文于 5 月 19 日在悼念中国四川大地震遇难者的吊唁簿上用英文写道："中国在挑战面前所表现出的力量、韧性和勇气给世界留下了非常深刻的印象，整个联合国系统都将支持中国应对挑战。"① 救助儿童会的中国项目负责人温德姆·詹姆斯说："在这种时候，中国能以不寻常的速度采取行动。很少有哪个国家的政府能像中国那样集中资源和注意力。"②

国际舆论也将中国政府的救灾行动与缅甸军政府对风灾的应对以及布什政府对飓风的反应相对比。路透社发表评论认为，"中国对这次地震灾害的处理与缅甸军政府应对暴风雨袭击的方式形成了鲜明的对比。缅甸的将军们对外国援助施以苛刻的条件，并试图隐瞒真实灾情。"③ 一贯"反华"的美国报纸《华盛顿时报》2008 年 5 月 14 日在其网站发表文章，题目是《中国迅速应对震灾赢得世界赞誉》。文章指出，毁灭性的地震已经造成中国四川省死亡人数逾万人，中国政府调集数万名士兵赶赴灾区进行救援，也因此在国际社会赢得广泛赞誉，与上周遭热带风暴袭击的缅甸的迟缓反应形成鲜明对比。为什么中国能对这次灾难做出这样的反应，而美国则对"卡特里娜"飓风做出那样的反应？到目前为止，中国也没有出现类似联邦紧急措施署前署长迈克尔·布朗那样的人物，在应对飓风灾害时无所作为的他，因为反受布什总统称赞"干得相当出色"而声名狼藉。美国大西洋委员会的一位学者在一篇文章中说，"如果布什总统在'卡特里娜飓风'之后能像温家宝总理那样做出迅速的反应的话，他将会在美国公众中受到更多的欢迎"④。

总之，中国政府和人民对汶川地震的反应向世界展示了积极的国家形象。它对国际舆论的影响是全面的。国际媒体从温总理奔走于灾区的身影看到了一个以民为本的具有高度责任心的政府。从奋战在救灾第一线的解放军身上，看到了一支与人民群众血肉相连的伟大军队。从国内媒体对地震及时、公开的报道中，看到了一个开放自信的中国。从下降国旗举国致哀的壮观场面中，看到了一个尊重人权尊重生命的伟大国家，从遍及全国各阶层以及海内外华人的赈灾捐款义举，看到了一个具有强大凝聚力的伟大民族。⑤

---

① 中新社联合国 2008 年 5 月 19 日电。

② 路透社 2008 年 5 月 13 日电。

③ 《灾害面前西方国家停止攻击》，路透社北京 2008 年 5 月 14 日电。

④ Frederick Kempe , "China Teaches Something in Quake", *Bloomberg News*, May 20, 2008.

⑤ "汶川大地震让世界看到了什么？" http：//www. blog. sina. com. cn/blog－492e4ab701009dja. html。

正如英国诺丁汉大学的郑永年教授所指出的那样，"几十年后回头来看此次地震灾难，它在推动中国国际形象改善，以及促使自身现代民族国家的成熟上，将具有里程碑式的意义。"①

2. 北京奥运和"神七"升天，展示中国软硬力量新形象

中国成功举办奥运会和发射"神舟七号"飞船，凸显中国的国际地位的上升，赢得国际社会的交口称赞。共有八十多位外国政要赴华出席奥运会开幕式和相关活动。在奥运会开幕后的五天里，中国国家领导人与美国总统布什、日本首相福田康夫、俄罗斯总理普京等政要分别进行约七十余场会见。此次双边会晤的规模与密度之大，在中外高层交往历史上应属空前。而全世界一半以上国家的元首、政府首脑、王室成员等齐聚北京，谈友谊、聊比赛，俨然成为奥运赛场之外另一场精彩的"奥林匹克"，成为"奥运外交"的典范。② 韩国《中央日报》感叹道："不管愿意还是不愿意，世界各国首脑齐聚北京意味着他们认可了中国的崛起。一百多位首脑出席北京奥运会开幕式，这创下了奥运会开幕式的历史纪录，同时也从另一个侧面反映了中国国力之强大。"③

北京奥运会向国际社会成功展示了中国的形象。国际舆论纷纷指出，奥运会的成功举办是对中国改革开放的最好注脚，是中国的"成年礼"。法新社指出，北京奥运会似乎注定会因象征中国过去30年的非凡发展以及该国崛起为一个全球超级大国而载入史册。"奥运会为现代中国做了一次精彩广告。……在过去的二三十年里，中国在世界看来仍然是一个落后的国家。奥运会使世界得以见识中国的新面貌。……本届奥运会在组织方面没有出现任何问题，这可能会使世界其他国家对中国的看法发生根本性改变。"④《每日电讯报》认为奥运开幕表明中国迈向了世界舞台。新加坡《联合早报》认为，中国的自信和实力体现在成功举办奥运会上。北京奥运会绚丽辉煌的开幕式，让20亿人欣赏了以高科技浓缩五千年文明的"中国之夜"，全世界在一夜之间发现北京如此现代化，中国如此富有。⑤ 奥运期间，美国前总统老布什在美国驻华新使馆开馆仪式上指出，中国已经取得历史性的巨大进步。2008年的北京与他33年前来过的那个贫穷的首都截然不同。⑥ "北京奥运会凸显了一个事实：中国不是一个正在崛起的国家，而是一个已然崛起的国家。"⑦

国际社会也高度肯定中国实现了奥运承诺。北京在申办奥运会时做出了举办一届高

---

① 《西方媒体态度大转变，中国表现让西方"无话可说"》，《国际先驱导报》2008年5月20日。

② 《中国高层外交"奥林匹克"全面启动》，中新社北京2008年8月7日电。

③ 《韩媒：换一种新眼光看中国——王者归来》，人民网2008年8月13日。http://world. people. com. cn/GB/57507/7657133. html。

④ 法新社2008年8月24日电。

⑤ 《中国交出比较合格答卷》，《联合早报》2008年12月29日。

⑥ "Bush's Olympics Diplomacy Plan", *Time*, August 8, 2008. http://www. time. com/time/world/article/0, 8599, 1830634, 00. html。

⑦ 《奥运后的中国》，印度尼西亚《雅加达邮报》2008年8月28日。

水平的"绿色奥运、人文奥运和科技奥运"的庄严承诺，同时奥组委也承诺"两个奥运同样精彩"。联合国副秘书长、环境规划署执行主任阿齐姆·施泰纳（Achim Steiner）认为，"北京关于'绿色奥运'的承诺，经过我们的独立评估，已经绝大部分实现了。"① 萨马兰奇认为，中国履行了申办时的承诺。② 国际奥委会主席罗格在闭幕式上对北京奥运会的评价是，这是一届无与伦比的奥运会。奥运会刚结束不久，英国前首相布莱尔在《华尔街日报》撰文指出，这次奥运会标志着一个新纪元，这意味着西方需要与中国建立牢固的伙伴关系，这种关系不仅要深入经济，而且还要深入到其他领域。他认为，如果没有中国的充分参与，21 世纪的任何事情都无法良好运行。我们今天面临的挑战是全球性的。中国现在是一个全球大国。因此，无论是气候变暖问题、非洲问题、世界贸易，还是各种各样的安全问题，我们都需要中国发挥建设性的作用，我们需要中国利用其影响力与我们配合。③

北京奥运会也改变了许多人对中国的偏见。路透社北京分社社长林洸耀说，北京奥运将成为"世界看中国转型的窗口"，很多外国人对中国的了解依然停留在很久以前，他们需要透过奥运会来观察中国之变。出席北京奥运会开幕式的以色列总统佩雷斯说："若非亲眼所见，我无法相信中国发生的巨大变化。这种变化具有深远的社会意义和科学意义。我深信，一个更加美好的中国将带来一个更加美好的世界，一个更强大的中国将增加全人类的力量。"④ 英国《卫报》记者安迪·布尔以自己在北京的亲身经历，写下《奥运会：必须用开放的心态看待脱胎换骨的北京》一文。他说，"我对北京的想法落伍至极。现代中国正向世界展示自己，我们必须接受亲身经历的现实，而不是固守别人灌输给我们的昔日中国的概念"⑤。

通过对世界上媒体报道的调查统计也可发现，北京奥运会极大地塑造了国际舆论中的中国正面的国家形象。清华大学新闻与传播学院通过跟踪、研究、比较全球 10 种语言、29 个国家和地区的 67 家主流报纸对北京奥运的头版报道，其中包括中文、英文、德文、法文、阿拉伯文、西班牙文、葡萄牙文、印地文、荷兰文和韩文的报纸，发布了《世界主流媒体奥运关注度调查研究报告》。报告显示，自北京奥运会开幕以来，世界主流报纸半数以上的奥运新闻为正面报道。研究发现，每天世界各地 46.2% 的主流报纸在头版至少刊登 1 条以上的奥运新闻，其中正面报道超过 53.8%，负面报道仅为11.3%。研究发现，在全球主流报纸头版的奥运报道中，阿拉伯报纸的正面报道最多，高达 68%。这个国际研究小组还跟踪分析了世界主流报纸头版在奥运报道中对中国的关注度。研究发现，阿拉伯报纸对中国的关注度最高，高达 60%。世界主流报纸头版

---

① 《联合国副秘书长：北京已达到绿色奥运承诺》，《21 世纪经济报道》2008 年 8 月 12 日。

② 《萨马兰奇谈奥运》，"德国之声"网站 2008 年 7 月 17 日。http：//www.dw-world.de/dw/article/0, 3491063, 00.html。

③ Tony Blair, "We Can Help China Embrace the Future", *The Wall street Journal*, August 26, 2008; p. A21.

④ 新华社北京 2008 年 8 月 21 日电。

⑤ "Olympics: An Open Mind is Needed in Reborn Beijing", *Guardian*, August 6, 2008.

在奥运涉华报道中，负面报道仅为 7.5%，正面报道为 24.5%。其余多为中性或平衡性报道。①

中国传统文化也通过奥运会让世界加深了了解。日本《朝日新闻》在 2008 年 8 月 13 日发表文章认为，"奥运会是中国成为文化大国的跳板"。北京奥运会让人"重新发现中国的文化力量，中国正在谋求成为一个国际性文化大国"②。美国《新闻周刊》8 月 9 日的报道说，北京奥运会开幕式表演的盛况"美得令人窒息"，这是中国崛起和软实力提升的重要标志。③ 在该刊网站 8 月 11 日发表题为"孔夫子和奥运会"的文章指出，在中国强大起来后，儒家传统的道德力量开始重新被提及。中国主要依靠道德榜样、礼仪规范和以德服人来赢得世界。奥运开幕式显然是要颂扬儒学价值观，而不是传达仇外和极权主义信息。美国《纽约时报》网站 8 月 12 日发表文章说，中国的崛起不仅仅是经济事件，也是文化事件。它所展现的"和谐集体的理想或许和美国梦一样富有魅力"④。

如果说奥运会全面地向世界推介了一个自信、成功的中国形象，那么成功发射"神舟七号"并实现宇航员太空行走，则是在这一形象上锦上添花的又一笔。这一壮举正如胡锦涛主席所指出的那样，"充分展示了改革开放 30 年来我国显著提高的经济实力、科技实力、综合国力"。法国《费加罗报》指出，在圆满举办了 2008 年夏季奥运会之后，中国继续表现其"通天的强大力量"。在"神舟七号"升空，而且一位中国宇航员走出飞船之后，中国准备在"非常封闭的太空列强俱乐部"里继续待下去。美国《世界日报》载文指出，"神舟七号"的成功发射和返回表明，"中国的航太技术就像推动飞船进入轨道的火箭，开始快速提升，更让世界感叹的是，中国的每一次升空，都体现出完美的成功，毫无疑问，中国已经名副其实地在航太技术上与美国、俄罗斯并驾齐驱。而且，众所周知，要发展航太技术，没有强大的国力支撑，是根本办不到的，可见中国的综合国力，也由此迈进一大步"⑤。

美国国家航天航空博物馆专家罗杰劳纽斯（Roger D. Launius）认为，这的确是一个伟大的成功，表明中国已经成功跻身了过去只有美俄两个会员的"太空俱乐部"。美国航天航空局长格里芬（Michael D. Griffin）则担心，在航天技术方面中国已经奋起直追，中国很有可能赶在美国重返月球之前将宇航员送上月球。他在观看完"神七"发射成功后接受采访说："我非常钦佩中国所做的一切，同时，我也担心美国在航天技术方面正在陷入劣势。"⑥

---

① 《清华大学公布世界主流媒体奥运关注度调查——正面报道超过 53.8%》，人民网 2008 年 8 月 21 日。http://world.people.com.cn/GB/89889/7704886.html.

② 《奥运会是中国成为文化大国的跳板》，日本《朝日新闻》2008 年 8 月 13 日。

③ 新华社华盛顿 2008 年 8 月 10 日电。

④ David Brooks, "Harmony and the Dream", *The New York Times*, August 11, 2008.

⑤ 《天使战胜恶魔，中国才能真正强大》，美国《世界日报》2008 年 10 月 1 日。

⑥ David Barboza, "China Launches Spacewalk Mission, "*The New York Times*, September 25, 2008.

3. 金融海啸与打击海盗：凸现负责任大国形象

随着中国的和平发展日益加快，以美国为首的西方国家担心中国在国际体系中过快扩展而使西方利益和地位迅速下降，于是提出所谓的"利益攸关者"的说法。在 2008 年，中国通过应对全球金融危机和派遣海军远赴索马里海域打击海盗，以自己的实际行动向国际社会宣示，中国是国际社会负责任的一员。国际舆论对此也做出了高度评价。

全球金融危机首先凸显出中国作为世界上举足轻重的经济大国的形象。美国《纽约时报》在 20 国金融峰会召开前就指出，尽管华盛顿金融峰会由法国总统萨科齐提议召开，美国总统布什同意承办，但在这次被称为"第二次布雷顿森林会议"的峰会上，最受追捧的国家却是中国。欧盟委员会主席巴罗佐也表示，欧盟愿意减少在国际金融机构中的代表权，为中国"腾出位置"。他表示，中国应该有"更大的声音"，以反映其经济影响。[1]

中国政府也通过对金融危机的反应向世界表明，中国不仅是世界经济大国，而且是负责任的大国。源于美国次贷危机的全球金融危机爆发后，中国政府和领导人一如面对1997 年亚洲金融危机那样，继续采取负责任的举措，沉着冷静应对。首先树立全国人民战胜危机的信心，采取稳定中国国内经济发展的措施，认为保持中国经济的快速稳定发展本身就是对世界经济的最大贡献。在中国面对金融危机冲击日益严重的情况下，中国仍向经济濒于崩溃边缘的巴基斯坦提供 5 亿美元贷款援助。

在 20 国集团金融峰会举行之前，中国又宣布推出 4 万亿元刺激经济计划。国际媒体评论指出，中国 4 万亿人民币的资金投入，以及十大举措出台，对全球经济增长将发挥强大的支撑作用。日本《产经新闻》2008 年 11 月 11 日发表文章《中国出台大规模经济刺激政策，意在彰显负责任大国形象》。[2]

国际货币基金组织总裁卡恩对中国的经济刺激计划表示欢迎，认为这会起到支撑世界经济的作用。美国著名智库彼得森国际经济研究所所长弗雷德·伯格斯滕在 2008 年11 月 12 日的《华盛顿邮报》上发表文章说，中国实施财政刺激计划已经有了令人钦佩的行动，现在就看其他国家特别是美国和欧洲如何行动。据《联合早报》2008 年 12 月17 日报道，新加坡前领导人李光耀指出，中国对这次金融危机的反应相当谨慎，但仍愿意借贷 5 亿美元给巴基斯坦，也没在这个时候让人民币贬值以刺激出口，都显示它正尝试在国际社会上扮演一个负责任的角色。欧洲议会社民党副主席斯沃博达指出，"中国正在发展，其国际地位也在提高。中国所奉行的'负责任的政策'使之成为当今国际事务中的一个理性因素"[3]。

---

① "Group of 20 Meets, Seeking a New Leader", *The New York Times*, November 14, 2008.

② 《中国出台大规模经济刺激政策，意在彰显负责任大国形象》，日本《产经新闻》2008 年 11 月 11日。

③ 《国际政要赞中国 30 年巨变："中国现在是迷人的新娘"》，人民网 2008 年 12 月 17 日。http://world. people. com. cn/GB/8533729. html。

在 2008 年 11 月于秘鲁召开的 APEC 会议上，中国国家主席胡锦涛指出，"中国将本着负责任的态度，继续同国际社会一道，加强合作，努力维护国际金融市场稳定"。这一负责任的表态同样赢得国际媒体好评。路透社发表报道认为，中国在全球金融舞台上又向前迈进一步，利用亚太经合组织峰会（APEC）展现了中国政府负责任、重参与的形象。①

全球金融危机甚至减少了很多国际媒体对中国独特的经济社会发展模式的偏见。新加坡《联合早报》认为，过去 30 年来，中国在政治上并没有受西方多大的影响，不断摸索着自己的道路，逐渐形成了自己的发展模式。"这种新型发展模式不仅已经为越来越多的发展中国家所认同和接受，而且也对像俄罗斯这样的新兴民主国家产生了很大的影响。"② 英国政治哲学家约翰·格雷也持此看法。他撰文指出，"历届美国政府都教训别国确保金融稳健。中国由于银行系统的缺陷不断遭到指责。但中国的成功却是建立在对西方建议的鄙夷不屑之上，而现在破产的也不是中国的银行"③。

索马里海盗愈来愈猖獗的活动也为中国开展国际合作、承担国际责任提供了舞台。中国负责任的态度体现在，中国首先呼吁国际社会解决索马里海盗产生的社会经济根源。其次呼吁国际反海盗行动应严格遵守国际法准则和联合国相关决议。中国在慎重的考虑并得到联合国安理会决议授权的情况下，决定派遣舰队赴索马里海域打击日益猖獗的海盗。

国际社会对此同样给予了高度评价。英国路透社 2008 年 12 月 23 日发表文章称，中国军舰远征索马里，是对中国大国影响力的适时展现。这表明崛起中的中国试图展现其在世界舞台的影响力，树立国际公民的良好形象。④ 美联社 2008 年 12 月 18 日报道中引用简氏国家风险评估组织的高级分析师克里斯蒂安·勒米埃的话说，参与护航任务使中国能够以一种不会威胁到其他国家的方式来发挥其海军力量的作用。英国 BBC 网站 12 月 18 日也载文认为，中国打击海盗是负责任的行为。尽管中国此举主要目的是保护本国的公民和利益，帮助控制海盗威胁。但这是一个标志，表明中国正在成为国际体系中的一个负责任的利益攸关方。

三、海内外华人齐心协力共同维护国家声誉

在应对 2008 年奥运会举行前西方对华狂轰滥炸的舆论攻势中，有一股不容忽视的

---

① 《外媒：APEC 峰会中国备受关注，展现负责任态度》，中新网 2008 年 11 月 24 日电。http：// www. chinanews. com. cn/gj/hwkzg/news/2008/11–24/1460398. shtml。

② 《中国要加快国际政治话语的建设》，新加坡《联合早报》2008 年 1 月 8 日。

③ Peter Hartcher, "America's Century: Is the Sun Setting on an Epoch?", *Sydney Morning Herald*, October 4, 2008.

④ 《中国军舰远征索马里，适时展现大国影响力》，英国路透社 2008 年 12 月 23 日电。

力量，那就是海内外华人团结一致，展开有理、有利、有力的斗争，共同努力维护中国的国家形象不受西方一些别有用心的媒体的歪曲。拉萨"3·14 骚乱事件"发生后，西方媒体在对这一事件进行报道时，出现了大量失实的报道，它们无视达赖集团策划、挑起这一事端并置众多无辜民众伤亡的基本真相，反而捏造事实，污蔑中国政府"镇压藏人"。这些不实报道引发了海内外华人的强烈愤慨。

1. 海内外华人利用媒体网络反击西方舆论攻势

在 CNN 歪曲报道西藏事件及其主持人卡弗蒂发表污蔑中国人是"一群暴徒"的极端言论后，国内一些网民自发建立了一个 anti-cnn 网站，反对 CNN 不实报道。该网站建立刚刚 5 天时间，浏览量就超过 20 万人，近 2000 人给网站提供了各种证据。世界著名的视频网站 Youtube 上，一个名为"西藏过去、现在和将来都属于中国一部分"的视频在 3 天之内点击量接近 120 万次，各种语言的评论达 7.2 万多条，并引发了各国网民关于西藏问题的大辩论。①

国际媒体对于海内外华人网民的抗议也有评论。新加坡《海峡时报》2008 年 4 月 12 日发表文章，分析"为什么抗议火炬传递是恶劣的举动"，文章指出，抗议活动在中国年轻人中激起了强烈的反外情绪，他们觉得受到了侮辱，所以在互联网上发泄愤怒。数以千计的中国人在网上签名请愿，表示要"捍卫"奥运圣火，而且有人呼吁抵制法国货，如欧莱雅和路易威登。文章引用新加坡总理李显龙的话说，"中国爆发的愤怒，尤其是年轻人的愤怒，可以通过潮水般的网上帖子一目了然。"② 英国《卫报》4 月 16 日刊发《苦恼的中国网民将聊天室变成红色》一文说，北京奥运举办前，中国网民被外界的批评声音刺痛了。在网络聊天工具上，被激怒的网民们在名字前添加了"红心 + 中国"，以示对中国的支持。③

电视、报刊等媒体是海外华人捍卫祖国形象的另一重要舞台。针对西方媒体在拉萨"3·14 骚乱事件"后对中国的负面攻击，2008 年 3 月 24 日，就在北京奥运圣火在希腊点燃之际，由日本《中日新报》发起、海外百家华文媒体发表支持北京奥运会的声明，呼吁世界各国人民弘扬奥林匹克精神，支持北京奥运会，也希望各国的运动员、奥委会及政府，反对任何抵制北京奥运会的行为。

在拉萨"3·14 骚乱事件"后，留法学生李洹和同学们一起制作、印发传单，向民众揭露西方一些媒体的谎言。2008 年 3 月 29 日，李洹被邀请到法国国家电视台，用法语与该台驻华记者和主持人进行了有理有据的辩论，"让世界终于听到了中国人的声音"。圣火在美国旧金山传递当天，著名华裔电影人、担任奥斯卡颁奖嘉宾的陈冲 4 月

① 《CNN 等西方媒体失实报道激怒国内外网民》，人民网 2008 年 4 月 1 日。
http://politics.people.com.cn/GB/1026/7072645.html。
② 《为什么抗议火炬传递是恶劣的举动》，新加坡《海峡时报》2008 年 4 月 12 日。
③ 《苦恼的中国网民将聊天室变成红色》，英国《卫报》2008 年 4 月 16 日。

9 日在《华盛顿邮报》上发表英文文章，客观阐述了自己作为一个海外华人对中国奥运会的切身体会。陈冲在文中表示，奥运是条友谊的桥梁，而不是一个政治的竞技场，她反对干涉奥运会，抗议诋毁中国。她写道，"相对于 30 年前，很清楚的事实是，今天绝大多数的中国人享受了更充分、更富足的生活。尽管还有更多的要做，但是中国政府在对外开放和融入国际社会中已经大大进步了许多"①。

2. 海外华人抗议西方媒体，争取国际话语权

2008 年 4 月 19 日，全世界各地的华人和留学生发起了声势浩大的集会、示威活动，抗议西方媒体针对中国的不实报道。这一天，洛杉矶爆发十几年来最大规模的华人华侨抗议示威活动。数千名华人华侨和留学生在 CNN 洛杉矶分部门前参加和平示威，要求 CNN 向全世界华人公开郑重道歉，并开除卡弗蒂。除了中国大陆籍华人华侨外，很多来自越、柬、寮和印尼等国的旅美华人华侨、香港和台湾籍侨民和留学生也加入到抗议队伍中。在加拿大的多伦多、温哥华、卡加里、蒙特利尔，德国的慕尼黑、布伦瑞克，新西兰的奥克兰，瑞典的斯德哥尔摩等多个城市，都有海外华人华侨和留学生举行过游行示威，抗议部分西方媒体对西藏事件的歪曲报道，向当地民众宣传事件的真相。

同在 2008 年 4 月 19 日这天，海外华人和留法学生在巴黎共和国广场也举行了主题为"支持北京奥运 反对媒体不公"的游行示威集会。留学生李洹在集会上发表了长篇法文演讲。他的演讲让在场的中国留学生和华人为之欢呼，让法国人受到震动。

在中国政府和海外华人的强烈抗议下，一些媒体如德国 RTL 电视台不得不承认报道失实，CNN 也被迫向全世界华人进行道歉。CNN 总裁致函中国驻美国大使，代表 CNN 正式向中国人民道歉。信函说，"CNN 对全世界华人怀有最崇高的敬意。我们确信，中国人民确实被卡弗蒂的评论所冒犯。我谨代表 CNN 就此向中国人民道歉"。

国际舆论对于海内外华人采取上述行动，自发理性地维护中国形象有很多评论。这些抗议行为让它们从中看到了中国青年的爱国激情以及海内外华人认同祖国的血浓于水的民族认同情感，同时也促使西方媒体反思华人世界何以如此愤怒以及西方媒体对于中国的认识是否客观等问题。

首先，西方媒体惊异于海内外华人认同祖国的强烈情感。美国《纽约时报》2008 年 4 月 13 日发表《忠诚的中国青年》一文认为，西方对中国施压，大大激发了中国青年的爱国情。最令人惊异的是，他们几乎无一例外对中国 30 年来改革开放取得的成就理直气壮地感到骄傲。他们的爱国心和自豪感常常表现为绝对支持政府，在西藏问题上尤其如此。文章略表遗憾地指出，"除非中国的教育制度或经济出现重大变化，否则在一段时间内，西方人在绝大多数中国人里找不到西藏、达尔富尔和环境问题的盟友。如果有关西藏的争论把 2008 年夏天的奥运会变成人权运动会，以为中国人会对政府发怒

---

① Joan Chen, "Let the Games Go On", *The Washington Post*, April 9, 2008, p. A19.

的西方人最后会发现，中国人发怒的对象是他们"①。4 月 29 日，该报再次登载题为《中国留美学生在为祖国形象而战》的报道，一开始就描绘了发生在美国南卡罗莱纳大学（U.S.C）礼堂"微笑的西藏僧侣"面对"愤怒的中国留学生"的场面。报道指出，留学美国的中国学生现在已被迫面对一个他们既不承认也没意识到的祖国形象的问题。总的来看，这些留学生不承认中国在西藏进行文化和宗教镇压，坚称中国的经济发展已经让普通西藏人的生活蒸蒸日上，只有少数人不满。②

《纽约时报》在 2008 年 8 月 10 日发表文章，标题为"对于许多海外华人来说，奥运会标志着中国的到来"。文章指出，2008 年 4 月，来自纽约市中国城的 12 位上了年纪的民间领袖决定参观北京奥运村，当他们走进俗称"鸟巢"的国家体育场时，有些人哭了，那是自豪的泪水，是喜极而泣，是惊叹于他们从孩提时代就知道的"东亚病夫"发生的巨变。在中国大陆的人们充满自豪地迎接北京奥运会时，华裔美国人也是如此。他们都有一个共同的感觉，即中国在世界舞台上获得了期待已久的位置。③ 该报在 8 月 17 日发表《奥运会开始了，爱国心膨胀了》一文，认为"奥运会给了海外华侨华人一个重要的团结一心的机会"④。

其次，西方媒体开始反思海内外华人抗议行为的根源。德国《法兰克福汇报》2008 年 3 月 26 日文章《敌人是怎样树立的》指出，不仅仅是中国政府，大部分中国民众对此次西方对西藏问题的虚假报道表示了无限的愤慨，他们认为，只要见到被打的中国人、被烧毁的房屋，西方媒体一定说这是中国在实施暴力，这种偏见不只是针对中国政府，而是针对全体中国人。《华尔街日报》则以《火炬接力"插曲"多，中国民众情激愤》的报道称，2008 年北京奥运会的火炬接力活动正迅速演变为某些人宣泄不满情绪的场所，这激怒了普通中国民众，他们觉得自己的国家受到了不公正的对待。

2008 年 4 月 9 日的美国《国际先驱论坛报》认为西方对中国居高临下的态度和行为上的双重标准是触怒中国民众的原因，该报一篇题为《当心愤怒的中国》的评论文章指出，"外国人如此热衷于训诫中国，热衷于鼓舞可能破坏奥运盛会的小规模抵制，几乎全中国都被激怒了。西方批评者一边占领伊拉克，一边在达尔富尔问题上怪罪中国，真正惹怒了中国人，……把藏独、达尔富尔问题和奥运混合在一起，相当于向一头受伤的年轻公牛挥舞红旗。民族主义往往是由挫败而不是由成功激起的"⑤。

3. 国际舆论重新认识中国人的理性行为

国际舆论对于海内外华人的温和、理性的行为也存在认识上的分歧。这次海内外华人对西方媒体的抗议和斗争是以较为温和理性的有理、有利、有力的方式进行的。不少

---

① "China's Loyal Youth", *The New York Times*, April 13, 2008.

② "Chinese Students in U. S. Fight View of Their Home", *The New York Times*, April 29, 2008.

③ "For Many Expatriates, Olympics Signal China's Arrival", *The New York Times*, August 10, 2008.

④ 《奥运会开始了，爱国心膨胀了》，《纽约时报》2008 年 8 月 17 日。

⑤ "Beware an Angry China", *International Herald Tribune*, April 8, 2008.

国际舆论也同样注意到了这一点。美国《国际先驱论坛报》2008 年 5 月 1 日报道了针对抵制家乐福的活动。报道提及，抵制活动的组织者通过手机短信和网上发布的方式希望中国消费者避开去家乐福购物，以此惩罚奥运圣火巴黎站传递中所受到的糟糕待遇。但令人欣慰的是，许多购物者说他们反对和批评那些抵制行为，批评那些人煽动仇外情绪。抵制行为只会破坏中国形象，特别是在整个国家都在努力承办奥运、赢取世界尊重这样的时刻。该报在 5 月 5 日的一篇《中国两相竞争的民族主义》文章中则深入分析了中国此次并未出现排外潮的原因，认为更加自信的中国民族主义正在进一步推进，与那种饱含委屈的民族主义情绪共存着。这是一种超越民族、地域界限、既非褊狭也不"恐外"的民族主义；是一种有广泛城市人群与知识分子参与其中的民族主义；是一种对于中国在世界事务中扮演新角色、享有着世界强国地位充满自豪的民族主义。①

不过对于中国民众和海外华人维护国家形象的行为，一些西方媒体仍旧存在误解并加以攻击。一些媒体仍认为是中国狂热的民族主义上升的体现。《华盛顿邮报》2008 年 4 月 29 日发表文章说，随着北京奥运会开幕式进入 100 天倒计时的时候，许多中国人一改数星期前对外国人普遍欢迎的态度，开始把外国人看做干涉中国内部事务的敌人，甚至把外国人看做不接受中国作为新崛起大国的顽固派。互联网上突然爆发狂热的民族主义运动，互联网用户暗示外国人顽固反对中国，西方商业应当被抵制。抵制者聚集到全国几个城市的法国连锁超市家乐福门前。②

通过对 2008 年国际舆论与中国形象的考察，可以发现，国际舆论对于中国的评判，与过去一样，褒贬兼俱。但有一个重要的趋势，体现在世界增进了对中国的了解，对于中国的正面看法明显盖过了负面的杂音。总体而言，中国更多地向世界展现了一个开放、进步和负责任的大国形象，国际舆论主流也给了中国更多积极的评价，特别是在奥运会成功举办之后。正如新加坡《联合早报》所指出的那样，色彩斑斓的 2008 年是中国改革开放的大考年。大考的结果显示，30 年的改革开放让中国的综合实力大增，一个从容、自信、追求进步的中国和一个问题多多、麻烦不断的中国更加清晰地呈现在世界面前。③

大事记 9-1　2008 年国际舆论与中国形象

日　　期	事　　件
3 月 14 日	拉萨"3·14 骚乱事件"发生，一些非政府组织和西方媒体纷纷利用此事向中国发起舆论攻势。
4 月 9 日	CNN 主持人卡弗蒂发表侮辱华人言论，激起海内外华人强烈抗议。
4 月 19 日	世界各地华人和留学生举行集会、游行活动，抗议西方部分媒体不实报道拉萨"3·14 骚乱事件"，故意诋毁中国形象。留法学生李洹在巴黎共和国广场举行的"支持北京奥运反对媒体不公"集会上发表演说，抗议西方媒体不客观的报道，引起轰动。

---

① "China's Competing Nationalisms", *International Herald Tribune*, May 5, 2008.
② "For Chinese, a Shift in Mood, From Hospitable to Hostile", *The Washington Post*, April 29, 2008, p. A10.
③ 《中国交出比较合格答卷》，《联合早报》2008 年 12 月 29 日。

日　　期	事　　件
5 月 12 日	四川汶川发生特大地震灾害，中国政府迅速展开救援行动，国际舆论对中国政府的行动表示赞赏。
8 月 8—8 月 24 日	北京奥运会圆满举行，国际舆论对于北京奥运会的成功给予高度评价，改变了对中国形象的认识。
9 月 25—30 日	"神舟七号"飞船发射圆满成功，中国实现宇航员首次太空行走，向世界展示了科技大国的形象。
11 月 15 日	中国国家主席胡锦涛出席 20 国金融峰会。中国应对金融危机的负责任态度赢得国际舆论称赞。
12 月 26 日	中国海军舰艇编队远赴索马里海域执行打击海盗的护航任务。国际舆论认为这是中国履行国际义务，是负责任大国的体现。

第十章　互有借重：
中美战略合作日趋成熟稳健

2008 年，中美两国迎来了建交 30 周年的历史性时刻。这一年，虽然在两国关系中时有大事发生，但经过 30 年风风雨雨的考验，中美两国已有足够的能力和手段确保双边关系健康、积极、互利地发展。其间，两国共同挫败了台独势力搞的所谓"入联公投"，成功缓和了台海局势；在全球金融危机进一步深入发展的背景下，中美经济上的相互依赖更加具有战略意义，共同捍卫开放的全球贸易和金融体系成为两国之间非常强劲的关系纽带；中美两国合作防止大规模杀伤性武器扩散也取得了良好进展；等等。随着中美关系越来越超出双边关系的范畴、广泛涉及地区和全球经济及安全内容，共同利益的不断扩大和高层交流、沟通的机制化成为了保持中美关系长期稳定的重要因素。

当然，任何国家都会有利益冲突和分歧，尤其是大国之间，中美两国也不例外。美国对中国国力的迅速发展心存疑虑，担心其在亚太和全球的主导地位可能因此受到威胁。所以，从长远来看，它不会放弃任何可以制约中国力量上升、确保美国国际体系主导地位的战略手段。但是，今天中美关系的发展已经达到相当成熟的程度，美国对华接触政策是两党战略共识的产物，今后任何一届政府都不会也不可能推翻这个共识。① 全球经济的迅速变化以及美国经济总体疲软的现状，突显了中美两国必须以稳健的双边关系为支点、共同应对所面临的全球挑战的紧迫性。随着中国在国际体系中的地位日益上升、国际声望不断提高，美国维持霸权成本攀高难付局面逐渐加重，中美之间关系相互借重的特点明显加强。总之，2008 年不是中美关系的"多事之秋"，其稳健发展为下一届美国政府创造了良好开端。

一、台海局势趋于稳定展现中美关系走向成熟

1. 中美携手维护台海稳定

2008 年伊始，中美两国就表达了携手维护台海局势稳定的愿望和共识。1 月 17—

---

① C. Fred Bergsten: "A Partnership of Equals: How Washington Should Respond to China's Economic Challenge", *Foreign Affairs*, July/August, 2008.

18 日第五次中美战略对话在中国贵州省贵阳市举行，中国外交部副部长戴秉国重申了中方在台湾问题上的原则、立场，指出在当前形势下，坚决反对台湾当局推行"入联公投"等"台独"分裂活动，对维护台海和平稳定和中美关系大局意义重大。美国常务副国务卿内格罗蓬特同时表示，美方理解台湾问题的敏感性和中方关切，坚持一个中国政策，反对"入联公投"等"台独"活动。

2008 年可谓台海局势瞬息万变的一年。就在这一年，台湾进入双重"全国性"选举：1 月 12 日举行"立法"机构选举、3 月 22 日举行总统选举。更为不确定的是，从 2007 年岁末，为了力挽两次"选举"均可能惨败的颓势，以陈水扁为首的民进党"台独"势力，即操控提出要求举行所谓的台湾"入联公投"。众所周知，联合国成员必须是具有国际主权地位的国家。因此，中国大陆严正指明："入联公投"就是变相的"台独公投"。在"一个中国"已是当今国际社会共识的背景下，陈水扁当局妄图以"台湾"名义加入联合国的这种极端举动不仅冲击了稳定的国际构架，而且由于试图改变台湾的国际地位而遭到北京和华盛顿的同声谴责，其成功可能性等于零。美国国务卿赖斯就曾形容，"入联公投"的做法"是挑衅性的"；美国负责东亚和太平洋地区事务的助理国务卿帮办柯庆生甚至发表讲话斥责台湾；而华盛顿官员则推迟了关于就向台湾出售某些武器的问题进行辩论的承诺。[1]

2008 年 1 月 12 日，在中国台湾地区"立法"机构"立法"委员选举中，中国国民党赢得 113 席中的 81 席，占 71.68%，执政的民主进步党只得到 27 席，仅占 23.89%，泛蓝阵营占整个立法机构的 3/4 强，这是 15 年来的最高比例。中国国民党在这次第七届"立法"机构"立法"委员选举中大胜一方面说明了台湾选民对民进党陈水扁执政近 8 年的强烈不满和不信任；另一方面则预示着由于近几年与中国共产党关系发展良好的中国国民党控制立法机构，2008 年及未来四年两岸关系将相对进入和平发展时期，不会出现危机。

与此同时，民进党备感时日不利、机会无多，更加不顾一切地推行"入联公投"，搞所谓的"公投绑大选"，妄图利用手中即将到期的执政资源来一场民粹动员，以民意为幌子对台湾岛内上一堂"台独教育"课，进行最后一搏。台海局势的紧张程度大有愈演愈烈之势。2008 年 3 月 22 日，通过选举，台湾人民把公然支持"独立"的陈水扁政府赶下了台，其鼓动的"入联公投"也以惨败而告终。陈水扁 8 年的执政生涯画上句号，对大陆持较为善意态度的国民党重拾执政权，马英九成为了在第二次世界大战后第一位以务实为大陆政策指导原则的台湾地区领导人。

在双方的善意期待下，大陆海协会和台湾海基会在"九二共识"的基础上恢复了协商谈判，签订了包机和旅游协议，两岸关系朝着和缓方向发展。这不仅有助于在大陆和台湾之间建立起良性的互动关系，而且会让大陆、台湾、美国三角关系走向使紧张局

---

[1] Andrew J. Nathan: "Seizing the Opportunity for Change in the Taiwan Strait", *The Washington Quarterly*, Volume 31, Number 1(Winter 2007 – 2008).

势不断减轻的道路。

美国学者和智库普遍认为，在这个问题上，美国的核心利益在于维持台海局势的稳定，并通过和平手段最终解决台湾问题，取得这种结果符合北京和华盛顿双方的利益。① 因为，台湾海峡是世界上为数不多的爆发大规模战争的高危地区，无论是海峡两岸还是整个地区的决策者都希望设法避免在这里发生军事对抗。② 2008 年 7 月，中国国家主席胡锦涛在日本北海道洞爷湖会见美国总统布什，两位领导人都对这种正面、积极的发展表示高兴和期许。

基于这种政策思路，美国太平洋司令部司令基廷于 2008 年 7 月 16 日表示，根据台海两岸关系以及两岸军事部署的现状，台海地区目前爆发战争的可能性"非常、非常小"。美国思想库也开始承认台湾不是美国战略资产的说法，他们认为：一、台湾不可能挑战美国对现状的定义，而中国愈来愈有能力和信心解决台湾问题，在中国军力不断增强且两岸经贸更趋融合的情况下，台湾主动挑衅中国的能力已经不存在。二、台湾向中国大陆倾斜已不可避免，美国军事介入台海的代价愈来愈大，台湾的战略价值必须重新评估。在这些观点的影响下，美国太平洋司令部甚至出现准备调整对台售武的政策和方式。

2. 美国在台湾问题上继续玩弄"两手"

毋庸置疑，美国决策层主流观点已经意识到，台海两岸关系的缓和对美国在内的三方均有好处。但长期以来，在强调"一个中国"政策、承认中华人民共和国是"唯一合法政府"的前提下，主张"不战不和不独不统"的隐晦策略，并以此作为对不断崛起的中国进行制衡的人仍存在。③ 2008 年 2 月由多位前美国官员与专家组成的"台湾政策工作小组"分别在美国与台湾发表一份台湾政策报告——《巩固亚洲民主》。报告并没有挑战美国现行的一个中国政策，但其中提到三点意见值得注意：一是呼吁美国解除对美台高层互动的限制；二是建立美国主导在亚洲成立一个以价值为基础的多边组织，让台湾成为成员；三是美台关系应该有自主的议程，不应置于美中架构之下。④ 事实上，在大多数美国政界、学界保守派的眼中，台湾不仅是美国十大贸易伙伴之一，也是亚洲最具活力的民主实体之一，更是美国在西太平洋的一个重要安全伙伴，具有相当重要的战略意义。因此，如果让亚洲最强大的"独裁"国家——中华人民共和国温和地照管这个亚洲重要的民主实体，美国不仅不会获得利益，还可能遭受长期损失，这一点

---

① Andrew J. Nathan: "Seizing the Opportunity for Change in the Taiwan Strait".

② Gary J. Schmitt, Tim Sullivan: "Managing a Cross-Strait Crisis: The Limitations of Crisis Management Theory", *National Security Outlook*, January 9, 2008, http://www.aei.org/publications/pubID.27339/pub_detail.asp.

③ Andrew J. Nathan: "Seizing the Opportunity for Change in the Taiwan Strait".

④ Dan Blumenthal, Randall Schriver: "Strengthening Freedom in Asia: A Twenty-First-Century Agenda for the U.S.—Taiwan Partnership", February 22, 2008, http://www.aei.org/publications/pubID.27559/pub_detail.asp.

似乎不言自明。① 因此，在某些特定时刻，美国政府继续在台湾问题上玩弄"两手"策略——一方面明确阐述"一个中国政策"，称台湾是中国的一部分。另一方面则根据所谓的国内法措辞，承担长期支持台湾防务的承诺，企图阻挠北京所做的统一国家的种种努力。

2008 年 3 月美国公布《2008 年度中国军力报告》称，中国正在准备将介入台湾危机的第三方力量作为优先打击的对象，中国沿海的攻击范围将从九州经由台湾直到菲律宾西侧的婆罗州所谓的第一岛链扩展到连接伊豆群岛—关岛—西太平洋的第二岛链，在这一范围内行驶的舰艇将全部被纳入中国导弹的射程。这种安保环境已经与当年制定《与台湾关系法》时发生了不可预想的戏剧性变化，美军面临的风险空前加大。② 由曾任国防部副部长的沃尔福威茨任主席、前国防部长詹姆斯·施莱辛格、洛克希德—马丁公司和波音公司等军工企业的总裁等人组成的、向国务卿赖斯直接报告的国际安全顾问委员会（The Secretary's International Security Advisory Board，ISAB）2008 年 10 月报告暗示，中美冲突可能因台湾主权问题而一触即发，还声称中国将在不久的将来侵占台湾岛。它说："如果中国将成为全球大国，那么第一步必是取得（对台）控制权。"③ 虽然该报告马上被认为是迄今为止美国情报报告所描述的最夸张的情况，多位美国专家认为报告的作者们得出了一套与里根政府针对苏联的进攻型军事姿态极为相似的针对中国的战略建议和推论，并呼吁赖斯否认 ISAB 结论的权威性，但这些文件均显示，由于中国实力的上升导致美国战略上不安全感增强，美国担心其在东亚事务主导能力、干预台海事务能力被削弱，同时也担心中国对台海干预能力的增强会导致误判而通过武力解决台湾问题。这些担忧使得美国国内主张继续协防台湾、以美台关系来拖延中国崛起并确保美国在亚太地区霸主地位之强硬派声音渐响。

2008 年 10 月 3 日，美国政府不顾中方一再严正交涉，通知国会决定向台湾出售"爱国者-3"反导系统、"E-2T"预警机升级系统、"阿帕奇"直升机等武器装备，总价值达 64.63 亿美元。这是自 1992 年出售 150 架 F-16A/B 战机以来最大的一笔军售。值得注意的是，台湾方面提出的潜水艇与黑鹰直升机两项军购，以及台湾心仪已久的 F-16 C/D 型战斗机并不在军售清单之上，而且爱国者三型导弹军购案，台湾原本打算购买六套共 384 枚，但美方仅同意出售四套共 330 枚。美国此举立刻遭到中国官方的强烈谴责，并随即停止了两军交流活动。

不过，美国在马英九执政后首次对台军售项目，可以解读为一份折中和妥协清单。第一，布什政府一方面阻止了向台湾出售最为敏感的武器系统，另一方面借机迎合了美

---

① John J. Tkacik, Jr: "Taiwan's 'Unsettled' International Status: Preserving U. S. Options in the Pacific", June 19, 2008, www. heritage. org/research/asiaandthepacific/bg2146es. cfm.

② "Military Power of the People's Republic of China", www. defenselink. mil/pubs/pdfs/070523-China-Military-Power-final. pdf.

③ "China's Strategic Modernization", http://www. globalsecurity. org/wmd/library/news/china/2008/china - 081001 - isab01. htm.

国国内强硬派和军工利益集团的呼声，企图为在总统大选中渐处下风的共和党抬高支持率。为了推动这项军售案，台湾在美国国会以及其他领域的支持者给布什政府施加了莫大的压力。马英九已经对他在上任前不被允许访问华盛顿以及美国对台湾争取更大的国际空间也没有给予更多支持感到失望，军售案如果再搁浅，本来就满目疮痍的美台关系势必会再遭重创。但正如美国专家所称，若非中美关系有大的特殊变化，美国是不太可能向台湾出售高科技武器的。如果要提供比 F－16 更精密的战机，势必严重影响中美关系，即使那些坚持保有吓阻解放军"犯台"能力的强硬派对此也多有顾忌。第二，美国政府此时对台军售，时间分寸拿捏得正到火候。全球正被金融危机的阴影压得透不过气来，使得这项军售在西方媒体中波澜不惊。布什政府处理对台军售问题非常谨慎，既不去"犒劳"陈水扁，又要赶得及在下台前知会国会，从而不把这一敏感问题留给其继任，如果那样，只会给中美关系带来更大的损害。第三，布什将军售决定对外公布的时间拖延到北京奥运会之后也显示了对北京的尊重，同时不忘同中国高层官员进行"安静外交"，不断告知军售案的进展。第四，此次军售虽然不足以改变两岸的军事平衡，却显示了美国使用"军售"这一杠杆调节两岸关系的温度，随时拉紧两岸的政治神经的一贯手法。随着两岸关系的顺利推进，美国认为台北与北京关系过于密切，开始担心大陆会过快控制台湾。要启动军售案，企图使台海两岸相互接近的步子放慢。这项军售案可能让两岸本来即将取得的成果滞后，但不会使北京和台北实质性的缓和偏离既有轨道。① 事实证明，陈云林的访台之行没有受到军售的影响，人们再一次看到了北京对于改善两岸关系的决心。

3. 台湾问题对中美关系的影响

2008 年上、下半年美国在台湾问题上的"两手"政策有其长期性。半个多世纪以来，极力避免在台海交战是中美之间逐渐形成的符合各自根本利益的战略默契与共识。为了阻止"台独"分裂活动最终引发中美台海大战，中美各自的台海战略都呈现为"双遏制"战略。中国台海"双遏制"战略，是指中国政府为了防止台湾从中国分裂出去而对"台独"分裂势力及其最大庇护者美国同时实施兼具反分裂和反侵略的独特国防战略。美国台海"双遏制"战略，是指美国为了防止它势必会被迫卷入的台海战争的爆发而在对"台独"实施政治约束与遏制的同时对中国大陆实施武力威慑与遏制的台海霸权战略。美国一方面反复宣称不支持"台独"，甚至公开表示反对"台独"，多次警告台湾当局不要挑衅中国大陆，以防止"台独"引发台海战争；另一方面反复强调其反对中国大陆对台动武的立场，极力维持台海"不战不和不独不统"的现状。美国这种"双遏制"战略在 2008 年的最新表现是：一方面，为了防止"法理台独"引发台海战争，美国总统等政府高官高调反对台湾搞"入联公投"；另一方面，为了遏制中

---

① 陈雅莉：《美国对台军售，三方都是赢家》， 《华盛顿观察》2008 年第 38 期，http：//68. 165. 165. 202/showtemp. cfm？ showtempid＝2457&charid＝1&uid＝1。

国大陆对台动武，兑现美国对台湾的防卫承诺，继续向台湾当局大量出售武器。中美台海"双遏制"战略之间有着微妙的关系，这种关系决定了台湾问题既是中美关系中最敏感的政治、安全问题又是两国之间最有战略共识的议题之一。

首先，两者的直接目标都是防止台海战争爆发。虽然中美各自台海战略的根本目标或长远目标不同甚至完全冲突，但是两国在台海的直接目标基本一致，即避免台海战争，维护台海和平与中美关系大局。因此，两者都把"台独"作为遏制对象之一，因为"台独"是对台海和平与中美关系的最大威胁，只有遏制"台独"，才能维护台海和平与中美关系大局，客观上形成了中美共同遏制"台独"的局面。中美在遏制"台独"方面的"不谋而合"与默契对维护台海和平至关重要，而且中美在遏制"台独"方面相互需要，各自对"台独"遏制的效果有赖于双方的配合。在美国不支持甚至反对"台独"的情况下，中国对"台独"遏制的效果大为增强。中国决心不惜一切代价遏制"台独"，美国也就不可能不惜一切代价保护"台湾的安全"，遏制"台独"的双重效果就这样显示出来了。

其次，中美台海"双遏制"战略掩盖着内在的冲突。中国战略的根本目标是在维护台海和平的基础上实现台海两岸的和平统一，基本途径是通过阻挠美国介入可能爆发的台海战争来防止和遏制"台独"势力分裂中国。而美国战略的根本目标是维持台海现状和遏制中国崛起，为维护其全球霸权地位这个最高目标服务，其基本途径是通过防止"台独"引发台海战争以及阻止中国大陆武力解决台湾问题。因此，两者对"台独"遏制的力度和效果不同。中国把遏制"台独"当做中国最核心的国家利益来维护，对"台独"的遏制不遗余力，已经做好不惜一切代价彻底粉碎"台独"分裂图谋的准备。而美国把"台独"分裂势力当做其亚太战略布局中的一颗重要棋子，对其既约束又利用，因此它只是以不允许"台独"分裂势力改变它界定的台海现状为限，并非不顾一切地遏制"台独"。因此，美国对"台独"的遏制以中国对"台独"的遏制为前提，而不是相反，即只有在中国遏制"台独"的情况下，美国才会被迫遏制"台独"。[1]

从对美国"两手"策略的深层次分析可以看出，由于美国认为更大的挑战来自中国，而台湾问题仍是中国大陆决策层的主要焦点[2]，因此协防台湾在某种意义上就是要阻挠中国的崛起、继续保证美国在亚太地区的主导地位不会受到任何潜在的挑战。但是，台湾的确没有重要到让美国必须冒风险与拥有核力量的大陆开战，台湾未来的重要性也不足以威胁到美国的生存，所以，台湾需要尽一切努力维持强有力的"国防"。由于台湾军力不可能比得上大陆军力，台湾能做的就是通过尽可能地增加防御力量，来提高大陆武力攻台的代价。可见，即使面对来自大陆的强烈抗议，美国也应尽力维持对台

---

① 以上部分观点参见郑保国：《中美台海"双遏制"战略：针锋相对还是殊途同归?》，《学习与实践》2007 年第 11 期。

② Eric Sayers: "China's Asymmetrical Strategy: The Battle for Access in the Western Pacific", *the Weekly Standard*, Dec. 27, 2007.

军售。① 从 2008 年美国、中国大陆和台湾三方关系的互动可以看出，美国不愿因台独的挑衅而与北京发生冲突，在很大程度上乐见台海情势的缓和。但两岸过度火热，却并非美国所期待。陈水扁过去越过美国的规范任意冲撞，虽然令美国头疼，但无异也给予了美国某种向北京交换的筹码，为了敦请美国出面制止陈水扁，北京必然在其他的国际安全事务或经济筹码上开出支票。

由于涉及海峡两岸的根本利益，台湾问题最有可能从潜在的冲突升级为大规模动用武力，进而对中美关系和东亚产生长期影响。② 因此，美国在这一战略环境中扮演的角色十分关键。美国国防部副主任助理部长、国务院代理亚太副助理国务卿等美国政府官员多次在不同场合透露，布什政府并无意从《与台湾关系法》上退缩，但又不想破坏美中关系和两岸谈判的气氛，因此这次通知国会的对台军售不但从原来的八项减为五项，金额也只有原先预计的一半。可见，美国并不想抛出大而复杂的军售案，干扰了两岸关系的正面趋势。但同时又期望一方面维持《与台湾关系法》的承诺，另一方面在不致得罪中国大陆的情况下赚取经济利益，又维持美中台战略三角的优势操作。

尽管如此，美对台军售一直是最敏感的问题之一，而且在某些时候极具破坏性。中美建交近 30 年来，北京和华盛顿就因为军售案而多次发生激烈的外交纠纷，甚至导致双边整体关系出现重大挫折。自马英九上台之后，台海两岸关系出现了缓和的局面。在这样的形势下，两岸任何一方主动挑起军事冲突的可能性极低。对北京和台北来说，这是来之不易的局面，理当好好把握；而对华盛顿而言，台海地区暂时平安无事，布什政府正可腾出精力优先处理其他内外急务，也可在任期届满之前留下中美关系良好、台海局势平稳的外交政绩。美国不应做任何破坏台海局势稳定的事情，这一立场对人对己都是明智的，因为它不仅符合两岸的利益，同时也符合美国的外交目标。正如即将于 2009 年 1 月上任的美国新总统奥巴马所说："我们支持中国大陆与台湾之间关系的改善。在双方善意的努力之下，两岸关系迎来了自 20 世纪 90 年代中期以来的最好时机。"③

无论如何，现在的中美关系已经不同过往，美国对台政策的底线已经清晰，两岸关系正在和缓。虽然美国仍将中国的军力建设解读为意图威慑台湾，并因此而采取一些有损中美关系的举措，但今天这些棘手问题只是美中关系的一部分而不是全部④，双方还

233

---

① Ted Galen Carpenter, John Tkacik: "What is the Best Defense for Taiwan?", Feb. 6, 2008, www. cnponline. org/ht/display/Contents/contenttype_id/1.

② M. Taylor Fravel: "Power Shifts and Escalation: Explaining China's Use of Force in Territorial Disputes", *International Security*, Vol. 32, No. 3(Winter 2007/08) , pp. 44 - 83.

③ Barack Obama: "US-China Policy Under an Obama Administration", *China Brief*, http://web. resource. amchamchina. org/wysiwyg/CB2008October/3-US-China_Policy_Under_a_Obama_Administration. pdf.

④ Victor D. Cha: "Winning Asia: Washington's Untold Success Story", *Foreign Affairs*, Nov/Dec 2007, pp. 98 - 113.

有其他合作领域。换言之，当前中美双方都在避免引爆台湾问题，拆除这根导火线的时间已经越来越接近了。对此，华盛顿心里有数，北京胸有成竹，台北又何尝不知。

二、中美战略经济延续推动经贸关系深化发展

1. 中美经贸关系的发展趋势与主要矛盾

2008 年，受美国次贷危机引发的金融海啸影响，世界经济陷入低迷甚至衰退，在这样的背景下，中美两国在经贸方面相互依赖进一步加深，合作的领域进一步拓宽。总的来说，两国经济结构上存在较强互补性的局面没有发生改变或削弱，这决定了中美在经贸领域的合作仍然存在巨大的空间。同时，两国经贸关系中也仍然存在结构性的矛盾，需要通过更深入的对话交流来化解矛盾、探求共赢之道。

2008 年最能体现两国经济相互依赖关系的是中国取代日本，成为美国国债最大的海外持有者。据美国财政部月度国际资本流动报告数据显示，至少自 20 世纪 90 年代早期开始，日本就一直是美国国债的最大海外持有者，过去一年，日本减持了手中的美国国债，而中国则进一步买入。中国持有的美国国债余额在 2000 年 9 月底仅为 621 亿美元，但是到 2008 年 9 月，中国持有的美国一年期、一到十年期以及十年以上期国债已升至 5850 亿美元，超过日本持有的 5732 亿美元，8 年间增加到原来的近 10 倍。如今，美国发行的国债中每 10 美元就有将近 1 美元为中国持有。在美国次贷危机所引发的国际金融危机在 2008 年 9 月后迅速蔓延开来的背景下，中国对美国国债的投资依然有增无减。分析人士认为，美国日益依赖中国的资金，使中国对美国经济拥有非同寻常的影响力，如果中国出于经济或政治原因决定抛售美国国债，可能导致其他投资者纷纷效仿，这将抬高美国的借贷成本。而中国若是停止购买美国国债，也会使美国多种贷款的利率迅速提高。[1]

此外，两国贸易依存度继续加强。据中国商务部美大司司长何宁 2008 年 12 月 3 日透露，中美双边贸易额从 1979 年的 25 亿美元发展到 2006 年的 2627 亿美元，增长了 100 多倍。截至 2008 年 11 月底，中美贸易额又创新高，突破 2700 亿美元，超过了 2007 年的水平，这意味着中国在年底将成为美国第三大出口对象国。[2] 在贸易结构上，中国以输出劳动密集型的轻工业产品为主、从美国进口高技术含量产品的基本格局，没有发生变化。不过受金融危机的影响，美国的消费需求大幅下挫，对于中国出口产业造成了一定的冲击。不过，日本野村资本市场研究所高级研究员关志雄却认为，虽然中国

---

① *Financial Times*，November 19，2008；日本《日本经济新闻》11 月 19 日；香港《苹果日报》11 月 19 日。

② 新华网北京 2008 年 12 月 4 日电。

出口对美的依赖程度要超过日本对美国的依赖，但中国受美国经济影响的幅度却小于日本。首先，中国的出口是以加工贸易为主，包含的中国国内附加值非常低，因此出口减少，原材料的进口也相应减少；此外，由于 GDP 的换算方法不同，从名义汇率来看，中国对美国的依赖程度超过日本对美国的依赖，但如果按照购买力平价来计算，中国的 GDP 就会增大，出口对美国的依赖程度就相对下降。[①]

不过，中美经贸关系中的结构性矛盾依然存在，经贸摩擦时有发生。

第一，两国在促使世界和地区经济秩序更加合理的问题上继续存在分歧。美国彼得森国际经济研究所主任弗雷德·伯格斯滕在一篇文章中对中国横加指责，称中国拒绝对国际贸易谈判多哈回合做出积极贡献。他说："北京宣布，它不应该承担任何的什么自由化责任，并发明了一个新的世贸组织成员类别（即'最近加入的成员'），来为它的反抗辩护。一个贸易大国采取这种立场，类似于弃权，而且实际上肯定使多哈回合一事无成。"同时，他认为中国谋求同邻国达成双边和多边贸易协议，更多的是出于政治目的，而非经济目的。此外，他指责中国反对美国 2006 年亚太经合组织论坛上发起的建立亚太自由贸易区的建议，支持建立一个松散但有效的亚洲贸易集团，以至于由亚太国家组成的贸易集团与美国之间隐约出现对抗的趋势，从而损害全球贸易制度。[②]

第二，美国方面把中国对美国的巨额贸易顺差归咎为中国通过操纵货币汇率对美搞倾销政策，认为中国这样做违背了市场原则和公平的游戏规则。例如，伯格斯滕在文中分析说，中国的经常项目盈余已经达到占其国内生产总值的 11% 至 12%，到 2009 年，它的年全球盈余可能逼近 5000 亿美元，大约相当于美国经常项目赤字的数额。他认为，中国虽然在 2005 年 7 月宣布实行"以市场供求为基础的、可管理的浮动汇率制度"，但此举尚未导致其货币的贸易加权价值大幅增长，也未能防止中国境外账户出现持续的巨额盈余。他声称，造成这种局面的根本原因，是中国把汇率问题看做是"国家主权问题"，而不是外国在其中也有同等利益的国际问题，因此在处理汇率问题时质疑开展国际合作的必要性。他进而认为中国的这种做法形成了一个含蓄的威胁，可能导致出现一个亚洲货币基金组织，从而进一步削弱国际货币基金组织的全球作用；他甚至怀疑中国正在谋求使人民币成为地区性乃至全球性的通货。[③]

第三，在认识到美国经济目前特别依赖中国资本的问题时，美中经济安全调查委员会 2008 年度报告对中国主权财富基金发出严重警告。报告以 2007 年 9 月成立的中国投资有限责任公司为例，指出该公司直属中国国务院，可以"自由地"运用超过 2 亿美元这一世界排名第一的外汇储备进行投资，在政治和安全保障等方面推进中国的国家对

---

① 关志雄：《美国经济危机对中国影响有限 明年中国将保持 8% 的增长》，日本《东洋经济》2008 年 11 月 15 日。

② C. Fred Bergsten: "A Partnership of Equals: How Washington Should Respond to China's Economic Challenge", *Foreign Affairs*, July/August, 2008.

③ C. Fred Bergsten: "A Partnership of Equals: How Washington Should Respond to China's Economic Challenge", *Foreign Affairs*, July/August, 2008.

外战略。被报告点名的另一个"隐形的"主权财富基金是中国国家外汇管理局，报告认为，该组织是管理外汇的国家机器，其投资不是根据追求利益的金融原理，而是出于政治和外交上的目的，这类国家基金是根据完全不同于民间资金的原理运作的，破坏了市场功能。报告指出，在金融市场开放的美国，中国的此类投资流入了从金融机构到军事、高科技等领域的大企业，美国企业有可能从内部受到侵蚀，从而使美国的国家安全受到威胁。①

报告对中国能源需求的迅速增长也感到忧心忡忡，认为中国将很快成为世界最大的能源消费国，为了免受生产国和其他大消费国的市场力量所构成的双重产量干扰的影响，正在积极通过与经过挑选的生产国签署长期合同，争取到"可靠的供应源"，担心中国不愿意仅仅依赖市场机制获得能源供应。②

基于上述考虑，美国政府继续向中国政府施压，要求中国允许本国货币汇率有更大的浮动空间，还通过非关税壁垒限制中国产品进口，并加强对向中国转让技术的管制。例如，自2008年9月部分中国奶制品含有毒化学成分的消息被曝光后，美国食品和药物管理局借口防止被有毒化学物质污染的食品流入美国，宣布扣留大批从中国进口的食品，包括零食、饮料、巧克力、糖果等。12月17日，美国《华盛顿邮报》披露美国商务部正在采取措施，暂缓执行允许5家中国公司获取美国敏感技术的"指定终端用户"计划，该计划允许企业可以不经过出口许可证规定的正式安全检查，获得军民两用技术。商务部考虑暂缓对5家被选定的中国企业执行该计划，是担心美国现有的安全措施不足以阻拦中国获得战略军事设备。③ 12月22日，美国国际贸易委员会以6:0的投票结果，批准了美国商务部对产自中国的环状焊接钢管征收最多40.05%的反补贴税。

但是，在中美经济高度依存的今天，人们认识到采取可能导致经贸战的方式无助于中美经济结构性矛盾的解决。例如，伯格斯滕虽然对中国的经济发展战略有诸多顾虑，但也主张通过构建中美之间的伙伴关系来化解分歧、调和矛盾。他指出，中国已经具备成为经济超级大国的条件，主张美国修改对华经济战略，寻求与中国建立真正的伙伴关系，以便为全球经济体系提供联合领导作用。他认为，美中可以制定它们之间的地区贸易协议，甚至可以创建新的国际准则和制度性协议，以管理全球变暖、主权财富基金等新问题。总之，基本思路就是建立一个由美中构成的"两国集团"指导全球管理进程，欧盟、日本等其他主要力量则可以深度参与其中。④

2. 中美战略经济对话

2006年，中美两国元首共同倡导通过开展内阁级的战略经济对话，处理两国经济

---

① U. S. – China Economic and Security Review Commission: "2008 Report to Congress".

② U. S. – China Economic and Security Review Commission: "2008 Report to Congress".

③ *Washington Post*, December. 17, 2008.

④ C. Fred Bergsten: "A Partnership of Equals: How Washington Should Respond to China's Economic Challenge", *Foreign Affairs*, July/August, 2008.

关系的短期问题，制定实现长期共同目标的战略。根据双方的约定，战略经济对话一年举行两次，轮流在两国举行。自此，中美之间形成了一个在战略基础上管理两国经济关系的机制。至 2007 年年底，战略经济对话已经进行了三次，取得了一些重要的成果，例如就遏制各自国内的贸易民族主义和保护主义达成了共识；在未来 10 年内加强在能源以及环境方面的合作；中国同意让人民币兑换率加快增幅，允许外国公司在中国境内发行人民币证券和债券；等等。①

在取得这些进展的基础上，第四次中美战略经济对话于 2008 年 6 月 17 日至 18 日在美国安纳波利斯举行。中国副总理王岐山率领一个由 18 位部长级官员和部门负责人组成的代表团参加会谈，美国方面参加会谈的是由财政部长保尔森和 9 名内阁级官员及部门负责人组成的团队。这次会谈取得的主要成果包括：

一、中美两国同意进一步采取具体措施加强合作，促进能源安全和提高环境的可持续性。

二、在双边投资问题上，两国同意启动双边投资协定谈判，表明两国都致力于开放投资，以公平、透明的方式对待对方的投资人，双方还同意制定一项促进投资行动计划，提高公众对两国间投资流动的积极效益的认识。

三、两国达成了一系列有助于进一步开放中国金融服务业的协议，例如中国同意在试点基础上允许非存款类外国金融机构提供消费融资，为美国公司提供新的机会；同意合格的外国公司通过发行设票或存托凭证在证券交易所上市；同意放宽外国法人银行发放次级人民币债券的资格限制，允许包括美国银行在内的外国银行，在中国筹集资本，发展业务；同意缩短某些合格境外机构投资者的初始投资"锁定期"，为美国共同基金和理财人员提供新的机会。

四、在贸易与竞争问题上，两国共同承诺采取联合行动，要求两国经济在全球化主导的经济环境中保持竞争力。例如，中美签署交通合作联合声明，建立了一个涵盖两国间所有交通运输模式的交通论坛，交通论坛将帮助希望参与中国新建公路、铁路、港口和航空设施的设计、施工和设备安装的美国公司寻找商机并排除障碍，并在中国各地提供范围广泛的货运、客运和邮递服务。交通论坛将有助于确定交通运输基础设施方面的需求并找到瓶颈环节，以确保美中之间的贸易自由通畅。两国还同意在第四次战略经济对话闭幕后到第 19 届商贸联合委员会会议开幕前，尽快通过商贸联合委员会下属的知识产权工作组加紧展开知识产权保护方面的合作。

五、围绕产品安全与产品质量问题，两国同意美国第一食品和药物管理局向中国派员；美国卫生与公众服务部/食品和药物管理局将向美国驻华大使馆和总领事馆派员。②

237

---

① 英国 BBC 中文网 2007 年 12 月 13 日。http：//news. bbc. co. uk/chinese/simp/hi/newsid_7140000/newsid_7142200/7142206. stm。

② U. S. Department of the Treasury："Briefing on the Fourth Round of U. S. – China Strategic Economic Dialogue"。

2008 年 12 月 4—5 日，第五次战略经济对话在北京举行。在上次对话成果的基础上，中方承诺允许在华外资法人银行基于同中国银行相同的待遇，为其客户和自身在银行间市场从事债券交易。这项调整改变了过去在华外资银行只能进行自有账户交易的局面。中方还同意，在"例外的"情况下，在外资银行遵守短期外债余额指标的基础上，合格外资银行可以通过海外关系机构提供临时担保或外币贷款以解决流动性不足的问题。由于受到中国"毒奶粉事件"以及美国国会 2008 年加强产品安全立法等因素的影响，食品和产品安全在第五次战略经济对话中也被作为一个专项议题摆到显著位置。双方同意评估已有的食品和产品安全协议的落实状况，识别在执行过程中存在的差距，并在"下一次对话"前夕提交进展报告。此外，如何共同应对金融危机的冲击也是这次对话的一个重点议题。

3. 全球金融危机与中美双方的合作

起源于美国房屋抵押贷款坏账的金融危机，随着信贷市场的紧缩向实体经济部门扩散，从美国向欧洲扩散，从发达国家向发展中国家扩散。目前看来，这场危机给美国的金融经济和实体经济带来了重创，不少人认为，就严重程度而言，这场危机甚至超过了1929 年的大萧条。对于外贸主导型的中国来说，金融危机的影响表现主要是：国外订单大幅减少，"珠三角"、"长三角"及西部地区部分中小企业出现停产、半停产，全国规模以上工业企业亏损面扩大，就业问题日益突出。

无疑，美国金融危机对中美经济关系将产生重大影响。著名美国专栏作家托马斯·弗里德曼认为，金融危机将使中美"劳动分工"彻底改组。他把近 30 年来中美经济关系概括为中国储户及生产者与美国消费者和借款人之间的"合作"关系。这种关系的具体表现是：中国人利用对美国出口挣来的钱持有美元和美国短期国债，这样就帮助美国把利率维持在低位，使美国人有钱购买中国进口产品以及美国的房产，美国人再用房产作抵押，借钱进行更多的消费，在实际收入没有增长的情况下享受更多的财富，这种关系使美国人和中国人都成为赢家。但是随着金融危机的来临，美国各地失业飙升，再无能力购买那么多中国出口的商品，同时又需要中国民众接过美国人抛弃的信用卡，购买更多的中国产品和世界其他地方的出口产品，帮助全球经济舒缓美国经济减速带来的萧条局面。但是，由于中国整个体制和文化都偏向于储蓄而非消费，改变现状需要中国的文化和结构发生巨大转变，而这又要求中国保持高速的经济增长以及完善社会保障体系，但现实情况并不令人乐观，中美的这种"合作"关系难以为继。①

在应对这场危机的问题上，美国和西方国家一度对中国动用巨额外汇储备救市满怀希望。曾经在白宫经济顾问委员会担任高级经济学家的美国企业研究所的贸易问题专家利维认为，在目前的情况下，美国政府只会增加借贷。他说："现在，美国不仅要为它的结构性赤字、金融救市计划、潜在的额外经济刺激计划提供融资，另外赢得选举的总

---

① *New York Times*, December 21, 2008.

统候选人还有他的支出方案，美国看起来要大幅度增加它的国际借贷。"利维指出，在很多国家都受到金融危机影响的情况下，能够提供借贷的只有中东石油国和亚洲国家。而在石油价格大幅度下跌的情况下，美国只能更加依靠中国。① 2008 年 11 月 15 日，20 国集团高峰会议在美国首都华盛顿举行。此次会议的主要目的，是在 20 个最重要的工业国家和新兴工业国家的圈子内，就应对国际金融危机和国际金融体系改革交换看法。② 在峰会召开之前，美国和西方一些媒体及有影响力的人士一反常态地对中国大唱"赞歌"。美国《国际先驱论坛报》2008 年 11 月 14 日刊载的一篇报道指出，中国拥有近两万亿美元的外汇储备，是这次会议中为数不多的几个有财力为金融受灾国提供援助的参与者。③ 美国彼得森国际经济研究所所长伯格斯滕也说，过去是"美国打喷嚏，全世界就感冒"，如今变了，"全球经济增长，中国开始扮演决定性的角色"。④ 英国《泰晤士报》称，如果中国令观察家们意外地拿出硬通货，它将肯定期望能在国际货币基金组织获得更多的投票权。⑤

为应对金融危机，布什政府提出了 7000 亿美元的救市计划。在要不要帮助美国救市的问题上，中国国内存在争论。在反对意见中，《财经》首席经济学家沈明高认为，美国政府提出救市计划的结果可能是，中国购买美国政府国债，美国政府用国债置换金融机构的不良资产，美国金融机构或其他投资者再利用资产置换增加的资金投资于中国，这相当于中国用流动性较好的优质资产，置换了流动性较差的美国国债，呼吁"避免美国救市中国埋单"。⑥ 赞成的意见则指出，中国持有 2 万亿美元储备，若美国经济崩溃，美元将大幅缩水，中国的财富也将随之大幅贬值，给中国经济带来巨大影响，中国帮助美国救市，实际也是在救自己。

在世界经济高度依赖的今天，没有哪个国家可以在国际金融危机面前独善其身，中国领导人的基本主张是：应对危机要靠国际间的合作、承担国际义务要量力而行。胡锦涛主席在金融市场和世界经济 20 国华盛顿峰会上表示："国际社会应该认真总结这场金融危机的教训，在所有利益攸关方充分协商的基础上，对国际金融体系进行必要的改革。"他呼吁"主要发达经济体"承担应尽的责任和义务，实施有利于本国和世界经济金融稳定和发展的宏观经济政策，积极稳定自身和国际金融市场，维护投资者的利益，同时呼吁国际社会在应对金融危机时，尤其要关注和尽量减少危机对发展中国家特别是

239

---

① "美国之音"中文网 2008 年 10 月 25 日。http：//www. voanews. com/chinese/w2008-10-25 - voa73. cfm。

② 20 国集团是在 20 世纪 90 年代为应对亚洲、巴西和俄罗斯的金融危机而建立的，成员包括八国集团、欧盟、中国、澳大利亚、韩国、印度、印尼、沙特、土耳其、阿根廷、巴西、墨西哥、南非。20 国集团的人口占世界总人口的近 2/3，国民生产总值约占世界的 85%。1999 年在柏林举行首次会议。

③ "美国之音"中文网 2008 年 11 月 15 日。http：//www. voanews. com/chinese/w2008-11-15 - voa35. cfm。

④ 《香港经济日报》2008 年 11 月 17 日。

⑤ *New York Times*，November 14，2008.

⑥ 沈明高：《应避免美国救市中国"埋单"》，《财经》2008 年第 7 期。

最不发达国家造成的损害。[①] 胡锦涛主席还表示，"中国愿意继续同国际社会一道，共同维护国际金融市场稳定"，"同时，我们也清醒地认识到，中国仍然是世界最大的发展中国家，我们在发展进程中遇到的矛盾和问题，无论是规模还是复杂性，都是世所罕见的"。[②] 峰会结束时，中国和其他与会国共同发表宣言，强调在世界经济和国际金融市场面临严重挑战之际，与会国家决心加强合作，努力恢复全球增长，实现世界金融体系的必要改革。

在第五次中美战略经济对话时，中国政府同意中美两国的进出口银行分别出资80亿和120亿美元，为两国之间以及两国向其他新兴和发展中经济体的出口贸易提供融资。在这次对话中，王岐山副总理还敦促美国稳定其国内经济，保护中国在美国的投资。美国则承诺支持中国和其他重要新兴市场经济体加入金融稳定论坛（FSF）。由发达经济体组成的金融稳定论坛成立于1999年，被广泛认为是可以制定跨国金融监管规则的组织。

4. 对中国经贸关系未来发展的预期

2008年11月，美国举行了四年一度的总统选举揭晓，民主党人奥巴马当选为第44任总统，将于2009年1月正式就职。美国新政府上台后，布什政府现行的对华经济政策是否会延续下去、中美经济关系又将经历怎样的变数，成为引起人们普遍关注的问题。据新加坡亚洲新闻频道2008年11月7日报道，一些分析家指出，奥巴马在贸易和知识产权问题上一直措辞强硬，指责中国操纵汇率，他们认为，在奥巴马领导下，美中之间可能会因为金融问题和贸易政策而出现一些摩擦。美国《耶鲁全球化》在线杂志同日报道似乎也支持这样的观点，据该报道称，奥巴马在致全国纺织业组织理事会的一封信中，曾经表示将利用一切外交手段，让中国改变人为保持低币值、经济增长严重依赖出口的状况。不过，也有人认为，中美之间出现的任何紧张关系都是短期的，因为双方都认识到健康的商贸关系对彼此有益。美国《基督教箴言报》刊登的一篇文章指出，在美国创造就业机会不仅需要援助摇摇欲坠的公司、救济绿色产业或刺激开支，新总统上任之初就指望中国帮助其修复失衡的贸易关系，因为这种失衡助长了美国的房地产泡沫，而且可能使萧条的时间进一步延长。[③] 据美国政府人士透露，美国国务院和奥巴马的政权交接小组正在进行商讨，准备把美中部长级战略经济对话和副部长级定期战略对话合并，由下任美国副总统拜登和中国总理定期举行协商。这一构想流露出美国方面希望中国在解决经济危机和气候变暖问题上发挥建设性作用。奥巴马2008年9月曾撰文表示："美中两国有必要在经济、安全以及全球性的问题上继续加深高级别的对话。"

---

① 胡锦涛：《通力合作　共度时艰——在金融市场和世界经济峰会上的讲话》，新华网2008年11月16日。http：//news. xinhuanet. com/newscenter/2008-11/16/content_10364070. htm。

② 胡锦涛：《通力合作　共度时艰——在金融市场和世界经济峰会上的讲话》，新华网2008年11月16日。http：//news. xinhuanet. com/newscenter/2008-11/16/content_10364070. htm。

③ *Christian Science Monitor*, December 9, 2008.

流露出他对提升两国的对话级别的积极态度。①

美国新政府团队的其他重要成员如何处理对华经济关系，也是判断美国未来对华经贸政策走向的参考依据。例如，已经被奥巴马任命为新政府国务卿的希拉里，在 2007 年 11/12 月的《外交》双月刊上发表文章，着重谈到了中美之间的环保合作问题。她建议美国与中国、日本等发起一个联合项目，以发展新的清洁能源资源，提高能源使用效率与气候变化做斗争。她还建议成立一个类似于八国峰会的"环保八国"机制，吸收中国和印度参加，共同讨论解决国际环保和资源问题。希拉里的这种态度，对于中美在未来保持经济合作关系，显然也具有积极意义。②

其实，不论谁在新一届美国政府中执政，也不论其对中美经济关系有哪些具体想法，都难以从根本上扭转中美经济关系互利共赢的基本发展趋势。

三、中美携手合作共同处理敏感地区安全问题

241

1. 朝鲜核问题——中美战略合作初现成效

美国负责东亚和太平洋事务的助理国务卿、朝核六方会谈美国代表团团长克里斯托弗·希尔就曾说："我意识到，朝核六方会谈比任何其他进程在促进美中关系方面发挥的作用都大。"③ 毫无疑问，做出这种表示的目的不仅表达了美国在解决朝鲜核问题上对中国作用的倚重，更加可以肯定的是，在朝核问题上的成功合作已大大推动了中美这两个政治制度、价值观念、历史发展迥异的国家之间的合作。虽然中美在朝核问题上的利益考虑和应对准备并非完全重合，但朝鲜拥核对地区安全和稳定、国际不扩散机制的重大损害等构成了对中美重大共同利益的威胁。

几年来，为化解僵局、促使朝核问题的和平解决，中国做出了大量不懈的、富有成效的努力。自 2003 年 8 月六方会谈成为解决朝鲜核问题的主要渠道以来，其间尽管历经曲折，甚至出现了平壤进行核爆的重大事件。在巨大压力和质疑声中，中国极力维护并推动了这一机制的有效运行，使朝核问题的解决总体上保持不断向前迈进的姿态，为东北亚地区局势的稳定做出了重大贡献。随着时间的推移，中国在六方会谈中的角色由被动的旁观者变成会谈的东道国，直到最后变成"首席调解员"和"坦诚斡旋者"。与此同时，中美两国领导人之间的沟通与信任使华盛顿和北京得以克服意见分歧及相互猜疑，在六方会谈进程中的各个关键时刻携手促成问题的解决。中国国家主席与美国总统

---

①　日本《读卖新闻》2008 年 11 月 26 日。

②　《参考消息》2008 年 11 月 27 日。

③　Bonnie S. Glaser, Wang Liang: "North Korea: The Beginning of a China – U. S. Partnership?", *The Washington. Quarterly*, Vol. 31, No. 3(Summer 2008) , pp. 165 – 180.

的热线沟通、多次会晤，中国外交部长和美国国务卿之间的会晤与通话，以及参与六方会谈的中美两国代表团团长频繁来往、协商等等。据希尔说，通过这种方法，中美两国才能在六方会谈进程中有着协调一致的目标、战略和策略。①

尽管如此，2008 年年初时朝核问题的解决前景仍很不明朗。根据《落实共同声明第二阶段行动》共同文件，朝鲜应于 2007 年 12 月 31 日以前完成对宁边 5 兆瓦实验性反应堆、后处理厂及核燃料元件制造厂去功能化，并将其全部核计划进行完整、准确的申报。而与此相呼应的是，美国应启动不再将朝列为支持恐怖主义国家程序及终止对朝适用《敌国贸易法》。但由于双方在朝鲜提取的武器级钚的数量、浓缩铀计划及与叙利亚核合作等问题上分歧严重，申报工作最终未能在预定期限前完成。面对无核化的滞阻状态，朝鲜与美国均感到时间紧迫，加快了磋商的步伐。2008 年 2 月，美国纽约爱乐乐团在平壤进行了历史性的演出，传递出朝美两国改善关系的愿望，独特的"音乐外交"获得了成功。随后，朝美双方就朝核问题已分别在日内瓦、北京和新加坡等地多次直接对话与磋商，尤其是 4 月的新加坡会谈，就核申报问题达成谅解，华盛顿不再要求全部公开申报。仅 4 月下旬至 6 月，美国国务院韩国科科长金成就 4 次率团访朝，讨论朝核设施去功能化问题、核计划申报问题，以及美方政治经济补偿问题，就履行六方会谈通过的落实共同声明第二阶段行动取得了一系列共识。5 月初，平壤向美国移交了长达 1.8 万页的核设施运行记录，随后华盛顿宣布向朝鲜提供 50 万吨粮援，申报僵局开始被打破。

与此同时，半年来，六方会谈进程虽遭拖延，但各方并未放弃努力。受朝美互动的良好氛围影响，朝鲜和日本 2008 年 6 月 11 日至 12 日在北京举行政府间工作会谈，朝鲜承诺将重新调查绑架日本人问题，日本则将部分解除对朝鲜的经济制裁。朝日关系出现改善，无疑为六方会谈取得新的进展增添了积极因素。6 月 11 日，朝核问题六方会谈经济及能源合作工作组在板门店举行会议，各方就向朝提供经济及能源援助问题深入交换了意见，并就加快援助步伐达成一致意见。6 月 24 日，中国外交部发言人表示，中方希望六方会谈第二阶段行动能够得到均衡、有效、全面落实，尽快开启第三阶段行动。

在各方积极互动的影响下，困扰六方会谈长达半年之久的朝鲜核申报工作终于出现了重大转机。2008 年 6 月 26 日，朝鲜驻华大使崔镇洙向六方会谈东道主代表团团长武大伟提交核申报清单，次日又炸毁了宁边的核冷却塔，并邀请美国官员及有关五国电视台等媒体前往见证。与此同时，布什总统宣布启动将朝鲜从"支持恐怖主义国家"名单中除名的程序，并自 27 日始终止对朝适用《敌国贸易法》。朝美双方的对等行动标志着六方商定的朝鲜弃核计划中的第二阶段工作即将收尾。美国国务卿赖斯充满信心地说："如果我们与日本、韩国、中国和俄罗斯进行合作，我们成功的概率就较大。携起手来，我们促使朝鲜放弃核武器和核材料的可能性就最大。携起手来，我们确认朝鲜是

---

① Bonnie S. Glaser, Wang Liang: "North Korea: The Beginning of a China-U. S. Partnership?".

否违反我们所达成的协议的可能性就最大。携起手来，我们让朝鲜承担不负责行为的后果的可能性就最大。携起手来，我们在东北亚地区建立一个用新的合作模式取代旧的冲突模式的地区安全机制的可能性就最大。"①

在中断了9个月之后，第六轮六方会谈第二次团长会2008年7月12日在北京闭幕。六方设立了验证机制和监督机制、通过了有关机制的指导原则、制定了剩余行动时间表，为全面落实第二阶段剩余行动规划出清晰蓝图。此次团长会因此被喻为"全面落实第二阶段行动的加油站，推动六方会谈迈向新阶段的转折点"，是六方会谈承前启后的关键转折点。

历史和现实决定了朝核问题的解决不会一帆风顺。在核查问题上美朝两国矛盾十分尖锐。美方宣称，在确定对朝鲜核计划实行严格核查之前，不会将朝鲜从"支恐"名单中除名。针对美方的做法，朝鲜2008年8月26日宣布停止宁边核设施去功能化作业。9月19日，朝鲜宣布着手恢复宁边核设施。国际原子能机构（IAEA）核查人员也被要求离开。这些事态发展使解决朝核问题的前景变得更不确定。赖斯9月24日警告说，朝鲜方面的行动只会加重"孤立"，"我们强烈要求朝鲜重新考虑这些做法，立即重新履行义务"。不过，赖斯强调，朝鲜的做法"决不会"扼杀朝鲜半岛无核化进程，"所有人都知道前方的路是什么……我们将继续朝鲜半岛无核化之路"②。美国《国际先驱论坛报》9月30日发表社论认为，朝鲜停止核设施去功能化工作，甚至着手予以恢复，布什政府应承担很大责任。文章呼吁布什政府在确立核查朝鲜弃核机制过程中提出更实际的计划，包括迅速将朝鲜从"支持恐怖主义国家"的名单中删除。多种迹象表明，布什政府虽然急于迫使朝鲜停止恢复核设施，但一直避免使用过激或攻击性语言。

值得庆幸的是，双方并没有就此停止旨在解决矛盾的磋商。2008年10月1日至3日，美国助理国务卿、六方会谈美方代表团团长希尔应邀访问平壤，这是希尔自2007年6月以来第三次访问平壤。双方最终就验证对象、验证方法和验证时间取得共识。10月11日，美国国务院发言人麦科马克宣布，由于美朝在朝鲜核设施验证问题上达成协议，美国决定将朝鲜从所谓"支持恐怖主义国家"的名单中除名。朝鲜外务省发言人12日说，朝鲜将继续宁边核设施去功能化，并允许美国和国际原子能机构核查人员在宁边继续开展工作，最终缓和了几个月来美朝两国在核查方面的矛盾和分歧，使业已停滞的朝鲜核设施去功能化工作得以延续。11月12日美国国务院副发言人伍德宣布，依据朝核问题六方会谈共同文件有关"行动对行动"的原则，美国已经开始向朝鲜运送5万吨重油。

尽管这次危机得以化解，但朝鲜半岛无核化进程还有很长的路要走。目前的无核化

---

① "Remarks by Secretary of State Condoleezza Rice at the Heritage Foundation on U. S. Policy Toward Asia", June 18, 2008, www. america. gov/st/texttrans-english/2008/June/20080619140227eaifas0. 8862574. html.

② Deb Riechmann: "Rice disappointed with North Korea-nuclear move", *USA Today*, September 24, 2008.

进程已经大大落后于原来规定的时间表，12 月在北京举行的六方会谈团长会也无功而返。总之，需要各方继续以更大的勇气和智慧，以更灵活务实的态度，推动六方会谈最终实现朝鲜半岛无核化的目标。其中，中美双方的继续合作是不可或缺的。在解决朝核问题过程中，中国贡献了很多智慧和努力，根据解决这一问题的进度提出了"口头对口头、行动对行动"、"分阶段推进"、"先易后难"、"先达成原则共识后进行具体细化"等许多新理念。这种解决方式既避免了矛盾激化，又选取了相对不太敏感的领域进行合作，体现了先易后难的原则。虽然这种解决方式需要时间，需要耐性和妥协，但却是后遗症较少的方式。通过与中国的合作，美国也认识到，要解决像朝核问题这样积重难返的安全问题，不宜采取急于求成、过于简单粗暴的方式，更不能动辄使用武力，只能通过多年谈判一点点积累信任和信心，在防止矛盾更加激化的同时渐进地处理。总之，六方会谈在解决朝鲜核问题的过程中遇到了许多艰难险阻，因而做出了不少创造性探索，建立并完善了各种机制，这些经验或教训都为本地区乃至世界解决相似争端提供了宝贵的参考。

2. 伊朗核问题：中美合作的新篇章

相比朝鲜在弃核道路上的波折前行，伊朗核问题的解决在 2008 年可谓收效甚微。2007 年 12 月 3 日，美国情报机构（National Intelligence Estimate，NIE）公开了有关伊朗核能力和意图的国家情报评估报告。该报告的中心结论是，伊朗早于 2003 年就中止了核武器研制计划。除此之外，该报告还指出两点：一、伊朗是在强大国际压力下中止核武器研制计划的；二、伊朗政权看来并不像美国国内通常认为的完全非理性和狂热，他们是从国家利益出发，依据成本—受益的考量进行决策的。[①] 上述两个结论为布什政府指明了对伊政策：伊朗政权在压力下是能够且愿意进行合作的，美应该继续加大对伊朗的遏制和国际制裁，迫其让步。为此，遏制和制裁成为美国对伊政策的主方向。理查德·哈斯、邦尼·格拉泽、罗伯特·卡根等著名专家都明确表示，在有关伊朗的情报评估公布后，对伊朗的战争可能性已经不存在了。

2008 年以来，围绕伊朗核问题出现了一系列重要事态变化。种种迹象表明，美国总统布什在其任期内发动对伊朗军事打击的可能性已基本排除。2008 年 1 月 29 日，布什发布了其任期内最后一份国情咨文，他首先批评伊朗压制自由，禁锢人民，然后是支持恐怖主义，再后是伊朗发展弹道导弹，最后才谈到伊朗的核威胁。在这一威胁排序中，核威胁已经排到了最后一位。布什在咨文中明确提出愿意与伊朗进行谈判，以使伊朗"重返国际大家庭"。[②] 由此可看出，在民主党已掌控国会的情况下，美政府内部，无论是军方还是国务院，主张对伊朗动武的声音日益减弱，反对动武的声音不断增大。过去，布什通过伊拉克战争、加大反恐和推进民主改造，希望以大乱达大治。但布什此

---

① 详见："Iran: Nuclear Intention and Capabilities", www. dni. gov/press_releases/20071203_release. pdf。

② 参见："State of the Union 2008", www. whitehouse. gov/stateoftheunion/。

举极大地打乱了中东的传统政治力量平衡，中东持续动荡不安，从而对美国的安全和利益造成严重威胁。如今，布什开始日益认识到中东的安全与稳定对美国的重要性——布什已承担不起伊朗成为第二个伊拉克了。当前布什的中东政策开始日益向务实主义回归，遏制伊朗，整治伊拉克乱局，支持中东温和势力，进而恢复中东地区的力量平衡，已成为美国中东政策的主要内容和方向。

在美对伊朗政策不断软化、伊朗大力施展地区外交攻势背景下，中东阿拉伯国家与伊朗的关系出现积极发展。2007年12月，伊朗总统艾哈迈迪·内贾德应邀出席了海湾合作委员会多哈首脑会议并发表讲话，这是伊朗领导人首次出席该峰会；当月，沙特国王阿卜杜拉邀请内贾德到麦加朝觐，这也是伊朗总统首次参加麦加朝觐。伊朗与埃及的高级官员也举行会晤，加快了双方关系正常化的步伐。此外，美官员公开或私下都表示伊朗在稳定伊拉克形势中发挥了积极的作用，这也是美国依然坚持与伊朗就伊拉克安全进行对话的主要原因——通往德黑兰的道路要经过巴格达，而通过巴格达的道路要经过德黑兰。与此同时，国际原子能机构与伊朗的合作不断取得进展。2007年11月国际原子能的报告对伊朗的合作给予了积极肯定。接着双方又达成协议，伊朗承诺回答全部遗留问题。布什对伊动武在国内获得支持的门槛进一步增高了。

美国在伊朗核问题的态度转变为中美在伊朗核问题上的合作带来了新的契机。在伊核问题上，中国最关切的是：一、伊朗不拥有核武；二、中国在伊朗的利益不受损；三、世界和平不因伊核问题而遭破坏。这是因为，作为中国的近邻，伊朗的战略地位和能源储备对中国都十分重要。特别是在能源合作方面，中伊有着很好的基础，伊朗可以说是中国在海湾地区唯一稳定的石油供应国。中国有大约60%的进口原油来自海湾地区，而事实上，向中国出口石油的国家中，如沙特阿拉伯、科威特、阿联酋等均属美国的势力范围。因此，与居世界石油蕴藏量第五位的欧佩克第二大出口国伊朗建立稳固的石油贸易伙伴关系，无疑将在很大程度上维护中国的能源安全利益，以便保证在发生能源危机时将损害降至最低。同时，加大对伊核问题的关注程度还可能使中国成为美伊关系的协调者，在"政治解决"伊核问题中扮演重要角色，以实现中国的战略利益。因此，在如何解决伊朗问题上，中国利益攸关。

美国情报机构关于伊核问题的报告发表后，美国总统布什立即与中国国家主席胡锦涛通电话，表明美国看重中国在伊核问题上的态度。2008年1月22日，联合国就对伊朗进行第三轮制裁问题的讨论在即。之前，美国常务副国务卿内格罗蓬特，伊朗总统特使、首席核谈判代表贾利利相继来访北京，表现出对中国态度的高度重视。与此同时，在中美第五次战略对话中，美国将要求中国支持联合国安理会制裁伊朗的决议。无论是客观要求还是主观判断，中国都无法置身于伊核问题之外。虽然在这个问题上，中国不可能像在朝核问题上那样充当东道主的角色，但作为联合国安理会常任理事国，中国拥有关键的一票。

2008年3月3日，安理会以14票赞成、1票弃权的表决结果，通过了关于伊朗核问题的第1803号决议，继续要求伊朗暂停铀浓缩等活动，增加了对伊制裁措施。为了体现决议旨在推动谈判的目的及其可逆性，1803 号决议还规定，如果伊朗采取积极步骤执行安理会历次决议及原子能机构的要求，安理会将暂停甚至终止所有制裁。同时重申致力于通过政治和外交谈判和平解决问题，支持国际原子能机构就此发挥作用。这基本体现了中国在伊朗核问题上的原则。中国常驻联合国代表王光亚大使发言表示，安理会就伊核问题通过新决议，既是国际社会维护核不扩散机制的又一次努力，又表达了各方对尽早通过外交谈判和平解决伊核问题的期待。新决议的目的不是惩罚伊朗，而是推动、激活新一轮外交的努力。他强调，制裁不可能从根本上解决问题，外交谈判仍是最佳选择。此次联合国安理会对伊朗问题的制裁议案，并没有在中东地区或全球安全领域引发巨大反应。因为大家普遍认为，这是一份以进为退的决议，是一份以进攻姿态，求得更大对话空间的决议案。因此，1803 号决议可以被看做是解决伊朗核问题的一个积极信号，意味着联合国安理会的大多数国家，仍然坚持用政治和外交手段解决中东的新热点。

2008 年 6 月，伊核问题有关六国提出，如果伊朗 6 周内把铀浓缩活动限定在现有水平，就能免遭更严厉的制裁。在此期间，双方可举行初步谈判。一旦伊朗完全中止铀浓缩活动，双方将举行正式谈判，兑现先前对伊朗承诺的激励方案。2008 年 6 月 26 日，中国外交部部长杨洁篪在与美国国务卿赖斯的会谈中就伊朗核问题交换了看法。中方坚持通过外交谈判来妥善解决伊朗核问题，有关各方应加大外交努力，运用创造性的思维，寻求一个全面、长期解决伊朗核问题的办法。中方和美方以及联合国安理会的其他有关成员国将继续就联合国决议草案进行磋商，为实现伊朗核问题的解决、有关方面恢复对话创造条件。

在国际社会的共同努力下，2008 年 7 月 19 日，美国副国务卿威廉·伯恩斯在日内瓦会见伊朗首席核谈判代表，表示如果伊朗停止铀浓缩活动，这些国家将给伊朗提供一揽子经济、政治和安全激励计划，并同意就伊朗核问题开始谈判。并考虑在德黑兰建立外交机构，以结束长达 30 年的敌对状态。尽管会谈没有达成共识，但是却意义重大。这是 1980 年美国与伊朗断绝外交关系以来，美国高级官员首次在伊核问题会谈中和伊朗首席核谈代表"面对面"进行商谈。美国国务卿赖斯 18 日说，派遣伯恩斯与会显示，美方对通过外交努力解决伊核问题态度"非常严肃"。[①] 伊核问题当然并不会因一两次谈判就能解决，但对立各方能坐到一起对话本身就是一大进步，表现出美国的立场变得更加温和，显示出美国政府可能接受比全面暂停铀浓缩活动更为宽松的条件，以实现"冻结换冻结"建议提出的最终目标。

由于巨大的能源资源储量和显要的地缘战略位置，伊核问题要比朝核问题更复杂、更棘手一些。虽然伊朗核问题主要的操作权依旧在美国和俄罗斯手中，但中国的态度已经关系到美国为解决伊朗问题而进行的最终解决方案的选择。中国不仅可以利用自己在

---

① David Gollust: "Rice Hopes For Iranian Change of Course on Nuclear Program", *State Department*, July 19, 2008, http://www.24en.com/voa/StandardEnglish/200807/2008 – 08 – 18/798.html.

联合国安理会中的地位拒绝对伊朗实施最严厉的制裁，主张以实施其他制裁的方式促进诚恳的谈判；同样也可以利用与伊朗密切关系施加其独特的影响力。美国已经明白，如果要与伊朗开战，就等于向北京叫板；如果伊朗对通过外交途径解决危机的全面协同努力不做出任何回应，北京就将迫于强大压力对伊朗实施额外的制裁。① 不管怎样，解决伊核问题不外乎和平和战争两个途径。没有不妥协的政治，也没有无敌人的国家。在今天的世界体系中，如果简单地依赖军事手段保障自己的安全，无限放大自己的利益，那么结果将会是非常危险的。只有当事国采取灵活立场，通过谈判和对话和平解决争端才是符合各方长远利益的方法。

大事记 10 - 1　2008 年中美关系的重大发展

日　期	事　件
1 月 17—18 日	第五次中美战略对话在贵州省贵阳市举行，由中国外交部副部长戴秉国与美国常务副国务卿内格罗蓬特表示共同主持。
2 月 20 日	美国商务部决定对中国输美环状不锈钢焊接压力管产品进行反补贴及反倾销立案调查。
3 月 3 日	安理会以 14 票赞成、1 票弃权的表决结果，通过了关于伊朗核问题的第 1803 号决议。
6 月 17—18 日	第四次中美战略经济对话在美国马里兰州安纳波利斯举行。
6 月 26 日	朝鲜驻华大使崔镇洙向六方会谈东道主代表团团长武大伟提交核申报清单。次日炸毁了宁边的核冷却塔。
6 月 29 日	中国外交部长杨洁篪在北京钓鱼台国宾馆与美国国务卿赖斯举行会谈。
7 月 9 日	中国国家主席胡锦涛在日本北海道洞爷湖会见美国总统布什。
7 月 12 日	第六轮六方会谈第二次会间团长会在北京闭幕，为全面落实第二阶段剩余行动规划出清晰蓝图。
8 月 26 日	朝鲜宣布停止宁边核设施去功能化作业。9 月 19 日，朝鲜宣布着手恢复宁边核设施。
10 月 3 日	美国政府决定向台湾出售总价值达 64.63 亿美元的武器，这是自 1992 年来最大的一笔对台军售。
11 月 13 日	美国食品和药物管理局宣布扣留大批从中国进口的食品，以防止被有毒化学物质污染的食品流入美国。
11 月 15 日	中美两国元首出席在华盛顿举行的 20 国集团峰会。
11 月 19 日	美国食品和药品管理局第一家设在海外的产品检查办公室在北京启用。
12 月 4—5 日	第五次中美战略经济对话在北京举行。
12 月 8—11 日	六方会谈团长会在北京举行。

---

①　Nina Hachigian, Mona Sutphen: "Strategic Collaboration: How the United States Can Thrive as Other Powers Rise", *The Washington Quarterly*, Volume 31, Number 4(Autumn 2008) .

第十一章 携手共进：
推进多边合作展现国际责任

经过改革开放 30 年的发展，中国面临的国际环境已发生了巨大变化。国际社会期待中国承担一个大国所应当承担的更大责任，中国也一直坚持树立作为一个"负责任大国"的国际形象。如何适应国际形势的变化，根据中国各方面的实力承担相应的责任，实践"和平发展"的理念是中国面临的新问题。2008 年，中国在多边合作机制框架下与其他国家携手共进，努力解决国际社会共同面对的难题，承担相应的国际责任；同时降低中国崛起对地区格局和世界局势造成的冲击，践行和平发展道路。在这些多边合作机制中，有联合国等国际性组织，也有上海合作组织、六方会谈等地区组织和论坛，在过去的一年中，中国表现最为突出的平台是中国作为东道国的亚欧会议以及东亚地区的多边合作机制。

一、亚欧首脑会议架起两大洲间的对话合作桥梁

1. 亚欧会议机制的由来及其动因

2008 年 10 月 24—25 日，由中国政府主办的第七届亚欧首脑会议在北京圆满举行。亚欧会议是亚欧两大洲之间级别最高、规模最大的政府间合作机制。这次峰会是 2008 年继奥运会之后中国主办的最大国际盛事，尤其是在当下全球金融海啸扑面而来的特殊国际背景下，这次亚欧两大洲 45 方国际峰会成为全球瞩目的国际热点。

亚欧大陆东西两端的文明交流源远流长，历史上的亚欧关系曾经历一个曲折的演变进程。古代"丝绸之路"架起亚欧之间平等交往的桥梁。欧洲地理大发现特别是工业革命后，随着西欧资本主义的发展及其殖民扩张，亚欧关系日益密切，逐渐具有殖民地（附庸国）与宗主国之间的不平等性质。第二次世界大战后，欧洲在亚洲的殖民体系虽然土崩瓦解，但由于全球两极冷战格局的制约、相互间的经济差距和文化隔阂，亚欧之间并没有建立起真正的平等互利关系。直到冷战结束后，世界格局的转换，东亚的崛起和欧洲一体化的深化发展，才使亚欧关系发生巨大的转变。

面对经济迅速增长的东亚及其国际地位上升，欧盟调整其全球战略，把对外关系的

重点从大西洋两岸扩展到亚欧大陆两端。1994 年 7 月，欧盟正式宣布"东进宣言"——《走向亚洲新战略》。继 1995 年 3 月公布《欧洲与日本：未来阶段》之后，7 月欧盟委员会又发布《中国—欧盟关系长期政策》，首次把对华关系提高到战略高度。在世界经济日趋一体化、国际格局大转换的背景下，东亚国家也认识到加强亚欧关系的必要性和迫切性。1994 年 10 月由世界经济论坛在新加坡举行的欧洲—东亚经济首脑会议上，新加坡最早提出召开亚欧会议、举行东亚与欧洲"最高层对话"的设想。① 此倡议获得东盟国家的赞同，泰国主动提出愿意担当首届会议的东道国，中国和日本、韩国也都认为这是一个有益和建设性的提议，给予积极支持。不久新加坡总理吴作栋访问法国时又重申这一建议，获得急欲与亚洲国家建立新型伙伴关系的欧盟的积极回应。1996 年 9 月，中国提出《中国关于亚欧会议的基本立场》文件，希望与会各国扩大共识，增进友谊，促进和深化合作。在各方的积极努力下，1996 年首届亚欧首脑会议在泰国曼谷顺利召开。

以亚欧会议为标志的亚欧新型平等伙伴关系的构建绝非偶然，而是多方面因素合力作用的结果。首先，世界格局的转换，全球迈入和平与发展时代，为亚欧关系的发展提供了有利的国际大环境。随着雅尔塔体制的崩溃，亚欧双方由冷战时期的冷漠隔阂转变为重新审视与互相接近，而经济全球化又推动了双方经济的相互交织与融合。欧盟意识到亚洲不仅是欧盟可以获得巨大经济利益的场所，也是欧盟发挥国际影响的政治舞台。"欧盟想要与亚洲建立新的经济和政治关系，以对付美国在该地区的影响。"② 经济实力日益壮大的东亚国家，也想摆脱对美国的过分依赖，借欧洲力量来平衡与美国的关系。其次，世界经济处于西欧、北美、东亚三足鼎立状态，迫切需要一种亚欧合作机制来弥补东亚与西欧之间的联系空白。通过西方七国集团、经合组织和亚太经合组织等渠道，北美已与西欧、东亚分别建立制度性联系，形成环太平洋和环大西洋经济合作圈。相形之下，"在欧盟与东亚之间，却没出现过同样有成规的联系"③。填补这一缺陷、建立相应的合作机制的必要性和迫切性愈来愈突出。不仅欧盟要扭转这一不利状况，而且东盟、韩国和中国随着经济实力的壮大，也期望在美日之外，扩大经济合作范围，增强与欧盟的合作交流。再次，东亚经济持续高速发展缩小了双边经济差距，东亚和西欧经济互补日益增强，东亚巨大的市场潜力和西欧资金技术优势拉动了亚欧两端的合作依存。最后，文化观念的变化为亚欧合作的加速发展奠定了文化基础。冷战结束以来，一种既谋求主体性、独立性、平等性，又体现协调性、开放性的"亚洲主义"意识正在东亚地区形成，而欧洲则正在克服欧洲中心主义和西方优越论的传统思维，以平等、友好的姿态处理亚欧关系。

---

① Patrick Kollner ed. : "ASEM 2002: A Backgrounder", Special Issue 2002, *Issued by Institute for Asian Affairs Hamburg*, p. 4.

② 法新社布鲁塞尔 1996 年 2 月 25 日电。

③ 许通美、李曹圆：《亚欧两洲的第三类接触》，新加坡《联合早报》1996 年 3 月 2 日。

2. 亚欧会议进程与中国的作用

1996 年 3 月 1—2 日，第一届亚欧首脑会议在泰国曼谷隆重举行，欧盟 15 国（法国、德国、意大利、荷兰、比利时、卢森堡、英国、丹麦、爱尔兰、希腊、葡萄牙、西班牙、奥地利、瑞典、芬兰）和东亚 10 国（泰国、新加坡、印度尼西亚、马来西亚、菲律宾、文莱、越南等东盟 7 国加上中国、韩国、日本）首脑以及欧盟委员会代表到会。

这是亚欧国家领导人首次共同商讨如何加强亚欧交流与合作。会议以"为促进发展建立亚欧新型平等伙伴关系"为主题，主要议题包括亚欧会议的意义，亚欧在政治、经济、文化等领域的合作，亚欧会议的后续行动等。会议发表的《主席声明》道出了亚欧会议的宗旨："旨在促进发展全面的亚欧新型伙伴关系，以加强亚欧之间的联系，并为和平和全球稳定与繁荣做出贡献"。① 中国总理李鹏在会上提出了亚欧新型伙伴关系应具有的五大特征：互相尊重、平等相待；求同存异、彼此借鉴；增进了解、建立信任；互利互惠、优势互补；面向未来、共同发展。这受到与会领导人的欢迎和认同，成为日后亚欧会议顺利推进的原则理念。首届亚欧会议的成功举行获得世界舆论的高度评价。"在过去，东西方的碰头都在不平等的角逐场上，今天，历史上头一次，让人们看到亚洲和欧洲在平等的关系上，共同谋求繁荣和成功。"② 此后，按照这次会议的《主席声明》，各届亚欧首脑会议每隔两年轮流在亚欧国家举行。

自 1996 年曼谷首届亚欧首脑会议召开以来，亚欧各方从建立亚欧新型伙伴关系、促进共同发展这一目标出发，在相互尊重、平等互利、互不干涉内政、开放、循序渐进、协商一致等原则基础上，开展形式多样的对话与合作。亚欧会议成员国之间已建立了多渠道、多层次、多领域定期和不定期的对话和会晤机制（见表 11 - 1）。③ 迄今亚欧会议合作进程已经并初步形成了以首脑会议、外长会议和高官会议为核心的政策指导和协调机制。12 年来，亚欧会议在政治对话、经济合作、社会文化交流三大支柱领域都取得丰硕成果。在政治上，亚欧各方就重大国际和地区问题加强对话，在倡导多边主义、维护联合国作用、共同应对全球挑战等重大问题上凝聚了更多共识；经济上，积极开展宏观经济和财金政策对话，贸易和相互投资不断增长，并致力于发掘两地区巨大的经济增长潜力和合作空间，推动可持续发展；文化上，倡导文化多样性与包容和谐，开展形式多样的文化、人员和学术交流活动，增进了各成员民间特别是青年的交流。

与此同时，亚欧会议自身也在逐步发展壮大。自首届亚欧首脑会议召开以来，亚欧不少国家要求加入亚欧会议。2004 年 10 月，在越南河内举行的第五届亚欧首脑会议

---

① 《第一届亚欧首脑会议主席声明》，载中华人民共和国外交部国际司编：《亚欧会议文件及发言汇编（1996—2007）》上册，世界知识出版社 2008 年版，第 3 页。

② 许通美、李曹圆：《亚欧两洲的第三类接触》，新加坡《联合早报》1996 年 3 月 2 日。

③ 周弘主编：《共性与差异：中欧伙伴关系评析》，中国社会科学出版社 2004 年版，第 124 页。

上，亚洲的柬埔寨、老挝和缅甸三国及欧盟 10 个新成员（塞浦路斯、捷克、爱沙尼亚、匈牙利、拉脱维亚、立陶宛、马耳他、波兰、斯洛伐克、斯洛文尼亚）正式加入，实现了亚欧会议的首次扩大。2006 年 9 月，在芬兰赫尔辛基举行的第六届亚欧首脑会议决定接纳蒙古、印度、巴基斯坦、东盟秘书处、保加利亚和罗马尼亚 6 个新成员。目前，亚欧会议成员从最初的 26 个增加至 45 个，成员国内生产总值总量超过全球总量的一半，人口和贸易额均约占世界六成，亚欧会议的代表性及在世界上的影响力大幅提升。

表 11 - 1 亚欧会议（ASEM）的结构示意表

领域 级别	经济支柱		政治支柱	社会和文化支柱
	经济贸易	财政金融		
最高级别会议	首脑会议			
部长级会议 高级官员会议	经济部长会议 贸易和投资高级官员 会议	财政部长会议	外交部长会议 高级官员会议	科技部长会议 文化部长会议 （不定期）
亚欧会议 框架之中 的独立项目	简化贸易手续行动计 划（TFAP）/投资促 进行动计划（IPAP）	亚欧会议信托基金 （ASEM TRUST FUND）		亚欧基金会 （ASEF）
附设论坛	亚欧工商论坛 （AEBF）			

中国政府一向重视亚欧会议进程，始终本着积极参与、求同存异、扩大共识、加强合作的精神参与亚欧会议进程，并成为重要的推动力量。中国国务院总理出席了历届亚欧首脑会议，积极倡导和平、开放、协作、发展的理念。在塑造亚欧合作精神和构建亚欧会议理论框架过程中，中国发挥了关键的作用。中国政府及有关部门对亚欧会议进程的宗旨、意义、方针、原则、特征和发展方向等问题，发表了很多重要的、建设性的观点，对诸多后续行动和项目的实施提出了具体建议，积极参与亚欧会议许多重要文件的撰写工作，为亚欧会议成员在各方面达成思想共识做出了重要贡献。中国还是首倡部长级会议最多的国家。自首届亚欧首脑会议以来，中国倡议举办一系列该框架内的重要活动，成为倡导亚欧会议后续行动最多的国家之一，并对许多活动和项目给予人力、物力、财力等方面的有力支持。由中国总理亲自倡议举办的亚欧环境部长会议、亚欧科技部长会议、亚欧中小企业部长级会议及贸易投资博览会系列活动、禽流感防控研讨会，以及由中国有关部门单独或与其他成员合作倡议举办的反恐会议、总检察长会议、文化与文明会议、亚欧执法机构打击跨国犯罪研讨会、亚欧海关署长会议、亚欧移民管理问题部长级会议、农业合作高级别会议、亚欧森林保护与可持续发展国际研讨会、亚欧水资源管理研讨会等，都产生了良好的效应，获得了显著的成果，为推动亚欧政策对话与务实合作做出了切实的贡献。

3. 北京峰会召开的特殊背景

2008 年 10 月在北京举行的第七届亚欧首脑会议之所以国际瞩目，很重要的原因在于这次峰会召开前所面临的错综复杂的严峻国际形势。这些年来不仅国际恐怖主义、伊朗与朝鲜核问题以及中东、南亚、非洲等地区热点问题困扰世界，而且在近期金融动荡、油价高涨、气候变暖、粮食安全、自然灾害等一系列全球性威胁相互交织、汹涌而来，尤其是当下由美国次贷危机引发的全球金融海啸造成世界经济出现明显下滑的趋势。

这次次贷危机可以追根溯源到 2001 年美国的互联网泡沫崩溃，但 2007 年年初以来，随着次级按揭抵押债券价格下跌，美国整个金融信用链断裂，众多商业银行、投资银行、共同基金和对冲基金等机构均被殃及，带来美国乃至全球货币市场和股市的剧烈波动。进入 2008 年后，由美国次贷危机引发的金融风暴进一步扩展到全球范围。这场危机不仅给国际金融市场造成自 20 世纪 30 年代世界经济"大萧条"以来的最大冲击，而且给世界各国经济发展带来严重影响。面对汹涌而来的金融风暴，全球各方联手抗击这场金融风暴的合作紧锣密鼓地展开。这次亚欧峰会的形势有些类似于十年前第二届亚欧首脑会议在伦敦召开时的情景。

今天，作为亚欧新型伙伴关系的重要基础，经济合作仍然是亚欧会议最主要的内容。联结欧盟 27 国和亚洲 16 国的政府间多边对话与合作机制——亚欧会议，以及这次峰会的东道国——积极承担和平发展大国责任的中国，在这场全球 60 年来最严重的金融危机面前再次做出如何反应，自然吸引全球目光。"人们注意到，自从金融危机发生后，中国会如何行动是西方各国必谈的话题，无形中外界对中国的期望也越来越高。解救全球金融危机也必然成为这次亚欧峰会的主要议程。无论对中国本身，对亚欧两大洲，还是对全球经济，这次亚欧会议要从多个层面和角度检验中国。"①

二、北京声明力促亚欧携手共同应对全球性挑战

1. 协商抗击"金融海啸"

面临愈演愈烈的全球金融海啸，减少美国金融危机的影响、避免经济发展滑坡是亚欧会议成员共同的迫切愿望。同时，"中国因素"在当今世界体系日渐放大、中国和平发展国策日益吸引世界目光。在此背景下，国际各方对由中国政府承办的第七届亚欧首脑会议充满期待。布鲁塞尔智库人士、"亚欧项目"主任戴维·福凯认为，北京峰会是在一个严峻的时刻召开的，它将为亚欧国家首脑们提供一个重要机会，以探讨亚欧国家

---

① 郑永年：《亚欧峰会检验中国领导能力》，新加坡《联合早报》2008 年 10 月 21 日。

如何针对当前的金融危机发挥作用，做出应有的贡献。"作为一个发展中大国，中国正面临着历史性机遇，来领导推动亚欧之间建立全新的、富有成果的伙伴关系。"欧盟驻华大使赛日·安博也认为，这次峰会吸引着世界的目光，不仅因为会议规模、与会成员领导人数量和级别前所未有，而且因为它的召开恰逢由美国次贷危机引发的愈演愈烈的全球金融风暴时期，因此他称此次会议是"亚欧会议史上最重要的，也最令人期待的一次会议"。欧盟委员会驻菲律宾代表团团长麦克唐纳也指出，亚欧两大洲可以通过加强金融、贸易和投资等多个领域的合作共同应对全球金融动荡，他期待会议就这一问题达成共识。东盟秘书长素林则表示，本次峰会的成功举办将对解决包括金融危机在内的当前世界诸多挑战起到重要作用，"近年来中国在国际舞台上扮演了十分积极的角色，与东盟和非洲国家积极开展合作，在为世界和平与安全做出贡献的同时，中国的国际地位也得到了提升。这届亚欧首脑会议很值得期待，我们都期盼它能像北京奥运会一样成功"①。为此，会议主办方中国政府在确定峰会以"对话合作、互利共赢"为主题同时，及时调整了会议议题，世界经济与金融形势被列为本届首脑会议最重要的议题。

2008年10月24日下午，第七届亚欧首脑会议在北京隆重开幕，与会者包括16个亚洲国家和27个欧盟国家的国家元首、政府首脑和代表以及欧盟委员会主席和东盟秘书长。国家主席胡锦涛首先在致辞中指出，面对金融危机这一全球性挑战，世界各国需加强政策协调、密切合作、坚定信心、共渡难关。中国赞赏和支持有关国家为应对这场金融危机采取的积极措施，希望这些措施尽快取得成效。中国在力所能及的范围内为应对这场金融危机做出了积极努力，中国将继续本着负责任的态度，同国际社会一道努力维护国际金融稳定和经济稳定。他强调，作为一个拥有13亿人口的发展中国家，中国经济保持良好发展势头，本身就是对全球金融市场稳定和世界经济发展的重要贡献。②温家宝总理在主持开幕式时指出，本次会议以对话合作、互利共赢为主题，重点讨论国际金融问题，并就国际和地区形势、粮食安全、救灾合作、可持续发展和加强不同文明对话等全球问题，坦诚、务实、深入地交换意见，凝聚共识，为推动亚欧合作进程，为促进世界和谐与可持续发展做出积极贡献。亚欧会议4位协调员芬兰总统哈洛宁，以及欧盟委员会主席巴罗佐、文莱苏丹哈桑纳尔和法国总统萨科齐也在开幕式上先后致辞，高度评价中国致力于亚欧合作，感谢中国对这次峰会做出的精心安排。

随后第七届亚欧首脑会议举行第一次全体会议，在温家宝总理的主持下，专门讨论国际金融经济形势和促进亚欧贸易与投资问题。温家宝在引导发言中指出，我们之所以把国际金融经济形势列为会议的首要议题，是因为这是当前国际上最为关注的问题，也是事关亚欧各成员切身重大利益的问题。战胜危机还需要全球行动、合力应对。亚欧国

①　章念生：《推动建立亚欧新型伙伴关系》，《人民日报》2008年10月15日。刘华：《法国大使说亚欧峰会将掀开亚欧关系新篇章》，新华社马尼拉2008年10月23日电。李晓渝：《亚欧首脑会议将努力建立互利和谐的国际新秩序——访东盟秘书长素林》，新华网雅加达2008年10月19日电。
②　胡锦涛：《亚欧携手　合作共赢——在第七届亚欧首脑会议开幕式上的讲话》，《人民日报》2008年10月25日。

家是维护国际金融稳定和促进世界经济增长的重要力量。我们要齐心协力，向世界展示信心、团结与合作。为此他提出如下意见：各国首先要把自己的事情办好；加强政府间的协调与配合；促进区域财金对话与合作；推动改革国际货币金融体系。他强调，要认真吸取金融危机的教训，处理好三个关系：一是金融创新与金融监管的关系；二是虚拟经济与实体经济的关系；三是储蓄与消费的关系，要使消费与储蓄相协调。①

引起全球高度关注的是，经过各方商议、在会后通过的《关于国际金融形势的声明》释放出解决金融危机的三大信号：一、当务之急是各国应力保自身经济发展和金融体系稳定。声明呼吁："各国应采取负责任和稳健的货币、财政和金融监管政策，提高透明度和包容性，加强监管，完善危机处置机制，保持自身经济发展和金融市场稳定。"各方领导人承诺为保持金融体系稳定采取必要及时的措施。二、关键之举是处理好金融创新与金融监管关系。首脑们在声明中提出："解决金融危机，要处理好金融创新与金融监管关系，维持稳健的宏观经济政策。"他们认识到有必要加强对所有金融从业机构的监督和规范，特别是加强对其问责。三、根本之道是全面改革国际货币与金融体系。声明号召："对国际货币与金融体系进行有效和全面的改革，将与所有利益攸关方和国际金融机构进行协商，尽快提出适当的倡议。"② 最后，与会领导人还一致声明同意充分利用亚欧会议等区域合作机制，加强在金融领域的信息沟通、政策交流和监督管理等方面的务实合作，有效监测、防范、应对金融风险，实现经济持续、稳定、健康增长。

2. 协力推进可持续发展

在经济全球化深入发展的今天，整个世界日益成为一个"地球村"，世界各国的前途命运紧密关联。无论是日趋严峻的国际经济金融形势，还是能源短缺、气候变暖、环境恶化、粮食危机等一系列全球性挑战，任何一个国家都难以独善其身，也无法单独应对。而囊括众多发达国家和发展中国家的亚欧会议，无疑是全球南北合作重要的国际平台。如何通过亚欧会议框架下的各种对话合作机制，在南北国家之间形成共识，协调行动，共迎挑战，无论对亚欧会议机制本身，还是对欧亚两大洲乃至整个世界建设可持续的全球发展体系，均具有深刻的现实意义和长远的战略意义。

建立一个可持续发展的世界自始就是亚欧会议的追求目标。在 12 年的亚欧会议进程中，除了最高级别的首脑会议，成员国之间还建立各种多渠道、多层次、多领域的对话会晤和交流协作机制，致力于解决全球化进程中的各种挑战。亚欧双方在水力与核能开发、天然气和洁净煤技术等方面的合作呈现良好发展态势。2002 年哥本哈根峰会增加了环境与农业领域的合作内容。2006 年赫尔辛基峰会又确定可持续发展为第二个十

① 温家宝：《同舟共济，互利共赢——在第七届亚欧首脑会议上的讲话》，新华网 2008 年 10 月 25 日。
② 《第七届亚欧首脑会议关于国际金融形势的声明》，新华社北京 2008 年 10 月 24 日电。韩洁、白洁：《亚欧首脑会议传递出全球携手应对金融危机三大信号》，新华网北京 2008 年 10 月 25 日电。

年优先合作领域，特别关注气候变化、环境和能源等问题，通过《关于气候变化的宣言》，当年6月还召开气候变化与能源安全研讨会。亚欧会议框架内有关环境、气候和能源问题的各种部长级会议、专题研讨会以及合作倡议、项目层见叠出。2008年4月北京又举办了亚欧会议乡村发展论坛，就各成员国乡村发展政策和战略、粮食安全等问题进行探讨。

根据不久前亚欧会议高官会议的协调，在充分考虑各方诉求的前提下，与中国政府倡导的建设和谐世界理念相呼应，除了人们最为关注的世界经济与金融形势外，关系到世界各国可持续发展的能源、粮食、环境、自然灾害和文明对话等全球性问题也成为此次峰会的重要议题。在2008年10月25日由温家宝总理主持的亚欧首脑会议第二、三、四次全会上，亚欧会议45方成员领导人和代表就这些重大问题切磋探讨，而后形成凝聚各方共识的《可持续发展北京宣言》。

这份宣言指出，实现可持续发展是全人类共同面临的严峻挑战和重大紧迫任务，亚欧会议成员愿本着互利共赢的精神加强合作，为实现可持续发展做出积极贡献。宣言重申联合国千年发展目标和约翰内斯堡目标是国际可持续发展合作的基础，对粮价飙升加大全球减贫压力，阻碍消灭极端贫穷和饥饿的步伐表示关切，呼吁国际社会从短期及中长期出发，采取充分协调和综合的策略，并通过务实合作稳定国际商品市场解决这一问题，从而有效减少饥饿和贫困问题，确保粮食安全。关于气候变化与能源安全，亚欧会议成员领导人在宣言中表示，愿在《联合国气候变化框架公约》和《京都议定书》框架下共同寻求长期多边的解决办法，使《公约》得以全面、有效和持续实施；要求发达国家带头承诺有雄心的、具有可比性的、有法律约束力的减排目标，共同努力提高发展中国家适应气候变化的能力。宣言又指出，能源与气候变化问题紧密相关，应统筹解决；呼吁实现能源供应多元化、可持续性和安全性；呼吁努力提高能源节约和使用效率，优化能源消费结构，开发和使用可再生和清洁能源；强调亚欧会议成员应共同努力，对石油市场的稳定性、透明度和可预见性做出贡献。此外，宣言还特别强调社会和谐和文明对话问题，声明亚欧会议成员愿通过对话与合作促进社会和谐，为实现全球化下的社会可持续发展做出有效贡献；指出要确保社会和谐，减少一国内部和国家之间的经济和社会不平衡，需提供合理、充分和可持续的社会保障；社会和谐包括人与自然和谐，生态文明是社会和谐不可或缺的组成部分。最后宣言重申联合国在可持续发展领域确定的原则和目标，以及亚欧会议在该领域达成共识的指导意义，鼓励各成员开展更多活动落实可持续发展的各项倡议。① 值得一提的是，这次会议主办方也采取了一些"绿色"措施，选用绿色环保材料作为会议用品，使用零排放的清洁车辆等，力求把这次国际盛会办成"绿色峰会"。

2008年10月25日，为期两天的第七届亚欧首脑会议在北京人民大会堂圆满闭幕，温家宝总理主持闭幕式并致闭幕词。会后发表的《第七届亚欧首脑会议主席声明》就

---

① 《可持续发展北京宣言》，新华网北京2008年10月25日电。

促进政治对话、推进经济合作、推动可持续发展和深化社会文化交流四方面表达了与会各方的共同立场，强调致力于加强经济和发展的合作与协调，提高应对各种风险和挑战的能力，努力推动经济全球化朝公平、均衡、普惠、共赢的方向发展；赞同维护全球及本地区金融市场的长期稳定是亚欧实现可持续经济增长的关键；承诺采取一致行动，继续推动不同信仰间的理解与交流，在全球发挥表率作用，为创造不同文化与文明间和谐共生、平等互敬的世界而努力。① 需要指出的是，在亚欧会议一整套活动机制中，首脑会议负责确定亚欧会议的指导原则和发展方向。目前，亚欧会议仍以论坛性质为主，其遵循相互尊重与平等、循序渐进和协商一致的原则，不一定要在这次会议上确定具体行动计划，45 方领导人能够会聚一堂就重大全球和地区问题交流磋商，其所达成的共识将为亚欧会议框架内工作层面的各项合作指明方向。

3. 北京峰会的意义与影响

除上述召开恰逢其时的特殊国际背景及其会议讨论的全球瞩目焦点议题外，这次亚欧峰会还具有如下重要意义：

首先，这次亚欧首脑会议构成亚欧关系史上重要而难忘的历史性篇章。这是亚欧会议实现第二轮扩大后 45 个成员领导人的首次聚会。亚欧两大洲这一大片国家首脑欢聚一堂，旧友新朋传承友谊，特别是就世界金融危机、可持续发展等一系列重大而迫切的全球性问题进行切磋交流，以全球多边主义立场和"对话合作、互利共赢"的精神，携手迎接挑战，无疑反映了冷战后全球国际多元格局演进的重要特征，也昭示了当今世界求和平、谋合作、促发展的澎湃潮流。尤其是面对当前的金融危机，如此众多的亚欧国家和地区组织领导人齐聚北京，就应对国际金融危机等重大挑战和深化亚欧合作交换意见，向全球展示了亚欧领导人携手努力、共渡全球金融危机的信心、责任与合作，成为继 10 年前伦敦峰会后的亚欧会议在金融领域合作的又一成功范例。由此，这次峰会引起众多国际媒体的热烈关注。不仅路透社、法新社、美联社、共同社等世界各大新闻通讯机构进行连日报道，而且一些国外媒体和专家认为，亚欧会议成员领导人在峰会上就应对当前金融危机达成共识，显示了亚欧构建新金融秩序的决心。法新社报道说，亚欧国家领导人在峰会上承诺要对全球金融体系进行全面而迅速的改革，同时表示要采取联合行动应对这场史无前例的经济挑战。共同社评论说，亚欧首脑会议在全球发生金融危机的形势下召开，各方在会议上展示了协调姿态，罕见地凸显了亚欧合作的影响力。新加坡《联合早报》报道说，"在全球金融危机不断加剧、政府作用越趋重要的情况下，规模空前的亚欧峰会达成各国政府应体现远见和魄力，坚定、果断、负责、及时地采取有效措施的共识，向全世界传递出各国携手合作、共同应对金融危机的决心，对于金融危机的处理以及未来金融秩序的重整，将会产生重要而深远的影响"②。此次会议

---

① 《第七届亚欧首脑会议主席声明》，新华网北京 2008 年 10 月 25 日电。
② 《亚欧峰会凸现中国地位和作用》，新加坡《联合早报》网站 2008 年 10 月 25 日。

通过《第七届亚欧首脑会议关于国际金融形势的声明》、《可持续发展北京宣言》和《第七届亚欧首脑会议主席声明》等 3 项成果性文件，提出经济、社会、文化和可持续发展领域的 17 项合作倡议，体现出在全球化加速发展、国际形势复杂多变的大背景下，亚欧两大洲寻求对话、加强合作、和衷共济、共度时艰的强烈愿望和积极努力，是一次务实、开放、求共识的国际盛会。正如温家宝总理在会后记者招待会所总结，本届亚欧首脑会议意义重大，富有成果，必将对亚欧会议合作进程产生重要而深远的影响。

其次，这是中国坚持和平发展、倡导和谐世界的又一意义深远的重大外交实践。这次峰会是党的十七大后举办的规格最高、规模最大的国际会议，也是今年继奥运会之后我国主办的最大国际盛事。近年来，中国多边外交取得丰硕成果，从 2006 年的上海合作组织上海峰会、东盟十国与中国的南宁峰会、中非合作论坛北京峰会到今年的奥运会和这次亚欧峰会，诠释着中国坚持和平发展道路、推进构建和谐世界的深刻内涵和不懈努力。如前所述，中国始终是亚欧会议合作进程的积极倡导者和建设性参与者。亚欧会议进程也同样有利于中国的和平发展。中国从亚欧会议的后续行动和实施项目中受益良多。更重要的是，亚欧会议已成为中国同许多国家开展首脑外交、进行双边或多边对话与合作的重要舞台，其不仅有助于加强中国同欧盟、东亚各国之间在政治、经济、科技、文化等领域的高层对话和交流，而且作为中国对外关系中一种新型的多边沟通与合作机制，为中国的和平发展营造良好的外部环境。因此中国政府十分重视这次峰会，中国国家领导人在会上表达了深化亚欧合作、推进中国和平发展与和谐世界构建事业的重要理念与主张。胡锦涛主席在开幕式致辞中谈到：亚欧双方应该进一步利用好亚欧会议平台，加强对话，扩大共识，增进信任，深化合作，共同为促进人类文明繁荣进步做出贡献。温家宝总理在大会发言中就增强亚欧会议的有效性、务实性和开放性，推动亚欧合作迈上新台阶提出五点具体建议：加强政治对话，维护地区和平与稳定；深化经贸合作，促进经济增长；坚持以人为本，推动可持续发展；维护粮食安全，促进救灾合作；推动文明对话，促进社会开放和包容。此外，中方还提出了亚欧生态城网络、亚欧文化艺术节、推进亚欧贸易安全与便利、亚欧救灾能力建设合作等 4 项倡议。中国成功举办这次峰会也得到国际社会的高度重视与肯定。日本舆论认为，"亚欧首脑会议主席国中国有意以举办此次会议为跳板，向国际社会展示中国在克服国际金融危机上，是一个'和平崛起的负责任大国'的形象"①。新加坡媒体强调，"中国作为此次首脑会议东道国，及时将国际经济和金融形势列为首要议题，还主动加强与各成员的协调，推动亚欧合作应对危机，显示中国在当前危机下，正扮演着越来越重要的角色"②。显然，国际社会见证了中国在建设互利和谐的国际新秩序努力中负责任的发展中大国形象，以及联结发达国家和发展中国家共同应对全球性挑战的建设性作用。

再次，这次峰会还是深化中国与亚欧各国政治、经济、文化交流与合作的重要机

---

① 《金融危机是中国提升国际形象的良机》，日本《产经新闻》2008 年 10 月 25 日。
② 《亚欧峰会凸现中国地位和作用》，新加坡《联合早报》网站 2008 年 10 月 25 日。

会。随着中国综合国力的快速提升以及国际影响的日益增强，中国与亚欧国家双边关系不断向前迈进，各国普遍高度重视对华关系。不少国家领导人在出席此次亚欧首脑会议前夕还对华进行了国事或正式访问。会议前后，中国领导人同外方领导人举行了 40 多场双边会谈、会见，就进一步加强友好合作及共同关心的地区国际问题交换意见，取得了广泛共识和成果。中国和丹麦宣布两国建立全面战略伙伴关系，中法领导人决定以2009 年两国建交 45 周年为契机，将中法关系推向更高水平，中德双方同意在双边及国际事务中加强磋商与合作，中欧法学院项目也举行正式启动典礼。中国与欧盟领导人也达成推动中欧全面战略合作伙伴关系长期稳定健康发展、加强双方在重大地区和国际问题上协调的共识。中、日、韩与东盟国家领导人举行非正式早餐会，就设立 800 亿美元的 "10 + 3" 共同基金以应对全球经济危机达成协议。胡锦涛主席与日本首相麻生共同出席了中日和平友好条约缔结 30 周年纪念招待会，两国领导人同意进一步深化中日战略互惠关系。中国与印度领导人在会谈中一致表示，加强两国在国际和地区事务中的协调配合。中越签署了 8 份合作文件，两国陆地边界全线勘界工作基本完成。中国新加坡签署自由贸易协定。由此，这次国际盛会凸现了亚欧会议 "多边搭台、双边唱戏" 的重要国际交流平台功能，促进了中国与亚欧国家的友好合作，也使中国与周边国家睦邻友好合作关系得到进一步巩固，中国向世界又一次展示其开放、进步、合作和共同建设和谐世界的国际追求。

三、东亚区域的多边合作获得进一步巩固和发展

1. 东亚地缘政治变化与中国参与区域合作的特点

东亚在多边合作机制的建设方面仍然落后于其他大部分地区，但是，最近几年这一地区的邻国和地区外国家通过定期的双边、多边、地区峰会来讨论地区问题，东盟地区论坛、东盟峰会、东亚峰会、"东盟 + 1"、"东盟 + 3" 等以东盟为核心的多层次领导人对话就是其中的典范。中国最初参与东亚区域合作是非常被动的，目的主要是维护国家利益，消除东南亚国家对中国的担忧，平息 "中国威胁论"。但是最近中国超乎寻常的经济增长速度和积极的地区多边外交正在改变东亚秩序。中国对东亚秩序的影响表现在两个方面：一方面，中国将利用其上升的影响力改变国际体系的规则和制度，以更好地为本国利益服务；另一方面，体系中的其他国家，特别是衰落中的霸权将开始把中国看做上升的安全威胁。这两方面变化的结果将出现紧张、互不信任、冲突和权力转移的其他典型特征，将会出现以亚洲为中心的世界秩序。①

---

① G. John Ikenberry: "The Rise of China and the Future of the West: Can the Liberal System Survive?" *Foreign Affairs*, Vol. 87, No. 1, Jan. /Feb. 2008, p. 23.

中国对国际体系和亚洲秩序的影响从一个侧面体现了中国国际地位的提升，但同时也带来许多问题，其中最突出的是如何对待现有的国际制度和国际体系，如何在多边机制中处理与美国、欧盟、日本等既得利益者的关系。东亚地区的多边合作机制大部分是在冷战时期由美国主导建立的。冷战结束后，为了填补美国撤退后留下的权力真空，东南亚国家开始构建多边主义合作机制，形成以东盟为核心的多边合作机制。非传统安全形势的日益严峻使得东盟国家感到有必要联合东亚地区有重大利益的国家进行多边合作，共同保障东亚地区安全。这些有重大利益的国家主要是指美国、日本、韩国和中国。第二次世界大战后日本帝国的衰落、冷战后美国霸权的危机以及 20 世纪 80、90 年代中国重新融入东亚地区的政治经济，都引起东亚多边机制的变化。中国在东亚的崛起意味着将在地区安全与合作中承担更多的责任，国际社会上也希望中国成为负责任的利益攸关方。①

因此，中国参与东亚地区的多边合作机制是国际社会和东亚国家对崛起后中国的必然要求。中国坚定不移地支持东亚合作的地区自主性，同时发挥中国作为地区大国的作用。中国在东亚地区的地位迅速上升，集中表现在中国对东亚区域合作的重要促进作用。尽管美国在东亚的经济和军事影响力仍然强大，但是，相比距离遥远的美国，东亚国家越来越倾向于选择同样具有经济实力的中国作为地区合作的主要伙伴。当前东亚国家对中国的崛起基本持包容的态度，避免在美国和中国之间做出两难选择，这有利于形成新的东亚地区秩序。② 中国如何发挥在东亚地区的影响力将决定东亚地区将继续保持繁荣、稳定，还是滑向对抗和冲突的边缘。

近年来，东亚区域合作有两个显著特点：其一是东亚非传统安全合作的迅速发展；其二是地区多边组织和多边制度成为合作的主要框架。这两方面的特点是东亚地区各国共同努力的结果，也给各国带来了显而易见的益处。

当前东亚地区非传统安全关注的重点主要是生态恶化、能源短缺、人口膨胀、恐怖主义、海盗袭击和目前的金融危机等。就同样面临诸多非传统安全问题的中国来讲，这几个问题也成为中国关注的重点。"9·11"事件之后，中国政府就非传统安全威胁包括的领域、问题和特点颁布了相应文件，正式将非传统安全提到国家安全战略的高度，并在各种国际场合强调非传统安全威胁因素上升。③ 中国在非传统安全领域形成的一些合作构想和理念对于东亚应对多次非传统安全威胁发挥了重要作用。首先，中国注重本国非传统安全问题的预防和治理。国际上曾经针对中国的粮食安全、能源需求等非传统安全问题提出"中国崩溃论"、"中国能源威胁论"等质疑中国的声音。在经过改革开放 30 年的发展后，中国的粮食安全问题基本得到解决，能源安全、生态安全也通过

①　David M. Lampton: "The Faces of Chinese Power," *Foreign Affairs*, Vol. 86, No. 1, Jan. /Feb. 2007, p. 126.

②　David C. Kang: *China Rising: Peace, Power, and Order in East Asia*, New York, Columbia University Press, 2007, p. 7.

③　俞晓秋等：《非传统安全论析》，《现代国际关系》2003 年第 5 期，第 48 页。

"节能减排"等国内措施得以稳定，中国没有"崩溃"，更没有"威胁"别人，这主要是得益于中国首先立足于国内的措施，从中国自身首先解决国内的非传统安全问题，避免了非传统安全问题向地区和国际的"扩溢"。其次，在解决许多跨国的非传统安全问题时，中国注重加强与其他地区国家的合作和国际合作，通过经济外交、环境外交、人权外交等新的外交手段，加强与相关国家间的对话与合作，共商解决之道。如中国与东盟举行"非典"峰会；共同采取措施应对金融危机。再次，把应对非传统安全问题作为促进中国与周边国家关系的一个重要切入口，尤其是与东南亚国家间的关系。中国与这些国家间的传统安全问题基本得到解决，在中国同一批东南亚国家的领土争端和划界问题顺利解决之后，非传统安全对这些国家的威胁在不断上升。适应这些国家的要求，中国适时把发展与这些国家间关系的重点放在环境保护、打击海盗等非传统安全领域，得到这些国家的欢迎。最后，注重采取预防外交，防止突发事件引发非传统安全问题的恶化。例如，中国一直致力于通过"六方会谈"机制框架解决朝鲜核问题，避免朝鲜半岛爆发战争或朝鲜经济崩溃造成难民问题损害中国同韩国、日本和朝鲜国家间的关系。在 2008 年东盟—中国外长会议上，中国外交部部长杨洁篪强调双方要加强团结合作，共同应对世界经济增长放缓、美元贬值、石油和粮食价格持续高涨等全球性挑战。杨洁篪说，中方愿从九方面加强同东盟的合作，包括中国宣布向东盟派驻大使，密切沟通与协调，以及全面推进中国—东盟自由贸易区建设，争取年内达成《投资协议》。[①]总之，中国在非传统安全问题上主要致力于采取国内措施，注重国际多边合作和预防外交，为东亚的非传统安全合作提供了良好的环境。

2. 中国在东亚区域合作中承担更多责任

以东盟为核心的东亚多边合作机制在 2008 年得到进一步巩固和发展。2008 年 7 月底 8 月初，一年一度的东盟地区论坛会议在菲律宾首都马尼拉举行，东盟 10 国的外长与中国、巴基斯坦、印度、欧盟、日本、韩国、朝鲜、俄罗斯等东盟主要伙伴的外长齐聚一堂，共同商讨地区事务。7 月 23 日，东盟国家在新加坡同主要对话伙伴分别举行"10＋1"外长会议，就加强经贸合作、建立自由贸易区以及地区安全局势等问题开展对话。同东盟国家举行"10＋1"外长会议的对话伙伴包括中国、日本、韩国、印度、澳大利亚、新西兰、加拿大、俄罗斯、美国和欧盟。东盟同美国、欧盟、中国和日本等主要贸易投资伙伴重点讨论了加强双边贸易问题，同澳大利亚、新西兰、中国、印度、日本和韩国讨论了自贸区谈判进程问题。会议还涉及共同打击跨境恐怖活动、加强应对气候变化合作等问题。作为东亚地区大国的中国在东亚区域合作中的分量明显上升，因为就相对收益来讲，中国加入多边组织提升了中国的软实力，而美国的软实力则被削弱了。[②] 美国国务卿赖斯没有出席 2008 年的东盟地区论坛会议就是一个例子。对于中国

---

① 《东盟与对话伙伴分别举行"10＋1"外长会议》，新华网 2008 年 7 月 24 日。
② Lowell Dittmer: "Assessing American Asia Policy", *Asian Survey*, Vol. XⅦ, No. 4, July/August 2007, p. 527.

来说，当前最恰当的选择是加强在东盟地区论坛框架下与美国、日本的合作。正如有些学者的看法：东亚最理想的秩序是中美日合作共同维护亚洲稳定。① 由于历史上中国与日本的长期敌对关系以及美国与日本的传统盟友关系，不可能形成中国、美国和日本中的任何一方主导或其中双方合作主导东亚地区秩序的局面。中美日三方在东盟地区论坛框架下可以形成有利于东亚地区稳定的良性竞争与合作共赢关系，共同为东南亚的经济繁荣、政治稳定和安全和平做出贡献。

东盟＋中日韩（"10＋3"）机制的发展速度相当快，已经成为东亚地区政治安全和经济合作的重要支柱。2008 年度"10＋3"机制取得的成果主要体现在以下几个方面：（1）2008 年 8 月 28 日在新加坡召开了东盟与中日韩经济贸易部长会议，部长们就全球经济形势以及东盟和东北亚国家近期的经济发展交换了意见，也注意到中国—东盟自贸区、韩国—东盟自贸区以及日本—东盟全面经济伙伴关系的现状。声明重申继续以"10＋3"为主渠道实现东亚共同体建设的长期目标，部长们再次强调东盟在该进程中发挥主导。②（2）2008 年 10 月 24 日，出席第七届亚欧首脑会议的东盟 10 国和中国、日本、韩国领导人出席东盟与中日韩领导人早餐会，各方就当前国际金融危机及其对东亚地区的影响等问题非正式、自由地交换了看法，表示愿意加强协调合作，共同防范和抵御危机，维护各国及本地区经济金融稳定。③（3）2008 年 7 月 22 日，中国外交部长杨洁篪出席在新加坡举行的中国与东盟（10＋1）外长会，商讨中国与东盟关系的重大问题。

当前，国际金融市场动荡加剧，世界经济增长明显减缓，对亚洲地区已产生了重大影响。面对这样前所未有的挑战，加快推进东亚区域合作具有特别重要的意义。中国—东盟区域经济合作的深化使东盟国家感受到中国经济快速发展给地区发展带来的好处，消除了东盟国家的疑虑。深入推进中国—东盟区域经济合作，不仅对于推进中国实现科学发展、加快发展、跨越发展意义重大④；而且通过引导中国与东盟区域经济合作向纵深拓展，可以使中国与东盟之间其他领域的合作更加丰富、更加务实，空间更加广阔。中国和东盟 10 国正致力于建设中国—东盟自由贸易区。2008 年 1—9 月，双方贸易额达 1804 亿美元，比去年同期增长 23%。⑤ 中国与东盟国家间的经济合作，可以优化资源配置，推进经济一体化进程，有效地应对挑战。

中国一直主张以现存的"10＋3"机制作为建立"东亚共同体"的母体，并一直支

261

① Victor D. Cha: "Winning Asia: Washington's Untold Success Story," *Foreign Affairs*, Vol. 86, No. 6, Nov./Dec. 2007, p. 98.

② 《第 11 次东盟与中日韩"10＋3"经济贸易部长会议联合新闻声明》，中华人民共和国商务部亚洲司，2008 年 8 月 28 日。

③ 《温家宝出席东盟与中日韩领导人早餐会》，《人民日报》2008 年 10 月 25 日。

④ 王洪涛：《深化中国—东盟区域经济合作》，《广西日报》2008 年 9 月 16 日。

⑤ 王勉、蒋旭峰、王英诚：《王岐山：深化与东盟合作，应对"前所未有挑战"》，新华社 2008 年 10 月 22 日。

持东盟在东亚区域合作中发挥主导作用。日本担心中国在建立东亚共同体过程中发挥越来越大的作用，因此一直主张以"10＋3"加印度、澳大利亚和新西兰在内的"东亚峰会"（"10＋6"）机制为建立共同体的母体，以此"稀释"中国的影响力。① 事实上，澳大利亚、新西兰和印度受日本、印尼和新加坡等国的邀请出席东亚峰会，是因为它们把东亚合作机制视为巨大的机遇。总体上，亚洲正处在一个新的时代，推动东亚地区的力量仍然是东盟 10 国加中日韩三国。

3. 东亚区域合作的新机遇

按照世界体系周期性变动的规律，当前世界体系正处在东亚崛起的时期。② 这一时期也是东亚国家的工业化时期，后续工业化国家经济的崛起将引起国际政治体系的变革③，给东亚国家带来机遇。同时，由于全球能源资源的日益稀缺和世界市场的局限性，东亚国家的崛起将面临更大的挑战。当前，全球和地区事件结合在一起发生作用，将导致霸权政治本身的改变，为东亚地区整合地区力量、形成地区一体化机制提供了机会。典型事件包括：（1）发端于美国的全球金融危机使美国经济和金融霸权受到削弱；（2）石油价格剧烈波动与金融危机并存，表明这一次石油、货币、权力之间的联动关系可能改变原有的世界秩序；（3）第五次中美战略经济对话的丰硕成果表明中美经济的相互依存将更加深入，中国的市场化改革使中国成功地融入世界经济；（4）"金砖四国"等新兴工业化国家经济实力增强，新兴大国间的协作增加标志着世界多极化或者"无极化"趋势的明显④；（5）包括中国在内的大国共同讨论全球和地区事务，地区经济一体化程度增加，地区主导权和合作主体的争执不再似以往那么强烈，经贸领域、金融领域的合作更加实际等等。这一系列的变化都表明，东亚已经成为世界主要的经济增长地区，东亚在世界政治经济中的力量壮大为东亚区域合作带来新的机遇。

当前国际金融危机开始向实体经济蔓延，美国、欧洲、日本三大经济体已经受到严重影响，并开始影响中国和周边地区。中国等发展中国家不再仅仅是一个旁观者和参与者，而成为积极的推动者和倡导者。例如，打破 G8 峰会或 G20 峰会的局限性，谋求更多平等的知情权、参与权、规则制定权、否决权等，使中国和其他发展中国家、新兴国

---

① 原定于 2008 年 12 月中旬在泰国清迈举行的第 4 届东亚峰会及第 14 届东盟峰会因泰国动乱将延期到 2009 年 2 月举行，届时将共同讨论当前的金融局势、东亚金融合作等问题。

② 东亚的崛起正处在康德拉季耶夫周期的 B 段，这一时期也是美国霸权开始衰落的时期。参见Terence K. Hopkins and Immanuel Wallerstein, coord: *The Age of Transition: Trajectory of the World-System*, 1945 - 2025, London: Zed Press, 1995.

③ 引自荷兰阿姆斯特丹大学社会科学院教授 M. P. 阿米内赫（Mehdi Parvizi Amineh）2008 年 12 月 9 日在上海社会科学院的演讲。

④ 例如理查德·哈斯提出："无极世界秩序"是不可避免的，但是"无极世界秩序"不会自己出现，如果不采取行动维持国际机制正常运作，控制各种跨国威胁，"无极世界"将变成无政府状态。参见 Richard N. Haass: "The Age of Nonpolarity: What will Follow U. S. Dominance", *Foreign Affairs*, Vol. 87, No. 3, May/June 2008, pp. 44 - 56.

家能够正式参与国际规则的制定。① 中国积极参与亚洲区域经济合作，依托东亚地区合作机制，参与东盟投资贸易自由化的进程。依托"上海合作组织"，加强与中亚和俄罗斯的经济合作。这些发展措施有助于稳定世界秩序，使世界经济尽快走出萧条时期。应该看到，相比欧美等地区，亚洲国家在这次金融海啸中受创较小，许多新兴经济体的复苏也较快。随着亚洲外储基金的成立，未来亚洲在国际金融事务上将有更大的话语权。②

东亚地区其他大国也正在朝着这方面努力。2008 年 10 月 24 日东盟与中日韩领导人早餐会表明，亚洲国家表现出与欧洲共同应对国际金融危机的意愿。2008 年 5 月，东盟与中日韩就按照由多个双边协定组成的《清迈协定》筹建 800 亿美元的共同外汇储备基金一事达成一致，然而具体作业却迟迟未有进展。此次金融危机将促进《清迈协定》的落实。2008 年 12 月 10 日，中日韩三国央行发表联合声明，同意定期召开行长会议，并决定建立中日韩央行行长会议机制。根据声明，中日韩央行行长会议每年举办一次，以加强三方行长间多年来保持的对话机制。中日韩三国央行行长间加强交流将有利于推动本地区的货币和金融稳定。2008 年 12 月 13 日，中日韩三国领导人会议在日本福冈召开，三国首脑第一次在非东盟国家会面，这也是首次独立于其他多边国际会议的三国领导人会议。中日韩从打破东盟"10＋3"框架，在"三角会议"的平台认真讨论东北亚问题。三个国家都是出口主导国家，美欧是主要市场，面对当前的金融危机，不管是货币贬值还是升值都会带来问题，因此在应对金融危机的问题上，三个国家面对共同的挑战和利益。三国领导人同意扩大在促进自由贸易、扩大财政和货币互惠等方面的合作，以抵御全球经济危机。在此之前，中韩两国央行宣布准备签署货币互换协议，在华盛顿峰会上，日韩已经签署货币互换，对于严重贬值的韩元来说，是最为实质的帮助。如果三国能够借这次金融危机的时机建立一个东北亚金融机制，将有助于稳定金融市场，恢复全球经济增长。

大事记 11－1 亚欧会议大事记

日　期	事　件
1996 年 3 月 1—2 日	第一届亚欧首脑会议在泰国曼谷举行，欧盟 15 国和东盟 7 国加中、韩、日以及欧盟委员会共 26 方成员首脑到会。会议《主席声明》明确亚欧会议以"促进发展全面的亚欧新型伙伴关系"为宗旨。
1998 年 4 月 3—4 日	第二届亚欧首脑会议在英国伦敦举行，通过《关于亚洲金融和经济形势的主席声明》和《亚欧合作框架》，指导并协调成员国合作克服亚洲金融危机、推进亚欧合作。
2000 年 10 月 20—21 日	第三届亚欧首脑会议在韩国汉城召开，会议以"实现新千年的繁荣和稳定的伙伴关系"为主题，通过《主席声明》、《2000 年亚欧合作框架》和《朝鲜半岛和平汉城宣言》。
2002 年 9 月 23—24 日	第四届亚欧首脑会议在丹麦首都哥本哈根举行，通过《主席声明》、《朝鲜半岛和平哥本哈根政治宣言》、《合作打击国际恐怖主义哥本哈根宣言》和《打击国际恐怖主义哥本哈根合作计划》。

---

① 倪建伟：《实施更为积极主动的对外开放战略应对国际金融危机》，人民网 2008 年 11 月 12 日。

② 《亚欧峰会凸显中国地位和作用》，《文汇报》2008 年 10 月 27 日。

日　　期	事　　件
2004 年 10 月 8—9 日	第五届亚欧首脑会议在越南首都河内举行，为亚欧会议实现成员国首次扩容后的 39 方国际盛会，通过《主席声明》、《更紧密经济伙伴关系河内宣言》和《文化与文明对话宣言》。
2006 年 9 月 10—11 日	第六届亚欧首脑会议在芬兰首都赫尔辛基举行，通过《主席声明》、《关于气候变化的宣言》和《亚欧会议未来发展赫尔辛基宣言》。
2008 年 10 月 24—25 日	由中国政府主办的第七届亚欧首脑会议在北京举行，为亚欧会议实现成员国第二次扩容后的 45 方峰会聚首，会议通过《主席声明》、《关于国际金融形势的声明》和《可持续发展北京宣言》。

大事记 11 – 2　2008 年中国参与多边合作机制大事记

日　　期	事　　件
7 月 7—9 日	中国国家主席胡锦涛出席在日本北海道洞爷湖举行的八国集团同发展中国家领导人对话会议，并发表重要讲话。中国等发展中国家加入多边对话，有助于解决能源、生态及粮食安全等世界性问题。
7 月 22 日	中国外交部长杨洁篪出席在新加坡举行的中国与东盟 "10 + 1" 外长会议，商讨中国与东盟关系的重大问题。
7 月 24 日	杨洁篪外长在新加坡出席了第 15 届东盟地区论坛（ARF）外长会并发表讲话，表示中国将积极实践互信、互利、平等、协作的新安全观。
7 月 10—12 日、12 月 8—11 日	在中国北京分别举行了两次朝核问题六方会谈团长会，进入 "行动对行动" 朝鲜半岛无核化阶段，在中国等地区的多边斡旋努力下，东北亚和平安全机制继续推进。
8 月 28 日	胡锦涛主席出席在哈萨克斯坦杜尚别举行的上海合作组织（SCO）成员国元首理事会第八次会议，与各元首共同签署并发表了《杜尚别宣言》。成员国呼吁有关各方通过对话和平解决南奥塞梯问题。
8 月 28 日	在新加坡召开了第 11 次东盟与中日韩 "10 + 3" 经济贸易部长会议，并发表了《联合新闻声明》。
9 月 24—26 日	中国国务院总理温家宝出席联合国千年发展目标高级别会议和第 63 届联合国大会一般性辩论并发表题为《坚持改革开放，坚持和平发展》的讲话，表示实现联合国《千年宣言》的要求，中国是一个负责任的发展中大国。
10 月 24—25 日	第七届亚欧首脑会议在北京举行，这是亚欧会议实现第二轮扩大后 45 个成员国领导人的首次聚会，首脑会议的主题为 "对话合作、互利共赢"。胡锦涛主席发表题为《亚欧携手 合作共赢》的讲话，温家宝总理发表了《同舟共济，互利共赢》的重要讲话。
11 月 14—15 日	胡锦涛主席出席在美国华盛顿举行的 20 国集团领导人金融市场和世界经济峰会（G20），并发表了题为《通力合作，共度时艰》的重要讲话。
11 月 22 日	胡锦涛主席出席在秘鲁国防部会议中心举行的亚太经济合作组织第十六次领导人非正式会议（APEC 峰会）第一阶段会议，今年会议的主题是 "亚太发展的新承诺"。
12 月 13 日	温家宝总理出席首届中日韩定期峰会，此次会议是首次独立于其他多边国际会议的 3 国领导人会议，被称为 "历史性峰会"，会议呼吁建立 3 国伙伴关系，加强应对全球金融危机的合作和加强灾害管理合作。

第十二章 谨慎务实：
冷静应对变化稳定周边环境

2008 年，中国的周边地缘政治出现了一系列新变化，其中一些甚至将深刻影响世界政治格局的发展方向，对中国和平发展的外部环境的稳定造成冲击。因此，中国对这些变化的反应与政策对中国的和平发展与中国的国际地位具有重要意义。一方面，随着中国国家实力与国际地位的提高，国际社会对中国立场和态度的重视与日俱增，中国的立场和行动直接关系到中国的国际威望和影响力；另一方面，中国周边地缘政治的变化与中国的国家利益休戚相关，中国在相关问题上的政策行动不仅是为了维护自身的国家利益，而且向世界充分展示中国对处理有关问题的诚意和原则。这两个方面在中国对俄格冲突的立场与中国处理领土领海问题的新范式上得到了充分体现。

一、俄格冲突引发欧亚大陆的地缘政治新变化

2008 年 8 月 8 日，俄罗斯与格鲁吉亚之间就南奥赛梯和阿布哈兹问题发生大规模军事冲突。南奥赛梯冲突不仅是俄格长期积累的矛盾的反映，也是俄罗斯对西方支持科索沃独立、美国在欧洲部署反导系统、北约持续东扩等无视国际法，无视俄罗斯地缘利益的霸权主义和单边主义行径不满情绪的集中体现，反映俄罗斯对维护自身地缘利益，坚持世界多极化立场，积极发挥大国影响力，致力于增强国力和提升强国地位的战略思考和实践。同时应该看到，南奥赛梯冲突对国际地缘政治格局造成的巨大冲击，一方面，它改变了前苏联地区的地缘政治结构，独联体在形式上变得残缺，格鲁吉亚更加西倾；另一方面，它在一定程度上改变了俄罗斯与美欧原有的关系结构样式和合作促进机制，使国际关系和秩序演化出现新的变数。

1. 俄格在南奥赛梯的军事冲突

2008 年 8 月 7 日深夜，格鲁吉亚军队开始了对南奥赛梯首府茨欣瓦利的"清场"行动，理由是南奥赛梯武装扫射了格鲁吉亚居民居住的村庄。[①] 在"格拉特"火箭炮对

---

① Грузия объявила войну Южной Осетии, 8.8.2008, http://www.dni.ru/polit/2008/8/8/146940.html.

茨欣瓦利及其邻近地区进行数小时的密集发射之后，格军队很快就突破了南奥赛梯武装力量的抵抗和俄维和部队的阻止攻入城内。针对格鲁吉亚的军事行动，俄罗斯做出了强烈反应。外交部长拉夫罗夫指出，南奥赛梯境内的许多居民是俄罗斯公民，"世界上任何一个国家不会对自己公民的死亡和被逐出家园无动于衷"。① 次日，俄北高加索军区第 58 军机械化部队向茨欣瓦利进发，俄第 4 防空军出动轰炸机对茨欣瓦利格军占领的阵地实施轰炸，并先后有第 76 空降师、"东部营"和黑海舰队的舰只等投入战斗。下午 3 时，第 58 军攻入茨欣瓦利。以后几天，战斗在茨欣瓦利市内展开的同时，俄第 4 防空军对格鲁吉亚境内军事设施实施了猛烈轰炸，俄特种部队则成功阻止了格军对连接俄罗斯与南奥赛梯的交通要道和隧道的破坏意图。

2008 年 8 月 11 日，格军撤退，俄军进入格境内作战，并一度控制了格鲁吉亚的哥里市。同日，俄罗斯一支由 9000 人和 350 辆装甲车辆组成的部队开进阿布哈兹，旨在防范格军对阿布哈兹的可能进攻。不过，格鲁吉亚已经没有还击能力，在后撤的同时开始呼吁国际社会调停。8 月 12 日，俄总统梅德韦杰夫宣布"逼和"行动结束，并与主要调停人法国总统萨科奇共同提出解决南奥赛梯冲突"六原则"。

从现实问题来看，南奥赛梯冲突与科索沃宣布独立有直接关系。2008 年 2 月 17 日，科索沃议会以 105 票的绝对多数通过了脱离塞尔维亚共和国独立的决议。科索沃的独立立刻得到美、英、德、日等西方国家的承认，但同时也遭到俄罗斯的强烈反对。科索沃宣布独立的结果完全超出了联合国 1244 号决议范围，而西方大国承认科索沃独立表明，它们在科索沃问题上所处的立场完全是出于获取地缘政治利益的目的：第一，西方的武装干涉与其说是为了"防止杀戮"，不如说是为了进一步削弱南联盟在巴尔干的地缘影响力；第二，北约对科索沃的军事和政治控制使之成为实施东扩和控制欧亚的"优越进攻基地"之一，使得美国在科索沃南部建立起它在欧洲最大的"邦茨基尔"军事基地；第三，对科索沃的控制使西方增强了对巴尔干半岛的地缘政治影响，也进一步削弱了塞尔维亚的传统盟友俄罗斯在东南欧的地缘影响力。

科索沃宣布独立以及西方对科索沃独立采取支持的立场在俄罗斯国内产生巨大反响，俄政权开始采取强硬对策，包括计划支持南奥赛梯和阿布哈兹两个格鲁吉亚已经难以控制的共和国的独立。其中最主要的是，2008 年 3 月 13 日，俄国家杜马就南奥赛梯和阿布哈兹等共和国独立问题举行"独联体协调冲突现状和关于俄联邦承认阿布哈兹共和国、南奥赛梯共和国和德聂斯特沿岸共和国的独立问题"听证会，邀请这些共和国的首脑于 2008 年与会。在俄看来，这些地区的独立特征比科索沃更明显。②

俄罗斯对两个自治共和国关系立场的转变使格鲁吉亚感到紧张。2008 年 3 月初，格鲁吉亚总统萨卡什维利宣布拒绝与格俄混合监督委员会联合主席之一的俄方主席尤

① Версии причин начала войны в Южной Осетии (2008), http://ru.wikipedia.org/wiki/.

② Спикеров парламентов Южной Осетии, Абхазии и Приднестровья пригласили на слушания в Госдуму, 05 марта 2008, http://ipim.ru/news/1637.html.

里·波波夫合作①，而美国总统布什4月访问格鲁吉亚并支持其加入北约则进一步增加了俄罗斯对美国、北约和格鲁吉亚的反感。可以看出，俄罗斯加紧解决南奥赛梯和阿布哈兹独立问题既是针对西方不遵守国际法以"特例"为由支持科索沃独立这一事件，也是针对格鲁吉亚萨卡什维利政权亲西疏俄的一贯方针，从而使外高加索整个事态的发展走向战争。在南奥赛梯大规模军事冲突前的一个星期里，格奥双方已经发生了一系列零星武装冲突。

2. 西方对俄罗斯的战略挤压

俄罗斯与格鲁吉亚之间的冲突不是一个孤立事件，其中既涉及格鲁吉亚领土和主权问题，也涉及格鲁吉亚对外关系走向和高加索地区地缘政治格局发生战略性变化的问题；既关系到地区各国关系的重新定位，也影响国际关系结构走向；既反映俄罗斯和西方在该地区战略利益的对立，也包含俄罗斯和西方在高加索争取对己有利的政治空间、前景的思考。而从南奥赛梯和阿布哈兹宣布独立到俄罗斯支持和承认它们的独立，从俄罗斯军队进入格鲁吉亚境内到西方军舰在黑海集结间接显示武力威慑，反映了南奥赛梯冲突具有的与俄西利益对峙相关的一系列特点。

俄西地缘利益对峙是一个不争的事实，虽然和苏美冷战时期比较少了政治意识形态对立的内容，但俄西文明、文化和价值观的差异使得两者之间依然存在着有形与无形的观念鸿沟，有着现实与潜在的利益对立和冲突。在对立的各方中，西方对俄罗斯的防范并未因苏联解体而减弱，俄罗斯对西方的戒备却因西方的进逼而加强。从范围上看，俄美利益对峙形成三个层面：周边、欧亚、全球。在周边范围内，对俄罗斯抱有明显敌对情绪的只有格鲁吉亚等少数国家。而欧洲对俄一定程度上的政治、经济合作的防范、担心和谨慎态度以及合作的有选择性限制了俄罗斯在欧洲地区的合作和发展空间。在全球范围内，虽然美俄在限制战略武器、反恐等领域的合作取得了一系列进展，但美国的霸权主义野心和单边主义行径使得俄罗斯在世界许多地区的利益受损。一方面，西方致力于挤压俄罗斯地缘空间，竭力削弱俄罗斯政治、安全和经济的地缘控制能力；另一方面，俄罗斯竭力维护自身既得利益，积极应对西方弱俄的措施和手段，并致力于利用自身资源优势，拓展和扩大海外市场，努力打破来自外部的对于合作的抵制和限制。

俄、西地缘利益对峙多重结构的形成与俄格关系在最近5年里明显滑坡密切相关，这既为南奥赛梯和阿布哈兹脱离格鲁吉亚的独立埋下了伏笔，也使得格鲁吉亚成为至目前为止唯一地将自身地缘利益与欧美利益捆绑的前苏联地区的国家。俄格关系恶化的原因是多方面的，其中既有俄罗斯对格鲁吉亚在车臣问题上采取暧昧立场的不满，也有对格鲁吉亚迫不及待地要求俄军从格军事基地撤出的不满。此外，俄罗斯尤其不能接受格鲁吉亚迫切希望加入北约的立场。换言之，历来属于俄罗斯影响范围的高加索地区会因

267

---

① МаринаПеревозкина： ГрузияотформатируетЮжнуюОсетиюТбилисилишилстатусароссийскогодипломата，http：//www. ng. ru/cis/2008 – 03 – 05/8_georgia. html.

格鲁吉亚倒向西方成为欧美的"制高点"，从而使高加索地区的地缘政治结构发生历史性变化。

虽然格鲁吉亚在俄西地缘政治利益对峙链上只是处于第三层面的俄罗斯的一个不起眼的邻国，但却有着严重改变苏联地缘政治结构的巨大能量和潜力；虽然它只是一个弱国，但却具有十分重要的地缘经济意义。它是苏联中亚和里海地区通往欧洲的重要通道，是这些地区撇开俄罗斯与欧洲进行经济交往的重要环节，也是目前已经实现和正在酝酿的连接欧亚的石油和天然气管道的通行路线。正因为如此，格鲁吉亚既为欧美所看重，将它作为不受俄罗斯牵制而扩大自身地缘影响力的重要撬板；也为俄罗斯所担心，将它视做会损害俄"地区利益"的现实和潜在威胁。目前能够让俄罗斯宽心的是，它依然拥有足够的对于格鲁吉亚的军事、政治甚至经济遏制能力，这在一定程度上阻止了格鲁吉亚过快地融入西方体系之中。除此之外，俄罗斯原本也指望格鲁吉亚政局出现变更和调整，希望未来政权能够改变萨卡什维利完全投靠西方的方针，从而使得这一利益对峙链脱落或松动。不过，在俄罗斯支持和承认南奥赛梯和阿布哈兹独立之后，这样的机会已不复存在。

俄西关系的进程表明，俄西对峙状态在很大程度上由西方人为制造。最初，俄罗斯并不希望形成这样的局面，所以，尽管西方多次挑起矛盾和冲突的事端，俄罗斯一直采取较为克制的态度，希望与西方发展积极的伙伴关系。不过，它现在开始以三重身份同西方发展交往关系，第一，对西方的战略挑衅做出积极回应，甚至针锋相对。在某种意义上，俄罗斯支持南奥赛梯和阿布哈兹独立也是为了取得同西方战略利益的平衡。格鲁吉亚完全倒向西方使得俄罗斯对支持它们作为与格鲁吉亚以及西方对立的新的地区制衡力量也就不再有所顾忌。第二，通过政治、军事、经济、社会和人文等合作维持与独联体大部分国家的合作关系，进而保持自身地缘影响力和控制力，使自己同西方打交道依然拥有较大的地区支持力量。第三，不放弃一切可能的机会扩大与西方的合作与交往关系，尤其致力于通过加强具有自身优势的经济、资源领域的合作弱化其他对己不利的因素。

3. 俄格冲突对国际地缘政治格局的影响

2008 年 8 月格、奥冲突，再度改变了 16 年苏联解体后形成的新的地缘空间结构。第一，格鲁吉亚退出独联体。这使得独联体的完整性首次在形式上遭到破坏，使得独联体范围内成员国之间保持的经济和社会人文交流的联系环节出现裂痕，反映了独联体内部分化趋势的持续和独联体的职能、地位和作用的进一步蜕化。第二，新独立国家的出现使高加索产生新的地区冲突和对抗根源。不论事态如何发展，南奥赛梯和阿布哈兹的独立在得到俄罗斯的承认之后已经成为客观事实。不同于苏联地区其他独立国家的是，这两个国家是从格鲁吉亚分离出来的，与俄罗斯有着政治、经济、社会和文化方面千丝万缕的联系。这样，一方面，格鲁吉亚现有的领土面积和人口遭到削弱，另一方面，俄罗斯与南奥赛梯和阿布哈兹形成新的特殊关系。除非格鲁吉亚自认倒霉，偃旗息鼓，否则，这将成为高加索地区动乱和冲突新的根源之一。第三，已经形成的苏联地缘空间结构变化趋势将延续。在某种意义上，这种变化趋势具有刚性特征，一方面，俄罗斯宣布承认南奥赛梯和阿布哈兹独立，与这两个共和国签署和平友好合作条约，参与它们的战后重建和加强同它们的军事合作以及代为在联合国呼吁表明，在这一问题上它不仅不会做任何让步，而且会采取进一步促进措施；另一方面，格鲁吉亚与俄罗斯断交和向国际法院起诉俄罗斯破坏国际法等行动表明，格鲁吉亚执政权对于改变苏联地区地缘政治结构状况有着充分的战略思考和心理准备。一方面，俄西利益对峙状态将延续；另一方面，大部分独联体成员国在密切关注事态发展的同时，将自觉不自觉地涉入地缘利益竞争的行列，其结果不一定都有利于俄罗斯在独联体的地位、作用、影响力和向心力的提升。

俄罗斯在南奥赛梯冲突中表现的立场反映俄罗斯对外关系立场发生重要变化，这是建立在俄对自身国际地位和作用新的评价和自信心基础之上的。俄罗斯 2008 年 7 月新颁布的《俄联邦对外政策构想》明确指出："植根于民族利益坚实土壤上的新俄罗斯，在全球事务中发挥了当之无愧的作用。"① 用梅德韦杰夫的话解释就是："今天的俄罗斯是全球游戏者。"② 这种自信心来自国内连续 8 年的经济增长和曾持续攀升的国际油气行情，来自国家经济实力和综合国力的提升，同样，也出于同西方相左的对国际关系体系和秩序的客观现状及其演化趋势的理解。俄国内的基本共识之一是"俄罗斯致力于发挥正在形成的多极世界主要中心之一的作用"③。换言之，既然世界是多极的，那就意味着，多极世界的每一极的利益都要得到维护。

在俄罗斯看来，第一，格鲁吉亚大规模动用军事力量实施对南奥赛梯的"血腥屠杀"，那就要受到严厉的惩罚，付出代价，不仅要击退格鲁吉亚对南奥赛梯的军事侵犯，使它失去再度组织军事进攻的能力，而且要使它永远与南奥赛梯和阿布哈兹断绝领土上的联系。第二，美国等一些西方大国不顾俄罗斯的严重警告和反对公然怂恿和支持科索沃独立，破坏了国际法和国际游戏规则，为此，俄罗斯应该针锋相对，同样不按常规出牌，从而需要断然支持南奥赛梯和阿布哈兹独立，甚至不惜与北约中止一切合作关系。

尽管美国国务卿赖斯声称俄罗斯不可能"禁止"苏联地区国家加入北约，但俄罗斯显然已做出坚决阻止北约继续东扩尤其阻止乌克兰和格鲁吉亚加入北约的抉择。俄外长拉夫罗夫 2008 年 4 月 8 日在"艾赫，莫斯科"电台直播的讲话中强调："俄罗斯将尽一切所能不使乌克兰和格鲁吉亚被接纳进北约。"④ 此外，俄政府一反常态，不惜抛

269

① КОНЦЕПЦИЯВНЕШНЕЙПОЛИТИКИРОССИЙСКОЙФЕДЕРАЦИИ, http://www. kremlin. ru/text/docs/2008/07/204108. shtml#.

② Стратегическое сближение: Россия делает ставкунаказахстан, http://www. ng. ru/cis/2008－09－22/5_kazahstan. html.

③ ЛутцКливмен: Новая "Большаяигра". ВозвыситсялиРоссиявновь? 27. 09. 2008. http://www. centrasia. ru/news. php.

④ Юрий Симонян: В Тбилиси услышали угрозу ЛавроваРоссийско-грузинские отношения накаляются, http://www. ng. ru/cis/2008－04－10/8_tbilisi. html.

弃十多年努力和期盼加入 WTO 的目标。在美国政府宣布推迟限制俄罗斯对美贸易的"杰克森—维尼克法案"修正案的讨论、威胁阻止其加入 WTO 进程之后,俄第一副总理苏瓦洛夫在普京"完全支持"下于 2008 年 8 月 25 日宣称,"打算放弃"与一些世贸组织成员国已经签署的加入 WTO 协议,因为这些协议会给俄罗斯经济带来损害。① 俄罗斯很清楚,南奥赛梯事件后,在作为世贸成员的格鲁吉亚与其断交,乌克兰先于它加入世贸组织以及美国支持格鲁吉亚现政权的情况下,俄罗斯努力了 14 年之久行将完成的加入 WTO 谈判实际上已经被搁置。南奥赛梯冲突标志俄罗斯对西方关系的立场和态度发生明显变化,它在涉及一系列重要利益问题上不再让步,变得十分强硬。

南奥赛梯冲突引发的俄格战争的实质是俄罗斯首次在境外实施地缘利益争夺战,并且取得了胜利。这场战争产生的有利俄罗斯的积极效应和意义在于:第一,它向世人表明,俄罗斯仍然是一个具有地缘控制能力的大国,它的地区利益不容别国侵犯或损害,必要时,它仍然具有为维护自身利益采取有效军事手段的实力,而且必要时会这样做。第二,这场战争至少会使西方有所顾忌,使其在拓展和争取更多的全球利益的同时不得不更多考虑俄罗斯的生存安全、综合利益和基本立场,从而将在一定程度上推迟或延缓北约东扩进程,或使北约东扩的延伸空间变得有限,或使北约东扩更为困难,或使北约东扩条件变得易为俄罗斯接受。第三,这场战争也对苏联地区独立国家产生实际影响,使它们在积极发展同西方合作关系的同时也需要注重改善与俄罗斯固有的合作关系。第四,这场战争使得格鲁吉亚作为连接欧亚的绕开俄罗斯的运输通道的地位、作用和意义下降,运输的安全性至少在近期会受到质疑。

不过,冲突给俄罗斯带来的并不都是有利的结果和影响。第一,新的地缘空间结构具有明显的对抗性质。南奥赛梯冲突基本采取军事手段解决并从格鲁吉亚分离出两个独立小国等,使俄格潜在对抗形势更为严峻,明显"吃亏"的格鲁吉亚至少在萨卡什维利执政期间不会就此罢休。作为小国它无法与俄罗斯进行军事抗衡,但已经形成的与俄罗斯的敌对态势在一定程度上会对俄罗斯的安全与稳定产生直接或潜在的消极影响。格鲁吉亚为阻止南奥赛梯等独立敢于采取军事行动表明,它在今后也绝不会默认现状。除此之外,南奥赛梯和阿布哈兹虽然宣布独立并有俄罗斯的庇护,但在紧张的外部对峙状态和内部与格鲁吉亚族居民之间关系不睦条件下,它们至少在近期难以形成正常、稳定的局面,从而使高加索地区形势处于经常性的紧张状态之中。第二,南奥赛梯冲突后,欧洲国家(尤其是东欧国家)历来对俄罗斯存有的安全上的心理戒备和防范情绪更趋强烈,使俄罗斯加强合作的努力事倍功半,使俄欧融合前景愈益渺茫。第三,在这场冲突中,俄罗斯没有获得任何实际经济利益;相反,它还需要继续为南奥赛梯和阿布哈兹的安全、人道主义援助以及经济稳定等项目支付资金。第四,俄罗斯在冲突中获胜没有对国内经济产生积极效应,而是继续受世界金融危机影响处于不容乐观的状态之中。

高加索地区新独立国家的出现给地区局势带来新的不稳定因素,一方面,虽然车臣

---

① Путин отступил от BTO, 25.08.2008, http://osradio.ru/news/all/5.html.

分离主义问题已经基本解决，但俄罗斯南部历来存在的民族矛盾和冲突、民族主义、民族分离主义情绪和倾向并没有被完全克服，南奥赛梯冲突将给俄南部地区的稳定和社会经济发展带来新的不确定性；另一方面，这为苏联解体后这一地区其他一些国家持续至今的民族独立要求及企图提供了借口和机会，使这一趋势难以有效抑制。

南奥赛梯冲突的结果绝不是西方所希望的，它冲击着俄罗斯与西方关系的基本走向与进程。在俄罗斯动用黑海舰队的舰只实施对格军事行动之后，美国 2008 年 8 月下旬曾有三艘军舰驶往黑海向格鲁吉亚运送"人道主义物资"，其中，"麦克福尔"号导弹驱逐舰在巴杜米卸货后驻留黑海海域，"达拉斯"号海岸护卫舰亦在格鲁吉亚黑海沿岸的港口驻扎，此外，美第六舰队旗舰"惠特尼山"号也从意大利加埃塔港驶入黑海。① 与此同时，北约有多艘军舰在黑海海域集结进行"例行联合演习"。表面上看，西方军舰在黑海大规模集结具有偶然性，实际上，这带有明显的遏制俄罗斯对格军事行动的意图，以致俄西一度在黑海海域形成严峻的军力对峙形势。换言之，如果俄罗斯在高加索地区对格鲁吉亚采取进一步军事行动，很有可能爆发规模更大、范围更广的军事对抗行动。这种表面平静，实际包含巨大战争危险的非常状态也许是现代大国与大国、大国与地区集团之间角力和较量的新形式，表明这个世界仍然动荡不安。

不过，从总的态势来看，俄西关系尚未因南奥赛梯事件和俄格战争达到决裂和大规模军事对抗的程度。一方面，俄罗斯在实现自己的目标后及时停止了对格鲁吉亚境内军事目标的打击并陆续撤军；另一方面，西方显然并不希望与俄罗斯展开正面军事较量，不想使自己实际卷入对俄战争的漩涡之中。此外，西方亦缺乏其他能够有效制裁俄罗斯的手段和措施，欧洲甚至无法对俄采取制裁措施，因为俄罗斯如果用油气资源作为反制裁手段，欧洲的损失也许会比被制裁方更大。更重要的是，美国金融危机及其引发的欧洲金融动荡使西方无法将更多的注意力和精力用于对付俄罗斯，更何况，美欧还需要与俄罗斯在诸如解决朝核、伊核以及其他全球性问题上进行合作。根本原因在于，俄罗斯作为世界重要一极的经济实力、综合国力及其在世界上的地位、作用和影响力在过去数年中有了明显提升，西方已经无法再将俄罗斯作为"小兄弟"、"小伙伴"看待。

本意上，俄罗斯也不想使事态发展到难以控制的地步，在南奥赛梯冲突中它一开始就采用速战速决的"逼和"军事方案已经表明，它只是针对格鲁吉亚进攻南奥赛梯的军事行动做出反应，在军事反击过程中始终保持着某种节制的态度。事后俄罗斯愿意接受欧洲的调停并准备出席在欧洲举行的格鲁吉亚问题国际会议，普京向格鲁吉亚发出示好信息以及俄外长在联合国与美国国务卿赖斯会谈等一系列行动亦表明，俄罗斯不想走得太远。

尽管俄西之间存在严重的地缘利益对峙，有着各种历史和现实的相互之间的不信任以及价值观上的差异、冲突和对立，但在这个世界上也有着需要共同维护的利益和相互

---

① КОРРЕСПОНДЕНТ: отказалисьотплановотправкидвухкораблейвПоти, 27. 08. 2008, http://osradio.ru/news/all/3.htm.

依存、互补的基础，它们同样重要甚至更为重要。尤其是，现代版的俄西战略利益竞争并不是为了置对方于死地，也不是为了共同受损，更不是为了同归于尽，因此，各方既不太可能退回到苏美关系状态，也不会进入冰释一切历史前嫌的友好热烈的关系状态，而将会保持一种具有对立统一特征的特殊关系状态。一方面，经常性的政治对立和冲突，另一方面，政治合作基础的逐渐扩大；一方面，继续推行军事威慑战略，另一方面，倾向于扩大军事制衡和裁军合作；一方面，愈趋激烈的全球经济竞争，另一方面，愈益加强的世界经济联系和经济一体化趋势；一方面，不同文明之间的摩擦和冲突，另一方面，文明的交流、沟通和融洽扩大化趋势；一方面，人类生态和环境的破坏，另一方面，致力于人类的共同治理和保护性合作；等等。显然，在南奥赛梯事件后，俄罗斯与西方关系将经历一个冷淡期，但发展的基本脉络依然清晰。

二、中国与中亚国家对俄格冲突的立场及影响

2008 年 8 月，俄格冲突的爆发以及俄罗斯宣布承认南奥塞梯和阿布哈兹独立的行动，在国际上引起了强烈而复杂的反响，有关各方纷纷表明立场或做出反应。在这种国际背景下，中国和中亚有关国家对俄格冲突及相关问题的表态和反应就尤其引人关注。

1. 俄格冲突对中俄关系和上合组织的考验

2008 年 8 月 8 日凌晨，格鲁吉亚军队突然进入南奥塞梯地区并炮击其首府茨欣瓦利市。俄罗斯随即大举出兵，俄格军事冲突爆发。8 月 12 日俄格实现停火。8 月 26 日，俄罗斯总统梅德韦杰夫宣布承认南奥塞梯和阿布哈兹独立。9 月 9 日，俄罗斯宣布与南奥塞梯和阿布哈兹建立大使级外交关系。俄格军事冲突与俄罗斯在南奥塞梯和阿布哈兹独立问题上的行动，不仅导致俄罗斯与苏联加盟共和国之间的关系复杂化，而且还造成主权和领土完整国际关系准则面临严重挑战、民族自决原则遭到严重歪曲和滥用、国际关系准则的双重标准现象泛化。[①]

对中国和中亚国家而言，俄格冲突与俄罗斯的有关行动的直接考验在于，应该对俄格冲突和俄罗斯的行动怎样表态和采取什么样的行动。一方面，中国是俄罗斯的战略协作伙伴，中亚国家与俄罗斯具有传统的地缘联系。中国与中亚国家重视发展与俄罗斯的战略关系，因此必须做出适当的表态，理解和支持俄罗斯的行动，否则不符合自身在国际地缘政治中的战略利益。另一方面，中国和中亚自身都面临严峻的分离主义问题，一旦公开支持俄罗斯的行动，就等于承认分离主义势力的国际合法性。如何实现维护与俄罗斯战略关系、国际法准则和自身国家利益三者之间的平衡，就成为 2008 年中国和中亚国家外交上的一大难题。

---

① 季志业：《俄格冲突对国际关系的影响探析》，《现代国际关系》2008 年第 9 期，第 40 页。

　　俄格军事冲突的爆发尤其是 2008 年 8 月 26 日俄罗斯宣布承认南奥塞梯和阿布哈兹独立，引起国际社会的高度关注，各方纷纷表明自己的立场。联合国秘书长潘基文发表声明，对俄罗斯承认南奥塞梯和阿布哈兹独立表示关切，认为俄罗斯此举可能对高加索地区的安全与稳定产生广泛的影响。[1] 美国总统布什发表声明，俄罗斯的举动只会加剧紧张局势，导致外交谈判更加复杂，敦促俄罗斯必须重新考虑这一"不负责任的决定"。[2] 德国总理默克尔表示，俄罗斯承认南奥塞梯与阿布哈兹独立"违反国际法"，违背国际法最根本的领土完整原则，完全无法接受。[3] 法国以欧盟轮值主席国名义的声明"强烈谴责"俄方的这一决定，认为俄罗斯的决定违背联合国宪章、联合国安全理事会相关决议及欧洲安全合作组织最终法案承认格鲁吉亚独立、主权及领土完整的原则。[4] 英国认为，俄罗斯的军事行动和俄罗斯承认阿布哈兹和南奥塞梯是完全不可接受和没有道理的。它直接违反了联合国的创始原则，违背了安理会通过的无数决议。[5] 北约秘书长夏侯雅伯发表声明说，俄罗斯对这两个分离地区的独立要求的承认违反了联合国安理会尊重格鲁吉亚领土完整的有关决议。他重申北约支持格鲁吉亚的主权和领土完整，并呼吁俄罗斯予以尊重。欧安组织轮值主席国芬兰表示，俄罗斯承认南奥塞梯和阿布哈兹独立"违反了欧安组织的基本原则"。此外，西方一些国家甚至出现了取消和抵制俄罗斯举办 2014 年冬季奥运会资格的言论。

　　俄格冲突爆发之后，中国政府密切关注事态的发展并及时表明了立场。2008 年 8 月 13 日，中国外交部发言人秦刚关于南奥塞梯冲突问题的声明指出，"中方对南奥塞梯地区紧张局势升级，发生武装冲突表示严重关切。中方呼吁有关方面保持克制，立即停火。我们衷心希望冲突各方通过对话和平解决争端，以维护该地区的和平与稳定"[6]。8 月 27 日，胡锦涛在杜尚别会见了前来出席上海合作组织峰会的俄罗斯总统梅德韦杰夫。梅德韦杰夫介绍了南奥塞梯和阿布哈兹的有关情况和俄方立场。胡锦涛表示，中方注意到南奥塞梯和阿布哈兹局势发生的最新变化，希望有关各方通过对话协商妥善解决问题。胡锦涛还表示，中方坚定支持俄方举办 2014 年索契冬奥会。[7] 8 月 28 日，中国外交部发言人秦刚在回答"中方是否认为俄罗斯承认南奥塞梯和阿布哈兹独立为解决

---

　　① Statement of the Secretary-General on Georgia, New York, 26 August 2008，参见联合国官方网站，http：//www. un. org/apps/sg/sgstats. asp？nid＝3370。

　　② President Bush Condemns Actions Taken by Russian President in Regards to Georgia, August 26, 2008，参见美国白宫网站，http：//www. whitehouse. gov/news/releases/2008/08/20080826－2. html。

　　③ Alan Cullison, Andrew Osborn: "Russia Recognizes Separatist Regions", *The Wall Street Journal*, August 27, 2008。

　　④ 2008 年 8 月 28 日《安全理事会第 5969 次会议记录》，第 8 页。参见联合国官方网站，http：//www. un. org/chinese/documents/view_doc. asp？symbol＝S/PV. 5969&Lang＝C。

　　⑤ 2008 年 8 月 28 日《安全理事会第 5969 次会议记录》，第 10 页。参见联合国官方网站，http：//www. un. org/chinese/documents/view_doc. asp？symbol＝S/PV. 5969&Lang＝C。

　　⑥ 《2008 年 8 月 13 日外交部发言人秦刚举行例行记者会》，参见中国外交部官方网站，http：//www. fmprc. gov. cn/chn/xwfw/fyrth/1032/t465510. htm。

　　⑦ 《国家主席胡锦涛会见俄罗斯总统梅德韦杰夫》，《人民日报》2008 年 8 月 28 日，第 1 版。

领土争端开启了一个破坏性的先例"这一问题时表示，"中方对南奥塞梯和阿布哈兹局势发生的最新变化表示关注。我们了解南奥塞梯和阿布哈兹问题的复杂历史和现实情况。同时，基于中方在此类问题上的一贯原则立场，我们希望有关各方通过对话协商妥善解决"。而且，秦刚针对美国要求国际奥委会取消俄罗斯主办 2014 年索契冬奥会的资格这一问题表示，中方将继续坚定地支持俄罗斯主办 2014 年索契冬奥会。①

与此同时，中国也在外交上对格俄冲突采取了一系列"稳妥而有原则的"政策措施：支持俄罗斯在外高加索地区发挥积极的、建设性的作用；继续发展与格鲁吉亚的正常关系；向南奥塞梯和阿布哈兹两地提供人道主义援助，支持俄罗斯在两地发挥建设性作用；支持俄罗斯在反对北约东扩，反对美国在波、捷部署反导系统，反对科索沃独立，反对西方冷战思维等问题上的立场和政策。② 而且，中国对国际社会一系列涉及俄格冲突问题的活动做出了适当的反应。中国在联合国安理会有关格鲁吉亚问题的会议上重申了中国外交部的声明，没有发表其他具体的意见。2008 年 10 月 15 日、11 月 20 日和 12 月 18 日，在联合国、欧盟和欧安组织共同主持下，俄罗斯、格鲁吉亚、美国以及南奥塞梯和阿布哈兹代表出席的"格鲁吉亚问题国际会议"先后进行了三轮会谈，中国政府对此没有发表任何评论和声明。2008 年 10 月 22 日，由欧盟和世界银行联合发起的"援助格鲁吉亚大会"在布鲁塞尔举行，67 个国家和国际机构的代表出席大会，中国没有派代表出席这次会议。2008 年 10 月 24—25 日，第七届亚欧首脑会议的议程以及最后的主席声明中，没有涉及任何有关俄格冲突及南奥塞梯和阿布哈兹的承认和地位的内容。

客观上讲，中国政府在俄格冲突以及俄罗斯承认南奥塞梯和阿布哈兹独立等问题上的外交表态和行动，从总体上看是稳健和适当的，充分体现了"韬光养晦、有所作为"的外交方针。中国的立场和反应既维护了国际法有关"国家主权"和"领土完整"原则的尊严，也符合中国在类似问题上的一贯立场和；既坚持了中国"不结盟"的政策原则，同时又兼顾了中国与俄罗斯的战略协作伙伴关系。

中国的这些表态和反应是经过深思熟虑的决定，具有深层次战略考虑。

首先，中国自身的国家利益是中国有关立场和行动的根本依据。实事求是地看，南奥塞梯和阿布哈兹问题并不直接涉及中国的国家核心利益。但同时也应该认识到，俄格冲突以及俄罗斯承认南奥塞梯和阿布哈兹独立对中国的国内政治具有深刻影响。中国一贯主张尊重国家领土主权的完整和统一，不支持通过军事行动改变主权国家之间领土现状的做法，尤其反对借民族自决的名义搞国家独立的分裂活动。因此，中国对俄格冲突与南奥塞梯和阿布哈兹独立问题的反应，必须以维护中国国家统一和领土主权完整这一核心国家利益为准则，坚持基本的国际法原则。

---

① 《2008 年 8 月 28 日外交部发言人秦刚举行例行记者会》，参见中国外交部官方网站，http：//www. fmprc. gov. cn/chn/xwfw/fyrth/1032/t469506. htm。

② 潘光：《国际冲突》，《新民晚报》2008 年 12 月 29 日。

其次，维护和发展中俄战略协作伙伴关系是中国有关立场和行动的主要出发点。中俄战略协作伙伴关系已经走过 12 年的发展历程，具备坚实的互信基础、完备的合作机制和丰富的战略内涵。中俄战略协作伙伴关系是建立在中俄两国共同利益的基础之上的，中国与俄罗斯两国除了中俄共同利益之外，各自还具有更加广泛的国家利益。对于两国共同利益之外的各自利益关切和行动，中俄双方是相对独立和自由的，并非必须采取完全一致的立场。因此，中国重视俄罗斯对其国家核心利益的关切，理解俄罗斯在关系其国家核心利益问题上的行动，并根据中国自身利益采取适当措施策回应俄罗斯的行动。中国对俄格冲突的立场和行动符合中俄战略协作伙伴关系的要求，使中俄战略协作伙伴关系得到了提升和发展。

再次，中国外交"不结盟"和避免集团政治对抗的方针是中国有关立场和行动的基本原则。俄格冲突以及俄罗斯在南奥塞梯和阿布哈兹问题上的有关行动，对中国的"不结盟"政策实际上是一次重大考验。中俄建立和发展战略协作伙伴关系与中国坚持"不结盟"政策两者是并行不悖的，中国理解并适度支持俄罗斯在关乎核心利益上的行动并不等于中国放弃"不结盟"政策。中国采取与俄罗斯完全一致的立场，不仅不符合中国的"不结盟"外交方针，而且会导致世界政治出现集团化的趋势。世界出现类似"冷战"的阵营对抗将不可避免地恶化中国和平发展的地缘环境，这不符合中国长远的战略利益。

中国在俄格冲突及有关问题上的立场，反映了一个国际影响力日益上升的负责任国家形象，表明中国在处理突发重大国际问题上日趋成熟。而且中国的立场和态度，符合上海合作组织成员国的共同利益，得到了俄罗斯的理解和肯定。因此，中国的相关立场以及协调上海合作组织成员国的能力，有利于维护和促进世界与地区的和平与稳定。

2. 中亚国家对俄格冲突的态度及其影响

中亚国家作为苏联的加盟共和国，被俄罗斯视为具有传统关系的友好国家和战略伙伴，它们关于俄格冲突以及俄罗斯有关行动的立场和态度对俄罗斯来说具有至关重要的意义。因此，俄罗斯对中亚国家寄予厚望。然而，中亚国家并未贸然表态，有关的立场和反应相对谨慎。

俄格冲突一爆发，中亚国家就意识到这一事件与自身利益休戚相关。哈萨克斯坦和吉尔吉斯斯坦谴责格鲁吉亚采取军事行动，但没有对俄罗斯军队的行动做出明确评价。2008 年 8 月 8 日，哈萨克斯坦总统纳扎尔巴耶夫表示，格鲁吉亚的行动加剧了地区的紧张局势，并认为除了和平解决没有其他办法。哈萨克斯坦外交部官员叶尔让·阿希克巴耶夫在声明中表示，"哈萨克斯坦对冲突导致大量人员伤亡深表遗憾"，并准备在独联体框架下参与协调工作，以研究通过政治手段来解决冲突的办法。8 月 13 日，纳扎尔巴耶夫在会见吉尔吉斯斯坦总统巴基耶夫时又提出，领土完整原则是国际社会公认的，独联体通过的文件反对分裂主义，应该采取和平的方式通过谈判解决国际问题。不能使用武力解决这种冲突。纳扎尔巴耶夫还表示，国际社会现在应该站在共同解决问题的立场上。因此，哈萨克斯坦决定向南奥塞梯提供人道主义援助，同时避免表明自己站在哪一方。吉尔吉斯斯坦是独联体轮值主席国，吉尔吉斯斯坦总统库尔曼别克·巴基耶夫发表声明称，南奥塞梯冲突应通过政治手段解决，只有在政治层面根据公认的国际法原则才是解决格鲁吉亚和南奥塞梯冲突的现实途径，并指示外交部与独联体各国外交部门就南奥塞梯局势进行协商。乌兹别克斯坦、土库曼斯坦和塔吉克斯坦则在有关问题上基本保持沉默。

2008 年 8 月 26 日，俄罗斯总统梅德韦杰夫宣布承认南奥塞梯和阿布哈兹独立，中亚国家对此集体"失语"，这一点在上海合作组织杜尚别峰会上得到了充分反映。8 月28 日，在塔吉克斯坦首都杜尚别召开的上海合作组织成员国峰会上，俄格冲突以及南奥塞梯和阿布哈兹问题实际上成为峰会的核心问题，俄罗斯极力推动上海合作组织支持并采取与俄罗斯一致的立场。但是，中亚各国出于自身利益和各方面的考虑，没有一个国家公开承认南奥塞梯和阿布哈兹的独立，普遍采取了支持俄罗斯的行动和立场但不做出公开表态的做法。① 中亚国家在俄格冲突以及俄罗斯承认南奥塞梯和阿布哈兹独立问题上的立场，直接影响到上海合作组织作为一个地区国际组织的集体表态。在上海合作组织杜尚别峰会通过的元首宣言第三条中专门提到俄格冲突，支持俄罗斯在促进地区和平中发挥积极作用，但并未正面回应俄罗斯呼吁的各成员国承认南奥塞梯和阿布哈兹独立的建议。

中亚国家和上海合作组织的有关立场和表态也直接影响了中亚和高加索地区其他国际组织的反应。2008 年 9 月 5 日，由俄罗斯、白俄罗斯、哈萨克斯坦、吉尔吉斯斯坦、乌兹别克斯坦、塔吉克斯坦和亚美尼亚组成的独联体集体安全条约组织峰会并未做出承认南奥塞梯和阿布哈兹独立的统一决定，但声明独联体集体安全条约组织成员国"支持俄罗斯在促进地区和平与合作、对南奥塞梯与阿布哈兹的持久安全提供保障方面发挥积极作用"，同时"呼吁北约国家仔细考虑北约东扩和在集体安全条约组织成员国边境附近部署反导系统新设备可能造成的一切后果"。②

中亚国家在俄格冲突及其相关问题上的表态和反应有其深刻的根源。

第一，推行平衡外交。中亚国家大力推进多元化外交，积极发展与西方国家的关系以对冲俄罗斯和中国在中亚的影响，从而实现中亚国家的战略收益最大化。哈萨克斯坦一直希望能够扩大自己的对外交往范围。哈萨克斯坦是美国在中亚国家中投资最多的国家。据哈萨克斯坦官方统计，美国已成为对哈投资最多的国家。哈萨克斯坦和格鲁吉亚经济关系发展迅速，哈萨克斯坦在格鲁吉亚的投资达到 100 亿美元。哈萨克斯坦还积极推动将石油通过格鲁吉亚的巴统港出口欧洲。哈萨克斯坦每年通过巴统港出口的石油达

---

① 梁强：《上合峰会区别对待俄格冲突，坚决捍卫国际法统》，《南风窗》2008 年第 19 期。

② 阿·杜布诺夫："这样更安全——集体安全条约组织承认俄罗斯有理，但不是南奥塞梯与阿布哈兹"，俄罗斯《新闻时报》2008 年 9 月 8 日。转引自王郦久：《俄格冲突的国际影响分析》，《外交评论》2008 年第 5 期，第 60 页。

到 100 万吨。乌兹别克斯坦一度是美国在中亚的反恐基地，在颜色革命的冲击下乌兹别克斯坦调整对美国的政策，乌俄关系急剧升温。近来一度跌入低谷的乌美关系又开始上升。吉尔吉斯斯坦也在美国和俄罗斯之间搞平衡，吉尔吉斯斯坦"玛纳斯"基地仍供美军使用，同时吉尔吉斯斯坦也对俄罗斯表示支持。

第二，维护国家统一。中亚各国都是独立不久的多民族国家，由于历史和现实原因，各国内部都存在着程度不一的民族分裂势力，而且中亚国家之间还存在一系列领土纷争。因此，中亚国家对任何旨在支持分离地区从现有主权国家独立的做法保持高度警惕，以免引发本国分裂势力的反应。如果中亚国家承认了南奥塞梯和阿布哈兹的独立，那就会导致其他国家对本国境内分裂地区的承认。出于国内政治的考虑，避免支持任何形式的分离主义行动。鉴于自身和地区面临的形势，中亚国家理解俄罗斯在高加索地区的立场，但由于各自不同的原因无法在当前形势下公开支持俄罗斯的行动。

第三，避免集团对抗。中亚国家避免在中亚和高加索地区形成集团对抗的局面，以免自己成为对抗的前线。虽然中亚国家当前最担心的并不是类似事件发生在自己身上，而是高加索地区的紧张局势所造成的战略对抗态势，使他们感到自身的安全和利益受到严重威胁。正如哈萨克斯坦《尖头》杂志主编所说，"我们不想决定选择站在哪一边，我们只想拥有我们现在所有的一切。但是，如果俄罗斯和西方国家的冲突进一步升级，或许一切都将变得不再可能"①。

中亚国家在俄格冲突以及俄罗斯承认南奥塞梯和阿布哈兹独立问题上的立场，对地区乃至国际局势的发展具有深远影响。可以毫不夸张地说，正是中亚国家的集体"中立"立场，大大降低了俄罗斯在俄格冲突问题上进一步采取过激行动的可能性，从而有效缓解了在中亚和高加索地区出现集团对抗的危险。

3. 上海合作组织在中亚的作用愈益凸显

上海合作组织在俄格冲突和南奥塞梯与阿布哈兹独立问题上的立场和表态，充分反映了它作为一个新型区域合作组织的日益成熟与稳健，上海合作组织在中亚地区和国际事务中所发挥的积极作用进一步显现。

冷战结束后尤其是普京执政以来，俄罗斯一直致力于重新提升其国际地位，以求得自己的大国声望和国际社会更加严肃的对待。从这个意义上说，俄格冲突预示着苏联地区局势将进入一个全新的阶段，可能意味着新的地缘政治版图划分和外高加索大国关系重新洗牌的开始。② 2008 年 8 月 31 日，俄罗斯总统梅德韦杰夫在索契接受新闻专访时宣布了"俄罗斯外交政策五项原则"，其中第五项原则就是俄罗斯关注自身在友好地区的利益。③ 而且，梅德韦杰夫对友好地区做出了明确界定，"与世界上其他国家一样，

---

① "An Old Sweet Song: Russia's Central Asian Underbelly Rumbles Queasily", *The Economist*, Aug. 28th, 2008.
② 王娜：《俄格冲突：外高加索大国博弈的缩影》，《中国社会科学院院报》2008 年 9 月 23 日。
③ 《梅德韦杰夫宣布俄对外政策五原则》，《人民日报》2008 年 9 月 2 日，第 3 版。

俄罗斯也有一些存在特权利益的地区。它们就是俄罗斯传统友好国家所在的这些地区"。西方则将梅德韦杰夫的这一界定解读为俄罗斯重申它在世界上的势力范围。①

不可否认，俄罗斯在谋求其国际地位过程中十分重视上海合作组织的作用，积极谋求上海合作组织的协调一致，全面支持俄罗斯的相关行动。在俄格冲突和俄罗斯宣布承认南奥塞梯和阿布哈兹独立问题上，俄罗斯也极力主张上海合作组织支持和采取与俄罗斯一致的立场。2008 年 8 月 28 日，俄罗斯总统梅德韦杰夫在上海合作组织杜尚别峰会上提出，上海合作组织各成员国的一致支持将是对那些将格鲁吉亚领导人造成的流血冒险正当化的人发出的严肃信号。② 面对俄罗斯对上海合作组织的殷切期待，上海合作组织在俄格冲突和南奥塞梯和阿布哈兹独立问题上面临艰难的选择，这不仅关系到上海合作组织未来的发展方向，而且将直接影响地区和国际政治的发展态势。因此，国际社会高度关注上海合作组织的集体表态。上海合作组织成员国意识到上海合作组织不理性的集体表态将加剧地区的紧张局势，不利于维护地区的稳定和发展。

2008 年 8 月 28 日，上海合作组织成员国元首杜尚别宣言中对俄格冲突及有关问题做出了明确的表态。宣言第三条专门就俄格冲突指出："本组织成员国对不久前围绕南奥塞梯问题引发的紧张局势深表担忧，呼吁有关各方通过对话和平解决现有问题，致力于劝和促谈。本组织成员国欢迎 2008 年 8 月 12 日在莫斯科就解决南奥塞梯冲突通过的六点原则，并支持俄罗斯在促进该地区和平与合作中发挥积极作用。"上海合作组织成员国元首杜尚别宣言在表示支持俄罗斯的同时，也坚定地维护了国际法的基本准则。宣言的第一条就明确反对通过军事手段解决国际问题，"当前，任何一个国际问题都不可能通过武力解决，这在客观上降低了武力因素在全球和地缘政治中的作用。企图单纯依靠武力解决问题是完全行不通的。这只会阻碍局部冲突的综合解决"。宣言积极主张通过和平谈判解决国际问题，并强调要兼顾各方的利益，以免对地区稳定造成新的隐患。"只有充分考虑各方利益，将各方纳入谈判进程，而不是将其孤立，才能全面解决现存问题。"而且，宣言还特别强调支持国家领土主权完整原则，"必须尊重每个国家和每个民族的历史与文化传统，以及根据国际法为维护国家统一和领土完整、促进各民族和睦相处、共同发展所做的努力"。宣言大力倡导"应在恪守《联合国宪章》和公认的国际法准则基础上，重申应发挥多边外交的作用，摒弃对抗思维、集团政治和单边主义"③。值得注意的是，杜尚别宣言并未发表像 2005 年阿斯塔纳宣言那样浓厚的反西方言论。

显然，上海合作组织的上述立场是经过慎重考虑做出的选择，上海合作组织的这种选择既有利于上海合作组织形成统一的集体立场，同时又有效地规避了上海合作组织走

---

① Andrew E. Kramer: "Russia Claims Its Sphere of Influence in the World", *New York Times*, September 1, 2008.

② 日本《朝日新闻》，2008 年 8 月 29 日。

③ 《上海合作组织成员国元首杜尚别宣言》，《人民日报》2008 年 8 月 29 日，第 3 版。

向政治军事集团的风险。这充分说明"求和平、谋发展"已经成为上海合作组织各成员国的共识，上海合作组织将以更加务实的态度维护地区的和平、促进地区的发展。更为重要的在于，上海合作组织在俄格冲突及相关问题上的表态和立场，实际上使上海合作组织在集体行动方面形成了一种不成文的规则，即上海合作组织不以任何成员国的个别利益作为整个组织的集体利益，任何成员国的个别行动不代表和影响整个组织的集体行动；上海合作组织的集体行动必须基于上海合作组织各成员国的共同利益之上，在涉及有关成员国个别利益的问题上，上海合作组织坚持按照基本的国际法原则采取集体行动。

与此同时，上海合作组织在维护地区稳定和地区事务中的作用进一步加强。2008年8月28日，胡锦涛主席在上海合作组织成员国元首理事会第八次会议上的讲话中指出："解决本地区问题，归根结底要靠本地区国家联合自强。深化区域合作，是应对当前面临的威胁和挑战的有效途径。上海合作组织成员国应该更加紧密地团结起来，共同应对各种挑战，共同分享发展机遇。"[1] 在上海合作组织框架内打击恐怖主义、分裂主义和极端主义的合作不断巩固，地区反恐怖机构在反恐合作的作用进一步加强。针对阿富汗毒品生产和走私规模日益扩大的现实，上海合作组织积极推动联合国安理会将打击阿富汗毒品生产和走私问题纳入国际安全援助部队的职责范围，同时推动驻阿国际安全援助部队与阿富汗政府、邻近国家及其他有关国家合作，加强上海合作组织——阿富汗联络组的工作，筹备召开上海合作组织倡导的阿富汗问题特别国际会议，讨论共同打击恐怖主义、非法贩运毒品和有组织犯罪问题。同时促进上海合作组织与有关国家和地区性国际组织的合作，建立广泛的伙伴关系网，应对恐怖主义和毒品威胁。

而且，上海合作组织在推动区域合作方面的地位和功能日益加强，区域合作的层次和内涵进一步得到提升和充实，上海合作组织成员国之间的能源、交通、商贸和人文合作稳步推进。上海合作组织实施了一批交通、能源、通信等领域的示范性项目，同时，启动了农业、科技合作，在教育、文化、环保、救灾等领域的合作成果丰硕，对外交往积极活跃。贸易投资便利化进程稳步推进，国际道路运输便利化协定主协定商谈顺利结束，各成员国与联合国、亚洲开发银行等国际组织和金融机构开展密切合作。2008年10月30日，上海合作组织成员国海关部门授权代表在上海合作组织成员国政府首脑（总理）理事会例行会议期间签署了《海关能源监管信息交换议定书》。[2] 中吉乌公路、塔乌公路等项目稳步推进，新一批多方参与、共同受益的示范性项目即将付诸实施。上合组织内的经济合作，都是以具体项目为先导，在每一个项目合作的背后，都形成了由产业、政府和学术界参加的论坛、会议机制。[3]

---

① 胡锦涛：《携手建设持久和平、共同繁荣的和谐地区——在上海合作组织成员国元首理事会第八次会议上的讲话》，《人民日报》2008年8月29日，第1版。

② 《上海合作组织成员国政府首脑（总理）理事会会议联合公报》，《人民日报》2008年10月31日，第3版。

③ 卢国学：《深化合作　共同发展》，《人民日报》2008年10月31日，第3版。

另外，上海合作组织在对外交往方面也不断创新机制，扩大上海合作组织的对外联系对象和影响力。上海合作组织成员国在杜尚别峰会上一致批准了《上海合作组织对话伙伴条例》，以建立一种新的合作机制，即"对话伙伴"关系。任何国家或国际组织可以参加这一合作机制，通过对话伙伴这一机制与上海合作组织开展对话与合作，共同致力于促进本地区稳定和发展。这体现了上海合作组织在发展过程中的开放性原则，也充分说明了上海合作组织绝非一个排他性的地区国际组织。

三、中国处理领土领海问题新范式及战略考量

2008年，中国与有关国家在处理边界问题和领土领海纷争方面取得了一系列具有里程碑意义的成果，这些成果不仅降低了中国边境地区的安全风险，更关键的在于它们为改善和提升中国与有关国家的关系消除了障碍，为中国的和平发展创造了良好的周边地缘环境，而且为中国解决领土领海争端提供了新的范式。

1. 中俄解决黑瞎子岛领土归属的深远意义

2008年，中国在解决边界和领土领海问题上取得了一系列的进展，其中有一些实现了历史性的突破。中国与俄罗斯、越南、日本和印度等国在处理边界问题和领土领海纷争方面均取得了卓有成效的成果，成为中国在2008年周边外交上的一大亮点。

2008年7月21日，中国外交部部长杨洁篪与俄罗斯外长拉夫罗夫在北京签订了《中俄国界线东段叙述议定书及其附图》，[1] 这标志着中俄长达4300公里的边界全线勘定，中俄两国边境问题最终得到彻底解决，其中具有里程碑意义的事件是黑龙江上的银龙岛和半个黑瞎子岛的回归。黑瞎子岛位于中俄边界的黑龙江、乌苏里江汇合处，又称抚远三角洲，由银龙岛、黑瞎子岛、明月岛等3个岛系组成，约327平方公里。根据2004年10月14日签署的《中俄关于两国边界东段的补充协定》：银龙岛归中国所有；黑瞎子岛一分为二，靠近哈巴的一半归俄罗斯所有，靠近中国的一半则归中国所有。这意味着原本由俄罗斯实际控制的银龙岛和黑瞎子岛有争议的约174平方公里的土地重新回归中国。

2008年10月14日，中国外交部和俄罗斯外交部通过换文确认《中华人民共和国政府和俄罗斯联邦政府关于中俄国界线东段补充叙述议定书》及其附件正式生效。中俄双方在黑瞎子岛举行了"中华人民共和国与俄罗斯联邦国界东段界桩揭幕仪式"，两国边防部队已开始按双方勘定的国界线履行防务。[2] 中国与俄罗斯边界问题的双边协定

---

[1] 《杨洁篪与俄罗斯外长拉夫罗夫举行会谈，中俄长达4300多公里的边界全线勘定》，《人民日报》2008年7月22日，第4版。

[2] 《中俄举行国界东段界桩揭幕仪式》，《人民日报》2008年10月15日，第4版。

最终得到落实，成为中俄双边关系史上一件具有深远影响的大事。中俄边界问题的最终解决是中俄双方按照国际法基本准则，基于历史和现实，平等协商、互谅互让的结果；是双方从建立两国永久睦邻友好关系的高度做出的战略选择，对中俄双方都具有重大的现实意义和深远的战略意义。

2008 年 10 月 14 日，中国外交部发言人秦刚在例行记者会上表示，中俄历史遗留边界问题的解决是双方本着平等协商精神、历经多年谈判的结果，体现了中俄战略协作伙伴关系的高水平和特殊性。中俄解决边界问题是两国落实《中俄睦邻友好合作条约》的具体步骤，体现了双方"世代友好"的和平思想。中俄解决历史遗留边界问题的经验表明，和平对话、公平合理、平等协商是解决复杂敏感问题的正确和有效途径，它为国际社会通过外交手段解决类似问题树立了典范。① 俄罗斯《独立报》的评论文章指出，显而易见，俄罗斯外交迈出了明智的一步，清除了与中国这种强国的潜在紧张源头。边界问题得以解决总是一件好事。这一举措为延续 200 年的边界问题画上了句号，使莫斯科能在与西方的对话中表现得更为自信。②

2. 中越、中日、中印处理领土领海问题的进展

经过 8 年的陆地边界勘界，2008 年中国与越南双方顺利完成了陆地边界全线勘界立碑工作。2008 年 12 月 28 日至 31 日，中越政府边界谈判代表团团长会晤在河内举行。中国外交部副部长武大伟同越南外交部副部长武勇，就解决中越陆地边界勘界立碑全部剩余问题达成一致。2008 年 12 月 31 日，中越政府边界谈判代表团团长发表了共同声明。如期实现了两国领导人确定的 2008 年内完成陆界全线勘界立碑工作的目标。③ 中越完成陆地边界全线勘界立碑工作，是中越双方在解决边界问题上取得的重要成果。

2008 年，中国还与日本在东海问题尤其是东海共同开发问题上取得了历史性的突破与进展。2007 年 12 月 28 日，温家宝总理与日本首相福田康夫会谈时就东海问题交换意见，坚持两国领导人 2007 年 4 月达成的五点共识精神并取得四点新共识。④ 2008 年 5 月 4 日，胡锦涛表示，中方高度重视东海问题，为解决这一问题做出了很大努力。关于东海油气田共同开发问题，两国外交部门根据两国领导人达成的共识进行了深入有益的磋商，取得了积极进展。胡锦涛表示，"在双方共同努力下，一定能够找出双方都认可的方案，这个问题一定能够得到妥善解决"⑤。中国与日本两国领导人在东海问题上逐渐形成的共识，成为中日两国在东海问题尤其是东海共同开发问题上不断取得进展

---

① 《2008 年 10 月 14 日外交部发言人秦刚举行例行记者会》，参见中国外交部官方网站，http://www.fmprc.gov.cn/chn/xwfw/fyrth/1032/t472016.htm。

② 俄罗斯《独立报》，2008 年 10 月 15 日。

③ 《中越陆地边界勘界立碑工作圆满结束，中越政府边界谈判代表团双方团长发表共同声明》，《人民日报》2009 年 1 月 1 日，第 3 版。

④ 《中日两国领导人关于东海问题达成新共识》，《人民日报》2007 年 12 月 29 日，第 1 版。

⑤ 《胡锦涛接受日本驻京媒体联合采访》，《人民日报》2008 年 5 月 5 日，第 1 版。

的坚实基础。

2008 年 6 月 18 日，中日两国政府同时宣布，经过 11 轮东海问题磋商，中日双方在平等协商基础上就东海问题达成原则共识。其中的核心内容就是：一、确立中日在东海进行合作的原则立场，在中日实现东海划界前的过渡期间，在不损害双方法律立场的情况下进行合作。二、确定双方在东海北部海域实现共同开发的几个步骤，作为中日在东海共同开发的第一步和试点，并继续磋商尽早实现在东海其他海域的共同开发。三、日本法人依照中国法律参加春晓油气田开发。中国企业欢迎日本法人按照中国对外合作开采海洋石油资源的有关法律，参加对春晓现有油气田的开发。① 中日关于东海共同开发的原则共识为中日在东海油气田资源的合作提供了必要的基础，有利于中日在东海问题上取得进一步的突破，也为中日东海渔业资源和领海边界线等问题的全面解决创造了良好的条件。

在中印边界问题上，中国与印度两国关于中印边界解决总体框架的谈判也正在积极向前推进。2008 年 1 月 14 日，温家宝与来访的印度总理辛格会谈时表示，近年来中印边界谈判取得了积极进展，双方应坚持从战略高度和两国关系大局出发，通过平等协商和互谅互让，早日达成一个公平合理、切实可行的框架方案。在边界问题解决之前，双方要共同努力维护边境地区的和平与安宁。辛格也表示，印方有解决两国边界问题的政治意愿，愿与中方共同努力，按照双方达成的关于解决边界问题的政治指导原则，责成两国特别代表加倍努力，争取早日找到解决这一历史遗留问题的方案。② 双方还签署了《中华人民共和国和印度共和国关于二十一世纪的共同展望》，为中印边界问题提供了强有力的政治保证。7 月 8 日，胡锦涛在日本札幌会见印度总理辛格。关于边界问题，胡锦涛表示，希望双方继续本着和平友好、平等协商、互相尊重、互相谅解的精神，争取早日找到一个公平合理、双方都能接受的解决方案。在边界问题得到最终解决之前，双方要共同努力，切实维护两国边境地区和平与安宁。辛格表示，在印中两国边界问题上取得重要进展，两国就解决边界问题确立了政治指导原则，保持了边境地区和平与安宁。希望双方继续推进这一进程。③ 9 月 18 日至 19 日，中印双方在北京举行中印边界问题第 12 次特别代表会晤。中方特别代表戴秉国国务委员和印方特别代表、印度国家安全顾问纳拉亚南就中印边界问题的解决框架深入地交换意见。中印双方积极落实两国领导人的指示，以政治指导原则为基础，保持谈判势头，寻求公平合理和双方都接受的解决方案。④

可见，2008 年是中国在边界问题上取得一系列重要成果的"丰收年"。这些进展和成果是中国政府与有关国家长期以来共同努力的结果，同时也为中国在边界问题上进一

---

① 《中日就东海问题达成原则共识》，《人民日报》2008 年 6 月 19 日，第 4 版。
② 《温家宝与印度总理辛格举行会谈》，《人民日报》2008 年 1 月 15 日，第 1 版。
③ 《胡锦涛主席会见印度总理辛格》，《人民日报》2008 年 7 月 9 日，第 1 版。
④ 《中印边界问题特别代表第 12 次会晤在北京举行》，《人民日报》2008 年 7 月 20 日，第 4 版。

步的突破提供了现实基础。

3. 中国处理领海领土问题的新范式

中国在处理边界问题和领土领海问题上的进展和突破，是中国长期坚持与有关国家谈判、共同协商解决原则的结果。中国在处理领海领土问题过程中积累的成功经验，逐渐形成了中国处理领土领海边界问题的切实可行的新思路。

中国处理领土领海问题上的新范式，绝不是一蹴而就的。新中国成立后，中国政府始终致力于解决边界问题，并取得了一系列的成果。中国解决边界问题主要集中在 20 世纪 60 年代和 90 年代两个时段。① 应当指出的是，中国长期以来对短时间难以解决的边界争端问题采取强调主权、维持现状的方针。在这一方针的指导下，中国处理领土领海争端问题的政策立场的可行性与灵活性受到限制，明显影响了中国解决领土领海问题的进程。这不仅成为制约中国与相关国家发展关系的障碍，甚至成为导致中印、中越越等边境军事冲突的潜在威胁。20 世纪 90 年代尤其是 21 世纪以来，中国在解决边界问题上的主动性和积极性逐步得到强化，中国在领土领海问题上的原则、目标和政策日趋成熟。

当前中国周边地区国家之间仍存在着一系列领土领海争端，如印巴、日俄、韩日、印尼与马来西亚、柬埔寨与泰国等国家之间的领土领海问题，不仅长期得不到有效解决，甚至武装冲突接连不断。这些领土领海争端长期得不到解决，严重影响有关国家之间发展正常国家关系，甚至还成为威胁地区和平与稳定的潜在危险。中国在处理领土边界问题上的突破和进展，为国际社会在解决边界问题方面提供了成功典范。和平谈判、平等协商、公正合理等原则日益成为国际社会处理领土领海问题的基本准则。

从纵向和横向比较来看，当前中国在处理领土领海问题上表现得相对灵活和成熟，逐渐形成了处理领土领海问题的新范式。概括地说，这一新范式主要包括了以下几个要素：第一，在边界和领土领海问题上，坚持国家主权和领土完整，并将其作为解决边界和领土领海问题的先决条件。第二，在处理边界和领土领海问题过程中，摒弃"零和"原则，坚持互利共赢的方针，合理兼顾相关国家在有关问题上的利益关切。通过平等协商，寻求公正合理以及双方都能接受的解决方案。第三，坚持通过和平谈判解决边界和领土领海问题。反对武力改变领土领海现状。主张在边界和领土领海问题最终解决之前，双方共同努力保持边境地区的和平与安宁。第四，在边界和领土领海问题上态度灵活务实，采取先易后难分步解决的方针。对于一时难以解决的有争议区域，淡化有争议地区的主权问题，积极倡导"搁置争议、共同开发"，推动双方在有争议地区的经济合作。

2008 年，中国在边界和领土领海问题上取得的一系列进展，与中国在边界和领土领海问题上的立场和行动密切相关。中国采取的立场和行动具有深远的战略意义。

---

① 高飞：《简评中国处理领土争端的原则及理念》，《外交评论》2008 年第 5 期，第 30 页。

首先，维护中国的现实国家主权和利益，是中国在处理边界和领土领海问题上最根本的考虑。边界和领土领海问题是涉及国家主权的重大政治问题，任何国家和政府都不会做出原则性的让步。因此，边界和领土领海争端始终是国际关系中最为敏感的问题，有关国家在处理领土主权与现实国家利益的关系上面临着严峻的考验。中国在边界和领土领海问题始终坚持国家主权和领土完整的原则，同时又合理兼顾有关国家的利益关切，双方在平等协商、互谅互让的基础上寻求双方都能接受的公正合理的解决方案。在一些短期难以达成一致的有争议地区，中国倡导"搁置争议、共同开发"，并主张双方在最终解决问题之前努力维护地区安全与和平。这是中国处理边界和领土领海问题的原则和目标，同时也是维护国家主权和利益最切实可行的途径。中国处理边界和领土领海问题的经验表明，灵活务实的、互谅互让的和平谈判才能够真正解决边界争端，基于现实的双赢的边界协定才能最大程度地维护国家利益。

其次，为中国的和平发展营造稳定的周边地缘环境，是中国在处理边界问题和领土领海问题上最直接的考虑。中国是亚洲诸国中邻国最多、地缘矛盾最多、最复杂的战略主体。由于历史、地理等因素，中国目前还与周边国家存在不同程度的领土领海争端。[1] 在当今世界各国经济外交突出、资源竞争加剧以及外部势力插手其中一些争端的复杂形势下，中国与周边国家的领土领海争端可能成为亚洲地缘格局潜在的不稳定因素。边界和领土领海争端也是中国国内敏感的政治问题，处理不当往往会激起国内民众强烈的民族主义情绪及其对政府的不满。而且，这些争端的恶化将招致区域外力量的介入，进而冲击中国周边的地缘政治和军事格局，导致中国的安全环境进一步恶化，这不符合中国长远的战略利益。因此，边界和领土领海问题是中国和平发展道路面临的一个严峻考验，在相当程度上将关系到中国能否实现和平发展。如何有效地解决、平息或缓和现实与潜在的陆海边界争端，避免这些陆海边界争端尖锐激化而上升为地区热点，成为中国外交工作的一个重要任务。正是在上述战略考虑下，中国长期以来始终致力于解决或缓和有关的领土领海争端，以减少影响中国周边环境的不稳定因素，从而改善和加强中国和平发展所面临的周边地缘环境。中国在边界和领土领海问题上的政策立场及其深层次考虑，充分体现了中国外交的基本战略思想，两者是完全一致的。

再次，改善和提升中国与有关国家的双边关系，是中国在处理边界和领土领海问题上最现实的考虑。由于历史和现实的原因，中国与邻国和周边国家之间存在着这样那样的矛盾和分歧。随着中国实力的增强，这些矛盾和分歧存在进一步加剧的危险。中国是亚洲当前地缘政治环境最复杂的国家之一。其中，中国与周边有关国家的边界和领土领海问题，是中国与周边国家关系中最重要、最根本的问题。边界和领土领海问题不解决，严重影响了中国与有关国家各方面关系的发展，包括政治关系、战略信任、安全关系，甚至影响到经济贸易合作。中国与有关国家在边界和领土领海问题上的进展和突

---

① 张蕴岭：《未来 10—15 年中国在亚太地区面临的国际环境》，中国社会科学出版社 2003 年版，第 391 页。

破，消除了双边关系中的障碍和隐患，改善和提升了中国与有关国家的关系，极大地推动了中国与周边国家外交关系的发展，有利于创造良好的周边环境，有利于加强和提升中国与有关国家的战略关系。

中俄边界问题的最终解决是中俄友好、和平解决领土纷争的一次成功实践，增进了双方的政治互信，为中俄各领域关系的全面发展消除一大隐患，为两国人民世代友好、睦邻合作提供了可靠保障，为双方在边境地区环境保护、合理利用自然资源、航运、经济合作、保障边境地区安全与稳定等具体领域采取共同行动创造了新的条件，这将极大地丰富中俄战略协作伙伴关系的内容。中俄双方将在黑瞎子岛共建中俄边境经贸合作区、生态旅游特区和连接东北老工业基地与俄罗斯远东地区的大通道。

同样，中日两国就东海问题达成原则共识，是一个互利双赢的结果，符合双方的根本利益。在政治上，显示中日作为两大邻国有诚意也有能力通过对话和协商解决彼此之间的分歧。在安全上，有利于东海乃至本地区的和平与稳定。在外交上，有利于中日关系的健康稳定发展，有利于推动建设和谐周边、和谐亚洲。在经济上，将推动中日加强在能源领域的互利合作，给双方带来实实在在的利益。从国际实践来看，共同开发本质上是一种能为当事各方接受的政治安排，不影响当事方的划界立场，其目的在于超越分歧，稳定和发展双边关系，实现互利共赢，并为争议的最终解决创造条件。[①] 中越陆地边界勘界立碑工作圆满结束，是中越关系中具有重大历史意义的事件，集中体现了中越全面战略合作伙伴关系。[②] 中越陆地边界线的确定将为中越边境省份扩大合作、发展经济、加强交流创造有利条件，将有力地推动中越全面战略合作伙伴关系的发展，为本地区的和平、稳定与发展奠定坚实基础，而且为中越海上边界问题的解决提供了成功经验。

大事记 12 – 1　2008 年中国地缘政治方面大事记

日　期	事　件
6 月 18 日	中日两国政府同时宣布，双方就东海问题达成原则共识。
7 月 21 日	中国外交部长杨洁篪与俄罗斯外长拉夫罗夫在北京签订了《中俄国界线东段叙述议定书及其附图》。
8 月 8 日	格鲁吉亚军队突然进入南奥塞梯地区并炮击其首府茨欣瓦利市。俄罗斯随即大举出兵，俄格军事冲突爆发。
8 月 12 日	俄罗斯、格鲁吉亚和南奥塞梯、阿布哈兹的地区领导人签署协议，通过六点原则，各方实现停火。
8 月 26 日	俄罗斯总统梅德韦杰夫宣布承认南奥塞梯和阿布哈兹独立。
8 月 27 日	胡锦涛在杜尚别会见俄罗斯总统梅德韦杰夫。胡锦涛表示，中方注意到南奥塞梯和阿布哈兹局势发生的最新变化，希望有关各方通过对话协商妥善解决问题。胡锦涛还表示，中方坚定支持俄方举办 2014 年索契冬奥会。
9 月 9 日	俄罗斯宣布与南奥塞梯和阿布哈兹建立大使级外交关系。

---

① 于青：《让东海成为和平、合作、友好之海——评中日就东海问题达成原则共识》，《人民日报》2008 年 6 月 19 日，第 4 版。

② 《中越陆地边界勘界立碑工作圆满结束，中越政府边界谈判代表团双方团长发表共同声明》，《人民日报》2009 年 1 月 1 日，第 3 版。

续表

日　　期	事　　件
9 月 18—19 日	中印双方在北京举行中印边界问题第 12 次特别代表会晤。中方特别代表戴秉国国务委员和印方特别代表与印度国家安全顾问纳拉亚南就中印边界问题的解决框架深入地交换意见。
10 月 14 日	中国外交部和俄罗斯外交部通过换文确认《中华人民共和国政府和俄罗斯联邦政府关于中俄国界线东段补充叙述议定书》及其附件正式生效。中俄双方在黑瞎子岛举行了"中华人民共和国与俄罗斯联邦国界东段界桩揭幕仪式"。
12 月 28—31 日	中越政府边界谈判代表团团长会晤在河内举行。
12 月 31 日	中越政府边界谈判代表团团长发表了共同声明。宣布中国与越南双方顺利完成了陆地边界全线勘界立碑工作。

第十三章 多难兴邦：
迎战自然灾害推进中华文明

2008 年 5 月 23 日，中共中央政治局常委、国务院总理、国务院抗震救灾总指挥部总指挥温家宝来到在四川绵阳市区内设立的北川中学临时学校和九州体育馆帐篷学校看望在地震中幸存下来的师生。总理走进北川中学一间高中三年级的临时教室，在黑板上写下"多难兴邦"四个大字，勉励同学们更加努力学习。从此，"多难兴邦"一词更广为人知，那么，其所自何来呢？《左传·昭公四年》说："邻国之难，不可虞也。或多难以固其国，启其疆土；或无难以丧其国，失其守宇。"意思是说，灾难不可预料，多灾多难或许能使一个国家更加稳定团结，更加强盛，而无灾无难也许会导致败亡丧国。"多难兴邦"即典出于此。2008 年中国所遭遇的诸多自然灾害再次印证了这个典故的意义。

一、灾害频发，中国蒙受空前严重的损失

1. 年初雪灾造成大面积经济瘫痪

2008 年 1 月 10 日以来，我国南方大部分地区出现了新中国成立以来罕见的持续低温、雨雪、冰冻天气，中央气象台多次发布暴雪红色警报。根据灾后统计，雪灾造成了巨大损失。

首先，雪灾造成了较大的直接经济损失。据农业部门统计，秋冬种油菜面积的48.4%和秋冬种蔬菜面积的32%受灾，温室大棚垮塌严重。畜牧养殖业受影响较大，因灾死亡畜禽6900 多万头（只）。南方13 个省养殖受灾面积1400 多万亩。全国柑橘受灾面积1893 万亩，约占全国果树面积的12.4%。据民政部门统计，截至 2008 年 2 月24 日，雪灾造成农作物受灾面积1.78 亿亩，绝收2536 亩；森林受损面积近2.6 亿亩，倒塌房屋48.5 万间，直接经济损失1516.5 亿元。为配合抗灾救灾大局，各地旅游部门和旅游企业主动停止或减少了国内跨区域旅游，致使春节黄金周假日旅游接待人数同比下降5.2%、收入同比下降5.5%。19 个受灾省区市春节黄金周旅游接待人数下降了9.73%，旅游收入下降了11.47%。受灾最严重的湖南、贵州等7 省区春节黄金周旅游

接待人数下降了 28.06%，旅游收入下降了 29.75%。其中，贵州省接待人数下降了 62.71%，旅游收入下降了 63.38%。湖南省接待人数下降 35.29%，旅游收入下降了 30.86%。全国旅游业因雨雪冰冻灾害直接经济损失约 69.7 亿元。[①]

其次，雪灾对南方的交通运输和电力系统产生重创。雪灾发生在春运高峰期，持续的低温雨雪冰冻天气，造成南北主要运输严重受阻，公路、铁路和民航旅客大量滞留。雪灾对南方的供电等系统造成严重破坏。据国家发改委通报，因雪灾停运电力线路 36065 条，停运的变电站共 1804 座，100—500 千伏线路倒塌共 8760 基，17 个省区拉闸限电。很多企业用电已无法保证。全国被迫关停的发电机组达 3990 万千瓦，占全国火电装机总容量的 7%，电力停止造成这些地区工业生产明显下滑。

再次，雪灾使经济的增长速度有所放慢，强化了通胀预期。一是居民消费价格继续上涨。2007 年，居民消费价格上涨 4.8%，达到了 1996 年以来的新高，本已处在高通胀压力之下，而雪灾因素与春节因素叠加，使通胀问题更加明显。2008 年 1 月份全国居民消费价格同比上涨 7.1%，涨幅为 1997 年以来最高，环比涨幅从 2007 年 10 月份的 0.3%、11 月份的 0.7%、12 月份的 1% 又提高到 2008 年 1 月份的 1.2%。31 个省（区、市）的居民消费价格总水平比上月全部上涨，将本来已居于高位的价格水平又推向新高，形成了新的翘尾因素。二是生产价格涨幅继续扩大受国际市场原油和初级产品价格的进一步上涨，加上雪灾对电力系统的严重破坏，造成了初级产品生产的停工停产或限产，部分初级产品出现了供不应求的局面，生产价格涨幅继续扩大。2008 年 1 月份，全国工业品出厂价格同比上涨 6.1%，涨幅比 2007 年 12 月扩大 0.7 个百分点。原材料、燃料、动力购进价格上涨 8.9%，涨幅比 2007 年 12 月扩大 0.8 个百分点。其中，燃料动力类上涨 15.7%，黑色金属材料类上涨 14.8%。三是大宗农产品集贸市场价格也出现了较大幅度的上扬。2008 年 1 月份，大多数农产品价格延续 2007 年以来的上涨态势。全国小麦、籼稻、玉米、大豆、菜籽油、花生油和（大）豆油价格分别比上月上涨 1.7%、1.9%、3.2%、3%、6.1%、8.4% 和 8.9%。猪肉价格上涨 5.8%，创 2000 年以来的新高，牛肉、羊肉价格也分别上涨 8.0% 和 5.5%。水产品及蔬菜、水果价格全线上涨。[②]

2. 汶川地震惊天动地灾情惨重

2008 年 5 月 12 日 14 时 28 分，我国发生地震，地震中心在四川汶川县温江地区，地震强度大，波及面广，宁夏、青海、甘肃、河南、山西、陕西、山东、云南、湖南、湖北、上海、重庆等地均有震感。国务院公布的《汶川地震灾后恢复重建总体规划》称汶川地震是新中国成立以来破坏性最强、波及范围最广、灾害损失最大的一次地震灾害。地震波及四川、甘肃、陕西、重庆、云南等 10 省（自治区、直辖市）的 417 个县

---

① 《回顾 08 旅游十大事件南方雨雪灾害排第一》，中国天气网，2008 年 12 月 30 日。
② 以上数字统计来源于钟宏、刘国宁：《雪灾对经济的影响有多大》，《中国统计》2008 年第 3 期。

（市、区），总面积约 50 万平方公里。震级达到里氏 8.0 级，最大烈度达到 11 度，并带来滑坡、崩塌、泥石流、堰塞湖等严重次生灾害。①

编制《汶川地震灾后恢复重建总体规划》时统计的人员损失数字为：截至 2008 年 8 月 25 日，遇难 69226 人，受伤 374643 人，失踪 17923 人。随着调查工作的开展，这一数字也不断更新，国务院新闻办公室 2008 年 9 月 25 日根据国务院抗震救灾总指挥部授权发布：据民政部报告，截至 9 月 25 日 12 时，四川汶川地震已确认 69227 人遇难，374643 人受伤，失踪 17923 人。据卫生部报告，截至 9 月 25 日 12 时，因地震受伤住院治疗累计 96544 人（不包括灾区病员人数），已出院 93597 人，仍有 272 人住院，其中四川转外省市伤员仍住院 106 人，共救治伤病员 4305820 人次。据中国地震局报告，9 月 22 日 12 时至 9 月 25 日 12 时，汶川地震主震区监测到 3.9 级以下余震 397 次，无 4.0 级以上余震。主震区已累计监测到余震 31222 次。据交通运输部报告，截至 9 月 25 日 12 时，公路受损里程累计 53295 公里，已修通 53020 公里。据商务部报告，截至 9 月 25 日 12 时，四川、甘肃、陕西因灾受损商业网点（含个体工商户）总计 138960 家，已有 128163 家恢复营业。②

针对人们十分关注的遇难学生统计工作正在进行中，2008 年 11 月 21 日，四川省常务副省长魏宏在国务院新闻办举行的发布会上称，按照国务院有关部委的规定，对包括遇难学生在内的遇难者名单的公布工作正在进行中，第一批已公布了 19065 名遇难者名单。他还表示将会本着对人民、对遇难学生家长在内的灾区群众负责的精神核实和公布有关数据。③

实际上，汶川地震不仅带来了数十万人的伤亡、8451.4 亿元的直接经济损失，震灾引发的次生灾害如堰塞湖和人畜疫情防治等将在很长时间内影响人们的生产生活，地震还造成了大量文物损失、档案损失和生态环境破坏等间接损失，尤其是震灾对灾区人民的心灵伤害更是不可估价的。④

3. 东南沿海遭受台风暴雨袭击

中国是世界上遭受台风影响最严重的国家之一，据中国水利部部长陈雷介绍，平均每年有 7 个台风在中国沿海登陆，最多的年份可达 12 个，最少的年份也有 3 个，台风暴潮不仅给沿海地区造成严重灾害，还常常伸入内陆造成大江大河的流域性洪水和山洪、滑坡、泥石流等灾害。2008 年，西北太平洋和南海海域共有 21 个热带风暴生成，其中有 10 个先后登陆中国，带来灾害。2008 年 4 月 18 日第 1 号强热带风暴"浣熊"

---

① 《汶川地震灾后恢复重建总体规划》，中央政府门户网站，2008 年 9 月 23 日。
② 《国新办授权发布 9 月 25 日抗震救灾进展情况》，国务院新闻办公室网站，2008 年 9 月 26 日。
③ 国新办就灾后重建、确保灾区群众安全过冬等情况举行的发布会，2008 年 11 月 21 日。《新闻办发布会介绍四川灾后重建、确保灾区群众安全过冬等情况》，中央政府门户网站，2008 年 11 月 21 日。
④ 《汶川地震直接经济损失 8451 亿元》，《人民日报》2008 年 9 月 5 日，第 1 版。《中国坚信：一切可以从头再来》，《人民日报》2008 年 9 月 5 日，第 9 版。

在我国海南省文昌市龙楼镇登陆，海南省普降大暴雨，海口、三亚、文昌、琼海、万宁等五市受灾，其中文昌市受灾较为严重。截至 4 月 19 日 11 时初步统计，共造成海南省 131.38 万人受灾，紧急转移安置 21.33 万人，农作物受灾面积 36.42 千公顷，其中绝收面积 1.03 千公顷（其中荔枝、西瓜等经济作物受灾严重）；损坏房屋 550 间；直接经济损失 3.37 亿元，其中农业经济损失 2.52 亿元。其残余势力对我国粤东地区也造成暴雨灾害。① 2008 年第 6 号台风"风神" 6 月 25 日在深圳葵涌沿海地区登陆，给粤闽桂赣等地造成灾害。7 月 18 日在福建省霞浦县长春镇登陆的第 7 号台风"海鸥"、7 月 28 日在福建省福清市东瀚镇登陆的第 8 号台风"凤凰"以及后来的"鹦鹉"、"森拉克"、"黑格比"、"蔷薇"、"米克拉"、"海高斯"等台风，给我国浙江、江苏、江西、福建、广东、香港、台湾等都造成了不同程度的灾害。据统计，2008 年台风灾害共造成中国大陆海南、广东、广西、福建、浙江等 11 个省（自治区、直辖市）3375 万人受灾，农作物受灾面积 140 万公顷，成灾 67.4 万公顷，直接经济损失 275 亿元。②

除此之外，黄河内蒙古部分河段发生新中国成立以来最为严重的凌汛灾害。2008 年 7 月 20 日至 24 日，四川盆地、黄淮、江淮、江汉等地普降暴雨到大暴雨，湖北、四川、江苏、山东、安徽、重庆部分地区发生了暴雨洪涝灾害，淮河流域出现超警戒水位的洪水。8 月，上海市遭遇 1872 年有气象记录以来所未遇强暴雨天气。10 月，西藏部分地区出现了有气象资料以来范围最广、强度最强的雨雪天气过程，造成山南地区隆子、错那和措美三县受灾严重。10 月下旬至 11 月上旬，我国南方出现秋季罕见的持续强降水天气，致使多条河流发生秋汛，广西、云南受灾尤其严重。③

二、举国动员，积极应对历次突发性自然灾难

2008 年我国发生的地震、风雪灾害、洪涝灾害、旱灾、农作物虫灾等，不但造成经济损失，还给人们的心理造成阴影和伤害，给经济发展和人民生活带来巨大的不测因素。面对灾难，灾区群众努力自救互救，减少损失，我国政府和人民都做出积极应对，迅速地、有条不紊地开展抗灾救灾。

1. 迅速建立应急反应机制，举国动员展开救灾

汶川地震发生后，中央立即成立抗震救灾应急指挥小组，组织、协调救灾工作。2008 年 5 月 12 日晚，胡锦涛总书记主持召开中共中央政治局常务委员会会议，全面部

---

① 《台风"浣熊"造成海南 131 万人受灾》，浙江在线新闻网站 2008 年 4 月 19 日。《台风浣熊减弱为低气压，广东大部分地区持续降水》，浙江在线新闻网站 2008 年 4 月 21 日。

② 《中国 2008 年已有 3375 万人遭受台风灾害，损失 275 亿》，中国新闻网 2008 年 11 月 11 日。《台风登陆个数多、时间早、登陆比例高破历史纪录》，中国天气网 2008 年 12 月 2 日。

③ 详见中国天气网相关资料。

署当前抗震救灾工作。会议听取了有关部门关于四川省阿坝藏族羌族自治州汶川县等地地震灾情的汇报。会议强调，灾区各级党委、政府和中央各有关部门一定要紧急行动起来，把抗震救灾作为当前的首要任务，不怕困难，顽强奋战，全力抢救伤员，切实保障灾区人民群众生命安全，尽最大努力把地震灾害造成的损失减少到最低程度。胡锦涛总书记做出重要指示，要求尽快抢救伤员，保证灾区人民生命安全。中央成立抗震救灾总指挥部，由温家宝总理任总指挥，李克强、回良玉任副总指挥，全面负责抗震救灾工作。① 2008 年 5 月 12 日晚 8 时左右，温家宝总理已经抵达都江堰视察灾情，现场组织抗震救灾工作。② 5 月 17 日晚，正在四川指导抗震救灾工作的中共中央总书记、国家主席、中央军委主席胡锦涛在成都连夜召开会议，听取抗震救灾工作汇报，研究部署下一步抗震救灾工作。胡锦涛在讲话中强调抗震救灾斗争形势依然严峻，任务艰巨，时间紧迫，正处在刻不容缓的紧要关头。灾区各级党委、政府和中央各有关部门务必坚决贯彻执行中央的决策部署，把抗震救灾作为当前最重要最紧迫的任务，以更加顽强的精神、更加迅速的行动、更加密切的配合，克服一切艰难险阻，坚决打胜抗震救灾这场硬仗。③

中央和国家机关有关部门纷纷采取各项紧急措施，全力以赴投入到救灾工作中。首先，中央有关部门紧急行动起来，以对人民群众高度负责的精神，采取各项措施投入到抗震救灾工作中。如中央组织部、中宣部、统战部、全国总工会、共青团中央等许多部门立即向四川灾区对口部门划拨了救灾款项。其次，中央新闻单位为抗震救灾宣传工作做好部署。人民日报社、求是杂志社、广电总局、新华社、光明日报社、经济日报社、中国日报社、中国记协等中央新闻单位，组织采编人员，认真学习贯彻中央通知精神，及时部署做好抗震救灾宣传报道工作，努力为抗震救灾工作提供强大的精神动力、舆论支持和思想保证。再次，国家机关有关部门积极行动起来，为抗震救灾提供保障和支持。如国家减灾委、民政部在震后紧急启动了国家救灾一级响应，中央财政紧急下拨了地震救灾应急资金 8.6 亿元，统筹用于各方面的抢险救灾和受灾群众的紧急转移安置。民政部向地震灾区调拨救灾帐篷 60600 顶和 50000 床棉被。④ 工业和信息化部要求各基础电信企业快速全力开展抗震救灾通信保障工作。公安部要求全警动员、全力以赴投入抗震抢险救灾，加强交通引导，切实做好维护灾区社会秩序工作，全力维护灾区社会秩序。国土资源部组织地质灾害防治专家组分赴各受灾地区，指导地质灾害防治。环境保护部立即启动核与辐射及水污染防治应急预案，并派包括核安全、污染防治等专家在内的 21 人环境专家组赶赴地震灾区，指导环境应急救援工作。交通部、铁道部启动应急

---

① 《政治局常委会召开会议部署抗震救灾工作，胡锦涛主持会议》，新华网 2008 年 5 月 13 日。

② 《温家宝总理抵达四川都江堰指挥抗震救灾》，中新网 2008 年 5 月 12 日。

③ 《胡锦涛：众志成城克服一切艰难险阻，坚决打胜抗震救灾这场硬仗》，人民网 2008 年 5 月 18 日。《胡锦涛在四川召开的抗震救灾工作会议上的讲话》，《人民日报》2008 年 5 月 17 日，第 2 版。

④ 国务院新闻办公室抗震救灾第一次发布会，国务院新闻办公室网站，2008 年 5 月 13 日。

预案，为救灾人员和物资的运输提供交通保障等等。① 气象部门科学应对气象地质灾害，及时预警，及时监测。中国气象局立即启动地震灾害气象服务二级应急响应，第一时间发布了地震灾区气象预报。中央气象台及时将预报报送国务院，四川绵阳市气象台在设备设施受损通讯不通时，手写了一份整个灾区的天气预报报送绵阳市政府和相关部门。全国气象部门紧急调配了各类急需装备 320 台套，灾区气象台站克服困难，在灾害发生，各项工作进行很困难的情况下，新建 14 个临时自动气象站，组建了 8 个气象应急小分队、7 个军地汇编联合小分队，加强开展气象监测，也组织了 66 个应急气象观测站对开展加密观测。在堰塞湖大坝也建立了气象观测。

2. 救援力量迅速集结，军民一心赶赴灾区展开救援

地震发生后当天，各方救援队伍就开始集结并出发赶赴灾区。四川省地震灾害紧急救援队于 2008 年 5 月 12 日下午 4 时 30 分左右赶赴灾区抗震救灾。中国地震局启动一级预案，由来自中国地震局、北京军区某部工兵团和武警总医院 184 人组成的一支救援队迅速集结，从北京南苑机场出发赶往灾区。另外，还有近 40 人的国家地震灾害现场工作队也整装待发，将奔赴灾区进行灾害评估。他们携带 12 条搜救犬、2 台地震救援车、1 台应急指挥车分乘两架伊尔-76 型军用运输机于 12 日晚间 22 时 35 分左右抵达成都后即乘军用卡车赶赴灾区。

在自然灾害发生的地方，总有子弟兵的身影。2008 年 5 月 12 日四川发生地震灾情后，中共中央总书记、国家主席、中央军委主席胡锦涛立即做出重要指示，要求灾区驻军和武警部队迅速组织出动，协助地方抗震救灾，保证灾区人民生命安全。全军和武警部队坚决贯彻胡主席重要指示，迅速出动，全力以赴投入抗震救灾，帮助受灾群众排忧解难。武警总部启动紧急预案，指令驻川武警部队在开展自救的同时紧急赴灾区进行抗震救灾。武警四川总队抽调 2400 余人赶赴都江堰，正在阿坝执行任务的武警某师 600 名官兵迅速赶往汶川，武警水电三总队 150 名官兵携带 7 台大型装载机赶赴德阳。② 公安部紧急从全国消防部队抽调 1000 人，坐飞机、火车，携带搜救犬、生命探测仪等救援工具赶赴四川重灾区实施救援。另外还从天津、杭州、宁波、广州、深圳、重庆等抽调 1000 名特警驰援灾区。解放军总参谋部启动应急预案，立即发出指示，要求成都军区、空军和武警部队，迅速组织灾区驻军全力投入抗震救灾，保证灾区人民生命安全，最大限度地减少损失。总政治部立即发出政治工作指示，要求各部队坚决贯彻胡主席和党中央的指示，搞好思想发动，充分发挥共产党员的先锋模范作用。总后勤部、总装备部也做好支援抗震救灾的一切应急准备。③ 成都军区第一时间出动 6000 余官兵和 4 架直升机赶赴灾区，驻灾区民兵预备役部队和军区总医院医疗分队也紧急投入抗震救灾。

---

① 《中央和国家机关有关部门紧急行动支援抗震救灾》，新华网 2008 年 5 月 13 日。
② 《驻川武警 3000 余名官兵紧急赴地震灾区抗震救灾》，新华网 2008 年 5 月 12 日。
③ 《全军和武警部队坚决贯彻胡主席重要指示，全力以赴投入抗震救灾》，新华网 2008 年 5 月 13 日。

直升机到达灾区上空后很快将灾区最新情况传回指挥部。四川地震中参加救援的 10 万名解放军和武警部队战士不休不眠地战斗。空军运输部队超强度出动挑战非军事作战极限，为了尽快进入灾区，摸清情况，组织救援，面对高山峡谷，中国空降兵从 5000 米高空无畏跳下。根据 2008 年 5 月 18 日中国国防部新闻发言人胡昌明公布的情况，截至 5 月 18 日 12 时，据不完全统计，军队和武警部队共出动 113080 人，出动各型飞机 1069 架次，开出军列 92 列，调运各类物资 7.8 万多吨。

各省、自治区、直辖市政府全力配合，调拨物资、人员支援灾区。同时遭受地震灾害的甘肃、陕西等省立即部署抗震救灾。如甘肃启动Ⅲ级地震应急响应，2008 年 12 日下午 5 时 30 分，甘肃省有关领导已率地震局、民政厅、建设厅、卫生厅、通信管理局、电力公司等部门人员赶赴重灾区陇南地区指挥当地抗震救灾工作。各省（直辖）市自治区驰援灾区。山东省地震灾害紧急救援队成立于 2004 年，是装备齐全的专业救援队，其中 52 名队员于 5 月 13 日携带生命探测仪等轻型救援装备和 7 条搜救犬赶赴四川抗震救灾。江苏省地震救援队的 50 名队员 13 日也整装待发。各省（直辖）市自治区调拨人员、物资，救援队、医疗队、救灾物资源源不断地运往灾区。

民航、电力、通信、保险等各行业也积极行动，协同抗灾。中国民航参与了运送救援部队、各地救援物资的运输以及伤员的运送等一系列工作。2008 年 5 月 19 日，中国保监会召开会议，要求提高对灾情的认识，认真做好理赔服务，把落实保险条款与履行社会责任结合起来，树立保险业良好的社会形象。根据保监会的数据，截至 6 月 29 日零时，在此次地震灾害中，仅四川保险业已接到报案 184134 件，赔付保险金达到 3.43 亿元。电力系统成立抗震抢险保电工作组组织抢修电力，截至 5 月 14 日 16 时，广元市、德阳市、绵阳市主城区，德阳旌阳、什邡、广汉、罗江、中江等地已全部恢复供电；江油市、安县已部分恢复供电；尚未恢复供电的地区有都江堰、绵竹、剑阁、北川、青川等地。除茂县水电群等 19 座水电厂以及江油电厂尚未恢复并网运行，其余受灾电厂已经恢复运行。为了确保"通信生命线"的畅通，工业和信息化部及各大电信运营企业迅速成立了抗震救灾指挥机构。据不完全统计，截至 5 月 26 日，仅参与四川灾区现场通信抢修的人员就达到 24819 人、发电油机 5154 台、卫星电话 1879 部、应急通信车及其他应急通信装备 1093 台（套），累计发送应急提示和抢险指导等方面的短信 5.9 亿条。

3. 及时快速公开信息，社会各方开展人道赈灾活动

地震发生后不到 20 分钟，2008 年 5 月 12 日 14 时 46 分，中国官方就发布消息：四川汶川发生强烈地震。紧接着，国内各主要门户网站的头条都发布了这一消息。随即，电视、广播、报纸等，国内从中央到地方各类媒体，无不全力以赴对地震和抗灾救灾情况进行及时、充分的报道。国家地震局网站、中央政府网等每隔 2 小时公布一次最新灾害数据，5 月 12 日夜变为一小时一次。中央电视台作为全国的权威媒体，立即派出记者前往四川灾区进行直播，综合频道、新闻频道、国际频道等频道 24 小时不间断直播

地震灾情及救援情况。全国人民和世界各国都通过中央电视台的直播报道了解了最新消息，这为社会各界的援助和国家的救灾行动提供了全面、客观、真实的依据。中国国家通讯社新华社不仅在第一时间发布消息，还马上组织派遣 70 余位记者前往灾区一线，要求用最详细和专业的手法向海内外披露震灾的实际情况。国务院新闻办也迅速组织包括境外记者在内的近 80 名记者赴灾区采访。及时公开的信息公布，既为抗震救灾工作提供了信息依据，也安抚了民心，挫败了谣言。外国记者认为这与以前"来自'禁止进入地区'的消息像国家机密一样，没有官方允许、试图进入灾区的记者会被阻止"的状况形成鲜明对比，这种开放的报道反而激发了巨大的善意，更多的志愿者涌向灾区，灾区收到了数十亿美元的捐赠物资。

地震发生后，有关部门立即部署捐赠工作。据 2008 年 5 月 13 日国务院新闻办公室抗震救灾新闻发布会的消息，河北、山西、辽宁、上海、四川、陕西、甘肃等地已经捐赠资金 4700 多万元，特别是过去遭受过地震的地区，如唐山就向震区捐赠了 1000 万元，张家口也捐赠了 30 多万元，山西也捐赠了 1000 万元，辽宁捐赠了 1000 万元，上海捐赠了 1200 万元。① 另外，企业、公民、社会组织也积极向灾区捐款，如中远集团的中远慈善基金会向四川灾区捐赠了 1000 万元，中国社会工作者协会杨受成基金也向灾区捐赠了 1000 万元，大连万达集团等很多基金会都开始了捐款活动。人民大众、华人华侨也都通过所在工作单位或相关慈善组织进行捐款，如演艺界人士组织赈灾义演募集善款，海外华人华侨通过慈善组织或大使馆将捐赠款项送往灾区。一些社会组织积极募集赈灾善款。如中国红十字会成立救灾工作组赶赴灾区，同时公布紧急救灾热线和专用账号接受各界捐款。中国扶贫基金会、中国思源工程扶贫基金会等发出紧急募捐倡议。据民政部公布的数字，截至 2008 年 11 月 25 日，全国共接收国内外社会各界捐赠款物合计 751.97 亿元。民政部还推出了网上查询系统，公众可以查询抗震捐款的去向。②

地震发生后，全国各地志愿者纷纷前往灾区，各种人道救援活动如同"井喷"，不可抑止。中国青年志愿者协会倡导抗震救灾"黄丝带行动"。全国妇联向社会招募家庭志愿者，组织开展地震灾区孤儿"情感关爱"行动，以给因灾致孤的儿童持续的、长期的情感关爱，使孩子们重获家庭的温暖。各地团组织招募的志愿者在灾区广泛开展了医疗救助、心理调适、思想安抚、特困人群护理等工作。据不完全统计，截至 2008 年 5 月 21 日，已经有 20 多万名志愿者在四川投入抗震救灾工作。此外，许多素不相识的人通过各种途径组织起来，团队作战，比如一支自称"奋斗者"的志愿者队伍，由 11 名来自上海、重庆、新疆的"80 后"男孩组成，他们自备了 10 天的食品，还带了矿泉水、5000 双手套、消毒液、防疫药品等救援物资。进入灾区后，领队要求团员"我们

---

① "国务院新闻办公室抗震救灾第一次发布会"，2008 年 5 月 13 日。
② 《民政部推出查询系统数百亿捐款精确到个人或单位上网可查抗震捐款去向》，《京华时报》2008 年 12 月 6 日，第 7 版。

的任务是帮忙而不添乱，所以我们要全力听从和配合镇上指挥中心的统一调度，他们安排我们干什么，我们就干什么"！许多外国友人也加入志愿者队伍，为救灾做出了贡献。

此外，灾区人民迅速开展自救、互救活动。汶川地震发生后，由于震区的地理位置、地质条件等因素，有些地震区域道路阻塞，致使大批救援人员无法立即进入灾区实施救援。灾区人民在第一时间进行自救、互救。正如胡锦涛主席所讲的那样，"灾区人民临危不乱、守望相助，全力开展自救互救。在千钧一发的生死关头，多少人瞬间做出把生的希望留给他人、把死的威胁留给自己的抉择，多少父母用双臂为孩子撑起生命的天空，多少老师用身躯为学生挡住死神的威胁，多少干部舍小家为大家、奋不顾身地奋战在第一线。我们可爱的孩子们，有的在废墟下唱起嘹亮的歌曲，有的机智地搜救同学，表现出非凡的勇气和可贵的爱心"。他们留下了太多故事，使那些没有亲历灾难的人为之动容，他们坚强的精神鼓舞着更多的人活下来，也鼓舞着更多的人加入救援的队伍。2008 年 5 月 18 日，为表达全国各族人民对四川汶川大地震遇难同胞的深切哀悼，国务院决定，2008 年 5 月 19 日至 21 日为全国哀悼日。对此，有评论称"中国政府设立全国哀悼日为普通国民致哀，体现了一种'生命至上'和'以民为本'的价值观，是复兴中的中国一个文明进步的里程碑"。

三、开放透明，中国举措获得国际社会高度评价

中国政府和人民面对灾难尤其是此次引起世界关注的四川汶川地震中的种种做法和表现，给世界留下了深刻印象。外界通过这次重大灾难，重新了解了中国。

1. 中国政府以民为本，领导人亲赴一线，彰显中国制度优势

面对突如其来的地震灾害，胡锦涛总书记立即主持召开中共中央政治局常委会议，决定成立抗震救灾总指挥部，要求灾区各级党委、政府和中央各有关部门紧急行动起来，把抗震救灾作为当前的首要任务，全力抢救伤员，切实保障灾区人民群众生命安全，尽最大努力把地震灾害造成的损失减少到最低程度。温家宝总理不顾余震危险，第一时间亲赴一线视察，表示"党中央国务院高度重视这次特别重大的地震灾害，成立了以我为总指挥的抗震救灾指挥部，设立救援组、预报监测组等 8 个工作组"，"只要有一线希望，我们就尽百倍努力，绝不会放松。"给予人民极大的精神鼓舞。国家和地方的救援队伍纷纷集结，在第一时间赶赴灾区开展救援活动。

党中央总揽全局、审时度势，在震后第一时间就把抗震救灾确定为全党全国最重要最紧迫的任务，成立国务院抗震救灾总指挥部，周密组织、科学调度，建立上下贯通、军地协调、全民动员、区域协作的工作机制，迅速组织各方救援力量赶赴灾区，紧急调集大批救灾物资运往灾区，精心部署受灾群众安置工作，及时推动灾后恢复重建，举全

国之力抗震救灾。各地区各部门大力发扬全国一盘棋思想，一方有难、八方支援，一切为了灾区，全力支援灾区，在调集人员、支援物资、收治伤员、安置移民、建造临时和过渡住所等方面做了大量工作。承担对口支援任务的 19 个省市的党委和政府积极落实中央部署，义不容辞地支援灾区恢复重建。这一切，充分体现了党和政府始终坚持以人为本、人民利益高于一切的理念，生动展现了危难时刻党和政府强有力的领导和指挥能力。党中央、国务院领导和组织的全国性的抗震救灾活动，集中展现了中华民族同自然灾害抗争、与困难搏斗的不屈精神，也集中展现了中国特色社会主义政治制度的优越性：我国的政治制度是以中国共产党为领导核心的制度，党对抗震救灾工作坚强、有力、富有成效的领导，彰显了我国政治制度的优越性；我国的政治制度是人民利益至高无上的制度，人民的生命得到及时抢救，受灾群众生存条件得到最大限度的保障，彰显了我国政治制度的优越性；我国的政治制度是能够集中力量办大事的制度，能够在短时间内举全国之力投入抗震救灾，彰显了我国政治制度的优越性；我国的政治制度是开放的制度，抗震救灾工作高度公开和透明，向国际社会的援助敞开大门，彰显了我国政治制度的优越性。①

有评论指出，四川汶川大地震之后，在中国制度体系很多方面的优越性中，最显著的莫过于其"动员能力"。中国党和国家领导人的迅速反应，保证了救援工作能在第一时间有效展开。在短时间内，中国政府能够动员如此巨大的力量投入赈灾，"这是其他任何制度（无论是民主政体还是权威主义政体）所不能比拟的"，因此，"中国的行为已经引出了人们对政治制度的反思……衡量一个政体的好坏更多的是要看这个政体是否有意愿和能力来为人民提供所需要的服务。……中国制度所具有的动员能力不仅来自于自上而下的政府动员，而且也来自于自下而上的社会自发的动员。这次赈灾过程中，中国社会的方方面面也展现出了巨大的自觉的动员能力。并且在这种社会自觉的动员能力中，人们也发现了中国社会的巨大凝聚力。尤其令人欣慰的是，这种凝聚力并非基于任何利益之上，而是出于最本能的对人及其生命的关怀"。② 彭博新闻社则注意到，在地震发生后几个小时内，中国各级政府、警察和军队以及被动员起来的民众就快速做出反应，其规模和老练程度与最高的国际水准不相上下。中国的行动还表明了其市场、银行系统和企业管理的成熟程度。地震发生在 2008 年 5 月 12 日下午 2 时 28 分，到 2008 年 5 月 13 日上午 8 时，金融市场有 66 家公司停牌。这些公司的主要资产和生产能力都在震区。公司很快改变了供应渠道，全国性和地方银行继续向公众、救援机构和工作人员提供资金。能源和建筑公司捐献人力物力，迅速开始修复和更换关键的基础设施。过去一周的危机凸显了中国当前制度的优势。③

政府的反应力和救援力得到了国际社会的广泛关注和赞赏，中国最高领导人第一时

---

① 详参邵景均：《抗震救灾彰显我国政治制度的优越性》，《求是》2008 年第 13 期。
② 《中国的灾难与重生》，新加坡《联合早报》2008 年 5 月 27 日。
③ 转引自《彭博社：四川抗灾害凸显中国制度优势令世界刮目》，新华网 2008 年 5 月 28 日。

间奔赴灾区，指挥救灾、慰问百姓，成为灾区和全国民心稳定的巨大精神力量。外媒很快载文详细地介绍了灾区情况和中国政府的救灾行动[①]，路透社文章对此进行了描述：地震发生 20 分钟内中国军队已经做出应急反应并开始集结，几个小时之内温家宝总理乘飞机抵达灾区，一天之内，通往灾区的道路上挤满了许多向灾区运送水、食物、帐篷和志愿人员的车辆，较之以前，中国面对自然灾害的最初反应是快速的、大规模的、空前的。对比"卡特里娜"飓风之后美国总统布什未出现在灾区[②]，以及缅甸军政府面对热带风暴灾害的表现[③]，中国领导人的反应速度和关注堪称楷模。美国《纽约时报》也称温总理对灾区群众高度关切的形象和他亲临第一线的鲜明姿态一次次出现在电视屏幕上，与其他一些国家发生灾害后政府的迟缓表现形成了鲜明对比。[④] 新加坡《联合早报》称"5 月 16 日上午，胡锦涛出现在四川绵阳，与温家宝长时间双手紧握；两人随后同时出现在救灾现场。能否在人民心中真正站稳位置，胡锦涛、温家宝为中国所有官员树立了典范和标准"[⑤]。中国领导人的所作所为拉近了他们与人民以及政府与人民之间的关系。[⑥] 美国马里兰大学全球华人事务研究中心主任、曾在中美外交界和学界工作多年的戴博在接受《瞭望东方周刊》记者采访时说，当中国面临地震灾害的时候，中国政府表现得"很有经验"，"不止是我，在中国和在美国的记者，包括社论作者，都认为中国此次对地震的反应挺好，我几乎没有看到什么批评中国政府救灾行动的措辞"[⑦]。法新社 5 月 14 日的报道引用香港科技大学达维德·茨威格的话说，中国领导人的作风对社会稳定起了很大作用。联合国秘书长潘基文专程前往四川慰问并对中国的抗灾反应和救灾措施给予高度评价，他对温家宝总理表示，整个世界都会支持你们。[⑧] 总体而言，国际舆论对中国政府面对灾难的最初反应给予了很高的评价，认为地震改变了世界对中国的认识，让人们对中国政府有了不同的了解。[⑨]

[①] "Toll Mounts in China Earthquake", *Time*, May 12, 2008. "Powerful Quake Ravages China, Killing Thousands", *New York Times*, May 13, 2008. "China Says up to 9000 Killed in Earthquake", *Reuters*, May 12, 2008. "Powerful Quake Ravages China, Killing Thousands", *The New York Times*, May 13, 2008. "A Rescue in China, Uncensored", *The New York Times*, May 14, 2008. "Dujiangyan, the City Reduced to Rubble", *Times*, May 13, 2008. 日本《每日新闻》2008 年 5 月 13 日。ect.

[②] "China Quake Response Unmatched, but Challenges ahead", *Reuters*, May 22, 2008.

[③] "Leading Article: Mirrors that Reflect the Reality of Regimes", *The Independent*, May 14, 2008.

[④] "In Quake, Apotheosis of Premier ' Grandpa' ", *The New York Times*, May 21, 2008. "Chinese Prime Minister leads new ear of Openness", *The Independent*, May 14, 2008.

[⑤] 《震灾给中国带来的正面效应》，新加坡《联合早报》2008 年 5 月 17 日。 "Glimpses of Survivors, Miraculous and Few, in Earthquake's Ruins", *The New York Times*, May 17, 2008.

[⑥] "In Quake, Apotheosis of Premier ' Grandpa' ", *The New York Times*, May 21, 2008.

[⑦] 《外媒对中国态度"回暖"：政府把人的价值凸现出来》，《瞭望东方周刊》2008 年 5 月。

[⑧] "U. N. Leader Praises China's Quake Response", *The New York Times*, May 25, 2008. "UN Head Praises China for Quake Aid Efforts", *Reuters*, May 23, 2008.

[⑨] "China's Quake Damage Control", *Time*, May. 13, 2008.

2. 人民解放军雷厉风行，舍身救民形象感人

地震发生当晚，成都军区迅速派出 3 架直升机紧急赶赴现场救援。四川省军区派出 300 名官兵赶赴救灾一线。空军派出直升机协助运送国家地震救援队。公安部紧急从全国消防部队抽调消防救援力量 1000 人，迅速赶赴灾区救援。国防部向灾区火速增派 100 架运输直升机。从 5 月 18 日起，空中救援达到高潮，根据当时在映秀的《瞭望东方周刊》记者们的报道，"抵达这里的直升机几乎从来没有间断过。来自北京的陆军航空兵这一天飞了 4 个批次，一共 26 架次。而几乎每一架飞机都遭遇了险情"。① 从 5 月 13 日成都军区某集团军军长许勇成为第一位徒步进入震中的将军以来，全军和武警部队已有 80 名将军在重灾区投入抗震救灾，其中包括郭伯雄、葛振峰、邓昌友、刘冬冬、吴双战等 5 名上将，范长龙、李世明、张海洋等 10 多名中将。他们与年轻的士兵一起开辟通道、抢救伤员、清理废墟、运送物资。废墟中闪闪发光的将星，成为激励灾区军民顽强奋战的强大动力。②

中国军人在此次地震救援中的大无畏牺牲精神令国内外敬佩，他们给予我国军队高度评价，认为他们的救援快速和有序，不仅仅是军队出动迅速，而且随着时间的推移，救人、防疫、物资调配、伤员分散等一系列复杂的工作都井然有序。除此之外，他们还协助加固堤坝以及维修其他可能引发灾害的公共设施。③ 奥地利《新闻报》评论称，世界上没有哪个国家应对灾难的能力像中国军队这样出色，中国军人是困境中的救星。韩国《韩民族报》2008 年 5 月 15 日发表《人民解放军突破 90 公里泥泞徒手救援》，详细报道了中国人民解放军灾后以各种方式迅速奔赴灾区救灾，称中国每当有大规模灾害发生，人民解放军总是出现在救援的第一线。④ 韩国《朝鲜日报》把中国解放军徒步进入地势恶劣的震中地区的壮举称为"弃枪扛锹的救援长征"。⑤ 新加坡《联合早报》评价说，中国军队的快速行动和冲锋在前的精神，同样让世界思考军队的功能。在很多国家，军队是守护疆土和出征作战的，而中国军队在救灾安民中扮演着重要角色，欧洲多数媒体更对中国军队的快速反应表示惊讶。⑥ 在救援中，子弟兵与灾区人民建立了深厚感情，2008 年 7 月 20 日，在重灾区青川参与抗震救灾的济南军区某"猛虎师"官兵撤离归建，长长的群众送别队伍，站满了道路两旁，短短的一公里，撤离的车队走走停停用了三个小时。"中国军队因拯救生还者和协助救灾而受到民众赞扬。这支军队在中国很受欢迎，它在救援方面发挥的重要作用使其地位进一步提高"，英国《独立报》如

---

① 《神兵天降：全军陆航部队大集结》，《瞭望东方周刊》2008 年 5 月总第 237 期。

② 《80 位将军突进灾区》，《瞭望东方周刊》2008 年 5 月总第 237 期。

③ "Chinese Soldiers Rush to Bolster Weakened Dams", *The New York Times*, May 15, 2008.

④ 转引自《浅谈 5·12 大地震境外报道的特点》，《对外大传播》2008 年第 6 期。

⑤ 转引自《中国军队奋勇救灾赢得尊敬》，《参考消息》2008 年 5 月 19 日。

⑥ 《抗震救灾展示现代中国形象》，新加坡《联合早报》2008 年 5 月 21 日。

是说。①

3. 中国全民一致迎击灾难，民族凝聚力令世界惊叹

四川地震灾难震惊整个世界。联合国安理会 2008 年 5 月 20 日在举行高级别辩论会前专门举行默哀仪式悼念中国四川汶川大地震遇难者。海外华人华侨在万里之外踊跃捐款的同时，看到的是国家应急体系正常启动运转，全国各地的军机、军人、白衣天使源源不断奔赴灾区；看到的是群众踊跃捐款和义务献血者排起的数百米长队；看到的是台湾救援队直飞灾区，两岸血浓于水的深情厚谊。② 这样忘我的救援表现出了强大的民族凝聚力，令世界惊叹：地震，激发了人们的爱国主义热情。

在受灾严重的北川，由于缺乏大型设备，成百上千的救援者用双手扒开废墟寻找幸存者。③ 全国各地区各部门和社会各界发扬"一方有难、八方支持"的精神，调集大批人力、物力、财力支持灾区抗震救灾，海外华侨华人也积极捐款捐物，向灾区人民送温暖、献爱心，充分体现了万众一心、同舟共济的伟大民族精神，坚强的中国感动着世界。法国《解放报》2008 年 5 月 14 日报道称四川大地震后，整个国家动员起来了，尤其值得一提的是，中国的领导人全部上阵。俄通社的评论所说："一个总理在两小时内就飞赴灾区的国家，一个能够出动 10 万救援人员的国家，一个企业和私人捐款达到数十亿的国家，一个因争相献血、自愿救助伤员而导致交通阻塞的国家，永远不会被打垮！"④ 在中国经济体制改革研究会 5 月底对 2648 人进行的一项调查中，98% 的人说，这次经历增强了"民族凝聚力"⑤。对此，美国有线电视新闻网评论说，大规模的地震使中国人更加齐心协力、紧密地团结在一起。⑥ 西班牙《世界报》发表题为《一个摧不垮的民族》的文章说，为了挽救同胞的生命，志愿者、战士和救援人员以不屈不挠的精神，一周来一直战斗在四川汶川大地震的救援第一线。当国家处于危难时刻，中国国家领导人为人民做出了榜样。他们在地震发生后表现出了高效率和真诚的同情心，"毋庸置疑，这个民族表现出的精神与力量将使它在前进的道路上坚不可摧"。德国《明星》周刊认为，在中国，"强烈的爱国主义情绪与帮助地震灾民的愿望融合在一起"，"中国人从没像今天这么团结过"。⑦ 2008 年 5 月美国国务卿赖斯访问我国时专程前往四川灾区慰问，她高度评价中国政府和人民应对地震的行动。她说，中国地震灾区的恢复和重建速度之快让她惊讶，受灾民众表现出的坚强乐观精神让她感动，她此行看到了

---

① "Army Praised as China Mourns Victims", *The Independent*, May 19, 2008.

② 《地震废墟中站起大写的"中国人"》，《欧洲时报》2008 年 5 月 16 日。

③ "A Tale of Two Disasters: China's Rescue Mission Shames Burma", *The Independent*, May 18, 2008.

④ 转引自《这样的国家永远不会被打垮》，《南方日报》2008 年 5 月 22 日，第 A12 版。

⑤ 《路透社认为：中国"80 后"经受地震洗礼》，《参考消息》2008 年 6 月 5 日。

⑥ "Wave of Unity and Patriotism Sweeps China", *CNN. com*, May 20, 2008.

⑦ 转引自《中国人的精神》，《南方日报》2008 年 5 月 22 日，第 A12 版。《海外媒体续评中国救灾：一个"摧不垮的民族"》，新华网 2008 年 5 月 28 日。

人类真的可以从巨大的天灾中复原过来，看到了中国人民的伟大精神。

另一个让人们感动和赞赏的行为是，国务院决定 2008 年 5 月 19 日至 21 日为全国哀悼日，表达全国各族人民对四川汶川大地震遇难同胞的深切哀悼。在此期间，全国和各驻外机构下半旗志哀，停止公共娱乐活动，外交部和我国驻外使领馆设立吊唁簿。奥运圣火传递也暂停 3 天。许多互联网网页也换成黑白色，虚拟世界和现实世界一起哀悼，真可谓"人含悲，山有泪，江河呜咽，万物无颜色!" 5 月 19 日 14 时 28 分的全中国 3 分钟哀悼更是上了各大外媒的头条，在电视画面中不断被重放。报道称"全国人民为四川大地震逾 3.4 万名死难者默哀 3 分钟。防空警报、汽车轮船的响号，从北而南、自东而西，划破长空呜呜哀鸣，触动肃立北京天安门广场、成都天府广场、香港时代广场的民众眼泪如江崩如堤决。……'中国加油'就是中国人民对苍天的呼唤，必能感动山河大地"①。CNN 网站在 3 分钟后就发表了题为《情感在中国举国默哀中流淌》的报道。《纽约时报》网站则以"静默一刻"为题，刊发了 14 张中国人在天安门广场、救援现场、成都天府广场默哀、流泪、激情的特写照片，视觉冲击力极强。评论对此给予高度评价，全国性哀悼的决定对中国而言尚属首次。他们认为，中国政府越来越关注个人的感受，哀悼活动不仅表达了中国人民的深切悲痛，也反映出政府希望确保这种情绪能通过合适的渠道得以疏导。这充分显示出人民利益高于一切，是对"以人为本"理念的最好昭示，是承认公民地位的制度进步之举。② 这一举动也加强了举国团结。③

法国路透社、美国《国际先驱论坛报》和《纽约时报》、澳大利亚《悉尼先驱晨报》、英国《泰晤士报》等都撰文描述了四川地震中的平民英雄和四川灾区的志愿者，认为四川地震在中国人当中形成了一种尽管较为温和但更为强烈和自信的民族主义情绪——人们团结一心，不是为了帮助自己的亲人和朋友，而是去帮助陌生人。④ 失去了房屋、家人和财产的中国普通农民将一瓶矿泉水给了一个外国人，一名农妇笑容可掬地邀请外国记者走进她所谓的家：位于稻田旁的堆积如山的残垣断瓦……外国记者评价说，"这里并不是没有痛苦和眼泪，但这是一个坚强的村庄，拥有惊人的精神力量和生存能力。在废墟中，中国农民仍旧待人亲切慷慨。他们是人类的一座丰碑，一场造成数万人死亡的 7.8 一级地震反而使之更加坚不可摧"⑤。《纽约时报》的文章特别关注了中国出现的大量平民志愿者，成都的一个汽车俱乐部的 40 名成员驾车到灾区救灾，他们

① 香港《明报》2008 年 5 月 20 日，转引自《参考消息》2008 年 5 月 21 日。
② 参见《四川地震与中国民族精神的再现》，新加坡《联合早报》2008 年 5 月 20 日。
③ 《举国哀悼遇难者爱国主义高涨》，《日本经济新闻》2008 年 5 月 20 日，转引自《参考消息》2008 年 5 月 21 日。
④ "China's New People's Army Pours out to Help Victims of the Quake", *The Times*, May 19, 2008.
⑤ 《灾区人民的慷慨情怀》，西班牙《先锋报》2008 年 5 月 17 日，转引自《参考消息》2008 年 5 月 19 日。

从什邡运出了 100 多位受灾群众。还有人驾车行程数百英里将救灾物资送入受灾山区。[1] 很多志愿者是 80 年代后出生的，有人曾把他们视为追求物质和金钱的一代，不知道关心他人，如今事实证明并非如此，地震洗礼激发了中国"80 后"一代的爱国热情。[2] 美国有线电视新闻网评论说，大规模的地震使中国人更加齐心协力、紧密地团结在一起。[3]

全中国人民面对着四川地震大灾难所表现的沉着、稳定的作风，为中华民族赢来全世界的崇高赞赏。[4] 所有这些都说明了同一个事实：中国在进步，中国人的素质在进步，中华民族在灾难面前所表现出的民族精神在升华。

4. 信息透明、接受国际援助，展现中国的开放与自信

地震灾难中全面的信息公开得到了中外舆论的一致首肯。地震发生后，中央电视台作为全国的权威媒体，立即派出记者前往四川灾区进行直播，综合频道、新闻频道、国际频道等频道都中断正常节目，24 小时不间断直播地震灾情及救援情况。国家地震局网站、中央政府网等每隔 2 小时公布一次最新灾害数据，2008 年 5 月 12 日夜变为一小时一次。国务院新闻办从 5 月 13 日开始每天下午定时举办新闻发布会。在互联网上，官方新闻机构不断发布最新报道，提供最新的死亡人数以及援救行动、失踪儿童和倒塌医院的细节。美国《纽约时报》称中国国家通讯社新华社在其中英文网站上，大量报道此次地震灾难，定期更新灾情报道，其中包括最新死亡数字。信息铺天盖地，高级官员和救援人员快速做出反应。法新社、路透社等境外大型通讯社也都对此次地震及救灾情况进行了追踪报道，并对中国政府在救灾中的快速反应予以了关注。外媒认为，在此次地震灾害中，官方媒体中央电视台以及一些省级媒体等 24 小时全方位报道地震灾情，中国官方媒体在此次报道中表现得锐气十足，这与三十多年前唐山地震时的情况相比已经有了很大不同，四川地震的信息公开程度显示了中国改革开放 30 年以来的发展。[5] 反映出内地传媒更加专业，中国政府更加开放、更有信心。

除了快速、全面，中国在此次灾难报道中的开放程度也令外媒称道。国务院新闻办组织中外记者前往灾区[6]，外国记者可以直接进入灾区采访并发布报道。[7] 英国《泰晤

---

[1] "Many Hands, Not Held by China, Aid in Quake", *The New York Times*, May 20, 2008.

[2] 《路透社认为：中国"80 后"经受地震洗礼》，《参考消息》2008 年 6 月 5 日。

[3] "Wave of Unity and Patriotism Sweeps China", *CNN. com*, May 20, 2008.

[4] 《在悲伤中奋起的民族》，马来西亚《国际时报》2008 年 5 月 24 日，转引自《参考消息》2008 年 5 月 28 日。

[5] "A Tale of Two Disasters: China's Rescue Mission Shames Burma", *The Independent*, May 18, 2008. "Quake Rattles Open China's Censorship Regime", *National Post*, May 13, 2008.

[6] 《震灾信息透明化：中国政治社会进步的水到渠成》，新华网 2008 年 5 月 21 日。

[7] "Bodies are Found in Rubble that was Once a School", *The Independent*, May 14, 2008. "Beichuan: A Vision of Hell", *The Independent*, May 16, 2008. "Bodies are Found in Rubble that was Once a School", *The Independent*, May 14, 2008.

士报》高度评价了中国政府的救灾工作和对地震灾难信息所持的开放态度，相信中国有能力和经验应对这场灾难。英媒称这样的开放程度在中国是闻所未闻的，温总理的坦诚程度让世人吃惊。① 《环球时报》转译美国广播公司 2008 年 5 月 26 日的报道称，自四川地震发生后，记者总体上能自由地去他们想去的地方。在被夷为平地的北川县城，记者被允许走过一个停放着 60 个尸体袋的街区。士兵只是要求他们不要拍照，出于对逝者的尊重。美联社记者在成都的医院附近进行了实地采访。记者可以站在寻找生还者的搜救人员身边采访，也能自由地走到绵阳市里的难民营里采访。一群哭泣的父母告诉一名记者，他们的孩子是被倒塌的学校劣质建筑砸死的。那里没有官方的"媒体看管人"提醒他们说批评政府可能会面临惩罚。遇到检查站，记者也通常被允许通过，甚至受到欢迎。警察和士兵主动告诉记者去一些受灾最严重地区的方向。中国总理视察灾区时，外国记者甚至可以跟随采访。一次记者会的地点甚至放在中国军队所使用的俄制直升机前。② 外国记者认为这与以前"没有官方允许就无法采访"的状况形成鲜明对比，这种开放的报道反而激发了巨大的善意，更多的志愿者涌向灾区，灾区收到了数十亿美元的捐赠物资。国内媒体认为正是由于这种开放度，使政府与群众的信息得到对称，彼此达到理解和互信，有效阻止了一些唯恐天下不乱者的蓄意造谣、破坏。事实证明，信息公开是抗震救灾顺利进行的重要稳定因素。

评论认为，在第一时间做到第一透明，这不仅是勇气、胆略和责任的表现，实际上也是一种法律义务。而正是因为中国政府的新闻发布和主流媒体的新闻报道遵循了"真实、快速、领先"的原则，从而大大提升了本身的公信力，其信息也称为西方主流媒体的主要信息源，一扫国际舆论对中国"官方"信息源的不信任态度。③ 外媒对中国在地震事件中的信息公开和传播速度给予了高度评价，"官方对灾情报道的开放做法不但稳定了社会民心，也让外界看到了政府应急的效率和能力，为中共累积了宝贵的政治资产"④，中国在救灾行动中表现得既现代又灵活，而且很开放，中国信息环境已经发生了质的变化。我们也看到，由于信息及时、公开，也使我们获得了更多理解和帮助。

接受国际援助，同样表现中国的开放与自信。我国发生地震灾害后，许多国家，包括日本、英国、罗马尼亚、智利、墨西哥、美国、葡萄牙、以色列、欧盟、阿富汗、塞浦路斯、西班牙、德国等政府领导人和相关政府机构，向我们国家的政府领导人和有关部门表达了慰问，部分国际机构，包括国际移民组织，也提出了援助的意愿。中国政府表示，由于灾区道路阻塞、情况不明，暂不接受国际救援人员进入灾区，在情况允许后，中国将会主动要求。⑤ 很快，从 2008 年 5 月 16 日开始，国际救援队伍陆续进入灾区开展救援工作。国内外舆论对此高度肯定，称这是中国更为自信的开放。《纽约时

---

① "Chinese Prime Minister Leads New Ear of Openness", *The Independent*, May 14, 2008.
② 《美媒：中国抗震救灾带来罕见新闻开放度》，《环球时报》2008 年 5 月 29 日。
③ 史安斌：《5·12 四川大地震：中国对外传播的变局和转机》，《对外大传播》2008 年第 6 期。
④ 《大地震震出民众爱国情怀》，新加坡《联合早报》2008 年 5 月 15 日。
⑤ "国务院新闻办公室抗震救灾第一次发布会"，2008 年 5 月 13 日。

报》报道说"这意味着中国向国际社会开放，并融入国际社会，包括救援领域"。①
《华尔街日报》13 日文章称其考验中国领导人如何掌握展示自主能力与向国际社会求助
之间的平衡。《纽约时报》16 日社论认为史无前例，中国表现出的开放和合作态度显示
其救灾努力绝非出于宣传目的。当中国向国际社会发出"需要 330 万顶帐篷"的呼吁
时，法国《费加罗报》评价说："向外国求助证明把受灾群众需要放在首位"，"中国以
一种更开放的态度接受援助……国际上对中国的信任也不断增强"。

大事记 13－1　多难兴邦：开放透明积极应对突发自然灾害

日　　期	事　　件
1 月 10 日—2 月 2 日	我国南方地区先后出现四次大范围低温雨雪冰冻过程。
4 月 18 日	第 1 号台风"浣熊"在我国海南省文昌市龙楼镇登陆。
4 月 28 日	民政部部长李学举签署中华人民共和国民政部第 35 号令，《救灾捐赠管理办法》即日起施行。
5 月 1 日	《政府信息公开条例》正式实施。
5 月 12 日 14 时 28 分	四川汶川 8.0 级大地震。
5 月 12 日	胡锦涛总书记在灾情发生后立即做出重要指示："尽快抢救伤员，确保灾区人民群众生命安全。"温家宝总理抵达地震灾区都江堰市视察灾情。
5 月 13 日	国务院新闻办公室就四川地震灾害和抗震救灾情况召开第一次新闻发布会。
5 月 16 日	日本救援队作为震后抵达中国的第一支国际救援队伍在到达当天即由成都赶赴青川。
5 月 19—21 日	全国哀悼日。
5 月 23 日	温家宝总理写下"多难兴邦"。
6 月 8 日	我国公布《汶川地震灾后恢复重建条例》，是我国首个专门针对一个地方地震灾后恢复重建的条例。
12 月 22 日	十一届全国人大常委会第六次会议开始就《中华人民共和国防震减灾法（修订草案）》二次审议稿进行审议。
12 月 27 日	十一届全国人大常委会第六次会议通过《中华人民共和国防震减灾法（修订草案）》，本法将于 2009 年 5 月 1 日起施行。

303

---

① 《芝麻开门：外援来了》，《瞭望东方周刊》2008 年 5 月总第 237 期。

第十四章 积极应对：
处理重大事故完善制度架构

2008 年，中国国内发生了多起由于人为原因造成的重大安全事故，如"4·28"胶济铁路重大交通事故、山西襄汾"9·8"重大溃坝事故、三鹿婴幼儿"问题奶粉事件"、河南登封"9·21"重大煤与瓦斯突出事故、深圳舞王俱乐部"9·21"重大火灾事故等。这些事故的发生，给人民群众的生命财产安全带来了重大损失，在社会上造成了极大的负面影响。特别是三鹿婴幼儿"问题奶粉事件"，由于其性质恶劣且牵涉面广，对民众的心理影响可能持续很长一段时间。值得指出的是，事故发生后，中国政府和社会通过多种方式和渠道积极应对，有效地阻止了事故的进一步扩大与蔓延。同时，对重大事故的积极妥善处理，促进了国家制度的进一步完善。

一、中国政府和社会积极应对"问题奶粉事件"

1. 举国震惊的"问题奶粉事件"

2008 年，一起由三鹿婴幼儿奶粉引发的重大食品安全事故，给国内消费者特别是婴幼儿的身体健康带来了极大危害，同时也造成了严重的社会影响。

2008 年 9 月 8 日之前，解放军第一医院共接收到 14 名肾结石婴儿，都来自甘肃农村，均不满周岁，且都有长期食用三鹿牌婴幼儿配方奶粉历史。随后，《兰州晨报》首次报道了"14 名婴儿同患肾结石"的新闻，"问题奶粉事件"逐渐为全国关注。同时，除甘肃省外，陕西、宁夏、湖南、湖北、山东、安徽、江西、江苏等地也有多起类似病例发生。经过迅速严密的调查，卫生部确认三鹿牌婴幼儿配方奶粉受到三聚氰胺污染，这会导致婴幼儿泌尿系统结石。三鹿集团立即宣布，全部召回 2008 年 8 月 6 日以前生产的"三鹿"牌婴幼儿配方奶粉，同时宣称，问题奶粉源于不法奶农向鲜牛奶中掺入"三聚氰胺"。国务院随后启动国家重大食品安全事故 I 级响应，成立三鹿牌婴幼儿配方奶粉重大安全事故应急处置领导小组，并督促全国质检系统 24 小时不间断地对全国婴幼儿配方奶粉进行检测。

2008 年 9 月 16 日，国家质检总局通过中央电视台《新闻联播》栏目，公布了检出含三聚氰胺的奶粉和企业名单，其中包括伊利、蒙牛等知名企业，由此暴露了奶粉行业的"潜规则"问题，引起了一场奶粉行业的信任危机。之后，国家质检总局又紧急组织开展了全国液态奶三聚氰胺专项检查。结果显示，市场上绝大部分液态奶是安全的，但蒙牛、伊利、光明等知名品牌企业生产的液态奶含有三聚氰胺。这给消费者带来了一定程度的乳品消费恐慌，在接下来的一段时间内，全国液态奶的销量明显下降。

2008年9月22日，根据国家处理奶粉事件领导小组事故调查组调查，三鹿牌婴幼儿奶粉事件是一起重大食品安全事件。依据有关规定，免去吴显国河北省省委常委、石家庄市市委书记职务，同意国家质检总局局长李长江引咎辞职的请求。截至2008年11月27日8时，全国累计报告因食用三鹿牌奶粉和其他个别问题奶粉导致泌尿系统出现异常的患儿29万余人，累计报告婴幼儿死亡病例11人，累计住院患儿共5.19万人，仍在住院的患儿有861人，累计收治重症患儿154例。

2. 揭露"问题奶粉事件"的国际反应

国际社会高度关注发生在中国的"问题奶粉事件"，海外主要媒体纷纷撰文报道此事并发表评论。美联社2008年9月12日报道，中国一主要奶制品厂召回了700吨导致婴儿接二连三得肾结石的奶粉，此事再次引发人们对中国产品安全问题的担忧，这些事件损害了外国人对中国产品安全的信心。[①]香港《信报》2008年9月12日文章称，内地又发生奶粉造成婴儿健康严重受损事件，这起奶粉案令人对中国的食品安全检查制度再次失去信心。法新社2008年9月16日文章称，中国奶粉丑闻进一步扩大，有二十多个品牌也被检测出含有三聚氰胺。近几年，中国食品制造业的名誉已经屡次受损。

同时，继国内生产的奶粉、薯片、豆浆、花生、奶糖、饼干、鸡蛋等产品在国外陆续被查出含有三聚氰胺后，几乎所有中国制造的食品，在国际市场上的形象瞬间崩塌。据统计，目前已有30多个国家和地区禁止进口或召回中国产奶制品，而且涉及的产品不仅是奶粉和牛奶产品，还蔓延到雪糕、巧克力、砂糖、奶茶、饼干和蛋糕等加工食品，甚至殃及面粉出口。"中国制造"一时成为劣质产品的代名词。

美国食品和药物管理局（FDA）官员2008年9月11日发出警告，希望消费者不要购买或食用中国产的婴儿配方奶粉。之后，FDA又于11月初发布声明称，因三聚氰胺问题，决定对中国出口的所有乳制品、乳源配料和含乳食品三大类产品实施口岸自动扣留措施，具体包括面包、调制食品、谷类食品等数十种食品，并要求美国进口商在向市场投放中国产食品和饮料前，需确认这些产品中不含三聚氰胺成分。

欧盟委员会2008年9月25日决定对来自中国的食品进行全面排查，除维持早已实行的中国奶制品进口禁令外，又补充规定对奶粉含量超过15%的中国食品进行检查，产自中国的蛋糕、饼干、巧克力等点心类食品均在被检之列。同时，各成员国还自行采取了一些措施。如意大利卫生部宣布，对所有进口食品都要求提供不含任何中国牛奶成

---

① 转引自《境外媒体纷纷报道"三鹿奶粉事件"》，《参考消息》2008年9月12日。

分的证明，若不能提交相应证明，海关将在留存 60 天后销毁。法国政府于 2008 年 9 月 25 日宣布，全面禁止从中国进口含有任何乳品成分的食品。

此外，由于中国生产的奶粉及奶制品的主要出口对象国是发展中国家或周边地区，这些国家和地区也相继采取了行动。新加坡农业食品与兽医管理局（AVA）2008 年 9 月 19 日表示，将禁止进口和销售所有来自中国的牛奶和奶制品，禁令立即生效。马来西亚卫生部于 2008 年 9 月 19 日宣布，禁止所有中国制造的婴儿奶粉、牛奶及乳制品入口，以保障民众健康。文莱 2008 年 9 月 20 日开始禁止从中国进口所有牛奶和牛奶产品，并检查货架以确保商店没有售卖这类产品。菲律宾食品和药品管理局 2008 年 9 月 26 日公布了一份关于中国奶制品的检测清单，包含的产品多达 54 种，而这还只是被禁的一小部分。印度尼西亚相关部门也于 2008 年 9 月底发布了一个包括 28 种含中国奶制品商品的"禁售单"。另外，中国香港、中国台湾及孟加拉国、布隆迪、加蓬等非洲国家也相继发布禁令，禁止进口、召回或下架中国内地产牛奶及奶制品。

从统计数据上看，各国对"中国制造"相关产品的封杀，大大影响了这些产品的出口。海关总署发布的数据显示，2008 年 1—10 月中国出口乳制品 11 万吨，价值 2.8 亿美元，分别比 2007 年同期增长 2.4% 和 50.4%，但受"问题奶粉事件"影响，10 月中国出口乳制品 1036 吨，同比下降 91.8%，其中奶粉出口更是下降了 99.2%。

3. 中国政府和社会积极应对

三鹿婴幼儿"问题奶粉事件"的爆发，引发国内社会的广泛关注，普通民众在谴责不法商人利欲熏心的同时，也充分感受到中国政府和社会的事故应对能力。

中国政府方面。"问题奶粉事件"发生后，从中央到地方政府，都在第一时间做出了明智的反应。一是立即启动国家重大食品安全事故 I 级响应，成立由卫生部牵头、质检总局等有关部门和地方参加的国家处理三鹿牌婴幼儿奶粉事件领导小组；二是全力开展医疗救治，对患病婴幼儿实行免费救治，所需费用由财政承担；三是全面开展奶粉市场治理整顿，由质检总局负责会同有关部门对市场上所有婴幼儿奶粉进行全面检验检查，对不合格奶粉立即实施下架；四是尽快查明婴幼儿奶粉污染原因，组织地方政府和有关部门对婴幼儿奶粉生产和奶牛养殖、原料奶收购、乳品加工等各环节开展检查；五是在查明事实的基础上，严肃处理违法犯罪分子和相关责任人；六是有关地方和部门要认真吸取教训，举一反三，建立完善食品安全和质量监管机制，切实保证人民群众的食品消费安全；七是针对多个国家对中国产品出口出现恐慌，商务部下令全面出口质检，坚决杜绝存在质量安全隐患的产品出口，对已发生的责任确属我国企业的质量安全事件，敦促企业对问题产品立即回收。

事实证明，中国政府对事故做出的积极应对部署是有效的。通过对患病婴幼儿实施紧急救治，自 2008 年 9 月 11 日以来，没有发生因食用含三聚氰胺奶粉引发婴幼儿死亡病例，新增的确诊和入院人数出现明显下降，大批婴幼儿得到了医疗检查和健康咨询，医疗秩序较好；通过对奶粉市场的治理整顿，使得问题奶粉及时下架，同时也加强了对婴幼儿奶粉的价格监管，严惩哄抬价格牟取暴利的行为，维持了奶粉市场价格的稳定；通过迅速查明婴幼儿奶粉污染原因，及时处理违法犯罪分子和相关责任人，给患病婴幼儿家长带来了慰藉，帮助消费者重塑信心；通过加强和完善食品安全方面的立法，为避免类似的食品安全事故发生提供了法制保障；通过对中国出口产品质量的严格排查，确保产品出口的质量安全，缓解了进口国的恐慌情绪，同时也展现了中国负责任大国的形象。

民间社会方面。发达国家的实践证明，健康的乳业市场不但需要国家机构的严格监管，乳品行业的集体自律，同时也需要媒体和广大消费者的积极监督。不应忽视的是，中国民间社会在这次重大食品安全事故的应对中变得更加成熟。乳品企业、媒体、行业协会和志愿者在事故发生后，或积极自救，或坚持道义原则，或为受害者提供援助等，这对消费者信心的恢复、乳品监管体系的完善和乳业的稳定健康发展提供了重要支持。

乳品企业的积极自救。在确认企业产品存在问题后，多数乳品企业在第一时间内召回问题奶粉，并公开致歉，表示在今后的生产中，进一步完善检测手段和方法，加强对奶农的管理，杜绝此类事件的发生。另外，伊利、蒙牛等全国 109 家奶制品生产企业和全国 207 家流通企业于 2008 年 9 月 23 日联合发布了"中国奶制品产销企业质量诚信宣言"，表明整个乳品制造业和相关流通行业对于确保产品质量的共同态度，这对提振中国消费者的信心起到了一定的作用。

媒体恪守舆论监督的原则。最早对婴幼儿"问题奶粉事件"进行披露的媒体是《兰州晨报》，2008 年 9 月 9 日，一则标题为《14 名婴儿同患"肾结石"》的报道出现在《兰州晨报》上，报道中"长期食用某品牌奶粉而导致 14 名不满周岁婴儿患肾结石"的消息，使"问题奶粉事件"逐渐浮出水面；随后，《东方早报》记者简光洲经过现场深入调查，顶住重重压力，于 9 月 11 日刊发了《甘肃 14 名婴儿疑喝"三鹿"奶粉致肾病》的长篇报道，率先将矛头指向了"三鹿"奶粉，由此掀起了一场关乎婴幼儿健康安全的舆论风暴。

中消协主动提出为受害者提供维权索赔帮助。三鹿"问题奶粉事件"发生后的第二天，中国消费者协会副秘书长表示，作为消费者保护组织，如果接到消费者的投诉，中消协和全国各地的消费者组织、农村一会两站，一定会全力帮助消费者维护自己的权利。

志愿者为受害者提供免费法律援助。为帮助奶粉事件中的受害者维护自身权益，北京及全国各地的律师自发组成了一个"三鹿奶粉志愿律师团"，免费为受害儿童家长提供法律援助服务。"三鹿奶粉志愿律师团"曾通过发布工作简报的形式，建议政府尽快部署实施"免费治疗"方案，这为后面政府发布免费治疗患儿的政策提供了参考。目前已有数百位律师加入了该团队，共为上千名患者提供了法律咨询。

二、处理重大安全事故，促进国家制度建设

尽管一系列由于人为原因引发的重大安全事故，给中国人民的人身健康和生命安全

带来了极大的伤害，甚至有许多无辜的生命因此而终结。但不可否认的是，中国政府和社会正在一次次事故应对中得到磨炼，在一次次教训中不断总结，在一次次考验中不断成熟。恰如恩格斯所说，"一个聪明的民族，在灾难和错误中学到的东西总会比平时多得多"。对这些重大事故的妥善处理，促进了中国国家制度建设。

1. 重大事故应急机制日趋完善

一般而言，重大安全事故的发生都具有突发性的特点，因此主动、快速、高效的应急机制对于阻止事故造成的负面影响进一步扩大和延伸有重要作用。从 2008 年三鹿婴幼儿"问题奶粉事件"的应对来看，中国政府的重大事故应急机制有了较为明显的提高。

信息公开机制方面，政府主动、全面公开。三鹿"问题奶粉事件"发生后，中国政府没有采取大事化小、小事化了的"低调"应对办法，而是将其进行扩大化处理。中国国家质检总局在三鹿婴幼儿奶粉事件爆出后的第五天，就通过国内最权威的媒体——央视晚间新闻联播，全面通报了对全国 109 家婴幼儿奶粉生产企业 491 批次产品的专项检查结果，对于含有三聚氰胺的问题奶粉生产企业，从品牌、厂家到三聚氰胺含量都一一道出，毫无保留。①

随后，国家质检总局又紧急组织开展了全国液态奶三聚氰胺专项检查，重点抽查检验了产品市场占有率达 70% 以上的蒙牛、伊利、光明、三元、雀巢等知名品牌企业生产的液态奶是否含有三聚氰胺，并通过央视新闻联播及时向全社会报道检验结果。相关信息的及时主动的披露，对婴幼儿家长和普通消费者而言无疑是一剂强心针，有效地缓解和消除了民众的恐慌情绪。

在政府部门联动方面，各部门积极、有效配合。党中央、国务院在第一时间内启动了国家重大食品安全事故 I 级响应机制，成立应急处置领导小组，由卫生部牵头，国家质检总局、工商总局、农业部、公安部、食品药品监管局等相关部门合力出击，各级政府积极配合，为保护婴幼儿的生命与健康，展开了一场大规模的应急战。

卫生系统，夜以继日地救治患儿。卫生部加强对患病婴幼儿特别是农村和边远地区患病婴幼儿的筛查，对因食用含有三聚氰胺婴幼儿奶粉患泌尿系统结石症的婴幼儿给予紧急、免费的检查和治疗，务求使患病婴幼儿尽快恢复健康。

质检系统，24 小时不间断地检测奶制品。对婴幼儿配方奶粉检测完毕后，质检系统又对所有奶制品进行检测，同时还对包括奶站、收奶点、企业生产环节等在内的每一个可能出现问题的环节进行检查，找到问题的根源。

工商总局，彻查所有"问题奶粉"。对检查不合格的奶制品，要求企业主动召回，各级工商部门负责组织全部下架、召回和封存。消费者要求退货的，按照原购买价格给予退货，并如实登记。对合格的奶制品允许继续销售。

---

① 童大焕：《问题奶粉大点名扩大化处理赢得掌声》，《东方早报》2008 年 9 月 17 日。

农业部，切断不合格牛奶的源头。迅速要求各地农牧部门迅速成立生鲜牛奶质量专项检查工作小组，逐级落实农产品质量安全属地管理责任，明确工作制度，确保工作到位、人员到位、措施到位，按时完成专项检查任务，杜绝不合格生鲜牛奶流入市场。

政法系统，加紧调查，快速侦破。公安机关对抓获的犯罪嫌疑人迅速开展讯问、调查和取证工作，在证据确凿的基础上，依法惩处违法犯罪分子，对负有责任的企业、监管部门和地方政府领导干部严肃追究责任。①

显然，政府各部门之间的联动和积极配合，大大提高了事故的应对效率，将这起重大食品安全事故的负面影响降到了最低点。

2. 行政问责制逐渐走向成熟

自山西襄汾矿难、三鹿"问题奶粉事件"等多起重大安全事故发生之后，在全国范围内刮起了一场问责风暴，"行政问责制"成为热门词汇，受到国内外的广泛关注。这轮问责风暴涉及人员职位之大、波及范围之广以及问责速度之快前所未有。经过 7 年的实践，中国行政问责制从非常时期的非常措施，逐渐走向常态化和制度化，这预示着中国国家政治制度正在不断走向成熟。

我国行政问责制度起步于 2001 年。2001 年 4 月 21 日，国务院关于特大安全事故行政责任追究的规定正式实施。进入 2008 年，中央及各级党政机关继续积极推进问责制，在法律法规上进一步完善行政问责制。2008 年 2 月 27 日，中共第十七届中央委员会第二次全体会议通过《关于深化行政管理体制改革的意见》，要求加强依法行政和制度建设，加快建设法治政府，推行政府绩效管理和行政问责制度。

2008 年 3 月 25 日在国务院新一届政府第一次廉政工作会议上，温家宝总理在发表讲话时指出，2008 年将加快实行以行政首长为重点的行政问责和绩效管理制度。要把行政不作为、乱作为和严重损害群众利益等行为作为问责重点。对给国家利益、公共利益和公民合法权益造成严重损害的，要依法严肃追究责任。在 4 月 1 日公布的《国务院 2008 年工作要点》中，行政问责制也位列其中。5 月 12 日国务院发布的《国务院关于加强市县政府依法行政的决定》，强调要加快实行行政问责制。

2008 年 9 月 16 日，国务院国资委发布了《中央企业安全生产监督管理暂行办法》，规定今后企业的安全生产业绩将直接与负责人的薪酬挂钩。今后，中央企业发生瞒报事故，或者发生特别重大责任事故并负主要责任的，该中央企业负责人年度经营业绩考核一律实行降级。暂行办法加大了安全生产业绩考核的力度，对降级降分处理的规定进行了细化。严格的问责制，目的就是让企业以更高标准、更严要求和更精细管理要求自己，绷紧安全生产弦。

2008 年 10 月 9 日国务院公布《乳品质量安全监督管理条例》，对监管部门的职责和法律责任做了三个方面的规定，包括明确监管部门的职责分工，并对监管部门的监督

309

① 徐博、吴晶：《中国政府全力处置"三鹿奶粉"事件》，《新华日报》2008 年 9 月 16 日。

检查职责提出严格要求；对有关人民政府、有关部门负有领导责任的负责人依法追究责任；明确监管部门不履行职责的法律责任等。

从实践上看，行政问责制在中国政治领域得到了很好的贯彻。2008 年以来，行政问责在各地频频发力，其密集度之高远超往年。仅 2008 年 9 月就至少有 19 名有关高级官员遭到问责，他们被免职或引咎辞职。9 月 22 日，国家质检总局局长李长江因三鹿奶粉事件引咎辞职，这是继 9 月 14 日山西省省长孟学农因襄汾县尾矿溃坝重大责任事故辞职之后，又一位引咎辞职的正部级高官。同日，因三鹿奶粉事件，石家庄市委书记吴显国被免职，这也是继此前山西省副省长张建民之后，又一位被免职的副部级官员。此外，在深圳火灾和河南登封矿难中，也有一些官员被免职。此轮猛烈的行政问责风暴表明了党中央、国务院问责和追究失职官员以践行责任政府的坚强决心，强化了依法行政，规范了政府的行政行为，使政府严格依法办事，崇尚宪法和法律在国家政治、经济、社会中的权威，有利于构建勤政、廉政、优政的行政理念，树立良好的政府形象，进一步加强政府的公信力。

3. 进一步健全相关法律法规

多起重大安全事故发生后，促进了国家相关法律法规的进一步健全。在食品安全领域，中国政府有一系列政策措施出台。为了保证食品质量安全，维护人民群众身体健康，避免三鹿问题奶粉类似事件再度发生，国务院于 2008 年 9 月 18 日废止了 1999 年 12 月 5 日发布的《国务院关于进一步加强产品质量工作若干问题的决定》中有关食品质量免检制度的内容。为此，实施了 8 年多的产品免检制度，终于退出了历史舞台。之后，国家质检总局于 2008 年 9 月 20 日发布公告，撤销蒙牛、伊利、光明三家企业液态奶产品中国名牌产品称号，并重申今后将不再直接办理与企业和产品有关的名牌评选活动。这意味着，质检总局在加强食品企业监管和明晰自身定位方面迈出了一大步。

更为重要的是，三鹿"问题奶粉事件"直接推动了《乳品质量安全监督管理条例》的出台及《食品安全法》草案的重大修改。2008 年 10 月 9 日，国务院公布了《乳品质量安全监督管理条例》（以下简称《条例》），《条例》自公布之日起施行。《条例》对监管部门的职责和法律责任做了三个方面的规定，包括建立违法生产经营者"黑名单"制度、对有关人民政府、有关部门负有领导责任的负责人依法追究责任等。《条例》的发布实施，标志着乳品质量安全监管工作被全面纳入法制化轨道，对于完善乳品行业质量安全保证措施，提高各级政府和部门运用法律手段发展和管理乳品行业的能力，保障公众身体健康和生命安全，构建社会主义和谐社会，具有重要意义。

2008 年 10 月 23 日举行的十一届全国人大常委会第五次会议第一次全体会议，就《食品安全法》草案重点做了 8 个方面的修改，包括强调政府监管职责、加强食品安全风险监测、强化食品添加剂标准、完善食品召回制度、废除免检制度、以保证公众健康为标准、加强监管食品小作坊、强调报告制度等。其中，地方政府的监管职责、食品安全标准的制定原则得到进一步明确，食品安全监督管理部门对食品不得实施免检、政府可责令企业召回不合格食品等被列为新增条款。显然，本次《食品安全法》草案的修改对中国食品行业的健康可持续发展有重大意义，为预防和处置重大食品安全事故提供了法律保障。

此外，针对重大矿难安全事故的频发，国家安监总局将实行生产安全事故企业黑名单制度和事故查处三项制度，旨在从制度上堵住企业安全生产漏洞，建立预防矿难安全事故发生的长效机制。

生产安全事故企业黑名单制度，将打击非法生产经营行为与建立企业诚信制度有效结合起来，加大了对事故企业违反安全生产责任的惩罚力度，有利于社会监督。2008年11月初，国家安全监管总局发出公告，公布了2008年1—10月发生的42起重特大事故责任企业名单，对列入黑名单的企业，工商、信贷、保险、具有资质等行政许可的部门都要采取措施进行制裁。

生产安全事故查处三项制度，包括事故的通报制度、事故的约谈制度和事故的现场分析制度等。事故通报制度的建立有利于社会对安全事故发生的原因、基本情况和处理结果进行了解和监督；事故约谈制度的建立有利于明确事故责任，增强地方政府相关领导对安全生产的重视；事故现场分析制度的建立有利于相关人员，通过事故现场分析会了解情况、分析原因和总结教训，起到警示作用。

311

4. 加强食品安全领域的海外合作

众所周知，食品安全问题从来都不仅限于一个国家之内，而是在全球范围内普遍存在的问题。在全球化的背景下，保障食品安全越来越需要加强国际间的交流与合作，建立起全球性的食品安全责任基础。中国作为一个发展中国家，在经济社会发展的过程中必然会遇到有关食品安全的各种问题，而与发达国家相比，在解决这类问题的措施和方法上还存在较大的差距。因此，中国本着互信互利的原则，与世界各国加强食品安全方面的国际交流与合作，有利于中国的食品安全管理水平的提高，同时也有利于全球食品安全环境的改善。[①]

2008年11月17日，中国国家质检总局、欧盟委员会和美国消费品安全委员会在比利时首都布鲁塞尔举行中欧美消费品安全三方峰会。会议围绕"消费品安全——共同的目标"，讨论保障消费品安全重大发展以及可能采取的更进一步的联合行动。这是三方首次合作开展的旨在共同保障消费品安全最高层的三方峰会。会议期间，中欧美三方签署了一份《加强产品安全合作备忘录》，旨在就产品安全领域进一步加强中国、欧盟和美国间的多边与双边的密切合作。

2008年11月18日，中国卫生部与美国卫生和公众服务部在北京联合召开中美食品安全政策研讨会，双方围绕"加强食品安全机构间合作"这一主题进行了深入交流，在诸多方面达成共识。结合当前国际食品安全形势，特别是对近年美国发生的花生酱沙

---

① 胡立彪：《互信互利开展食品安全国际合作》，中国质量新闻网，2008年11月21日。

门氏菌污染事件及中国近期发生的乳品三聚氰胺食品安全事件的案例分析，双方均认识到开展食品安全国际合作的重要性和必要性，议定今后双方将在食品安全风险评估、食品安全事故应急处理和完善食品安全管理体制等方面开展广泛的合作。作为对上述研讨会的呼应，11 月 19 日，美国食品药品监督管理局设在北京的办事处正式挂牌开张，帮助中国进行食品药品安全监管方面的能力建设，对中国出口至美国的食品药品进行检查。按照中美双方先前已经达成的协议，该局另外两个设在中国的办事处随后在上海和广州成立，而中方对等地在美国设立的食品安全派出监管机构，目前也正在筹备中。另外，12 月 4 日至 5 日在北京举行的第五次中美战略经济对话上，中美在食品和产品安全方面，达成了更深入的合作共识。中美两国同意进一步落实双边食品与饲料安全协议和食品安全信息通报谅解备忘录，以加强双边合作，共同应对突发事件，更加有效地保护两国消费者的安全，促进双方贸易的健康发展。

2008 年 12 月 3 日，在中国国际友好联络会与日本笹川和平财团、东京财团联合主办的中日食品安全与行政监管研讨会上，来自中国质检、疫控、环境医学、地方政府等部门和机构以及日本农林水产、消费安全、食品和环境研究、农产品企业的十余名官员和学者，在研讨会上介绍了各自食品安全监管的理念以及面临的问题，对双方加强合作提出了建议。最后，中日两国行政官员和专家学者达成共识，认为双方应通过建立合作机制，加强协调，增加互信，共同应对食品安全问题。

为增进海峡两岸食品安全沟通与互信，保障两岸人民安全与健康，海协会与海基会于 2008 年 11 月 4 日，在台北就两岸食品安全事宜签署《海峡两岸食品安全协议》。根据协议，双方同意相互通报涉及两岸贸易的食品安全信息，并就涉及影响两岸民众健康的重大食品安全信息及突发事件，进行即时沟通，提供完整信息。双方还同意建立两岸重大食品安全事件协处机制，包括紧急磋商、交换相关信息；暂停生产、输出相关产品；即时下架、召回相关产品；提供实地了解便利；核实发布信息，并相互通报；提供事件原因分析及改善计划；督促责任人妥善处理纠纷，并就确保受害人权益给予积极协助；双方即时相互通报有关责任查处情况等八项具体措施。

三、国际社会对中国处理重大安全事故的评价

国际社会对于 2008 年中国重大安全事故的发生原因及处理过程给予了充分的关注。尽管，海外主流媒体纷纷谴责中国国内不法商人的唯利是图和地方政府的监管失责，是造成重大安全事故频发的主要原因，但在中国政府和社会对事故的应对处理方面，给予了积极的评价。

1. 中国"行政问责风暴"意义重大

美国《国际先驱论坛报》2008 年 9 月 16 日文章称，山西省一座无证经营的铁矿尾

矿库 8 日溃坝，造成至少 254 人死亡。6 天后，山西省人大常委会接受了孟学农辞去山西省省长职务的请求，并免去张建民山西省副省长职务。孟学农的辞职表明，中国官员现在要承担其管辖范围内发生事故的后果，这也是北京当局在处理环境和安全生产事故问题上，追究共产党高官个人责任的最新迹象。[1]

美国《福布斯》双周刊 2008 年 9 月 22 日报道，随着有毒奶制品丑闻愈演愈烈，多名领导干部纷纷落马。李长江辞去国家质检总局局长的职务。三鹿集团总部所在地石家庄的市委书记被解职。随着多名官员今天被解职，北京发出一个明确信号，即官员将因产品的质量及卫生安全标准问题被追责。

韩联社（韩国联合通讯社）2008 年 9 月 23 日报道，中国领导人最近追究与重大安全事故和食品安全事件有关的高级官员，显示出中国政府致力于打造一个服务型政府的强烈意愿。[2]

德国《德国之声》2008 年 9 月 23 日报道，截至 9 月 22 日，已经有多名相关领导干部因为三鹿奶粉事件被免职，除了刚刚辞职的国家质检总局局长李长江，还有原石家庄市市长冀纯堂等多名高官，从这次奶粉事件可以看出，中国政府现在已经加强了对官员的问责，这也是"严格治吏"的表现。

香港《星岛日报》2008 年 9 月 23 日文章称，国家质检总局局长李长江昨天因为毒奶粉事件引咎辞职，三鹿集团所在地石家庄的市委书记和市长也被双双撤职；不久前，孟学农因对 265 人遇难的襄汾溃坝惨剧负有领导责任，辞去山西省长；在近几天发生的深圳火灾和登封矿难中，也有官员被免职。这显示中央正在掀起新一轮"问责风暴"。

新加坡《联合早报》2008 年 9 月 26 日文章称，近期的山西溃坝与"问题奶粉事件"，恰好是对中央三令五申的"问责制"的一次测试，测试结果，山西省委副书记、省长孟学农、国家质检总局局长李长江等官员纷纷落马。中央也适时展示"问责"的决心，进入第二任期的中国政府表明他们准备严惩违反中央科学发展观路线的官员。

意大利《欧联时报》2008 年 9 月 27 日刊文指出，在过去的一个多月的时间里，由于不断地发生伤害公共利益的事件，中国一批官员被追究责任，高到部级，低到县处级，涉及几十名官员，用问责风暴来形容，一点不为过。这也从另一方面展现了中国是一个负责任的社会。

香港《文汇报》2008 年 10 月 6 日载文称，九月问责风暴的来临，向社会发出了一个明确而清楚的讯号，作为加快行政管理体制改革，建设服务型政府的具体措施，官员问责在日后必然成为政府职责体系中一部分。而此轮问责风暴的意义，不仅在于给官员敲响警钟，而且在于给利益受损的百姓做出一个交代，也反映了中国法治制度不断走向成熟，对存有的矛盾问题采取积极应对的"执政为民"的态度。如是，从这个角度上

---

① Keith Bradsher: "China Forces Governors of Shanxi Province to Resign", *International Herald Tribune*, September 14, 2008.

② 转引自《世界关注中国问责风暴》，《环球时报》2008 年 9 月 24 日。

来说，问责风暴，开启了发生公共安全事故之后，追究拥有公共权利人责任的程序，开启权力责任时代的大幕！①

2. 中国政府积极有效应对重大事故

英国广播公司（BBC）网站 2008 年 9 月 17 日发表题为《中国决定将彻查整顿奶制品行业》的文章称，17 日上午，中国总理温家宝主持召开国务院常务会议，决定在全国全面检查奶制品，整顿奶制品行业。会议认为，三鹿牌婴幼儿奶粉事件的发生，反映出奶制品市场混乱，监管机制存在漏洞，监管工作不力，必须认真吸取教训。会议再次确认了全力救治患者，落实免费治疗政策，尤其要重视对农村和边远地区婴幼儿患者的检查。会议要求不合格的产品要全部下架、封存和销毁，不留死角。

法新社 2008 年 9 月 18 日评论称，世界卫生组织驻华代表韩卓升 18 日对中国政府处理部分奶粉产品含有三聚氰胺一事的方式表示赞许。韩卓升指出，自这一事件在上周被曝光以来，中国政府已在全国范围内加强了对乳制品的监管。他说："总体而言，我很欣慰，我认为中国政府已经做出了令人非常满意的反应。"法新社 9 月 27 日发表题为《中国采取措施消除公共疑虑》的文章称，中国政府为消除有毒奶粉事件给公众带来的疑虑，公布了近 50 种经检测不含三聚氰胺的中国乳业品牌。中国政府称已检测了 47 个品牌的牛奶和酸奶，并未检测出三聚氰胺。中国国家质检总局在其网站上宣布"未检出三聚氰胺"。这次检测对试图控制这一事件的中国来说是个好消息。

美国《纽约时报》2008 年 9 月 20 日发表评论称，中国尽力平息全国范围内的牛奶安全丑闻所引发的公众焦虑情绪。官员们命令将所有受污染的供应乳品从商店里撤柜，允诺对奶制品生产商进行更详细的审查，并发布了防止价格欺骗的警告。与此同时，中国领导人斥责地方官员未能保护公众利益。中国卫生部周六下令所有省份和大城市设立电话热线为公众提供信息和帮助。中国国务院已承诺惩罚违法者，要求生产受污染奶制品的公司支付受害者的医疗费用。与此同时，胡锦涛主席敦促中国的共产党员提高自身修养，他表示，2008 年发生的多起生产和食品安全事故已显示"一些领导缺少责任感，放松了管理"。

美国《今日美国报》2008 年 9 月 20 日文章称，中国领导人紧急控制范围广泛的奶制品受污染事件所引发的公众沮丧心情，严惩玩忽职守的地方官员，同时努力减弱对政府反应的批评声音。官员们承诺向商店里供应洁净的牛奶，在全国范围内设立医疗热线以帮助人们应付数年来这一最严重的产品安全丑闻。为了努力增强公众的信心，温家宝总理对共产党高级官员说，官员渎职导致了牛奶受污染和以前发生的产品丑闻，他要求把公众安全放在议事日程的首位。

《德国之声》网站 2008 年 9 月 21 日发表题为《北京高层关注毒奶粉风波》的文章称，北京高层对毒奶粉事件给予了极大关注。19 日胡锦涛总书记在中央党校就食品安

---

① 东方尔：《问责风暴，开启权力责任时代大幕》，香港《文汇报》2008 年 10 月 6 日。

全事故发表讲话，对地方干部敲响了警钟，语气之重尚属少见。20 日李克强副总理到河北省定兴县的医院、患儿家庭和商场进行慰问和视察，指出高度重视婴幼儿奶粉事件处置工作，要对奶制品行业开展全面整顿。21 日，温家宝总理到北京医院看望因食用有毒奶粉而患病的儿童，并在商场视察时，告诫相关官员和部门，要对人民负责，就必须如实地把情况都向老百姓公开。①

香港《星岛环球网》2008 年 9 月 22 日发文报道，世界卫生组织西太平洋地区执行主任尾身茂于 9 月 21 日在马尼拉举行的新闻发布会上说，中国政府正在采取积极妥当的方式严肃认真处理奶制品污染事件，中国政府以严肃认真的态度处理奶制品污染事件，采取了一系列值得肯定的行动来解决问题，并展开了深入的调查和问责。

新加坡《联合早报》2008 年 9 月 23 日发表评论称，中国政府一场对全国奶站专项整治的行动迅速扎实展开。农业部立即会同工业和信息化部、公安部、卫生部、工商总局、质检总局，联合召开奶站专项整治行动视频会议后，各地积极出台清理整顿行动工作方案。主要是严厉打击、坚决杜绝在鲜牛奶中添加三聚氰胺等有害化学物质的现象以及各种掺杂使假的违法行为；将所有奶站纳入监管范围；规范行为，建章立制，使奶站经营秩序明显好转，有力改善奶站整体素质，切实提高生鲜奶质量水平。

《日本时报》在线 2008 年 10 月 10 日文章称，据官方新华通讯社报道，中国政府正在实施一项紧急救援计划，补贴因"问题奶粉事件"发生后需求下降而遭受损失的奶农。各省政府也在采取行动。内蒙古自治区政府已经制定一项价值 1460 万美元的救援计划，补贴两家中国最大的牛奶公司——伊利集团和蒙牛集团——并且减免它们的纳税义务。河北、山西和辽宁省政府也承诺要提供补贴。

3. 事故处理促进法律法规不断完善

英国广播公司（BBC）网站 2008 年 9 月 17 日发表文章称，考虑到一些问题奶粉由国家免检企业生产，中国国家质检总局 17 日发布公告称，停止实行食品类生产企业国家免检。公告称，从即日起，停止所有食品类生产企业获得的国家免检产品资格，相关企业要立即停止其国家免检资格的相关宣传活动，其生产的产品和印制的包装上已使用的国家免检标志不再有效。

美国路透社 2008 年 9 月 23 日发表文章称，世界卫生组织驻华代表韩卓升 23 日表示，"问题奶粉事件"后，中国需要深化改革，以保证对食品安全的控制，而不仅仅是情况通报。他说，中国可能加快颁布施行食品安全法律的步伐，这一法律有望在 2009年年初之前审议通过。②

台湾《中国时报》2008 年 9 月 28 日报道，海基会副秘书长张树棣率领的台湾专家团，28 日下午与大陆海协会常务副会长郑立中在会见时说，现阶段大陆将采取有力措

---

① 《北京高层关注毒奶粉风波》，《德国之声》中文网站，2008 年 9 月 21 日，http://www.dw-world.de。

② 转引自《世卫：没必要禁止进口中国乳制品》，《参考消息》2008 年 9 月 25 日。

施，在两岸两会的框架下由两岸的业务主管部门就食品安全问题，建立一个由专家直接而有效的沟通管道和通报机制。这是两岸卫生官员的首次接触，为两岸建立《食品安全通报机制》迈出了第一步。

新加坡《联合早报》2008 年 10 月 11 日发表文章称，三鹿"问题奶粉事件"被媒体曝光一个月后，中国政府于 10 月 9 日颁布了新条例《乳品质量安全监督管理条例》，明确规定监管部门对乳品要定期监督抽查，公布举报方式和监管信息，并建立违法生产经营者"黑名单"制度，以确保乳品行业健康有序发展。新条例规定监管部门不履行条例规定的职责、造成后果的，或者滥用职权、有其他渎职行为的，由监察机关或者任免机关对其主要负责人、直接负责的主管人员和其他直接责任人员给予记大过或者降级的处分；造成严重后果的，给予撤职或者开除的处分；构成犯罪的，依法追究刑事责任。①

《香港商报》2008 年 10 月 23 日发表文章称，十一届全国人大常委会第五次会议 23 日在人民大会堂开幕，对《食品安全法》草案再次提请审议。三鹿牌婴幼儿奶粉事件发生后，针对一些地方有关部门的监管职责不清、配合不够的问题，草案增加规定：对食品安全实行全程监督管理；县级以上地方人民政府依照本法和国务院的规定确定本级卫生行政等有关部门的监管职责；各有关部门应当加强沟通、密切配合，按照各自的职责分工，依法行使职权，承担责任。

香港《大公网》2008 年 10 月 29 日发表题为《促改食品安全法》的评论称，三鹿事件发生后，国务院痛下决心，于 9 月 18 日，废止对食品的免检制度，宣判了免检死刑。《食品安全法》草案明确规定：食品安全监督管理部门对食品不得实施免检，将此前国务院废除免检的措施法制化。有关人士表示，食品检验是食品安全的重要环节，监管部门不能放弃自己的责任。在质量安全面前，大小品牌应该一视同仁，对大品牌的监管甚至应更严，因为品牌产品影响力越大，受影响的人也就越多。因此，废除食品免检，是切中要害之举。

大事记 14 - 1　2008 年中国"问题奶粉事件"始末

日　期	事　件
3 月	南京市鼓楼医院泌尿外科专家接到南京儿童医院十例婴幼儿泌尿结石样本。
4 月	经媒体事后报道，河北三鹿集团此时已发现其婴幼儿配方奶粉存在质量问题。
6 月 30 日	国家质检总局食品生产监管司的"留言查询"栏目中，有消费者举报称，湖南儿童医院有 5 名婴儿已被查出患有"肾结石"。
7 月 16 日	甘肃省卫生厅接到多起婴幼儿因食三鹿奶粉患病报告，随即要求当地医疗机构进行调查，并上报卫生部。
8 月 2 日	据国务院调查组事后调查，河北省石家庄市政府此时曾接到三鹿集团有关"问题奶粉"的报告，但未在规定时间内上报省政府及其相关部门。
8 月 29 日	湖北省同济医院小儿科接收了 3 名"肾结石"婴儿，分别来自河南、江西和湖北，家长反映，其孩子均食用过"三鹿"牌婴幼儿配方奶粉。

① 《中国将定期监督抽查乳品》，新加坡《联合早报》2008 年 10 月 11 日。

续表

日　期	事　件
9月8日	截至当日，中国人民解放军第一医院泌尿科共接收了14名肾结石婴儿。这14个患儿都来自甘肃农村，均不满周岁，有长期食用三鹿婴幼儿配方奶粉的历史。
9月9日	甘肃《兰州晨报》首次报道"14名婴儿同患肾结石"，"肾结石"奶粉事件逐渐为全国关注。
9月11日	上海《东方晨报》刊发了《甘肃14名婴儿疑喝"三鹿"奶粉致肾病》的长篇报道，率先将矛头指向了"三鹿"奶粉，由此掀起了一场关乎婴幼儿健康安全的舆论风暴。
9月11日凌晨3时	三鹿"问题奶粉"被新华网曝光，社会哗然。同时7名患儿的父母联名写下了申请书，上书甘肃省卫生厅，要求彻查病因。
9月11日下午	国务院决定成立"肾结石奶粉事件"联合调查组，调查组由卫生部牵头，由农业、公安、质检、工商、食品药品监管等部门及相关专家组成。调查组当日赶赴奶粉生产企业所在地。
9月11日20时	卫生部发布消息称高度怀疑三鹿集团生产的三鹿牌婴幼儿配方奶粉受三聚氰胺污染，并称已将事件有关情况向世界卫生组织（WHO）及有关国家通报。同时要求各地上报"有三鹿牌婴幼儿配方奶粉喂养史患泌尿系统结石婴幼儿有关情况"。
9月11日21时	三鹿集团股份有限公司声明称，立即全部召回2008年8月6日以前生产的"三鹿"婴幼儿配方奶粉，同时该集团还向媒体称，问题奶粉源于不法奶农向鲜牛奶中掺入"三聚氰胺"。
9月12日	截至当日，全国各地向中国卫生部上报泌尿系统结石病患儿432例。卫生部确认"受三聚氰胺污染的婴幼儿配方奶粉能够导致婴幼儿泌尿系统结石"。三鹿集团承认自检出相关问题，就检测结果跟有关部门进行过汇报。
9月12日晚	国台办发言人杨毅表示，恒天然（上海）商贸有限公司出口一批25吨、分装成每包25公斤的三鹿问题奶粉到台湾，经过跟踪调查，大部分流入台湾的三鹿奶粉，尚在进口商可控范围内；目前已责成三鹿公司，通知台湾相关公司停止销售，并立即回收奶粉。
9月13日	国务院启动国家重大食品安全事故Ⅰ级响应，成立三鹿牌婴幼儿配方奶粉重大安全事故应急处置领导小组。中国工商行政管理总局要求市场上尚存的"三鹿牌"婴幼儿奶粉全部下架停售。河北省政府决定对三鹿集团立即停产整顿。
9月14日	国家质检总局派出工作组赴河北、广东、黑龙江、内蒙古四省区，督促检查三鹿婴幼儿奶粉重大安全事故应急处置。截至当日，河北省公安部门已依法传唤涉嫌问题奶粉的78名人员，其中19人被刑事拘留。河北省警方于当晚正式逮捕两名犯罪嫌疑人。
9月15日	截至当日早8时，全国医疗机构共接诊、筛查食用"三鹿牌"婴幼儿配方奶粉的婴幼儿近万名，临床诊断患儿1253名，其中2名已死亡。
9月16日	质检总局通报全国婴幼儿奶粉三聚氰胺含量抽检阶段性结果。22家企业检出含量不同的三聚氰胺，其中包括蒙牛、伊利等知名品牌，这些批次奶粉被要求立即下架。当日，三鹿集团董事长田文华被免职，石家庄市分管农业的副市长、畜牧水产局局长、食品药品监督管理局局长、质量技术监督局局长被免职。
9月17日	三鹿集团原董事长、总经理田文华被刑事拘留。石家庄市市长冀纯堂被免职。伊利、蒙牛和光明等乳业巨头相继道歉，承诺召回其"问题奶粉"并赔偿损失。国家质检总局宣布，自即日起，停止所有食品类生产企业获得的国家免检产品资格。
9月18日	国家质检总局对全国液态奶三聚氰胺专项检查结果显示，市场上绝大部分液态奶是安全的，蒙牛、伊利、光明三大知名品牌企业部分批次产品含有三聚氰胺。质检总局发布公告，撤销了内蒙古伊利集团、山西古城乳业集团、青岛圣元乳业有限公司乳粉产品中国名牌产品称号。
9月19日	中国卫生部向世卫组织通报处理三鹿奶粉事件进展，世界卫生组织驻华代表韩卓升高度评价中国政府在处理该事件中所采取的措施和行动，并表示世卫组织愿意提供一切必要的技术协助。卫生部发出紧急通知，要求没有开通婴幼儿奶粉事件健康咨询热线12320的省份，应在最短时间内开通。
9月21日	卫生部宣称，截至9月21日8时，各地报告因食用婴幼儿奶粉正在住院接受治疗的婴幼儿共有12892人，其中有较重症状的婴幼儿104人；此前已治愈出院1579人。各地报告因食用婴幼儿奶粉接受门诊治疗咨询并已基本康复的婴幼儿累计为39965人。

续表

日　　期	事　　件
9 月 22 日	根据国家处理奶粉事件领导小组事故调查组调查，三鹿牌婴幼儿奶粉事件是一起重大食品安全事件。经党中央、国务院批准，免去吴显国河北省委常委、石家庄市委书记职务，同意国家质量监督检验检疫总局局长李长江引咎辞职的请求。同日，为保护奶农利益，最大限度地减少奶农损失，石家庄市出台制定了有关政策措施予以扶持。
10 月 8 日	卫生部、工业和信息化部、农业部、国家工商行政管理总局和国家质检总局等五部门首次制定乳品中三聚氰胺限量值。
12 月 1 日	卫生部当日通报指出，截至 11 月 27 日 8 时，全国累计报告因食用三鹿牌奶粉和其他个别问题奶粉导致泌尿系统出现异常的患儿 29 万余人，累计住院患儿共 5.19 万人，目前仍在住院的患儿有 861 人，累计收治重症患儿 154 例。

大事记 14 - 2　2008 年中国行政问责大事记

日　　期	事　　件
2 月 27 日	中共第十七届中央委员会第二次全体会议通过《关于深化行政管理体制改革的意见》，要求加强依法行政和制度建设，加快建设法治政府，推行政府绩效管理和行政问责制度，为实现深化行政管理体制改革的总体目标打下坚实基础。
3 月 25 日	在国务院新一届政府第一次廉政工作会议上，温家宝总理在发表讲话时指出，2008 年将加快实行以行政首长为重点的行政问责和绩效管理制度。要把行政不作为、乱作为和严重损害群众利益等行为作为问责重点。对给国家利益、公共利益和公民合法权益造成严重损害的，要依法严肃追究责任。
4 月 1 日	公布《国务院 2008 年工作要点》，明确加快行政管理体制改革，加强政府自身建设，推行行政问责制和政府绩效管理制度。
4 月 28 日	"4·28"胶济铁路特别重大交通事故发生后，司法机关对济南铁路局副局长、局党委常委郭吉光等 6 人依法逮捕，济南铁路局局长、党委副书记陈功，党委书记柴铁民被免职。
5 月 12 日	国务院发布《国务院关于加强市县政府依法行政的决定》，强调加快实行行政问责制。
9 月 11 日	因三鹿"问题奶粉事件"，石家庄市委副书记、市长冀纯堂被免职。
9 月 14 日	因"9·8"襄汾溃坝事故，孟学农被免去山西省委副书记、常委、委员职务，并辞去山西省长职务。山西副省长张建民被免职。
9 月 16 日	因三鹿"问题奶粉事件"，石家庄市副市长张发旺，市畜牧水产局局长孙任虎，市食品药品监督管理局局长、党组书记张毅，市质量技术监督局局长、党组书记李志国被免职。
9 月 16 日	国务院国资委发布了《中央企业安全生产监督管理暂行办法》，规定今后企业的安全生产业绩将直接与负责人的薪酬挂钩。
9 月 20 日	因"9·8"临汾市襄汾溃坝事故，临汾市委书记夏振贵停职检查，临汾市委副书记刘志杰被免职；襄汾县委书记亢海银被免职；襄汾县委副书记李学俊被免职，襄汾县副县长韩保全被提名免职。
9 月 21 日	深圳龙岗区政府副区长黄海广等 5 名官员，因"9·20"深圳舞王俱乐部特大火灾事故被免职或提名免职。
9 月 22 日	因三鹿"问题奶粉事件"，河北省委决定，免去吴显国石家庄市委书记职务，国务院同意李长江辞去国家质检总局职务。
9 月 22 日	因"9·21"河南登封市新丰二矿煤与瓦斯突出事故，登封市委书记张学军被党内警告处分，吴福民被免去登封市委委员、常委、副书记职务，建议免去其登封市长职务，登封副市长张宏伟被建议免职。
9 月 23 日	因黑龙江鹤岗市南山区富华煤矿"9·20"特别重大火灾事故，免去金国生兴山区委书记、常委、委员职务；免去吴沈义同志兴山区委副书记、常委、委员职务，建议免去兴山区区长职务；撤销张荣超同志兴山区副区长职务。
10 月 8 日	因张家口蔚县李家洼煤矿"7·14"特大矿难，蔚县县委书记李宏兴、县长祁建华被免职并立案调查，河北煤矿安全监察局张家口分局副局长王建勇、张家口市国土资源局副局长张志新、蔚县副县长王凤忠等 22 人被移送检察机关，还有 1 人被刑拘。

续表

日　　期	事　　件
10 月 8 日	因唐山市古冶区在 8 月 27 日—9 月 5 日 10 天内，接连发生两起煤矿安全事故，造成重大人员伤亡，主管副区长韩国强等 3 名干部被免职。
10 月 9 日	国务院公布《乳品质量安全监督管理条例》，对监管部门的职责和法律责任作了三个方面的规定：明确监管部门的职责分工；对有关人民政府、有关部门负有领导责任的负责人依法追究责任；明确监管部门不履行职责的法律责任等。
11 月 1 日	因河南济源马庄煤矿"10·29"透水事故，济源市政府主管工业的副市长田志华等 6 名官员被停职或免职。
12 月 1 日	因黑龙江七台河"11·30"煤矿瓦斯爆炸事故，免去七台河市刘丽新兴区委副书记、区长职务，免去杨奇新兴区委常委、副区长职务；免去刘万生新兴区政府副区长人选，建议新兴区委免去其安全生产监督管理局局长职务。

主要参考文献

一、中文部分

1. 于钟宏、刘国宁：《雪灾对经济的影响有多大》，《中国统计》2008 年第 3 期。

2. 安格斯·麦迪森：《世界经济千年史》，伍晓鹰、许宪春、叶燕斐、施发启译，北京大学出版社 2003 年版。

3. 保罗·克鲁格曼、茅瑞斯·奥伯斯法尔德著：《国际经济学》（第四版），海闻等译，中国人民大学出版社 1998 年版。

4. 北京奥运经济研究会编：《2008 北京奥运读本》，人民日报出版社 2007 年版。

5. 伯纳德·霍克曼、迈克尔·考斯泰基：《世界贸易体制的政治经济学》，刘平等译，法律出版社 1999 年版。

6. 伯南克：《大萧条》，宋芳秀、寇文红等译，东北财经大学出版社 2007 年版。

7. 曹鹏程：《温家宝出席东盟与中日韩领导人早餐会》，《人民日报》2008 年 10 月 25 日。

8. 陈冰：《抗震救灾展示现代中国形象》，新加坡《联合早报》2008 年 5 月 21 日。

9. 陈琛：《芝麻开门：外援来了》，《瞭望东方周刊》2008 年 5 月总第 237 期。

10. 陈凌：《中国的发展举世瞩目——国际政要谈中国改革开放 30 年》，《人民日报》（海外版）2008 年 12 月 17 日。

11. 陈顺：《访马里作家博迪恩：中非合作是非洲发展的通途》，新华社 2008 年 12 月 1 日。

12. 陈晓晨：《中美需要超越"两强相争"逻辑》，《第一财经日报》2008 年 11 月 24 日。

13. 戴维·B. 约菲、本杰明·戈梅斯-卡斯：《国际贸易与竞争：战略与管理案例及要点》（第二版），宫桓刚、孙宁译，东北财经大学出版社 2000 年版。

14. 德国《商报》：《中国军队奋勇救灾赢得尊敬》，《参考消息》2008 年 5 月 19 日。

15. 邓小平：《邓小平文选》（第三卷），人民出版社 1993 年版。

16. 杜海涛：《我国出口总额跃居世界第二位》，《人民日报》2008 年 1 月 21 日，第 9 版。

17. 杜平：《中国成为国际秩序的支撑点》，《联合早报》2008 年 12 月 19 日。

18. 高飞：《简评中国处理领土争端的原则及理念》，《外交评论》2008 年第 5 期。

19. 龚雯：《经济大势：外资还是看好中国》，《人民日报》2008 年 12 月 1 日，第 13 版。

20. 顾玉清：《中国问题专家皮卡尔称"中国模式"令人瞩目》，《人民日报》2008 年 10 月 21 日。

21. 国防科工委：《航天发展"十一五"规划》，北京，2007 年 10 月。

22. 国家统计局：《中国统计年鉴》（历年），中国统计出版社出版。

23. 国家外汇管理局国际收支分析小组：《2007 年上半年中国国际收支报告》，2008 年 10 月。

24. 国家外汇管理局国际收支分析小组：《2007 年中国国际收支报告》，2008 年 6 月。

25. 国务院新闻办公室：《2006 年中国的航天》，北京，2006 年 10 月。

26. 何振梁：《北京奥运会对我国发展的影响》，《体育文化导刊》2004 年第 3 期。

27. 胡锦涛：《携手建设持久和平、共同繁荣的和谐地区——在上海合作组织成员国元首理事会第八次会议上的讲话》，《人民日报》2008 年 8 月 29 日，第 1 版。

28. 胡锦涛：《高举中国特色社会主义伟大旗帜，为夺取全面建设小康社会新胜利而奋斗——在中国共产党第十七次全国代表大会上的报告》，《人民日报》2007 年 10 月 15 日。

29. 胡锦涛：《在四川召开的抗震救灾工作会议上的讲话》，《人民日报》2008 年 5 月 17 日，第 2 版。

30. 胡锦涛：《在四川召开抗震救灾工作会议并发表重要讲话强调众志成城克服一切艰难险阻坚决打胜抗震救灾这场硬仗》，《人民日报》2008 年 5 月 18 日，第 1 版。

31. 季志业：《俄格冲突对国际关系的影响探析》，《现代国际关系》2008 年第 9 期。

32. 江小涓等著：《中国经济的开放与增长 1980—2005 年》，人民出版社 2007 年 4 月版。

33. 拉尔夫·戈莫里、威廉·鲍莫尔：《全球贸易和国家利益冲突》，文爽、乔羽译，中信出版社 2003 年版。

34. 赖斌：《全要素生产力推动中国经济增长》，《国际融资》2008 年第 1 期。

35. 李炳炎、唐思航：《外资过度并购中国企业的风险与对策》，《国家行政学院学报》2008 年第 1 期。

36. 李春霞、王先勇、张京成主编：《科技奥运：解析北京奥运的科技创意》，科学出版社 2007 年 9 月版。

37. 李珮璘：《跨国公司并购与中国战略产业的发展》，《世界经济研究》2008 年第 7 期。

38. 李天行：《海外媒体谈中国改革开放 30 年》，人民网 2008 年 12 月 17 日。

39. 李永群：《我真舍不得离开中国——访欧盟首任驻华大使杜侠都》，《人民日报》2008 年 11 月 3 日，第 3 版。

40. 卢国学：《深化合作　共同发展》，《人民日报》2008 年 10 月 31 日，第 3 版。

41. 路透社：《路透社认为：中国"80 后"经受地震洗礼》，《参考消息》2008 年 6 月 5 日。

42. 罗春华：《中国务实性改革值得借鉴》，《人民日报》2008 年 11 月 17 日。

43. 迈克尔·赫德森：《金融帝国——美国金融霸权的来源和基础》，中央编译出版社 2008 年 8 月第 1 版。

44. 倪建伟：《实施更为积极主动的对外开放战略应对国际金融危机》，人民网 2008 年 11 月 12 日。

45. 邱江波、华盛顿智库裴敏欣：《中国改革开放改变了世界经济和权力格局》，中新网 2008 年 10 月 29。

46. 邱震海：《震灾给中国带来的正面效应》，《联合早报》2008 年 5 月 17 日。

47. 任彦：《不平凡的发展之路——访印度"发展中国家研究中心"前主任莫汉蒂教授》，《人民日报》2008 年 12 月 31 日，第 3 版。

48. 桑百川、李玉梅：《反垄断法规制外资并购的效应分析》，《国际贸易》2008 年第 5 期。

49. 山旭、周敬波：《神兵天降：全军陆航部队大集结》，《瞭望东方周刊》2008 年 5 月总第 237 期。

50. 商务部、外交部、公安部、司法部：《外资非正常撤离中方相关利益方跨国追究与诉讼工作指引》，国家商务部网站，2008 年 11 月 19 日。

51. 商务部：《2008 年 1—11 月全国吸收外商直接投资快讯》，国家商务部网站，2008 年 12 月 19 日。

52. 商务部：《2008 年 1—6 月全国吸收外商直接投资快讯》，国家商务部网站，2008 年 7 月 16 日。

53. 上海合作组织：《上海合作组织成员国政府首脑（总理）理事会会议联合公报》，《人民日报》2008 年 10 月 31 日，第 3 版。

54. 邵景均：《抗震救灾彰显我国政治制度的优越性》，《求是》2008 年第 13 期。

55. 史安斌：《5·12 四川大地震：中国对外传播的变局和转机》，《对外大传播》2008 年第 6 期。

56. 史安斌：《浅谈 5·12 大地震境外报道的特点》，《对外大传播》2008 年第 6 期。

57. 世界贸易组织：《乌拉圭回合多边贸易谈判结果法律文本》，对外贸易经济合作部国际经贸关系司译，法律出版社 2000 年 10 月第 1 版。

58. 司徒北辰：《世界银行前副行长谈中国改革开放 30 年》，新浪网 2008 年 12 月 6 日。

59. 孙延昭：《2008 年奥运会经济与奥运文化产业的研究》，《经济师》2007 年第

5 期。

60. 唐逸鸿：《历史大坐标下的改革开放》，新加坡《联合早报》2008 年 12 月 19 日。

61. 王洪涛：《深化中国—东盟区域经济合作》，《广西日报》2008 年 9 月 16 日。

62. 王会寨、卢石：《北京奥运会对提升中国经济国际化竞争力的影响研究》，《山东体育学院学报》2006 年 2 月。

63. 王巾英、崔新健、王彦华：《WTO 框架下中国涉外经贸运行与管理》，中国财政经济出版社 2006 年 10 月版。

64. 王雷：《俄格军事冲突的深层原因及其对国际体系的冲击》，《外交评论》2008 年第 5 期。

65. 王郦久：《俄格冲突的国际影响分析》，《外交评论》2008 年第 5 期。

66. 王勉、蒋旭峰、王英诚：《王岐山：深化与东盟合作，应对"前所未有挑战"》，新华社 2008 年 10 月 22 日。

67. 王娜：《俄格冲突：外高加索大国博弈的缩影》，《中国社会科学院院报》2008 年 9 月 23 日。

68. 威廉·富尔曼：《美媒：中国抗震救灾带来罕见新闻开放度》，《环球时报》2008 年 5 月 29 日。

69. 文汇社评：《亚欧峰会凸显中国地位和作用》，《文汇报》2008 年 10 月 27 日。

70. 吴平、和苗：《中国离不开世界、世界也离不开中国——访瑞典中国问题专家约翰·拉格奎斯特》，新华社 2008 年 11 月 26 日。

71. 吴雪明：《全球化背景下强国国际竞争力的评估理念与指标分析》，《世界经济研究》2007 年第 12 期。

72. 席来旺：《中国与世界密不可分——访美国宾州州立大学教授丹尼斯·西蒙和哥伦比亚大学兼职教授斯卡·科装拉》，《人民日报》2008 年 12 月 31 日，第 3 版。

73. 辛军：《80 位将军突进灾区》，《瞭望东方周刊》2008 年 5 月总第 237 期。

74. 薛求知：《当代跨国公司新理论》，复旦大学出版社 2007 年 10 月第 1 版。

75. 杨桦：《2008 年北京奥运会对提升中国国际地位和声望的研究》，《体育科学》2006 年第 5 期。

76. 杨桦等：《2008 年奥运会提升中国国际地位和声望的研究》，中国法制出版社 2007 年版。

77. 杨曼：《韩流遭遇寒流 韩资悄然撤资》，新华网 2008 年 11 月 24 日。

78. 叶鹏飞：《大地震震出民众爱国情怀》，新加坡《联合早报》2008 年 5 月 15 日。

79. 于青：《让东海成为和平、合作、友好之海——评中日就东海问题达成原则共识》，《人民日报》2008 年 6 月 19 日，第 4 版。

80. 于泽远：《中国交出比较合格答卷》，新加坡《联合早报》2008 年 12 月 29 日。

81. 余芳东：《当前全球国际比较项目（ICP）的进展及其基本方法》，《统计研究》2007 年第 1 期。

82. 余芳东：《对世界银行按美元计价的中国 GDP 数据的分析》，《统计研究》，2004 年第 5 期。

83. 余永定、郑秉文主编：《中国"入世"研究报告：进入 WTO 的中国产业》，社会科学文献出版社 2000 年 1 月版。

84. 曾向荣、邱敏、约瑟夫·奈：《期待中国下一个 30 年再写传奇》，新浪网 2008 年 12 月 3 日。

85. 张幼文、黄仁伟等著：《2004 中国国际地位报告》，人民出版社 2004 年版。

86. 张幼文、黄仁伟等著：《2008 中国国际地位报告》，人民出版社 2008 年版。

87. 张幼文：《双轮驱动下要素集聚的升级》，《文汇报》2008 年 4 月 14 日。

88. 张幼文等著：《新开放观——对外开放理论与战略再探索》，人民出版社 2007 年第 1 版。

89. 张幼文等著：《探索开放战略的升级》，上海社会科学院出版社 2008 年 7 月第 1 版。

90. 张蕴岭：《未来 10—15 年中国在亚太地区面临的国际环境》，中国社会科学出版社 2003 年版。

91. 赵蓓文：《跨国公司在华战略演变与中国外资政策调整》，《世界经济研究》2008 年第 5 期。

92. 赵亚辉：《汶川地震直接经济损失 8451 亿元》，《人民日报》2008 年 9 月 5 日，第 1 版。

93. 赵亚辉：《中国坚信：一切可以从头再来》，《人民日报》2008 年 9 月 5 日，第 9 版。

94. 郑晓奕、张永兴：《东盟与对话伙伴分别举行"10＋1"外长会议》，新华网 2008 年 7 月 24 日。

95. 郑永年：《西方媒体态度大转变，中国表现让西方"无话可说"》，《国际先驱导报》2008 年 5 月 20 日。

96. 郑永年：《中国要加快国际政治话语的建设》，新加坡《联合早报》2008 年 1 月 8 日。

97. 郑永年：《四川地震与中国民族精神的再现》，新加坡《联合早报》2008 年 5 月 20 日。

98. 郑永年：《中国的灾难与重生》，新加坡《联合早报》2008 年 5 月 27 日。

99. 中国人民银行货币政策分析小组：《中国货币政策执行报告》，2002—2008 年各季度。

100. 中国人民银行上海总部国际金融市场分析小组：《2007 年国际金融市场报告》，2008 年 3 月。

101. 中国入世议定书：《中国入世议定书》翻译组译，上海人民出版社 2001 年 12 月版。

102. 中国商务部：《2008 年 1—12 月利用外资统计简表》，商务部网站。

103. 中国商务部：《中国对外直接投资统计公报（2007）》，商务部网站。

104. 中国商务部：《中国外商投资报告（2007）》，商务部网站。

105. 中国统计局：《2008 年国民经济和社会发展统计公报》，国家统计局网站，2009 年 2 月 26 日。

106. 中国统计局：《改革开放 30 年我国经济社会发展成就系列报告》，国家统计局网站。

107. 中国统计局：《关于 2007 年 GDP 数据最终核实结果的公告》，国家统计局网站，2009 年 1 月 14 日。

108. 中国统计局：《中国统计年鉴（2008）》（光盘版）。

109. 中国统计局：《国际统计年鉴（2009）》（光盘版）。

110. 中国现代化战略研究课题组、中国科学院中国现代化研究中心：《中国现代化报告 2008——国际现代化研究》，北京大学出版社 2008 年版。

111. 中华人民共和国商务部亚洲司：《第 11 次东盟与中日韩"10＋3"经济贸易部长会议联合新闻声明》，2008 年 8 月 28 日。

112. 朱峰：《俄格冲突的国际政治解读》，《现代国际关系》2008 年第 11 期。

二、英文部分

1. Albert Keidel: "China's Economic Rise—Fact and Fiction", *Carnegie Policy Brief*, No. 61 July 2008.

2. "An Old Sweet Song: Russia's Central Asian Underbelly Rumbles Queasily", *The Economist*, Aug. 28th, 2008.

3. Andrew E. Kramer: "Russia Claims Its Sphere of Influence in the World", *New York Times*, September 1, 2008.

4. Anthony Faiola and Glenn Kessler: "As Summit Starts, Emerging Nations Weigh New Clout", *The Washington Post*, November 15, 2008, p. A01.

5. Associated Press, Mixed Legacy Likely as China's Olympics End, *Los Angeles Times*, 2008 – 8 – 24.

6. Axel Dreher, Noel Gaston and Pim Martens (2008): *Measuring Globalization-Gauging its Consequences*. New York: Springer.

7. C. Fred Bergsten, Bates Gill, Nicholas R. Lardy and Derek Mitchell: China: "The Balanced Sheet", *Public Affairs*, New York 2006.

8. Chi Lo: "Beijing Olympics: 'Negligible' Economic Impact", *Business Week*, Aug. 13, 2008.

9. David Barboza: "China Launches Spacewalk Mission", *The New York Times*, September 25, 2008.

10. David Brooks: "Harmony and the Dream", *The New York Times*, August 11, 2008.

11. David C. Kang: *China Rising: Peace, Power, and Order in East Asia*, New York, Columbia University Press, 2007.

12. David M. Lampton: "The Faces of Chinese Power", *Foreign Affairs*, Vol. 86, No. 1, Jan. /Feb. 2007.

13. Edward Cody: "A Victory for China, Spectacularly Successful Games May Empower Communist Leaders", *The Washington Post*, Aug. 25, 2008.

14. Edward Cody: "Torch Lights a Patriotic Spark", *Washington Post*, May. 5, 2008.

15. Frederick Kempe: "China Teaches Something in Quake", *Bloomberg News*, May 20, 2008.

16. G. John Ikenberry: "The Rise of China and the Future of the West", *Foreign Affairs*, January/February 2008.

17. G. John Ikenberry: "The Rise of China and the Future of the West: Can the Liberal System Survive?" *Foreign Affairs*, Vol. 87, No. 1, Jan. /Feb. 2008.

18. IMD. World Competitiveness Yearbook 2008.

19. International Olympic Committee. Olympic Review, 2008. 9.

20. James Bovard: *The Fair Trade Fraud*, New York: St. Martin's Press, 1991.

21. Jeffrey Wasserstrom: "Two Big China Stories You Missed this Year", *The Christian Science Monitor*, December 17, 2008.

22. Jim Yardley: "After Glow of Games, What Next for China?" *International Herald Tribune*, Aug. 25, 2008.

23. Jim Yardley: "China's Leaders Try to Impress and Reassure World", *The New York Times*, Aug. 8, 2008.

24. Joan Chen: "Let the Games Go On", *The Washington Post*, April 9, 2008.

25. John L. Thornton: "Long Time Coming", *Foreign Affairs*, January/February 2008, Vol 87, Number 1.

26. John Quelch: "Brands Act Local to Woo a Billion Chinese Consumers", *The Financial Times*, Aug. 11, 2008.

27. Karolos Grohmann: "Jury Still Out over Beijing Games Doping", *Reuters*, Aug. 25, 2008.

28. Lowell Dittmer: "Assessing American Asia Policy", *Asian Survey*, Vol. XIVII, No. 4, July/August 2007.

29. Michael Hsiao, "Transformations in China's Soft Power toward ASEAN", *China Brief*, Volume 8, Issue 22. November 24, 2008.

30. Nicholas Lardy: *Integrating China into the Global Economy*, Brookings Institution Press, Washington D. C. , 2002.

31. Nicholas R. Lardy: "Trade Liberalization and Its Role in Chinese Economic Growth", Prepared for an International Monetary Fund and National Council of Applied Economic Research Conference "A Tale of Two Giants: India's and China's Experience with Reform and Growth" *New Delhi*, November 14 – 16, 2003.

32. Peter Ford: "Olympic Success Boosts China's Confidence", *The Christian Science Monitor*, Aug. 24, 2008.

33. Peter Hartcher: "America's Century: Is the Sun Setting on an Epoch?", *Sydney Morning Herald*, October 4, 2008.

34. Richard N. Haass: "The Age of Nonpolarity: What will Follow U. S. Dominance", *Foreign Affairs*, Vol. 87, No. 3, May/June 2008.

35. Robert E. Baldwin and Michael O. Moore: "Political Aspects of the Administration of the Trade Remedy Laws", in Richard Boltuck and Robert E. Litan, eds. *Down in the Dumps: Administration of the Unfair Trade Laws*, The Brookings Institution, 1991.

36. Terence K. Hopkins and Immanuel Wallerstein, coord: *The Age of Transition: Trajectory of the World-System*, 1945 – 2025, London: Zed Press, 1995.

37. Tony Blair: "We Can Help China Embrace the Future", *The Wall street Journal*, August 26, 2008, p. A21.

38. UNCTAD. FDI Statistical Database Online.

39. UNCTAD. Investment Brief No. 1 2009, Jan. 19, 2009.

40. UNDP. Human Development Indices: A statistical update 2008.

41. UNDP. Human Development Report 2007/2008.

42. Victor D. Cha: "Winning Asia: Washington's Untold Success Story", *Foreign Affairs*, Vol. 86, No. 6, Nov. /Dec. 2007.

43. WEF. Global Competitiveness Report 2008 – 2009.

44. World Bank (2008): Poverty Data: A supplement to World Development Indicators 2008.

45. World Bank: Global Economic Prospects (2009): Commodities at the Crossroads.

46. World Bank: The 2005 International Comparison Program-Table of Final Results, 2008.

47. World Bank: World Development Indictor Online 2008.

48. World Trade Organization: Trade Policy Review Body: Trade Policy Review Report by the Secretariat, People's Republic of China, Restricted WT/TPR/S/161, 28 February 2006.

后　　记

　　本书是第七本中国国际地位年度报告。与往年确定报告的主题不同，2008 年中国经历了太多的让国人刻骨铭心的事情，也让国人经历了太多的悲伤与喜悦，用什么样的一个关键词概括全年的发展，曾经在相当长时间困扰着作者。直到年底，全国上下掀起了一场针对中国改革开放三十年创造性实践经验的回顾与讨论高潮，才让我们最终选定以"三十而立"作为今年的报告主题。"三十而立"这一主题不仅是对改革开放三十年来史无前例发展成就的高度概括，同时揭示出 2008 年度中国经历的一系列重大历史事件取得成功的国家实力来源基础。进入而立之年的中国，不仅具有更加坚定的改革开放发展信念，同时具有更强大参与国际合作共担国际责任的国力基础，象征着中国已经从"成长"国家步入"成熟"国家的发展新阶段。

　　本报告依然是集体工作的成果。在多次集体讨论相互启发的基础上，各章节作者分头执笔撰写，具体分工如下：

　　主编助理：李安方（第一、二章、第四至第七章）、胡键（第三章、第八至第十四章）；

　　导论：张幼文（第一节）、黄仁伟（第二节）、第三节由各章作者提供初稿，主编统稿修改；

　　第一章：吴雪明（第一、二、三、四节）、李刚（第五节）；

　　第二章：苏 宁；

　　第三章：焦世新；

　　第四章：周 宇（第一、五节）、杨雪峰（第二、三节）、王德发（第四节）；

　　第五章：孙立行（第一、二、三节）、高洪民（第四节）；

　　第六章：王中美、崔大沪、周 琢；

　　第七章：赵蓓文（第一、二节）、李珮璘（第三节）；

　　第八章：杨 剑；

　　第九章：赵国军；

　　第十章：刘阿明、王成至；

　　第十一章：余建华、王 震、孙 霞；

　　第十二章：丁佩华、张屹峰；

　　第十三章：夏 雪；

　　第十四章：彭 羽；

目录英译：梅俊杰；

格式规范处理及主要参考文献编辑：朱斌。

本系列报告迄今已出版七辑，不论报告本身编撰质量如何，我们相信这一工作对于综合国力不断增强和国际地位持续提升的中国是具有重要意义的。在过去六年中，我们也不断得到来自国内外同行的鼓励与肯定。为了成功延续这一工作，我们诚挚地欢迎读者对本报告提出批评建议。

张幼文　黄仁伟

2009 年 4 月

于上海社会科学院

策划编辑:郑海燕

封面设计:肖　辉

图书在版编目(CIP)数据

2009 中国国际地位报告/张幼文　黄仁伟　等著. -北京:人民出版社,2009.7

ISBN 978 - 7 - 01 - 007992 - 9

Ⅰ.2…　Ⅱ.①张…②黄…　Ⅲ.①经济发展-研究-中国-2009②对外关系-研究-中国-
2009　Ⅳ.F124　D822

中国版本图书馆 CIP 数据核字(2009)第 095939 号

2009 中国国际地位报告

2009 ZHONGGUO GUOJI DIWEI BAOGAO

张幼文　黄仁伟　等著

人民出版社 出版发行

(100706　北京朝阳门内大街 166 号)

北京中科印刷有限公司印刷　新华书店经销

2009 年 7 月第 1 版　2009 年 7 月北京第 1 次印刷

开本:787 毫米×1092 毫米 1/16　印张:21.5

字数:438 千字　印数:0,001-4,000 册

ISBN 978 - 7 - 01 - 007992 - 9　定价:40.00 元

邮购地址 100706　北京朝阳门内大街 166 号

人民东方图书销售中心　电话 (010)65250042　65289539